འདམ་གཞུང་གི་ལོ་རིམ་མེ་ལོང་།

当雄年鉴

2017

（总第6卷）

当雄县人民政府　主办
当雄县编译局　编

方志出版社
Publishing House of Local Records

数字当雄 2016

辖区面积：10234平方千米

年末常住人口：53437人

地区生产总值：15.56亿元

第一产业：2.67亿元

第二产业：8.44亿元

第三产业：4.45亿元

全社会固定资产：29.51亿元

社会消费品零售总额：1.67亿元

地方公共财政一般预算收入：2.5亿元

规模以上工业增加值：3.17亿元

招商引资到位资金：16.25亿元

农牧民人均可支配收入：12626元

拉萨市副市长、当雄县委书记　张　正

县委副书记、人大常委会主任　康加贵

县委副书记、县长　其美次仁

政协党组书记、主席　次仁桑玻

2016年7月15日，中央农村工作领导小组副组长袁纯清（右三）一行到当雄县调研旅游扶贫工作

2016年9月27日，国家民委监督检查司副司长李钟协（左二）带队到当雄县检查民族团结进步示范县工作

2016年11月22日，国务院脱贫攻坚考核验收组处长梁祖怀（右一）到当雄县调研精准扶贫精准脱贫工作

2016年9月24日，国务院扶贫办纪检组一行到当雄县公塘乡检查精准扶贫工作

2016年6月2日，西藏自治区党委常委、拉萨市委书记齐扎拉（右三），西藏自治区副主席边巴扎西（左一）到当雄县羊八井镇检查城市规划建设工作

2016年6月3日，西藏自治区高级人民法院党组书记、院长索达（左一）到当雄县人民法院诉讼服务大厅考察

2016年12月15日，西藏自治区环保厅党组书记胡为民（左三）调研纳木错流域生态环境保护工作，县委副书记、县长其美次仁陪同

2016年5月19日，西藏自治区国土厅厅长张建平（左二）到当雄县羊八井镇桑巴萨居委会听取驻村工作汇报

2016年8月25日，西藏自治区环保厅厅长罗杰（左一）对当雄县环保垂管工作进行调研

2016年10月4日，拉萨市市长果果（左四）调研现代牧场

2016年4月25日，西藏自治区妇联主席江措拉姆（右一）检查当雄县公塘乡小学食堂卫生情况

2016年3月30日，西藏自治区巡视组副组长马玉魁（前排右二）到纳木湖检查指导精准扶贫工作

2016年11月28日，西藏自治区脱贫考核验收工作组一行到乡村组及贫困户家中，检查验收脱贫攻坚成效

2016年12月16日，拉萨市委常委、统战部部长阿努次仁到当雄县检查指导工作

2016年4月8日，拉萨市副市长计明南加（后排左二）到当雄县中学检查教学工作

2016年12月2日，西藏自治区环境保护考核拉萨组副组长、拉萨市副市长林生（前排右二）听取当雄县环保考核汇报

2016年12月14日，拉萨市副市长朱建红（左二）、拉萨市文化局局长多吉次仁（左三）对当雄县“牧家书屋”进行调研

2016年9月9日，拉萨市副市长、当雄县委书记张正在《天缘·纳木错》开机仪式上致词

2016年12月27日，拉萨市副市长、当雄县委书记张正组织学习环保文件

2016年12月7日，县委副书记、县长其美次仁到冻精站检查指导工作

2016年8月22日，国家民委“中华民族一家亲”一行到当雄县开展西藏卫生下基层活动

2016年7月31日，中央外语频道记者一行到当雄县采访

2016年11月26日，西藏自治区环保厅专家刘丽君（左四）到当雄县乌玛塘乡郝如村检查生态创建工作

2016年11月26日，交叉考核督导组组长唐忠（右四）到当雄县检查精准扶贫工作

荣誉榜

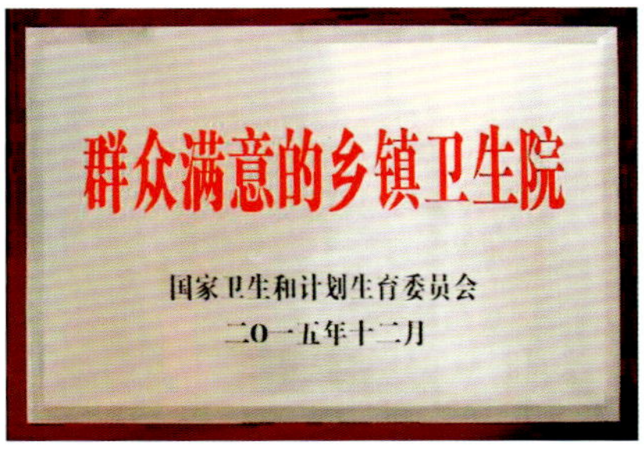
群众满意的乡镇卫生院
国家卫生和计划生育委员会
二〇一五年十二月

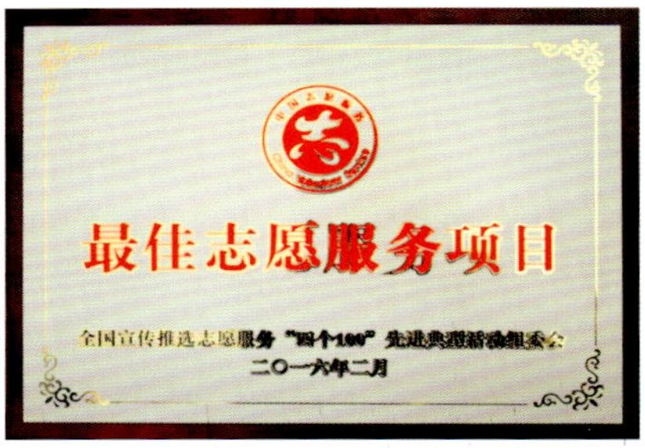
最佳志愿服务项目
全国宣传推选志愿服务“四个100”先进典型活动组委会
二〇一六年二月

中国旅行自媒体联盟
China Tourism Wemedia Alliance
当雄采风基地
二〇一六年八月十八日

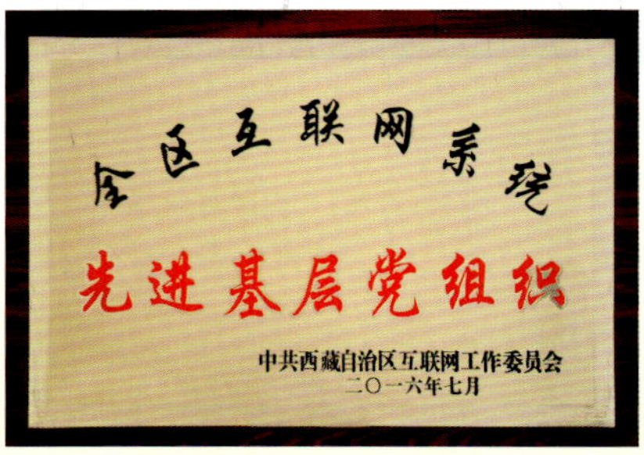
全区互联网系统
先进基层党组织
中共西藏自治区互联网工作委员会
二〇一六年七月

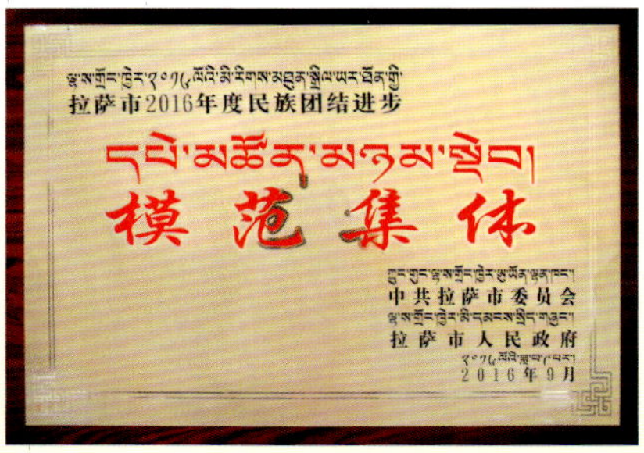
拉萨市2016年度民族团结进步
模范集体
中共拉萨市委员会
拉萨市人民政府
2016年9月

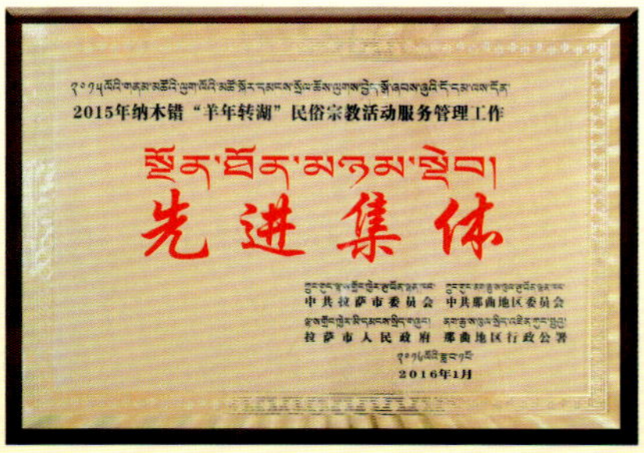
2015年纳木措“羊年转湖”民俗宗教活动服务管理工作
先进集体
中共拉萨市委员会 中共那曲地区委员会
拉萨市人民政府 那曲地区行政公署
2016年1月

2015年度信访工作先进县(区)
二等奖
中共拉萨市委员会
拉萨市人民政府
2016·3

拉萨市2015年度深化全国文明城市创建工作
先进单位
中共拉萨市委员会
拉萨市人民政府
二〇一六年十月

2015年度全市招商引资工作
三等奖
拉萨市人民政府
二〇一六年三月

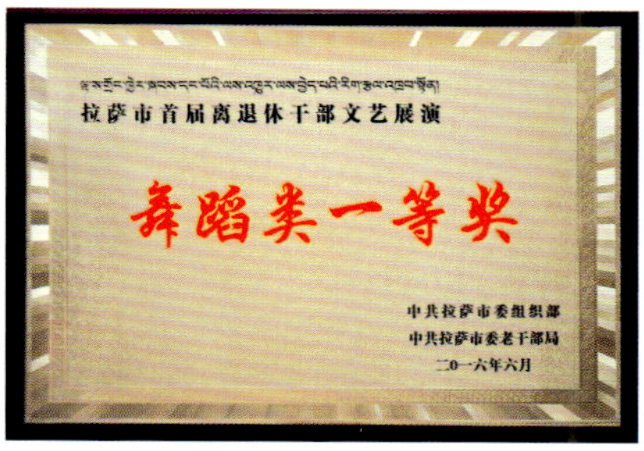
拉萨市首届离退休干部文艺展演
舞蹈类一等奖
中共拉萨市委组织部
中共拉萨市委老干部局
二〇一六年六月

拉萨市首届离退休干部文艺展演
优秀组织奖
中共拉萨市委组织部
中共拉萨市委老干部局
二〇一六年六月

当雄县委组织部
荣获二〇一五年度全市组织编制信息工作
先进集体
中共拉萨市组织部
二〇一六年三月

当雄县人民检察院
在2015年度基层检察院考核中荣获
维稳先进单位
拉萨市人民检察院
二〇一六年三月

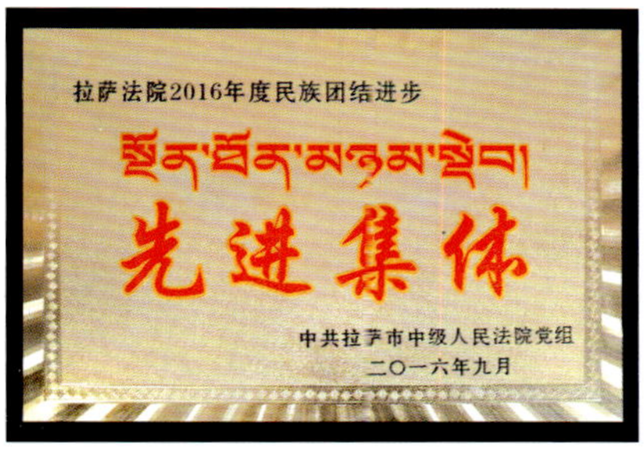
拉萨法院2016年度民族团结进步
先进集体
中共拉萨市中级人民法院党组
二〇一六年九月

拉萨市检察机关案件管理工作
先进集体
拉萨市人民检察院
二〇一六年十一月

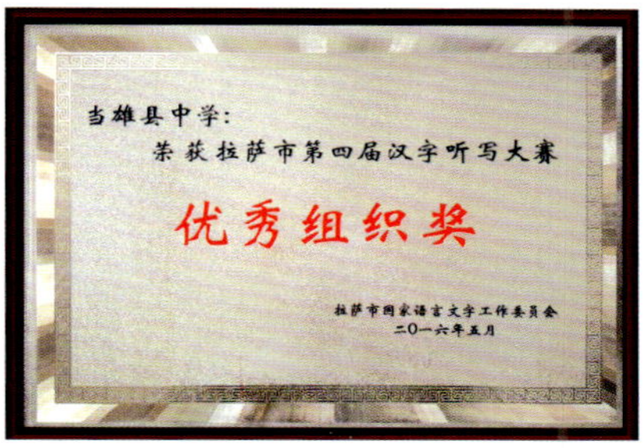
当雄县中学：
荣获拉萨市第四届汉字听写大赛
优秀组织奖
拉萨市国家语言文字工作委员会
二〇一六年五月

拉萨市2016年度共青团员“民族团结闪光行动”
先进集体
共青团拉萨市委员会
二〇一六年九月

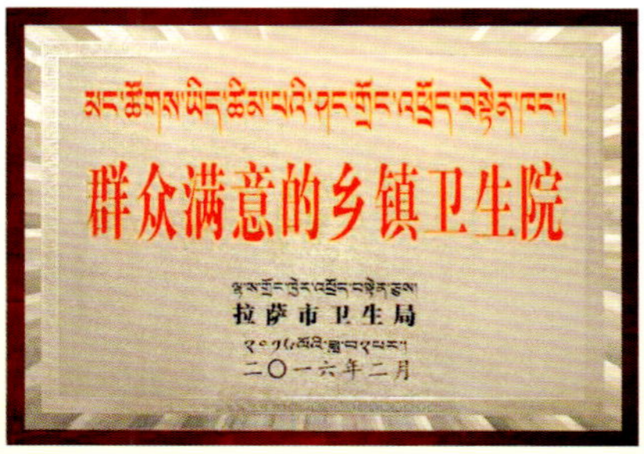
群众满意的乡镇卫生院
拉萨市卫生局
二〇一六年二月

授予：2015年度质监工作
二等奖
拉萨市质量技术监督局
二〇一六年二月

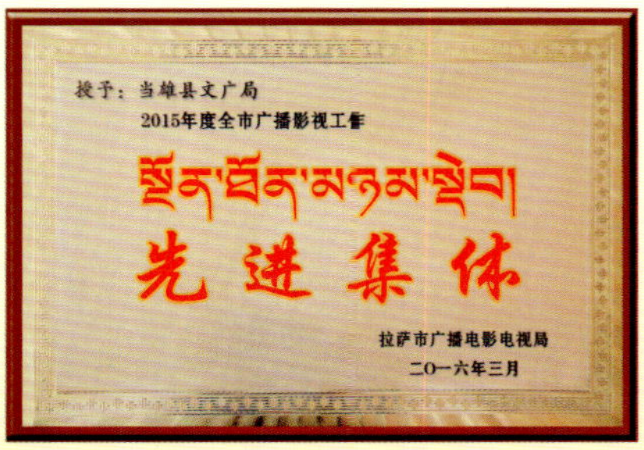
授予：当雄县文广局
2015年度全市广播影视工作
先进集体
拉萨市广播电影电视局
二〇一六年三月

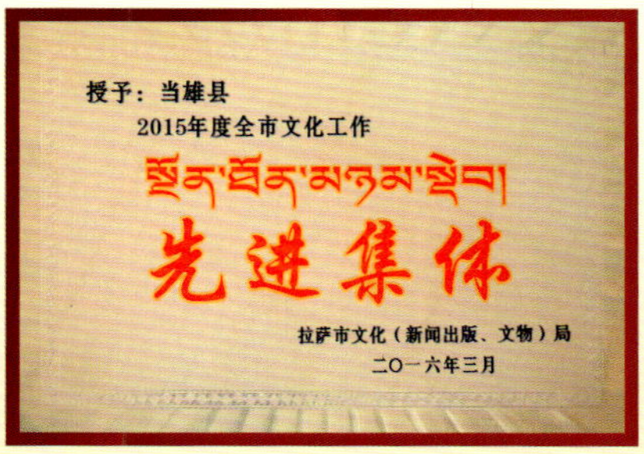
授予：当雄县
2015年度全市文化工作
先进集体
拉萨市文化（新闻出版、文物）局
二〇一六年三月

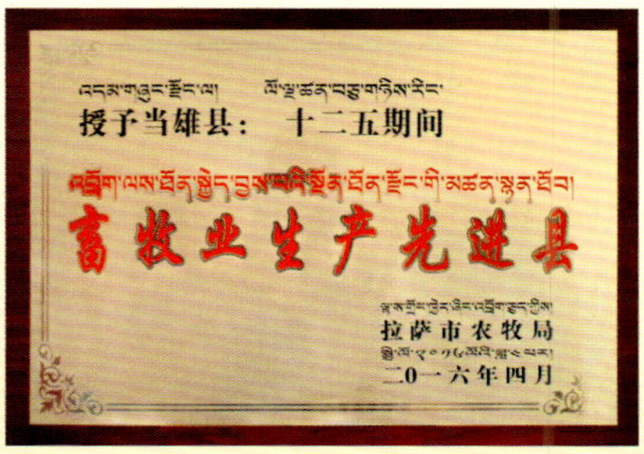
授予当雄县： 十二五期间
畜牧业生产先进县
拉萨市农牧局
二〇一六年四月

编辑说明

一、《当雄年鉴》2012年开始编纂，每年出版1卷，2017年卷为第6卷。

二、《当雄年鉴》以马克思列宁主义、毛泽东思想、邓小平理论、“三个代表”重要思想、科学发展观为指导，深入贯彻落实习近平总书记系列重要讲话精神和治国理政新理念新思想新战略，坚持辩证唯物主义和历史唯物主义的主场、观点、方法，始终坚持“实事求是、质量第一、存史资政、服务大众”的办鉴宗旨，全面、系统、翔实地记述当雄县上一年度政治、经济、文化、社会等各项事业的基本情况，为社会各界与国内外人士了解和研究当今当雄县提供翔实资料。

三、《当雄年鉴》分为正文与彩页两部分。正文采取分类编辑法，以类目、分目、条目为主要框架结构，个别包含多方面资料的条目，则在段落间加插楷体标题提示，方便读者查阅全书。

四、《当雄年鉴（2017）》载录当雄县2016年经济社会发展的基本资料，设有特载、综述、大事记、政治、武装、法治、经济管理、社会事业、城市建设·环保、邮政·通讯、金融、乡（镇）概况、附录等内容，通过这些内容，可以为人们了解当雄县、认识当雄县提供一个全新的窗口。

五、《当雄年鉴》的编辑宗旨，在于求真务实，力求真实生动地反映当雄县在改革开放和现代化建设中取得的崭新成就。

六、《当雄年鉴》所提供的内容和数据，分别来自于当雄县各有关部门和乡（镇）人民政府，经各级领导审核，但由于口径与统计方法不同，恐有不一致之处，但使用时应以县统计局提供的数据为准。

《当雄年鉴》编辑部

2017年8月1日

《当雄年鉴》编纂委员会

主　　任：其美次仁

副 主 任：杨 忠 泽

委　　员：郭 春 杰　文　林　游 关 涛　旺堆罗布　张　洁
多吉平措　骆　宁　普布扎西　郑　莉　胡 小 平
米玛旺堆　孙　伟　洛桑桑旦　达瓦次仁　赵 泽 辉
朗　嘎　拉巴次仁　刘　源　索朗曲旦　平　措
兰　辉　许 再 兴　遵　追　左 世 成　兰　棣
扎西曲觉　仁　青　米玛次仁　索朗多吉　索朗次仁
贡嘎宗吉　嘎松达吉　杰　布　卓　嘎　旺丹次仁
次旦卓嘎　扎西桑珠　达娃卓嘎　央金卓嘎　边巴扎西
巴桑云旦　洛桑旦巴　次仁平措

《当雄年鉴》编辑部

主　　编：杨 忠 泽

副 主 编：普布扎西　央金卓嘎

编　　辑：熊　强　顾　晨　普布卓玛

图片编辑：刘 泽 刚　李 祥 政

图书在版编目（CIP）数据

当雄年鉴. 2017 / 当雄县编译局编. -- 北京：
方志出版社，2017.9
ISBN 978-7-5144-2552-9

Ⅰ. ①当… Ⅱ. ①当… Ⅲ. ①当雄县 - 2017 - 年鉴
Ⅳ. ①Z527.54

中国版本图书馆CIP数据核字(2017)第244774号

当雄年鉴（2017）

编　　者：当雄县编译局
责任编辑：王　俊

出 版 人：冀祥德
出 版 者：方志出版社
地址　北京市朝阳区潘家园东里9号（国家方志馆 4 层）
邮编　100021
网址　http://www.fzph.org
发　　行：方志出版社图书经销中心
电话（010）67110500
经　　销：各地新华书店
印　　刷：河南匠心印刷有限公司

开　　本：889 × 1194　　1/16
印　　张：23.5
字　　数：430千字
版　　次：2017年9月第1版　　2017年9月第1次印刷
印　　数：001 ~ 500册

ISBN 978-7-5144-2552-9　　定价：350.00元

目　　录

特　　载

瞄准目标 卯足干劲 精准发力
为全面建成小康当雄而不懈奋斗　张　正　1
当雄县人民代表大会常务委员会
工作报告 …………………………… 康加贵　12
政府工作报告 ………………… 其美次仁　18
戮力同心 共襄伟业
以优异成绩迎接党的十九大
胜利召开 ……………………… 次仁桑玻　28
强化精准监督 从严执纪问责
推动全面从严治党向纵深发展 ………… 30
当雄县人民法院工作报告 ……… 贡　嘎　37
当雄县人民检察院工作报告 …… 次仁多吉　41
关于2016年国民经济和社会发展
计划执行情况与2017年国民经济
和社会发展计划（草案）的报告
…………………… 当雄县发展和改革委员会　46
关于当雄县2016年财政预算执行
情况和2017年财政收支预算
（草案）的报告 …………… 当雄县财政局　51

综　　述

当雄县概况

概况 …………………………………… 56
经济 …………………………………… 56
地理 …………………………………… 56
气候 …………………………………… 56
地貌 …………………………………… 57
水文 …………………………………… 57
水资源 ………………………………… 57
矿产资源 ……………………………… 57
旅游资源 ……………………………… 57
自然资源 ……………………………… 58
野生动物资源 ………………………… 58
经济药用植物 ………………………… 58

大事记

1 月 …………………………………… 59
2 月 …………………………………… 60
3 月 …………………………………… 61
4 月 …………………………………… 63
5 月 …………………………………… 64

6 月 …… 65
7 月 …… 66
8 月 …… 68
9 月 …… 69
10月 …… 70
11月 …… 71
12月 …… 72

政 治

中共当雄县委员会

概况 …… 74
理清发展思路 …… 74
八届六次全委会 …… 74
社会局势持续稳定 …… 75
“两学一做”学习教育 …… 75
建立联动工作机制 …… 76
加强监督管理 …… 76
建立党建工作指导考核机制 …… 77
扶贫开发工作 …… 77
落实党风廉政建设主体责任 …… 77
全面深化改革 …… 77
县乡领导班子换届 …… 78
全面做好换届各项准备工作 …… 78
改进考察方式、提前谋划 …… 78
确保代表委员选举工作依法依规 …… 78
严肃换届纪律、强化宣传 …… 78
开展摸底排查 …… 78
巡视工作 …… 78
党管武装 …… 79
群团组织 …… 79

当雄县人民代表大会常务委员会

概况 …… 79
始终坚持党的领导 …… 80
坚决服从服务于县委中心工作 …… 80
依法任免国家机关工作人员 …… 80
经济工作监督 …… 80
法律法规监督 …… 80
民生工作监督 …… 80
司法监督 …… 80
拓宽代表依法履职平台 …… 81
代表培训 …… 81
提高意见建议办理质量 …… 81
严格换届选举 …… 81
“两学一做”学习教育 …… 81
抓组织建设 …… 81
抓作风建设 …… 82

当雄县人民政府

概况 …… 82
经济发展 …… 82
牧业基础设施建设 …… 82
净土健康产业 …… 82
旅游产业 …… 82
项目建设 …… 83
招商引资 …… 83
工业经济 …… 83
城乡发展 …… 83
环境保护 …… 83
援藏工作 …… 83
教育事业 …… 83
医疗卫生 …… 83
文化事业 …… 83
农饮工程 …… 83
扶贫开发 …… 83
社保体系 …… 83
“四业工程” …… 84
民族团结 …… 84
维稳工作 …… 84
信访工作 …… 84
国防建设 …… 84
安全生产 …… 84

民生实事 …… 84
工作作风 …… 84
廉政建设 …… 84
政务公开 …… 85

中国人民政治协商会议当雄县委员会

概况 …… 85
坚持党的领导 …… 85
依法依章依规圆满完成换届 …… 85
围绕中心服务大局 …… 86
利用各类会议协商议政 …… 86
提案工作注重实效 …… 86
民主监督广泛深入 …… 86
调研视察聚焦发展 …… 86
坚持民主团结主题 …… 86
自身建设 …… 86
服务和管理委员 …… 87
政协机关建设 …… 87
党风廉政建设 …… 87
加大对外交流与合作 …… 87
服从服务于中心工作 …… 87

中共当雄县纪律检查委员会（监察局）

概况 …… 87
推进反腐倡廉有序开展 …… 87
强化选人用人 …… 88
牢固树立党的纪律意识和组织观念 …… 88
反对和纠正“四风” …… 88
惩治腐败 …… 88
教育管理 …… 88
巡查工作 …… 89
强化支持保障 …… 89
制度建设 …… 89
强化检查考核 …… 90
强化执行报告 …… 90
加强组织协调 …… 90
纪律监督 …… 90
作风监督 …… 90
严肃查办案件 …… 91
强化廉洁教育 …… 91
发挥专责作用 …… 91
落实监督机制 …… 91
严格实行问责 …… 91
推进惩防体系建设 …… 91

当雄县综合督查室

概况 …… 91
市委督查室下发督查、督办事项落实 …… 92
市政府督查室下发督查、督办事项落实 …… 92
重点工作、重点项目督查情况 …… 92
政协提案、人大建议案 …… 92
干部职工在岗在位督查情况 …… 92

中共当雄县委办公室

概况 …… 92
支部建设 …… 93
办文情况 …… 93
办会情况 …… 93
信息工作 …… 93
保密工作 …… 94
农村工作 …… 94
党风廉政建设 …… 94
档案工作 …… 94

中共当雄县委组织部（编办）

概况 …… 95
“两学一做”学习教育 …… 95
制定村级组织运行经费保障机制 …… 95
村级活动场所规范化建设 …… 95
拓宽党员干部教育培训渠道 …… 96
党员队伍建设 …… 96
落实基层党建重点任务 …… 96
干部选拔任用 …… 96
换届工作 …… 96

梳理权责清单 …… 97
机构编制工作 …… 97
老干部工作 …… 97
开展“强基础惠民生”活动 …… 97
组织部门自身建设 …… 98

中共当雄县委宣传部

概况 …… 98
理论武装 …… 98
核心价值观教育 …… 99
重大节点渲染浓厚氛围 …… 99
公民道德建设 …… 99
文明创建 …… 99
道德模范评选 …… 99
网络建设和管理 …… 99
网络监测 …… 99
对外宣传 …… 100
文化执法 …… 100
宣传队伍建设 …… 100

中共当雄县委统战部（民族宗教事务局）

概况 …… 100
民族团结工作 …… 100
宗教工作 …… 100
非公经济工作 …… 101
党外代表人士工作 …… 101
境外藏胞工作 …… 101
寺庙管理 …… 101
寺庙创建评选 …… 101
涉宗干部队伍建设 …… 101
兴边富民 …… 102
信息调研 …… 102

中共当雄县委政法委员会

概况 …… 102
“两学一做” …… 102
维稳防控 …… 102
“当吉仁”赛马节 …… 103
维稳应急 …… 103
平安创建 …… 103
矛盾纠纷排查调处 …… 103
治安防控体系建设 …… 103
网格化、“双联户”工作 …… 104
社会治安严打整治 …… 104
铁路护路联防 …… 104
政法工作 …… 105

当雄县总工会

概况 …… 105
思想宣传教育 …… 105
主要职责 …… 105
宣传教育 …… 105
开展职工文化活动 …… 106
召开工会工作座谈会议 …… 106
开展困难农民工技能培训 …… 106
加强工会组建工作 …… 106
关心关注民生 …… 106
弘扬劳模精神 …… 106
健全困难职工档案 …… 106
坚持开展竞赛 …… 107
开展工资集体协商 …… 107

共青团当雄县委员会

概况 …… 107
青少年思想政治教育 …… 107
服务大局、主动作为 …… 107
当好桥梁、选准路径 …… 108
团要管团、夯实基础 …… 108

当雄县妇女联合会

概况 …… 108
组织领导 …… 109
自治区妇联主席江措拉姆到当雄县调研 …… 109
开展宣传教育活动 …… 109

开展健康服务活动 …… 109
推进民生项目 …… 109
开展送温暖活动 …… 109
帮助扶持妇女创业 …… 110
举办各类文艺活动 …… 110
树立先进典型 …… 110
做好维权工作 …… 110
开展巾帼志愿活动 …… 110

当雄县人民代表大会常务委员会办公室

概况 …… 110
做好综合性文稿起草工作 …… 110
做优各项会议服务工作 …… 111
做实服务人大代表工作 …… 111
办公室内部管理 …… 111
转变作风 …… 111
乡镇人大工作 …… 111
人大宣传工作 …… 111
开展“两学一做”学习教育 …… 112
政治理论和业务学习 …… 112
廉洁自律 …… 112

当雄县人民政府办公室

概况 …… 112
事务管理 …… 112
法制工作 …… 112
后勤保障 …… 112
理论业务学习 …… 112
党风廉政建设 …… 113

中国人民政治协商会议当雄县委员会办公室

概况 …… 113
开展“两学一做”学习教育 …… 113
精心办文 …… 113
细心办会 …… 113
调研工作 …… 113
提案工作注重实效 …… 113
政协机关建设 …… 114
强化综合协调 …… 114
抓好工作督办落实 …… 114
加大对外交流与合作 …… 114

当雄县信访局

概况 …… 114
坚持源头预防治理 …… 114
落实领导干部接访下访约访制度 …… 115
加强宣传引导 …… 115
高度重视群众初信初访办理 …… 115
组织培训 …… 115
强化督导 …… 115
规范办理 …… 115
开展用工单位联合检查 …… 115
完善矛盾纠纷排查调处体系 …… 116
落实信访工作责任 …… 116

武 装

当雄县人民武装部

概况 …… 117
思想政治建设 …… 117
自身建设 …… 117
民兵军事训练 …… 117
民兵组织建设 …… 117
征兵工作 …… 118
群众工作 …… 118

当雄县公安消防大队

概况 …… 118
基本情况 …… 118
全县火灾、救援情况 …… 119
思想政治教育 …… 119
统筹规划、细致部署 …… 119
开展夏季消防安全检查专项整治行动 …… 119

寺庙火灾防控 …………………………… 119
消防宣传 ………………………………… 120
冬季、春夏季开展岗位练兵活动 ………… 120
不断提升部队综合保障能力 ……………… 120

武警当雄县中队

概况 …………………………………… 121
思想政治教育 …………………………… 121
执勤和处置突发事件 …………………… 121
军事训练 ………………………………… 121
警民共建 ………………………………… 121

法　治

当雄县公安局

概况 …………………………………… 122
维稳工作扎实推进 ……………………… 122
落实油品管理制度 ……………………… 122
落实“护城河”查验 …………………… 122
落实辖区矛盾纠纷排查化解机制 ………… 122
落实重要敏感节点社会面管控 …………… 123
打击整治工作扎实推进 ………………… 123
强化组织领导，周密安排工作 …………… 123
强化宣传引导 …………………………… 123
打击整治工作 …………………………… 123
交通整治 ………………………………… 123
道路交通安全宣传 ……………………… 123
交通安全隐患排查治理 ………………… 123
严格路面管控，加大处罚力度 …………… 124
预防交通事故 …………………………… 124
基层基础工作扎实推进 ………………… 124
治安隐患排查整治 ……………………… 124
校园及周边重点区域专项整治 …………… 124
民爆物品、枪支、弹药监管 ……………… 124
严厉打击黄赌违法行为 ………………… 125
流动人口和出租房屋管理 ……………… 125
“当吉仁”赛马节安保 ………………… 125

当雄县人民检察院

概况 …………………………………… 125
维稳工作 ………………………………… 125
“双联户”工作 ………………………… 126
社会矛盾化解 …………………………… 126
党建工作 ………………………………… 126
“两学一做”专题学习活动 …………… 126
换届督导工作 …………………………… 126
检务公开 ………………………………… 126
侦查监督 ………………………………… 126
公诉工作 ………………………………… 126
反贪污贿赂、反渎职侵权 ……………… 127
刑事执行检察工作 ……………………… 127
控告申诉检察工作 ……………………… 127
检务保障建设 …………………………… 127
法制宣传 ………………………………… 127
驻村工作 ………………………………… 127
党员结对帮扶活动 ……………………… 127
领导班子建设 …………………………… 127
党组织建设和党风廉政建设 …………… 128

当雄县人民法院

概况 …………………………………… 128
维稳工作 ………………………………… 128
司法为民 ………………………………… 128
信访接待 ………………………………… 128
强化接受监督意识 ……………………… 129
裁判文书公开 …………………………… 129
审判流程管理 …………………………… 129
推进司法体制改革 ……………………… 129
开展“两学一做”学习教育 …………… 129
加强各项教育培训 ……………………… 129
加强党风廉政建设 ……………………… 129
信息化建设 ……………………………… 129
基层基础建设 …………………………… 129

当雄县司法局

概况 …… 130
全力参与维稳中心工作 …… 130
法制宣传 …… 130
制订2016年法制宣传工作计划 …… 130
开展法制宣传活动 …… 130
人民调解 …… 131
加强队伍建设 …… 131
推行“一案一补”激励机制建设 …… 131
各级调解组织积极发挥作用 …… 131
刑释解教安置帮教 …… 131
工作开展情况 …… 131
社区矫正 …… 131
法律援助案件办理 …… 132
作风效能建设 …… 132

经济管理

当雄县发展和改革委员会

概况 …… 133
编制年度报告及经济运行分析 …… 133
项目建设 …… 133
交通建设 …… 133
“十三五”规划 …… 134
价格督导 …… 134
扶持、培育农牧民施工队伍 …… 134
开展道路抢险保通 …… 134

当雄县财政局

概况 …… 134
保障“六大战略”实施 …… 134
科学编制年初预算 …… 134
经济运行情况 …… 134
加强财政宏观调控 …… 135
不断加大“三农”投入 …… 135
坚持保障和改善民生 …… 135
社会事业发展 …… 135
完善政法经费保障机制 …… 135
推进财政科学化精细化管理 …… 135

当雄县国土资源规划局

概况 …… 136
土地资源概况 …… 136
土地登记管理 …… 136
矿产资源 …… 136
矿产建设管理 …… 136
地质灾害防治 …… 136
土地卫片执法检查 …… 137
矿产卫片执法检查 …… 137
“一书三证”审批情况 …… 137
违规建设项目用地整改报批 …… 137
农村宅基地确权、登记、发证 …… 137
征地拆迁 …… 137
不动产统一登记 …… 137
信访工作 …… 138
普法宣传 …… 138

当雄县统计局

概况 …… 138
基本职能 …… 138
加强内部管理 …… 138
经济总量 …… 138
全社会固定资产 …… 138
收入 …… 138
消费 …… 138
财政收入 …… 138
工业 …… 139
培训情况 …… 139
依法统计建设 …… 139
全国第三次农业普查 …… 139
党风廉政建设 …… 139
精准扶贫 …… 139

当雄县商务局（工业和信息化局）

概况 …… 139
社会消费品零售总额 …… 139
商务信息报送 …… 139
碘盐推广 …… 139
采取有效措施、搞活牧区市场 …… 140
切实提高碘盐覆盖率 …… 140
开展全县生活必需品市场监测 …… 140
加大商务领域监管力度 …… 140
成品油流通市场安全平稳 …… 140
商务执法 …… 140
工业企业情况 …… 140
工业企业指标数据完成情况 …… 140
领导对工业企业重视情况 …… 140
加大统计力度 …… 141
加强防范措施 …… 141
履行部门职能职责 …… 141
招商引资指标数据完成情况 …… 141
组织领导 …… 141
项目库建立 …… 141
统计报表 …… 141
招商信息报送 …… 141
招商引资培训 …… 141
继续开展招商活动 …… 142
提升企业发展数量和质量 …… 142
维护地方经济秩序 …… 142
开展“质量安月”活动 …… 142

当雄县安全生产监督管理局

概况 …… 143
安全生产 …… 143
安全生产检查实施情况 …… 143

当雄县国家税务局

概况 …… 144
税收收入 …… 144
推行“营改增” …… 144
依法治税信息管税 …… 144
互联网+纳税服务 …… 144
干部队伍建设 …… 144

当雄县工商行政管理局

概况 …… 145
全力推进商事制度改革 …… 145
注册资金实缴制改为认缴制 …… 145
实行“先照后证”改革 …… 145
全面推行“五证合一、一照一码” …… 145
全面推行网上注册 …… 145
稳步推进企业年报公示 …… 145
信息公示工作初见成效 …… 145
推进信息归集共享 …… 146
不断提高商标品牌意识 …… 146
切实保障消费者权益 …… 146
加大事中事后监管 …… 146
抓好食品安全整治 …… 146
旅游市场监管 …… 146
开展无证无照取缔 …… 146
继续巩固打击传销成果 …… 146
有序开展“当吉仁”赛马节物资交流会 …… 147
安全生产整治 …… 147
开展“两学一做” …… 147

当雄县旅游局

概况 …… 147
经济发展 …… 147
乡村旅游推介 …… 147
景区内牵牛拉马及牵狗整治 …… 148
旅游旺季景区安全生产大检查 …… 148
规范旅游市场秩序整治 …… 148
旅游环境及交通整治 …… 148
加强景区内的整顿和规范力度 …… 148
售票、检票监督 …… 149
乡村带头人员培训 …… 149

当雄县气象局

概况 …… 149
气候概况 …… 149
抗旱及汛期气象服务 …… 149
气象现代化建设 …… 149
党建、党风廉政建设 …… 149

当雄县净土产业投资开发有限公司

概况 …… 149
公司经营范围 …… 149
净土健康产业发展 …… 150
业务开展 …… 150
探索旅游产业提质增效 …… 150
探索水产业做大做强 …… 150
探索新能源产业实现突破 …… 151

社会事业

当雄县民政局

概况 …… 152
城乡低保 …… 152
医疗救助 …… 152
农村“五保”供养 …… 152
临时救助 …… 153
救灾救济 …… 153
村务监督 …… 153
双拥优抚安置 …… 153
儿童福利 …… 153
老龄工作 …… 153
行政区划 …… 153
地名管理 …… 153
其他社会事务 …… 154
项目建设 …… 154
政务公开 …… 154
民政党风廉政建设 …… 154
财务管理 …… 154
基层民政力量建设 …… 154
民政宣传 …… 154
信息调研 …… 154
信访工作 …… 154

当雄县人力资源和社会保障局

概况 …… 154
人事管理 …… 155
职称评定 …… 155
人才引进 …… 155
高校毕业生管理 …… 155
城乡居民养老保险 …… 155
职工基本养老保险 …… 155
医疗保险 …… 155
工伤保险 …… 156
失业保险 …… 156
就业再就业工作 …… 156
技能培训 …… 156
培训经费使用情况 …… 156
青年创业大赛 …… 156
宣传工作 …… 157
基层平台工作 …… 157
精准扶贫转移就业工作 …… 157
工资福利 …… 157
劳动监察 …… 157
“两学一做”学习教育活动 …… 157
党支部工作 …… 158
行政权力和责任清单工作 …… 158

当雄县卫生局

概况 …… 158
基层卫生人才队伍建设 …… 158
医药卫生体制改革 …… 158
农牧区医疗制度建设 …… 159
卫生队伍建设 …… 159
基础建设 …… 159

民生项目 …… 159
开展精准扶贫、精准脱贫 …… 159
民生项目建设 …… 160
基层疾病防控 …… 160
妇幼卫生工作 …… 160
人口、计生工作 …… 160
基本公共卫生服务 …… 161

当雄县食品药品监督管理局

概况 …… 161
食品监管 …… 161
完成各项重大活动期间食品安全保障 …… 161
行政许可申请审批按时办理 …… 162
药品、药械日常监管 …… 162
化妆品流通市场监管 …… 162
案件办理 …… 162
学习培训 …… 162
普法宣传 …… 162

当雄县人民医院

概况 …… 162
思想政治工作 …… 162
业务学习 …… 163
医疗服务质量 …… 163
藏医药工作 …… 163
基础设施建设 …… 164

当雄县文化广播影视（新闻出版、文物）局

概况 …… 164
文物、非物质文化遗产保护 …… 164
基层文化设施建设 …… 164
打造特色文艺品牌 …… 164
文化市场健康有序发展 …… 165
广电惠民工程 …… 165
广播电视转播台 …… 165
安全播出 …… 165
完善新闻宣传报道工作机制 …… 165
电影放映 …… 166

当雄县畜牧局

概况 …… 166
农畜产品安全检查 …… 166
春季防疫 …… 166
秋季防疫 …… 166
农牧民技能培训 …… 166
虫草采集 …… 166
野生动物肇事补偿资金 …… 167
中央森林生态效益补偿基金管护费 …… 167
草原生态保护补助奖励机制资金 …… 167
农机具购置补贴项目 …… 167
科技特派员补贴 …… 167
专合组织 …… 167
人工种草项目 …… 167
高寒牲畜棚圈项目 …… 167
兽用藏药加工坊 …… 167
农业技术推广体系改革与建设补助项目 …… 167
防抗灾工作 …… 168
精准扶贫 …… 168
配套资金 …… 168
落实金融资金 …… 168
以补脱贫 …… 168
林业绿化 …… 168
2016年周边防护林建设项目 …… 168
科技工作 …… 169

当雄县牦牛冻精站

概况 …… 169
品种改良 …… 169
冻精生产 …… 170
完成农业部年检准备工作 …… 170
家畜遗传物质制作项目 …… 170
人工授精推广 …… 170
抓好家畜防治 …… 170
冬季贮备 …… 170

当雄县畜牧业综合开发办公室

概况 …… 170
基本情况 …… 170
高度重视、健全组织、强化宣传 …… 171
项目有着落 …… 171
就业有保障 …… 171
社会有参与 …… 171
发展净土健康产业带动脱贫 …… 171
开展旅游体验活动 …… 172
发展新能源产业带动脱贫 …… 172
发展援藏项目带动脱贫 …… 172
大力扶持村集体经济带动脱贫 …… 172
实现以迁脱贫 …… 172
实施以补脱贫 …… 172
确保以教脱贫 …… 173
实现以助脱贫 …… 173
实现以保脱贫 …… 173
抓党建、促脱贫 …… 173
抓稳定、促脱贫 …… 173
强化督导、严格考核 …… 173

当雄县水利局

概况 …… 174
解决好饮水安全 …… 174
防汛抗旱 …… 174
冲嘎村草场灌溉防抗旱工程 …… 174
牧区小型水利工程建设 …… 174
牧区水利专项县项目 …… 174
农村安全饮水工程 …… 174
当曲村1组管道引水工程 …… 175
郭庆村5处抗旱水源工程 …… 175
拉多村1组防洪堤工程 …… 175

当雄县教育（体育）局

概况 …… 175
加快教育改革和发展 …… 175
理顺体制、优化管理 …… 175
均衡配置教育资源 …… 175
提高教师待遇 …… 176
加大对牧民群众大学生子女资助力度 …… 176
规范经费使用和管理 …… 176
职业教育 …… 176
队伍建设 …… 176
优化教育发展环境 …… 176

当雄县中学

概况 …… 176
办学规模 …… 177
机构与师资 …… 177
党建工作 …… 177
教育科研 …… 177
德育工作 …… 177
后勤管理 …… 177
中考 …… 177
体育艺术 …… 178

城市建设·环保

当雄县住房和城乡建设局

概况 …… 179
精准扶贫易地搬迁集中安置点建设 …… 179
综治维护 …… 179
党风廉政 …… 179
“两学一做”专题教育活动 …… 180
2016年续建项目 …… 180
2016年新建项目 …… 180
2016年拟建项目 …… 180
廉租房实物配租及租赁补贴 …… 181
建筑质量管理 …… 181
成立机构、加强领导 …… 181
制定方案、明确任务 …… 181
城管执法 …… 181

环卫工作 …… 181
自来水管理 …… 181
行政审批登记管理 …… 181
夯实基础工作 …… 181

当雄县环境保护局

概况 …… 182
自治区级生态乡（镇）创建 …… 182
县域环境质量监测 …… 182
争取资金、推进生态环境项目 …… 182
自治区级环境保护年度考核 …… 182
开展环境保护宣教活动 …… 182
环境监管 …… 183

当雄县综治委护路护线工作领导小组办公室

概况 …… 183
参与综治维稳工作 …… 183
确保敏感期安全 …… 184
强化基础设施建设 …… 184
做实常态化护路工作 …… 184
队伍建设 …… 184
加大日常培训 …… 184
轮岗支援拉日铁路护路工作 …… 184
有效净化铁路治安环境 …… 185
开展护路先进人物事迹宣传 …… 185
切实加大督导检查力度 …… 185
开展全民爱路护路宣传教育 …… 185
后勤保障到位 …… 185

邮政·通讯

当雄县邮政分公司

概况 …… 186
业务发展 …… 186
队伍建设 …… 186
管理工作 …… 186
加强学习、转变作风 …… 186
函件业务 …… 186
包裹业务 …… 186
报刊业务 …… 187
集邮业务 …… 187
速递业务 …… 187
代理金融业务 …… 187
农牧区邮政服务 …… 187

当雄县电信局

概况 …… 187
精准扶贫 …… 187
业务发展 …… 187
网络覆盖 …… 187
创新机制 …… 187

中国移动通信集团西藏有限公司当雄县分公司

概况 …… 188
业务发展 …… 188
网络覆盖 …… 188
创新机制 …… 188
队伍建设 …… 189

联通当雄县营业部

概况 …… 189
实现产品客户规模增长 …… 189
市场管理 …… 189
网络运行维护 …… 189
团队建设 …… 189

金　　融

中国农业银行股份有限公司当雄县支行

概况 …… 190
业务开展情况 …… 190
精准扶贫落实情况 …… 190

乡（镇）概况

当曲卡镇

概况 …… 192
经济运行 …… 192
“两学一做”学习教育 …… 192
牧业生产 …… 192
劳务输出 …… 192
项目建设 …… 192
扶贫开发 …… 192
社会事业 …… 193
民政工作 …… 193
新型农村养老保险 …… 193
民主法制建设 …… 193
社会综合治理 …… 193
重大活动 …… 193

羊八井镇

概况 …… 194
各项事业协调稳步推进 …… 194
牧业生产情况 …… 194
“两学一做”学习活动 …… 194
党委、纪委、人大换届 …… 194
文化事业 …… 194
维稳工作 …… 194
纪委工作 …… 195
组织人事 …… 195
畜牧工作 …… 195
民政工作 …… 195
教育工作 …… 195
住建工作 …… 195
强基惠民 …… 195
卫生工作 …… 195
人社工作 …… 195
加强领导，高度重视 …… 196
精准识别，建档立卡 …… 196
精准施策，实现脱贫 …… 196
以星级评定做好对贫困户实时监测 …… 196
群策群力，助脱贫 …… 197
加强监督，严格考核 …… 197

纳木湖乡

概况 …… 197
经济发展 …… 198
经济发展优势 …… 198
教育事业持续推进 …… 198
卫生服务显著提高 …… 198
基础设施不断完善 …… 198
脱贫致富更加精准 …… 198
精神文明建设 …… 199
抓队伍强组织 …… 199
维护稳定 …… 199
畜牧业发展 …… 200
牧区发展 …… 200
牧民增收 …… 200

格达乡

概况 …… 200
实现全乡经济平稳发展 …… 200
牧业生产 …… 201
维稳工作 …… 201
党代会工作 …… 201
基础设施建设 …… 201
教育工作 …… 201
卫生工作 …… 201
社会民生工程 …… 201
社会保障事业 …… 201
作风建设 …… 201
工、青、妇工作 …… 201
人武工作 …… 201
“两学一做”教育实践活动 …… 201

公塘乡

概况 …… 202

机构编制 …… 202
经济发展 …… 202
畜牧工作 …… 202
民生项目落实情况 …… 203
大力发展村集体经济 …… 203
统筹合作医疗报销和全民体检制度 …… 203
发展文化事业 …… 203
完善社保工作 …… 203
推进“四业工程” …… 203
开展民政救助工作 …… 203
开展精准扶贫工作 …… 203
做好宅基地确权及登记发证工作 …… 204
严抓项目环评工作 …… 204
统筹协调教育均衡发展 …… 204
开展农业普查工作 …… 204
基层党建工作成效显著 …… 204
“两学一做”学习教育 …… 204
落实基层党建七项重点任务 …… 205
抓党建促脱贫 …… 205
增强政治纪律 …… 205
巩固民族团结 …… 205
强化维稳保障 …… 205
做好特殊人群管理服务教育工作 …… 205
畅通信访渠道 …… 205
开展法制宣传 …… 205
抓实安全生产 …… 206

龙仁乡

概况 …… 206
经济发展 …… 206
基层党建 …… 206
学习教育 …… 207
换届选举 …… 207
党风廉政建设 …… 207
强基惠民 …… 207
脱贫攻坚 …… 208
重点项目 …… 208
综治维稳 …… 208
畜牧工作 …… 209
教育工作 …… 209
社会保障 …… 209
文体活动 …… 209

宁中乡

概况 …… 210
经济发展 …… 210
党建工作责任制 …… 210
党委班子自身建设 …… 210
支部建设 …… 210
党员教育 …… 211
贯彻落实中央精神和区市县党委决策部署 …… 211
“两学一做”学习教育 …… 211
优化生态环境 …… 211
精神文明建设 …… 212
巩固牧业基础 …… 212
推进社会事业 …… 212
村集体经济 …… 212
基础设施建设 …… 212
作风效能建设 …… 212
精准扶贫 …… 213
加强组织领导，层层落实责任 …… 213
注重结对帮扶 …… 213
精准识别贫困户 …… 213
严格程序建档立卡 …… 213
驻村工作队复查 …… 213
乡政府审核 …… 213
以业脱贫情况 …… 213
以迁脱贫情况 …… 214
以补脱贫情况 …… 214
以教脱贫情况 …… 214
以助脱贫情况 …… 214
以保脱贫情况 …… 214
加强监督、严格考核 …… 214
强化矛盾纠纷排查 …… 214

完善防控体系建设 …………………………… 214
不断深化平安建设 …………………………… 214
持续推进“双联户”工作 ………………… 215

乌玛塘乡

概况 ………………………………………… 215
机构设置 …………………………………… 215
党建工作 …………………………………… 215
宣传、文化工作 ………………………… 216
畜牧工作 …………………………………… 216
教育工作 …………………………………… 216
合作医疗 …………………………………… 216
新型农村社会养老保险 ………………… 216
精准扶贫 …………………………………… 216
“四业工程” …………………………… 216
民政工作 …………………………………… 217
环保工作 …………………………………… 217
铁路护路工作 ……………………………… 217
维稳工作 …………………………………… 217
“双联户”工作 ………………………… 217

附　录

受区（县）级以上表彰的先进集体名录 … 218
受区（县）级以上表彰的先进个人名录 … 221
索引 ………………………………………… 227

彩页目录

中共当雄县委员会 …………………………… 239

当雄县人民代表大会常务委员会 …………… 242

当雄县人民政府…………………………………… 244

中国人民政治协商会议当雄县委员会………… 246

中共当雄县纪律检查委员会（监察局）……… 248

当雄县人民检察院………………………………… 250

当雄县人民法院 ………………………………… 252

中共当雄县委组织部（编办）………………… 254

中共当雄县委宣传部 …………………………… 256

中共当雄县委统战部（民族宗教事务局）…… 258

中共当雄县委政法委员会……………………… 260

当雄县公安局……………………………………… 262

当雄县司法局……………………………………… 264

中共当雄县委办公室…………………………… 266

当雄县人民政府办公室 ………………………… 268

当雄县人民代表大会常务委员会办公室……… 270

中国人民政治协商会议当雄县委员会办公室
…………………………………………………… 272

共青团当雄县委员会…………………………… 274

当雄县人民武装部……………………………… 275

当雄县总工会 …………………………………… 276

当雄县妇女联合会……………………………… 277

当雄县财政局 …………………………………… 278

当雄县民政局……………………………………… 280

当雄县发展和改革委员会……………………… 281

当雄县统计局 …………………………………… 282

当雄县住房和城乡建设局……………………… 283

当雄县文化广播影视（新闻出版、文物）局
…………………………………………………… 284

当雄县国土资源规划局………………………… 285

当雄县畜牧业综合开发办公室………………… 286

当雄县教育（体育）局………………………… 287

当雄县环境保护局………………………………… 288

当雄县卫生局……………………………………… 289

当雄县食品药品监督管理局 …………………… 290

当雄县旅游局……………………………………… 291

当雄县水利局……………………………………… 292

当雄县信访局……………………………………… 293

当雄县人力资源和社会保障局………………… 294

当雄县商务局（工业和信息化局）…………… 295

当雄县安全生产监督管理局 …………………… 296

当雄县综治委护路护线工作领导小组办公室
…………………………………………………… 297

当雄县畜牧局 …………………………………… 298

当雄县牦牛冻精站……………………………… 299

当雄县净土产业投资开发有限公司 ………… 300

当雄县气象局……………………………………… 302

当雄县国家税务局………………………………… 303

当雄县当曲卡镇…………………………………… 304

当雄县羊八井镇…………………………………… 306

当雄县乌玛塘乡…………………………………… 308

当雄县宁中乡……………………………………… 310

当雄县龙仁乡 …………………………………… 312

当雄县格达乡 …………………………………… 314

当雄县公塘乡……………………………………… 316

当雄县纳木湖乡 ………………………………… 318

拉萨市当雄县嘎洛寺管理委员会……………… 320

拉萨市当雄县多吉林寺管理委员会…………… 321

拉萨市当雄县康玛寺管理委员会……………… 322

拉萨市当雄县羊八井寺管理委员会…………… 322

武警当雄县中队 ………………………………… 323

当雄县公安消防大队…………………………… 324

当雄县人民医院 ………………………………… 325

当雄县中学………………………………………… 326

当雄县电信局……………………………………… 327
当雄县邮政分公司…………………………………… 328
中国移动通信集团西藏有限公司当雄县分公司
……………………………………………………… 329
联通当雄县营业部…………………………………… 330
当雄县工商行政管理局……………………………… 331
中国农业银行股份有限公司当雄县支行……… 332

特 载

瞄准目标 卯足干劲 精准发力
为全面建成小康当雄而不懈奋斗

——在中国共产党当雄县第九次代表大会上的报告

中共当雄县委书记 张 正

（2016年9月17日）

中国共产党当雄县第九次代表大会，是在我县全面实施“十三五”规划、全面建成小康社会决胜阶段召开的一次十分重要的会议。大会的主题是：高举中国特色社会主义伟大旗帜，以邓小平理论、“三个代表”重要思想、科学发展观为指导，深入贯彻落实党的十八大，十八届三中、四中、五中全会和中央第六次西藏工作座谈会精神，深入贯彻落实习近平总书记系列重要讲话精神、特别是“治国必治边、治边先稳藏”的重要战略思想和“加强民族团结、建设美丽西藏”的重要指示，坚持“依法治藏、富民兴藏、长期建藏、凝聚人心、夯实基础”的重要原则，以“四个全面”战略布局为统揽，牢固树立“五大发展理念”，全面贯彻落实区市党委八届七次、八次全委会精神，动员全县各级党组织、广大党员干部群众，解放思想、团结拼搏，锐意进取、攻坚克难，奋力推进经济社会长足发展和长治久安，为奋力谱写中华民族中国梦当雄新篇章、确保顺利实现全面建成小康社会而努力奋斗。

一、总结回顾过去五年工作

县第八次党代会以来，在市委的正确领导下，在北京市的无私援助下，县委团结带领全县各族人民，坚持“四个全面”战略布局，坚持“治国必治边、治边先稳藏”的重要战略思想，坚持“依法治藏、富民兴藏、长期建藏、凝聚人心、夯实基础”的重要原则，牢固树立稳定第一责任和发展第一要务的思想，全面深入贯彻落实市委“六大战略”，全县呈现出经济社会全面发展，党的建设不断加强，民生事业不断改善，民族团结持续巩固的良好局面。

——过去的五年，是县域经济实力全面提升、发展方式明显转变的五年

2015年，全县地区生产总值完成12.86亿元，是2010年的2.35倍；地方财政一般预算收入完成

2亿元，是2010年的4.65倍；固定资产投资完成24.81亿元，是2010年的3.62倍；规模以上工业增加值完成2.07亿元，是2010年的1.24倍；社会消费品零售总额完成1.48亿元，是2010年的4.48倍；农牧民人均可支配收入11445.08元，是2010年的2.23倍。五年来，我们始终把经济发展摆在突出位置，主动适应经济发展新常态，以现代畜牧业为基础，以旅游业为支撑，以招商引资为抓手，以项目建设为依托，加大财政投入，强化工作举措，使县域经济实现了规模、质量和活力的全面提升。牧业基础持续巩固。五年来，我们累计投入2.65亿元，兑现了草原生态保护补助奖励资金，实施人工种草2.5万亩，扶持33家发展前景好，带动作用强的牧民专合组织，完成龙仁乡曲登羊阁村牦牛养殖小区、藏系绵羊标准化规模养殖场、乡（镇）兽防所、防抗灾物资储备库和净土农畜产品交易市场等项目，使畜牧业的基础地位更加牢固。同时，为打造有当雄特色的净土健康品牌，诚信推出有“身份证”的牦牛肉。旅游特色更加凸显。我们立足独特的旅游资源优势，以提升旅游形象和游客满意度为标准，重点建设“两区一带一环线”精品旅游工程和以登山为主的户外运动基地，着力打造集文化旅游、休闲度假、特色体验于一体的旅游发展升级版。通过成功举办“相约纳木湖畔·寻觅虫草之旅”“当吉仁”赛马节、“纳木错国际徒步大会”等形式多样、内容丰富的活动，进一步扩大影响力，着力把当雄打造成重要的旅游目的地。五年来，全县接待国内外游客292.1万人次，实现旅游门票收入3.01亿元，带动相关产业实现收入5.5亿元，旅游业在全县经济社会发展中的支撑作用更加明显。招商引资提质增效。不断完善招商引资项目库，重点加大净土健康产业、新能源建设等方面的招商引资力度。同时，以打造“两个基地”为目标，引进项目21个，完成投资33.53亿元。项目建设持续推进。我们坚持项目带动战略，累计投入1400余万元，设立项目前期经费，成立项目评审中心，聘请项目咨询管理人员，全程参与项目的质量、进度和信息档案管理，着力推进“四个一批”建设项目。五年来，累计投资16.35亿元，完成项目建设165个，项目在经济社会发展中的带动作用越来越凸显。

——过去的五年，是党的建设全面加强、基层基础更加夯实的五年

我们始终坚持党要管党、从严治党，加强党员队伍建设、基层组织建设、党风廉政建设，不断提高党的创造力、凝聚力、战斗力，党的建设迈上新台阶。

一是强基固本，党建工作更扎实。我们着重从加大投入、发挥作用、规范管理等方面入手，加强“一岗双责”监督检查，晋位升级基层党组织，健全党内帮扶激励机制，强化了基层组织建设。对全县3名以上正式党员的单位均成立了党的基层组织，在“双联户”单位中设立400余个党小组。30个软弱涣散基层党组织全部晋位升级。扎实开展乡（镇）领导班子和村（居）“两委”换届选举工作，选齐配强了乡（镇）和村（居）“两委”班子；经市委批准，选举产生新一届县级党代表226名、人大代表107名。先后选派165名乡（镇）干部下沉到村（居）工作。持续推进村级组织“七有”规范化建设。设立党建工作联系点37个，指导开展党建工作350余次，督查党建责任制落实情况10余次。同时，设立村级集体经济专项扶持资金560万元，着重发展壮大村集体经济。党的基层组织得到进一步夯实。

二是惩防结合，从严治党更深化。严格执行中央八项规定、自治区“约法十章”“九项要求”和市委“八项要求”，积极落实“两个责任”，持之以恒纠正“四风”，进一步严守纪律、严明规矩，作风建设取得新成效。落实党风廉政建设主体责任，支持纪检监察机关履行监督责任。县委常委会每年召开4次以上党风廉政建设专题会议，解决重点难点问题。深入开展廉政文化“六进”活动和主要领导与乡（镇）、县直各部门主要负责同志党风廉政建设约谈活动，筑牢了党员领导干部的廉政思想防线。投资180万元，建立全区第一个县级党风廉政建设和预防职务犯罪警示教育基地。加大执纪检查和惩戒问责

力度，严查违纪行为，营造了风清气正的政治氛围。五年来，共查处违反中央八项规定精神2起，处理2人，全面清理整治违规占用周转房33套，收缴部分单位超编公务车25辆。

三是注重培训，党员教育更全面。以开展党的群众路线教育实践活动、“三严三实”“忠诚干净担当”和“两学一做”教育为契机，以支部书记讲党课，学党章党规、学系列讲话为重点，以“请进来”“走出去”教育培训为依托，组织县委理论中心组学习115次，开展各类宣讲活动450余场次，发放宣传学习手册4万余份，举办培训200余期，累计教育培训干部职工4万余人次。通过教育培训，更加坚定了广大党员干部对中国特色社会主义的道路自信、理论自信、制度自信、文化自信。

四是创新宣传，内容形式更丰富。投入70万元，打造“逐梦当雄”手机客户端、“幸福当雄”微信公众号新媒体宣传平台，进一步强化网上舆论宣传。投资8450万元，打造多媒体原创游牧实景音画诗剧“天湖·四季牧歌”，邀请知名藏族歌手演唱“九天圣湖纳木错”等10首脍炙人口的歌曲，进一步扩大宣传覆盖面。投资252.82万元，分别在拉萨、堆龙、当雄建设了6座13面户外广告牌，丰富对外宣传手段和形式。与自治区文联、电影频道洽谈，邀请著名导演、制片人、演员，并与有实力的传媒公司联合拍摄的电影《天缘·纳木错》于今年9月9日在纳木湖畔开机，促进了文化与旅游的深度融合。

——过去的五年，是社会事业全面进步、生活水平显著提高的五年

我们坚持把保障和改善民生作为工作的出发点和落脚点，大力实施民生工程，集中资金向民生领域、基层一线倾斜。一是全力办好民生实事。五年来，我们累计投入民生资金2.37亿元，实施教育、医疗、交通、水利等涉及群众的民生实事，并完成了96个扶贫项目，使牧民群众的生产生活条件不断改善。二是科教文卫全面发展。在教育方面，我们累计投入资金近2亿元，全面改善中小学办学条件，全额资助了2444名当雄籍大学生。截止2015年底，小学适龄儿童入学率达99.57%、巩固率达99.04%；初中入学率达98.17%，巩固率达98.55%。在文化事业方面，我们累计投入1756万元，全面完成县广播电视综合业务用房、新华书店和民间艺术团排练场等项目建设，实现县、乡、村三级文化服务设施网络体系和文化阵地建设全覆盖。牧家书屋、寺庙书屋、广播电视、电影放映等文化惠民工程，覆盖率及免费开放率达100%。广播电视覆盖率分别达98.5%和99.4%。在医疗卫生方面，我们累计投入1.19亿元，完成当雄县卫生服务中心、急救中心和县医院食堂等基础设施建设；率先在全市推行“先治疗、后结算”住院绿色通道，设立200万元基金对遭遇重大变故家庭实施救助。三是统筹推进城乡建设。投入3.37亿元，新建廉租房72套，周转房538套，公租房270套，实施2346户农牧民安居工程和150户棚户区改造，对16个点的人居环境进行了整治，干部群众居住条件不断改善。投入资金3.34亿元，重点实施道路交通、县乡附属工程、农贸市场、垃圾填埋场等基础设施项目建设，城乡面貌焕然一新。四是社会保障体系逐步完善。累计投入资金3059.86万元，慰问救助低收入困难群众1.9万人次。全县76名有意愿集中供养的五保老人全部入住“三县”社会福利院，集中供养率达100%。农牧民五险覆盖率达到96%以上。同时，整合“四业工程”培训资金1503万元，开展职业技能培训46期，完成培训1.76万人，实现劳务输出4.2万人次，全面动态消除零就业家庭。

——过去的五年，是社会局势全面稳定、治理成效更加显著的五年

五年来，我们始终牢固树立“稳定压倒一切”的思想，把稳定作为硬任务和第一责任，深入贯彻落实自治区十项维稳措施，齐心协力、统筹推进，着力构建维护稳定的长效机制，有效防范各类渗透破坏活动，全面推进社会局势持续稳定、长期稳定、全面稳定。一是加强社会综合治理。围绕矿山管理、采砂治理、交通安全、火灾防范和建设领域安全生产等重点工作，不断创新体制，健全运行机制，最大限度地消除不

稳定因素。深化社会矛盾纠纷排查化解工作，提高信访结案率和就地稳控率。妥善解决了我县与那曲县的草场纠纷和1997年以来全县遗留的15件“钉子案”“骨头案”，确保了12年一次“羊年转湖”、西藏和平解放60周年、自治区成立50周年大庆期间的维稳安保工作，实现了“零人员伤亡、零案（事）件、零暴恐事件、零负面影响”的目标。二是加强和创新寺庙管理。投入资金1662.2万元，巩固寺庙“六建”“六个一”“9+5”活动，实施寺庙人居环境整治、僧舍修建改造工程，寺庙公共服务水平不断提高。全县219名在编僧尼全部享受养老保险、医疗保险、最低生活保障和免费健康体检。隆重开展和谐模范寺庙暨爱国守法先进僧尼表彰评选活动10次，通过实施一系列利寺惠僧举措，全县广大僧尼的“四个意识”切实得到增强。三是加强城镇网格化管理。投入资金2.92亿元，扎实开展交通安全整治、社会治安防控、网格化管理和“双联户”创建评选活动，进一步健全维稳工作体系，全面推进法治当雄、平安当雄、和谐当雄建设进程。建立完善全县963个联户单位基本信息数据库，实现全县1.23万平方公里的综治管理服务网络全覆盖。四是加强民族团结教育。全面贯彻落实党的民族宗教政策，积极深化民族团结宣传教育，深入推进民族团结进步“七进”活动和共产党员民族团结先锋活动、共青团员民族团结闪光行动、少先队员民族团结牵手行动，巩固了各民族共同团结奋斗、共同繁荣发展的良好局面。五年来，隆重表彰了在民族团结方面做出杰出贡献的74个模范集体和104名模范个人，其中，推荐自治区表彰模范集体9个，模范个人5名，推荐市级表彰模范集体18个、模范个人22名。

——过去的五年，是生态建设全面加强、环境质量持续向好的五年

我们牢固树立保护生态环境就是保护生产力，改善生态环境就是发展生产力的理念，高度重视生态环境保护与建设，牢固树立底线思维，始终坚守生态保护这条底线、红线、高压线，将环境保护作为重要指标纳入年终考核，做到保护中求发展、发展中重保护。五年来，累计投入9112万元，实施清洁能源推广、生物灭鼠、生活垃圾收集转运、道路景观修复工程等七个项目和纳木错湖泊生态环境保护工程。通过不懈的努力，2014年创建国家环境保护模范城市工作顺利通过国家考核组验收，全县4个乡（镇）、24个村（居）也陆续获得自治区级生态文明乡村荣誉称号。

——过去的五年，是对口支援全面深化、体制机制不断完善的五年

五年来，我们主动加强与北京市对口援助县区的沟通交流，建立形成了常态化的项目对接机制、交流合作机制和干部培训机制。“十二五”期间，北京市累计投资8249万元，重点实施了羊八井、纳木湖两个乡镇卫生院的改扩建，县中学、纳木湖乡中心小学、乌玛塘乡中心小学、格达乡中心小学四所中小学校的集中供暖，交通沿线、旅游沿线792户民房整体改造等10个惠及民生的项目。组织3批90名党员干部、专技人员赴北京进行培训。组织筛选出的89名先心病、髋关节、唇腭裂患者赴北京和广州进行免费治疗。同时，援助单位还不断创新援藏模式、加大援藏力度、提升援藏实效，有力巩固和发展了以干部援藏为主的全方位、宽领域、多层次的援藏工作格局，为推动我县发展稳定注入了强大动力。

过去的五年，我们先后荣获了全国平安铁路“示范县”，全国县（市）科技进步先进县，全国文明城市先进单位，第六届全国服务农民、服务基层文化建设先进集体；全区民族团结进步模范县，全区维护稳定工作先进集体，全区“两基”工作先进单位，全区政法工作先进单位；连续两年在全市争先进位考核中获得进位奖，全市先进“双联户”创建先进县等182项国家和区、市荣誉。

这些成绩的取得，是区市党委坚强领导的结果，是北京市无私援助的结果，是本届县委与县人大、政府、政协精诚团结、共同努力的结果，是全县各级党组织和广大干部职工辛勤工作的结果，是全县各族人民团结奋斗，社会各界大力关心、支持的结果。在此，我谨代表当雄县委，向

所有关心、支持和参与当雄改革发展稳定各项事业的各级党组织、各条战线的领导和同志们，表示衷心的感谢并致以崇高的敬意！

回顾五年来的实践，我们深深体会到：

*必须毫不动摇地加强党的建设，用先进的理论指导发展。*五年来，我们始终坚持一心一意谋发展、聚精会神抓党建的原则，切实推进“两个责任”的落实，在强化干部队伍建设，夯实基层基础，加强党风廉政建设等方面出台了一系列行之有效、切实可行的具体举措，党的建设不断深入。实践证明，只有不断加强党的建设，从严管党治党，才能为经济社会发展提供坚强的组织保障。

*必须毫不动摇地践行党的宗旨，用服务的理念引领发展。*五年来，我们始终坚持党的群众路线，认真践行党的宗旨，视群众为家人、视民生为家事，解民忧、暖民心、惠民生，不断密切党同群众的鱼水深情，使党在牧区的根基日益牢固，群众的幸福感和满意度日益增强。

*必须毫不动摇地坚持执政为民，用惠民的举措推动发展。*五年来，我们严格实施《当雄县“十二五”时期国民经济和社会发展规划纲要》，聚焦群众普遍关心的教育、医疗、卫生、就业、住房等问题，着力在民生领域加大经费投入，重点改善群众生产生活条件，尽心尽力办民事、解民困，千方百计促民富、安民心，使广大牧民群众最大限度地共享经济社会发展成果。

*必须毫不动摇地巩固民族团结，用凝聚的力量加快发展。*五年来，我们坚持“共同团结进步、共同繁荣发展”的主题，一手抓团结稳定，一手抓繁荣发展，在建设美丽幸福新当雄的历程中，涌现出一批批民族团结的先进楷模，才有了今天和谐稳定的社会大局，才有了繁荣发展的新当雄。

*必须毫不动摇地维护社会稳定，用和谐的环境促进发展。*五年来，我们牢固树立稳定压倒一切的思想，正确处理稳定与发展的关系，建立和完善维稳工作长效机制，妥善化解各类矛盾纠纷，加大法治宣传力度，强化安全生产监管，严厉打击各类违法犯罪活动，切实维护各族人民权益，创造了各族群众和睦相处、和衷共济、和谐发展的良好局面。

在肯定成绩的同时，还要清醒的看到，我们还存在一些不容忽视的问题。一是个别党员干部担当意识、创新精神和抓落实的力度不够，思想认识、能力素质与工作要求还不相适应。二是经济总量小，旅游业仍停留在门票经济时代，净土健康产业刚刚起步，项目建设受环境气候影响进度缓慢，村集体经济缺乏长远规划，乡村基础设施落后，公共服务水平有待提高。三是城镇建设管理与群众的期望还有一定差距，县城路网不畅、交通秩序混乱问题依然存在。四是基础设施建设薄弱，一些事关群众切身利益的问题还未得到有效解决。以上这些问题，我们必须采取更加务实有效的措施，切实加以解决。

二、今后五年的形势分析、指导思想及目标任务

今后五年，是事关精准扶贫、精准脱贫工作成败，事关全面建成小康社会目标能否实现，事关“十三五”规划能否完成的五年，是我们抢抓新机遇，谋求新发展，推动县域经济实力发展壮大的五年，也是我们应对复杂多变经济形势，抵御严峻风险挑战的五年，更是我们把握主动，释放潜力，大有作为的五年。总的来看，未来五年我县经济社会发展面临的机遇和挑战并存，机遇大于挑战。

未来五年的发展机遇：一是政策保障有力。以习近平同志为总书记的党中央，始终重视、关心、支持西藏发展，在中央第六次西藏工作座谈会上，研究部署了进一步推进西藏经济社会发展和长治久安工作，制定了一系列特殊优惠政策，为推动当雄经济社会健康发展指明了方向，提供了遵循。二是援藏工作纵深发展。北京支援力度不断加大，工作形式不断创新，援助领域进一步拓宽，为促进当雄经济发展、社会稳定、民生改善注入了强大动力。三是独特的资源禀赋。109国道和即将开通的京藏高速贯穿全县，纳木错、念青唐古拉山、羊八井地热温泉、阿热湿地、唐滨湖、羌塘草原景观均坐落我县，“当吉仁”赛马节的举办、“天湖·四季牧歌”工程的实施，为我们以后的发展提供了强大内生动力。四是群众基础稳固。社会事业全面进步，民生持续改善，人民群众保稳定、谋发展、奔小康的热情更加高涨。特别是“双联户”网格化管理模式不断推进，使社会治理水平不断提高，各民族交往交流交融更加深入，社会大局和谐稳定，形成了政通人和的发展环境。五是政务环境优良。健全完善了村（居）第一书记、村民服务中心主任、驻村干部、下沉干部、党员干部联系服务群众制度，培养和锻炼了一支争先进取、创新苦干的干部队伍，为全县各项事业发展提供了良好的政务服务环境。

未来五年所面临的挑战：一是维护社会稳定的任务较重。我们长期面临十四世达赖集团和支持他们的国际敌对势力的渗透破坏，维护稳定的形势依然严峻、任务异常繁重，干部群众对于“后达赖”和“达赖后”的变化认识不到位，防范意识还不强。二是经济发展的瓶颈仍然突出。传统产业结构优化不明显，市场竞争力弱，改革创新步伐缓慢，经济效益不好。新兴产业尚在培育，非公有制经济规模小，带动性强的龙头企业少，经济增长的内生动力不足。三是社会发展的短板需要补齐。城乡发展不平衡，区域发展不平衡，产业发展不平衡，扶贫攻坚任务艰巨，就业、教育、医疗、文化体育、社会保障等公共服务还有发展空间，增进群众福祉还需付出更大努力。四是作风建设的力度仍需加强。个别部门政治意识、大局意识、核心意识、看齐意识和“说办就办、马上就办”的意识不强，个别干部职工办事拖拉，主动作为欠缺，苦干实干的作风不硬，心浮气躁，务实担当不够，市场经济知识储备不足，一定程度上阻碍了当雄的经济社会发展。

基于以上形势，我们今后五年工作的指导思想是：高举中国特色社会主义伟大旗帜，以邓小平理论、“三个代表”重要思想、科学发展观为指导，深入贯彻落实党的十八大，十八届三中、四中、五中全会和中央第六次西藏工作座谈会精神，深入贯彻落实习近平总书记系列重要讲话精神、特别是“治国必治边、治边先稳藏”的重要战略思想和“加强民族团结、建设美丽西藏”的重要指示，坚持以“四个全面”战略布局为统揽，坚持党的治藏方略，坚持“依法治藏、富民兴藏、长期建藏、凝聚人心、夯实基础”的重要原则，牢固树立“和谐稳定、均衡协调、共享共建、绿色健康、创新开放”的发展理念，牢牢把握“稳中求快”的总基调，全面落实区市党委八届七次、八次全委会精神，努力建设一个经济更加繁荣、社会更加和谐、生态更加优美、政治更加清明、人民更加幸福的新当雄，确保全面建成小康社会目标顺利实现，奋力谱写中华民族中国梦当雄新篇章。

今后五年的主要目标任务是：党的建设不断加强。充分发挥党委总揽全局、协调各方的领导核心作用，坚持党要管党、从严治党，全面落实“两个责任”，在加强干部队伍、思想作风、基层组织建设等方面绵绵用力、久久为功，不断提高领导能力和执政水平；继续保持对腐败问题的高压态势，着力深化党风廉政建设工作，全面提高党的建设制度化、规范化、科学化水平。经济实力迈上新台阶。地区生产总值突破40亿元，年均增速保持在两位数以上；社会固定资产投资、公共财政收入、工业增加值、社会消费品零售总额年均增长15%以上。人民生活水平全面提升。城乡居民人均可支配收入年均增长10%和15%以上；城镇登记失业率控制在2.2%以内；实现国家现行标准下的1835户7809人全部脱贫。城乡统筹实现新突破。大力推进新型城镇化战略，形成以县城为核心、乡镇为纽带、中心村为支点的统筹发展新格局，全县城镇化水平大幅提升。继续深化新农村建设，加快推进城乡一体化，建成覆盖城乡的基础设施网络和公共服务共享体系。社会治理全面提升。反分裂斗争不断深入，群防群治基础更加牢固，严密防范和依法打击各类分裂活动的措施更加合理有效。公共突发事件、民族分裂活动、极端宗教活动的防范、处置机制与体系更加健全。群众诉求表达、利益协调、权益保障渠道更加畅通。法治建设深入推进，人民群众安全感和满意度不断提高，社会局势更加和谐稳定。

民族团结不断巩固。采取务实举措不断增强各族人民对伟大祖国的认同、对中华民族的认同、对中华文化的认同、对中国共产党的认同、对中国特色社会主义的认同，不断增强各族群众的参与感、获得感和幸福感。生态文明保护成效明显。经济发展、人口布局与资源环境承载能力更趋协调，实现“国家级生态文明县”创建目标。大幅提高资源集约节约利用水平，全面完成节能减排各项目标任务，可持续发展能力明显增强。

今后五年的总体思路是：紧紧咬住“两年脱贫，三年巩固”的“一个目标”，打好基层党建和从严治党“两个基础”，大力发展现代畜牧业、精品旅游业和净土健康产业“三大产业”，倾力打造游客旅游休闲体验基地、现代畜产品生产基地、新能源发展基地、天然饮用水生产基地“四个基地”，牢牢把握政治底线、维稳底线、安全生产底线、生态保护底线、廉洁自律底线“五条底线”，全面落实市委“六大战略”。

三、今后五年的重点工作

目标已定，任务明确，我们一定要抢抓机遇，进一步增强自信心和责任感，在抢抓机遇中攻坚克难，在奋力拼搏中破浪前行，重点做好以下几个方面的工作。

（一）以发展现代畜牧业为抓手，着力推进净土健康产业蓬勃发展

一是大力发展现代畜牧业。要建设好现代牧业示范园区，深化有“身份证”的牦牛肉品牌内涵，开发好以有“身份证”的牦牛肉为品牌的系列畜产品，完成绿色食品认证、QS认证，将优质的当雄牦牛肉推向全国。实现规模化畜产品深加工，实现牲畜舍饲圈养。积极保护好地域品牌，打造有市场有影响力的品牌，力争培育出2个规模较大的牛羊肉、奶制品加工企业。

二是大力发展新能源产业。要依托当雄地广人稀、光照充足、地热资源和风能资源丰富的优势，利用地处青藏电网沿线的区位优势，抓住全区“十三五”期间光伏产业规划指标的二分之一落户当雄的机遇，全面启动“当雄羊八井—格达乡新能源产业园区”建设，以羊八井地热电站和羊易地热电站为轴，光伏与风能连线成片发展，形成以光伏产业、地热综合开发利用、风能开发利用产业为主的新能源产业园区。

三是大力发展水产业。要以5100矿泉水品牌为引领，进一步做好纳木错圣水品牌建设和产能扩建，继续做好净土公司与西藏象雄饮用水有限公司合作，力争“十三五”期间，全县天然饮用水产量达到50万吨以上，总产值达到10亿元以上，年上缴税收达2亿元以上，带动相关就业1000人左右。

（二）以发展现代服务业为抓手，着力推进旅游产业提档升级

要在旅游“特色”上下功夫，要以多样的地貌、多元的文化、多彩的民俗为特色，着力打造集自然风景观光、牧区民俗文化体验、身体理疗休闲为一体的精品旅游。让游客在与当雄自然、历史、文化的对话中，收获宝贵难忘的人生经历。一是要集中力量做好纳木错景区保护与开发工作，完成景区减畜和搬迁任务，确保明年7月完成纳木错景区示范建设工作。二是要完成唐滨湖、廓琼岗日冰川、阿热湿地公园的景区开发项目建设，丰富自然风景观光景点。三是实现羊八井、宁中、康玛温泉理疗度假升级，开发好羊八井户外运动中心建设项目，启动“温泉＋”旅游模式，打造4A级康玛药泉度假村，并结合纳木错景区、阿热湿地和羌塘草原风光，实施“温泉＋景区”联合开发，让当雄成为游客的身体理疗休闲理想选择。四是要实现旅游与文化融合发展。不断挖掘文化旅游内涵，要借电影《天缘·纳木错》、“天湖·四季牧歌”等文化项目大力宣传好当雄。五是在项目布局和建设方面要充分考虑景区、景点的布局，形成全县都是景点，全城都是旅游线路格局。同时，主动融入拉萨唐蕃古道文化寻踪环线，开发精品线路，拓宽旅游收入渠道。继续举办好“当吉仁”赛马节、“相约纳木湖畔·寻觅虫草之旅”“纳木错国际徒步大会”等旅游文化活动。力争到“十三五”末，将纳木错创建为5A级景区，实现旅游综合收入10亿元以上，年接待游客突破150万人次。

（三）以精准扶贫精准脱贫为抓手，着力推进民生事业持续改善

精准扶贫精准脱贫是我县当前最大的政治任务、最大的民生任务、最大的发展任务，这场脱贫攻坚战，是全面建成小康社会的刚性目标、底线要求，我们一定要强化责任担当，进一步坚定信心、抓住关键、靠实责任，全力做好脱贫攻坚工作，如期保质完成各项脱贫攻坚任务，以实际行动兑现对全县牧民群众的庄严承诺。

一是要坚定信心。这场脱贫攻坚战，没有退路，只能打赢、必须打赢，也有条件打赢、有能力打赢。中央、区市党委出台了更加惠及贫困地区、贫困人口的政策措施，实施了一系列更有针对性的重大发展举措。中央第六次西藏工作座谈会和加强东西部扶贫协作会上，进一步明确了倾斜性政策和扶持举措。北京援藏工作向纵深发展，援藏资金重点向精准扶贫倾斜。我们有强大的政策支撑和良好的发展基础，只要我们有敢打必胜的信念，有真抓实干的作风，我相信我们完全可以提前完成脱贫目标任务。

二是要抓住关键。要以解放思想为切入点，加大宣传力度，全面营造“依法致富光荣，勤劳致富光荣”的脱贫致富良好社会氛围。要以除陋习为突破点，积极开展“代位诉讼”“公益诉讼”法律援助活动，维护好妇女儿童和老人的合法权益，形成良好的公序良俗社会导向。要以产业带动为支撑点，大力发展现代畜牧业、精品旅游业、净土健康产业，以产业项目带动贫困村和贫困户就业增收。要以就业解决脱贫为立足点，不断加大“四业工程”培训力度，让贫困户有一技之长，促进就业。全县的草补监督员、护林员、环境保护监督员等岗位要向贫困户倾斜。

三是要靠实责任。精准扶贫精准脱贫工作涉及方方面面，全县上下要牢固树立“一盘棋”思想和“大扶贫”意识，全面靠实工作责任，切实把包乡县级领导责任靠实、把六个专项推进组责任靠实、把乡（镇）主要领导责任靠实、把县直单位责任靠实、把驻村工作队责任靠实。切实强化衔接配合，建立起“上下衔接、左右联动、合力推进”的工作格局。要建立完善考核机制，加强督导检查，强化责任追究。切实做到“不摘帽不松劲，不脱贫不脱钩，不小康不罢休”。

同时，要继续坚持每年为群众办好“十二件”民生实事。坚持教育先行，继续加大资金投入，加强教育基础设施建设，到2020年，适龄儿童入学率达到100%，初中阶段入学率达到99%，高中阶段入学率达到65%以上。继续实施大学生全额支助政策。认真落实好教育、医疗组团式援藏工作，加大卫生基础设施建设和住院分娩宣传力度，健全完善医疗卫生服务体系，加强各类疾病防治工作，持续实施“先治疗、后结算”制度。持续推进“四业工程”，吸纳城乡富余劳动力，扎实做好就业创业服务，推动“大众创业、万众创新”。不断完善社会救助体系，加大城乡低保、临时救济、大病救助和残疾人的帮扶力度，切实保障群众基本生活。增强科技宣传推广、科普基础设施建设和实用技能培训力度，让科技成果惠及全县人民。

（四）以生态环境保护为抓手，着力推进生态安全屏障建设

牢固树立保护生态环境就是保护生产力、绿水青山就是金山银山的理念，坚持把保护生态环境作为底线、红线、高压线，切实保护好雪域高原的一草一木、山山水水，保护好“世界屋脊”“地球第三极”，确保天蓝地绿水清，努力建设美丽当雄。一是保护好当雄的“肺”，认真做好阿热湿地规划内的牧民搬迁工作，确保搬得出、稳得住，扎实推进阿热湿地公园项目建设，保护好阿热湿地的生态平衡。二是保护好当雄的“血液”，扎实开展当雄河道环境整治工作，保护好拉萨河上游水源。以“河面无漂浮物、河中无障碍物、河岸无垃圾”为目标，切实加强河道及周边环境卫生整治，全面推进当雄河水综合整治工作，确保当雄河道干净、安全和美观，切实保护好当雄河道的生态环境。三是保护好当雄的草原，继续实行草原生态保护补助奖励政策，建立草原生态修复长效机制，实现草畜平衡。四是建好基础设施。要着力建设好污水处理厂、垃圾

填埋厂项目，到2020年，城镇污水集中处理率达80%以上，生活垃圾无害化处理率达90%以上，主要污染物排放总量优于国家标准。

（五）以维护社会稳定为抓手，着力推进法治当雄建设

坚决贯彻落实习近平总书记努力实现西藏持续稳定、长期稳定、全面稳定的重要指示，把维护祖国统一、加强民族团结作为一切工作的着眼点和着力点，牢固树立稳定压倒一切的思想，始终绷紧维护社会稳定这根弦。一是深化干部驻村工作，完成好七项重点任务，夯实发展稳定的社会基础。二是坚持创新寺庙管理体制，落实好利寺惠僧政策，建立依法管理寺庙的长效机制，积极引导宗教与社会主义社会相适应，构建依法管理、民主管理、社会管理相结合的新型管理模式。三是加强社会矛盾纠纷排查化解工作，努力实现信访案件“零搁置”。四是加强社会治安综合治理，深入开展严打整治，依法打击各类违法犯罪，提升群众安全感。五是强化新兴媒体管理和意识形态领域安全，加强互联网等新兴媒体管理和舆论引导，落实固定电话、手机、网络登记实名制，切实维护网络安全。六是严格落实维稳工作责任制，对失职渎职、在稳定方面出现问题的，严格按照“三个不论”严肃追责。全面推进安全生产综合整治，努力实现重特大安全事故“零发生”。

（六）以加强党的建设为抓手，着力推进从严治党走向深入

充分发挥党委总揽全局、协调各方的核心作用，不断提高党领导各项事业发展的能力。一是要始终把牢正确的政治方向。坚决贯彻落实习近平总书记对党绝对忠诚要害在“绝对”两个字的重要指示，毫不动摇地坚持党的基本理论、基本路线、基本纲领、基本经验，切实增强道路自信、理论自信、制度自信、文化自信，大力弘扬社会主义核心价值观，牢固树立政治意识、大局意识、核心意识、看齐意识，坚定不移向党中央看齐，自觉维护、拥戴、忠于以习近平同志为总书记的党中央，自觉在思想上政治上行动上同以习近平同志为总书记的党中央保持高度一致，对党忠诚、为党分忧、为党担当、为党尽责。二是要深入推进党风廉政建设和反腐败斗争，严格落实党风廉政建设责任制，落实好党委的主体责任和纪委的监督责任，进一步严明政治纪律和政治规矩，为经济社会发展提供良好的政治环境。三是坚决把党的政治纪律、政治规矩挺在前面，牢固树立西藏在党风廉政建设和反腐败问题上没有任何特殊性的思想，严格执行中央八项规定、自治区“约法十章”“九项要求”和市委“八项要求”，驰而不息整治“四风”，以零容忍的态度惩治腐败，营造雪域高原风清气正的政治生态，始终在廉洁自律方面不越红线、不失底线。四是要以“强党、固基、扶村”工作为契机，有效整合下沉干部、驻村工作队、村（居）“两委”班子力量，强化村支部委员会的战斗堡垒作用。继续加强基层党组织活动场所规范化建设，加大对基层党员干部的教育培训力度，发展好村集体经济，确保实现“三个全覆盖”。

同志们，新征程任重道远，新使命催人奋进，宏伟的事业激励着我们，各族人民的期待鼓舞着我们。让我们在以习近平同志为总书记的党中央坚强领导下，以百倍勇气，千倍信心，万倍努力，奋力谱写小康幸福当雄新篇章，为全面建成小康社会而不懈奋斗。

名词解释

1.“四个全面”：全面建成小康社会、全面深化改革、全面依法治国、全面从严治党的战略布局。

2. 有“身份证”的牦牛肉：对每头牦牛设立独有编号【编号540122（当雄县）-1（乡镇）-1（村）-1（组）-户】，实现“一个电话追溯肉的来源，一张标签证明肉的品质。”

3.“六大战略”：党建统市、环境立市、产业强市、文化兴市、民生安市、依法治市。

4. 四个一批：谋划储备一批、开展前期一批、开工建设一批、竣工投产一批。

5. 七有：有机构、有力量、有场所、有制度、有保障、有收入、有导向。

6. 净土健康产业：以青藏高原纯天然环境和无

污染草原、耕地、水土为条件，以提高高原生态环境服务生命的效能和价值为核心，以推进高原有机农牧业生产为基础，以开发高原有机健康食品、高原有机生命产品、高原地道保健药材、休闲养生旅游和清洁能源为主体，以先进技术改造和提升传统产业为重点，以聚合多种独特资源，实现产业升级和效益倍增为目标的地域型、复合型产业。

7.“八项规定”：改进调查研究；精简会议活动；精简文件简报；规范出访活动；改进警卫工作；改进新闻报道；严格文稿发表；厉行勤俭节约。

8.“约法十章”：改进调查研究，精简各类会议，精简文件材料，严控事务活动，规范出区出访，改进警卫工作，改进新闻报道，严格文稿发表，厉行勤俭节约，坚持廉洁自律。

9.“九项要求”：积极推进政企分开，切实规范行政权力；深化行政审批制度改革，努力提高行政效能；创新政府管理方式，提高政府行政能力；深入开展反腐倡廉，确保权力不被滥用；坚持科学民主决策，努力提高民主决策水平；建立问责制度，开展绩效评估；坚持依法行政，建立法治政府；强化大局意识，强化政府执行力和公信力。

10.“八项要求”：加强调研工作，切实掌握实情；严控会议规模，切实改进会风；严控发文数量，切实改进文风；严格审批程序，切实改进事风；严格宣传报道，切实提升质量；严控评比活动，切实规范表彰；严格信访制度，切实化解矛盾；严格廉洁自律，切实厉行节约。

11. 廉政文化“六进”：进机关、进牧区、进学校、进企业、进寺庙、进家庭。

12.“三严三实”：严以修身、严以用权、严以律己，谋事要实、创业要实、做人要实。

13.“两学一做”：学党章、学系列讲话、做合格党员。

14.“两个责任”：主体责任和监督责任。

15.“先治疗、后结算”：即疾病、大病住不起院的本县牧民群众，由县医疗卫生救助专项资金给予垫付先期住院押金，待群众出院后再行结算。

16.“四业工程”：以业育人、以业安人、以业富人、以业管人。

17.“两基”：是基本实施九年义务教育和基本扫除青壮年文盲的简称。

18. 精准扶贫：是粗放扶贫的对称，是指针对不同贫困区域环境、不同贫困农户状况，运用科学有效程序对扶贫对象实施精确识别、精确帮扶、精确管理的治贫方式。一般来说，精准扶贫主要是就贫困居民而言的，谁贫困就扶持谁。

19.“十项维稳措施”：以开展创先争优强基惠民活动为有力抓手，深化干部驻村工作；以干部驻寺常态化为主要内容，加强和创新寺庙管理；以便民服务、维稳处突为首要职能，强化城镇网格化管理；以维护藏传佛教正常秩序为基本目标，依法依规管理宗教事务；以强化社会面管控为有效途径，实现维稳措施全覆盖，确保没有缝隙、没有盲区、没有空白点；以加强新兴媒体管理、信息情报工作和应急机制建设为关键措施，确保西藏意识形态和文化领域绝对安全；以开展民族团结进步创建活动为重要载体，促进各民族和谐相处、和衷共济、和谐发展；以加强高校管理和青少年思想整治及“双语”教育为工作重点，培养合格的社会主义建设者和接班人；以开展打击整治专项活动为重要契机，加强社会治安综合治理；以维护稳定为硬任务和第一责任，建立健全维稳工作督查机制、维稳责任追究机制。

20.“六建”：建管理机制、建党组织、建领导班子、建干部队伍、建管理职能、建管理机制。

21.“六个一”：交一个朋友、开展一次家访、办一件实事、建一套档案、畅通一条渠道、形成一套机制。

22.“9+5”：有领袖像、有国旗、有路、有水、有电、有广播电台、有电影、有书屋、有报纸，建一个食堂、建一个澡堂、建一个温棚、建一个垃圾储备池、培养两名卫生员。

23. 民族团结“七进”：进机关、进企业、进乡村、进军营、进学校、进寺庙、进社区。

24. 四个意识：国家意识、中华民族意识、法制意识、公民意识。

25. 双联户：联户平安、联户增收。

26.“两区一带一环线”：即纳木错—念青唐古

拉山国家级风景名胜区、羊八井地热温泉休闲度假旅游区、藏北羌塘草原（阿热湿地）旅游观光带，以青藏公路、青藏铁路为主线，以景区间串联公路为辅线，形成配套完善的旅游环线。

27.“七项任务”：建强基层组织、维护社会稳定、拓宽致富门路、开展感党恩教育、办好实事好事、落实惠民政策、推进扶贫开发。

28.“三个全覆盖”：党员干部教育全覆盖，村级组织活动场所规范化建设全覆盖，村级集体经济全覆盖。

当雄县人民代表大会常务委员会工作报告

——在当雄县第十二届人民代表大会第二次会议上

当雄县人大常委会主任　康加贵

（2017年3月31日）

2016年的主要工作

2016年，当雄县人大常委会在中共当雄县委的坚强领导下，在拉萨市人大常委会的有力指导下，深入贯彻落实党的十八大、十八届三中、四中、五中、六中全会和中央第六次西藏工作座谈会精神，深入学习习近平总书记系列重要讲话精神和治国理政新理念新思想新战略，贯彻落实区市县党委第九次党代会精神，紧紧围绕县委中心工作和重大决策部署，用依法行使职权、积极开展工作的实际行动践行对以习近平同志为核心的党中央的坚决拥护和绝对忠诚。一年来，共召开9次常委会会议和10次主任会议，听取工作报告4个、专项报告3个，对2部法律法规实施情况开展执法检查，参与自治区和拉萨市人大组织的各类执法检查、调研6次，作出决议决定10项，较好的完成了县十二届人大一次会议确定的各项目标任务。

一、坚持党的领导，确保党委重大决策贯彻落实

（一）始终坚持党的领导，切实把人大履职尽责置于党的领导之下。常委会充分发挥党组领导核心作用，认真贯彻落实中央决策和上级人大工作会议精神，紧紧围绕县委决策和全县工作大局，确定工作思路和工作重点。确保了人民通过人民代表大会行使国家权利，党的主张经过人大法定程序转化为国家意志和人民意愿，党组织推荐的人选经过法定程序成为国家政权机关工作人员。

（二）坚决服从服务于县委中心工作，推动党委决策部署贯彻落实。常委会始终做到与县委思想同心、目标同向、行动同步，坚持向县委请示、汇报制度，年初将人大全年工作计划报县委审定。凡审议重大问题，做出决议、决定，组织开展执法检查等，都事先向县委请示报告，对依法行使职权中遇到的重大问题，积极向县委提出建议。在工作上，常委会主动服从、服务县委中心工作，积极参与、支持全县的重大项目建设及重要活动，发挥了较好的示范带头作用。

（三）坚持党管干部原则，依法任免国家机关工作人员。一年来，常委会共任免国家机关工作人员38人次，依照宪法规定，共举行2次宪法宣誓活动。在依法行使人事任免权过程中，常委会认真履行法律赋予的职权，充分发扬民主，严格依法办事，坚持党管干部原则，严格依照法律程序办理，增强了国家机关工作人员的宪法意识和公仆意识。

二、强化监督工作，监督实效逐步增强

县人大常委会认真履行宪法和法律赋予的职责，本着突出重点，讲求实效的原则，围绕大局，贴近中心，把当前我县改革发展稳定中的重大问题、人民群众普遍关心的热点、难点问题作为重点开展了一系列监督工作，取得了良好成效。

（一）加强对经济工作的监督。常委会围绕我县经济社会发展目标，先后于3月份和7月份召开2次专题会议，听取当雄县人民政府2015年全年和2016年上半年经济运行情况和社会发展计划执行情况的汇报；2015年财政决算情况和2016年上半年财政预算收支执行情况的汇报。对计划、财政工作所取得的成绩常委会给予了充分肯定，并提出了进一步加强计划、财政工作，加快经济结构调整，提高财政资金使用绩效等意见，促进了我县经济持续健康有序发展。

（二）加强对法律法规的监督。常委会突出对依法治县、依法行政、依法管理等重大问题的监督。7月份，常委会依法组织26名区市县三级人大代表对县相关部门贯彻执行《中华人民共和国环境保护法》和《中华人民共和国执业医师法》2部法律法规进行执法检查，针对在执法检查中发现的法律法规执行不严、执法误区和法律实施中的一系列相关问题，提出了加大宣传力度、完善监管体系、推进设施建设、提高业务部门自身执法素质能力建设等意见建议，要求相关执法部门认真整改落实，并在规定时间内就整改落实情况向常委会进行书面反馈。同时，积极配合市人大常委会安全生产执法检查组在县域开展工作，进一步推动了法律法规在我县的正确贯彻实施。

（三）加强对民生工作的监督。根据县人大常委会2016年度工作计划安排，11月份，县人大常委会组织由区市县三级人大代表和县直相关部门负责人组成的人大代表视察团，对我县精准扶贫工作开展情况和重点项目建设情况进行视察。视察团先后深入宁中乡扶贫搬迁点，宁中乡唐拉糌粑加工专业合作社，县城垃圾填埋场和当曲河流域治理等进行实地调研，视察团对易地搬迁安置点未能如期完工的情况积极联系各方找准问题所在，督促有关部门尽快研究提出具体改进措施。对扶持专业合作社建设，专合组织资金使用，要求有关部门拿出具体扶持政策，对未能投入使用的垃圾填埋场提出尽快整改并投入使用，对尚未开工的当曲河小流域治理项目要求有关部门尽快完成项目前置手续，尽快开工建设，造福当地人民。通过组织人大代表开展视察活动，有力地推动了我县项目建设进度，有效提升了代表履职能力。

（四）加强对司法工作的监督。围绕审判检察工作，3月和7月人大常委会先后2次听取县人民法院和县人民检察院工作开展情况汇报，积极协调有关部门解决法院和检察院在行使职权中遇到的困难和问题。12月份，人大常委会积极组织部分人大代表深入县法院，参观法院诉讼服务中心建设，观摩典型案件的庭审，并对法院建设和公正司法提出了批评意见和建议。通过听取汇报和现场监督，人大常委会为推动司法规范化建设，推进司法公正，阳光执法、廉洁司法，发挥了法律赋予的监督职责，为我县经济社会发展和长治久安提供了强有力的司法保障。

三、加强代表工作，不断提高履职水平

常委会在不断加强和改进代表工作的基础上，注重提高代表履职能力的培养。不断扩大代表知政、知情渠道，积极为代表发挥作用创造条件，提高代表履职水平。

（一）拓宽代表依法履职平台。在县委的高度重视和县政府的大力支持下，县人大常委会及各乡镇于6月份累计投入资金18.6万元，按照有牌子、有房子、有专人、有经费、有设备、有制度的“六有”要求，共建成“人大代表之家”9个，我县400多名各级人大代表以代表小组为基本单位，依托“人大代表之家”开展各项活动。县乡“人大代表之家”的建成，搭起了代表之间交流履职经验的平台，为代表更好地履职创造了条件。

（二）加强代表培训力度。一年来，常委会举办代表培训班4期，培训代表90人次，同时，积极参加区、市人大机关组织的培训。常委会坚持为各级人大代表订阅《中国人大》并寄送人大常委会简报等学习资料，平时，注重扩大代表对常委会工作的参与，邀请人大代表列席常委会会议，为代表知情知政议政和审议议案报告创造条件。通过广泛的培训学习，代表们不仅开阔了眼界，更提升了依法履职水平。

（三）提高意见建议办理质量。县十一届人大五次会议期间共收到意见建议41件；县十二届人大一次会议期间共收到意见建议32件。为使代表提出的批评、意见和建议尽快落到实处，常委会进一步完善了《督促办理代表建议实施细则》，分别召开2次专题会议听取县政府关于办理代表批评、意见和建议情况的报告，对于当前能够办理的要求及时办理并答复代表，对于条件不成熟或超出能力范围短时间内无法办理的向代表作出说明，取得代表的谅解。目前这些意见建议均在规定的期限内得到办理，代表对意见建议办理过程和办理结果的满意率均有所上升。

四、严格换届选举，确保风清气正

（一）加强组织领导。根据区市县委关于县乡换届选举工作的指示精神，县人大常委会党组及时研究制定《当雄县县乡人大换届选举工作安排意见》，经请示县委批准后，制定了《当雄县县乡换届选举实施方案》《选区划分及代表名额分配方案》，成立了换届选举领导小组和换届选举委员会等机构，为顺利开展我县乡人大换届选举工作提供了有力的组织保证。

（二）加强宣传动员。常委会于5月份召开会议就换届宣传工作做出专题部署，要求务必做好换届选举的宣传动员工作，采取张贴标语、专题讲座、发放宣传资料等形式，向广大牧民群众宣传《宪法》《选举法》等法律法规，进一步提高广大牧民群众对人大换届选举工作的认识，使广大群众明白换届选举的指导思想和主要任务；明白换届选举的法律程序；明白自己在换届选举中的权利和义务；明白换届选举与经济建设的关系。指导选民要正确对待选举工作，把选举工作当作政治生活中的一件大事，珍惜人民当家作主的权力。

（三）严格代表资格审查。根据全国人大组织法、地方组织法、选举法、代表法等有关规定，各级人大代表的选举产生要严格依法进行，并进行代表资格审查、确认。县人大常委会根据规定依法成立代表资格审查委员会，同时，指导乡镇严格做好代表审查工作。5至7月份，县代表资格审查委员会协同县组织、统战、民宗、公安、国保、信访等部门对107名县级人大代表候选人进行联合审查，并指导各乡镇对325名乡镇级人大代表候选人进行了审查，各代表候选人均符合代表相关条件，每名代表均是按照法定程序选举产生的，代表资格有效。

（四）严格依法办事。换届选举中，常委会坚持做到每一个步骤、每一项程序、每一道环节都充分发扬民主，严格依法办事。在选民登记核对阶段，采取各种措施，确保每一个具有选举权的人都能依法行使选举权利；在提名推荐和协商确定候选人阶段，广泛发动选民提名推荐，并注意根据较多数选民的意见确定正式候选人；在投票选举前，注意加大宣传介绍候选人的力度；在投票选举时，严格按照法律规定组织选民进行投票选举；在召开县十二届人大一次会议时，除认真组织代表审议会议的各项议程，还注意依法做好国家机关领导人员的选举工作。县新一届人大会按照法定程序以无记名投票方式选举产生当雄县人大常委会主任1名、副主任4名、县人大常委会委员21名、县人民政府县长1名、副县长10名、县人民法院院长1名、县人民检察院检察长1名和出席拉萨市第十一届人民代表大会代表28名。同时，指导各乡镇圆满完成乡镇人大换届选举工作，全县各乡镇依法选举产生人大主席8名、副主席8名、乡镇长8名、副乡镇长22名。在换届选举中，我们充分发扬民主，严格依法办事，使换届选举既有坚实的群众基础，又能沿着法制的轨道有序进行，整个换届选举做到了零举报、零违纪、零上访，确保了换届选举的风清气正。

五、以“两学一做”学习教育为契机，不断强化自身建设，努力提升人大工作水平

（一）抓“两学一做”学习教育。常委会高度重视“两学一做”学习教育，提前谋划，积极行动、稳步推进。一是认真组织机关干部职工学习《党章》《中国共产党廉洁自律准则》《中国共产党纪律处分条例》等党内法规，学习人大业务知识，学习各种法律、法规，不断提高人大机关干部职工的思想政治素质和业务水平。二是抓住“做”这个关键。努力引导干部职工做讲政治、有信念，讲规矩、有纪律，讲道德、有品行，讲奉献、有作为的合格党员，切实推动人大机关党员干部作风不断好转。

（二）抓组织建设。一是抓党建促脱贫，认真开展强基惠民精准扶贫工作。常委会将党建工作同脱贫工作有效衔接，班子成员积极投身到精准扶贫工作之中，同15户贫困户结成帮扶对子，定期走访慰问。积极向帮扶对象宣传党和政府的政策，了解其家庭生活状况，帮助协调解决就业、就医和子女就学等方面的困难。对有就业能力、就业意向的，帮助其转变就业观念，做好服务工作，一方面积极提供就业信息，另一方面多渠道帮助寻找就业门路，使其感受到党和政府的关怀和温暖。二是完善落实规章制度。3月份，召开常委会修改《当雄县人大常委会党组理论中心组学习制度》《当雄县人大常委会党组重大问题向县委请示汇报制度》等4项制度。完善《当雄县人大常委会专题会议制度与流程》等3项制度，使各项工作有章可循，有据可依。

（三）抓作风建设。一是坚持走群众路线，做到以人为本。把实现好、维护好、发展好广大人民群众的根本利益作为人大工作的出发点。充分发挥人大常委会紧密联系人民群众的优势。经常深入县直部门、乡（镇）、村委会、企业、学校、医疗机构、服务对象和基层群众开展调查研究。一年来，共召开各种座谈会36次，走访干部、群众1000余人次，查阅各类账、卡、薄、册762份。二是坚持反腐倡廉长抓不懈，拒腐防变警钟长鸣。年初制定《当雄县人大落实党风廉政建设主体责任方案》《当雄县人大2016年党风廉政建设及反腐败工作计划》，明确规定班子主要负责人是第一责任人。严格落实领导干部个人重大事项报告制度，制定党组主要负责人约谈计划，开展谈话提醒，始终把人大及其常委会的工作置于人民群众的监督之下，树立了为民、务实、清廉的良好形象。

各位代表!

回顾一年来的工作，所取得的成绩，是在县委正确领导下，县各级人大代表、常委会组成人员及人大机关工作人员履职尽责、扎实工作的结果，是县“一府两院”密切配合、团结协作的结果，是全县各族人民充分信任、大力支持的结果。同时，我们也清醒的认识到，常委会组成人员和人大机关工作人员自身素质与人大日益突出的地位和作用还不相适应；监督力度需进一步加大，监督实效需进一步增强；代表工作需进一步改进；常委会自身建设和人大机关建设有待进一步加强。这些问题，都需要我们引起高度重视，在下一步的工作中努力加以改进。

2017年的工作要点

2017年，是全力实施“十三五”规划、建设团结美丽健康幸福新当雄的关键之年，县人大常委会要全面贯彻落实区市县党委第九次党代会精神，在中共当雄县委的坚强领导下，围绕中心，服务大局，依法履职，积极作为，充分发挥地方国家权力机关作用，着力推进人民代表大会制度与时俱进，为推进当雄县长足发展和长治久安作出新贡献。

一、始终坚持党的领导，确保人大工作政治方向

人大工作是党的工作的重要组成部分，坚持和依靠党的领导是人大行使职权、开展工作的根本保证。一是持续系统学习贯彻习近平总书记系列重要讲话精神，用党的创新理论武装头脑、指导实践、推动工作。二是严守政治纪律和政治规矩，切实增强政治意识、大局意识、核心意识、看齐意识，抓好全县各级人大代表反分裂斗争和民族团结教育，教育代表始终做到将坚持党的领导放在首位。三是坚持党委总揽全局，紧扣党代会报告和县委决策部署，围绕“六大战略”实施，确定工作思路和工作重点，统筹监督决定、任免等各项工作体现党委意图，服从党委安排，适时将县委重大事项通过法定程序转化为地方性法规和决议决定，推动县委重大决策部署贯彻落实。四是严格贯彻执行《中国共产党党组工作条例（试行）》，认真落实党组主体责任，严格履行“一岗双责”，严肃党风廉政建设责任追究，切实增强党组的政治领导责任。

二、以“四个全面”战略布局为指导，不断加强和改进人大工作

坚持和完善人民代表大会制度，改进人民代表大会及其常委会工作，已经成为县委和全县各族人民对人大工作的新要求和新期望，县人大常委会作为地方国家权利机关常设机构，要积极适应人大工作新形势、新常态，自觉担起新任务、新使命，进一步深入学习党的十八届六中全会、区市县委第九次党代会精神，贯彻落实“四个全面”战略布局。立足我县实际，依照宪法和法律赋予的各项职权，充分调动和发挥人民代表参加决策、依法监督等作用，在县委领导下，积极促进全县经济、政治、生态、改革各项事业健康有序发展，为我县全面建成小康社会、打赢脱贫攻坚战发挥人大应有作用。

三、依法行使权利，全面履行好法定职能

常委会要紧紧围绕党中央和区市县委重大决策部署，将宪法赋予的监督权、重大事项决定权和任免权行使好，为全面推进依法治县、建设法治当雄提供有力保障。一是加强和改进监督工作。围绕贯彻落实县委重大决策部署，以促进经济持续健康发展为重点，听取和审议关于计划执行情况及财政决算、审计、预算执行情况等报告，开展《预算法》《食品安全法》执法检查，突出加强对《环境保护法》的执法监督，坚决守住我县生态环境底线。听取县人民政府关于精准扶贫专项工作情况报告，加大视察调研力度，确保我县如期实现脱贫，完成国家脱贫工作验收达标。开展人民陪审员、人民检察院司法责任制、卫生健康事业等方面的工作调研。二是建立完善制度，有效行使决定权。通过调研和征求意见，制定《当雄县人大常委会讨论决定重大事项的规定》，抓住经济发展、涉及人民群众切身利益方面的重大问题行使决定权，确保重大事项决策依法有序、有效实施；制定《当雄县人大常委会关于新任命人员述职评议办法》，于12月份对财政局、住建局、人社局等新任命人员开展述职评议活动，监督督促新任命人员严格依法履职。三是坚持党管干部原则与人大依法行使选举任免权有机统一，进一步完善选举任免工作程序和表决方式，保证党组织推荐人选通过法定程序成为国家权利机关工作人员。四是全力维护社会稳定。听取县公安局、民宗局等部门工作开展情况汇报，确保我县经济社会持续稳定、全面稳定。

四、以“人大代表之家”为平台，扎实推进人大代表各项工作

今年，要以“人大代表之家”为平台，不断加强代表工作，切实增强代表履职能力，使代表工作更富生机与活力。一是提升代表履职水平。按照代表法规定，采取各种培训方式，开展代表调研、交流、培训活动，探索开展代表述职、视察等活动方法，健全代表履职档案，激励和保障代表依法履职的积极性和主动性。二是丰富代表履职平台。密切代表与群众的联系，推进代表活动和建议向社会公开，丰富代表闭会期间履职活动，促进代表工作常态化。三是推进人大建设。今年县人大将设置法制司法民族宗教委员会、财经农牧城建环保和教科文卫委员会，两个专门委员会的设置将更好的衔接县人代会和常委会会议期间的各项工作，有利于县人大及其常委会更好的依法履行职权。

五、以为民服务为宗旨，全面加强自身建设

常委会要紧跟时代步伐，坚持与时俱进，不断创新，内强素质外树形象，全面提升为民服务能力和水平。一是加强思想政治建设不放松，始终与党中央保持高度一致。抓好党章党规、习近平总书记系列重要讲话、十八届六中全会以及区市县委第九次党代会精神的学习，不断提升理论素养，始终坚定中国特色社会主义道路自信、理论自信、制度自信和文化自信。二是加强纪律作风建设不放松，坚定不移落实全面从严治党新部署新要求。巩固和扩大群众路线教育实践活动、“三严三实”专题教育和“两学一做”学习教育成果，严格落实党风廉政建设责任制，进一步严肃党内政治生活，开展批评与自我批评，查找自身短板，营造良好的党内政治生态和风清气正的机关氛围。三是加强能力素质建设不放松，持续提升依法履职能力。不断健全和完善各项工作制度，确保人大工作的严肃性和严谨性。着力加强队伍建设，把高标准、严要求落实到干部教育培养、考核评价、选拔任用、监督管理各个环节，努力打造学习型、专业型人大机关，善于运用法治精神、法治思维和法治方式推动工作，持续提升依法履职能力。

各位代表!

再创辉煌，自当乘风破浪；任重道远，更须策马扬鞭。

新的一年，面对新的机遇和挑战，新的任务催人奋进，人大常委会信心百倍，让我们更加紧密地团结在以习近平同志为核心的党中央周围，在中共当雄县委的坚强领导下，不忘初心，继续前进，无愧今天的使命担当，不负明天的伟大梦想，牢记全县人民重托，忠实履行职责，在创新中求突破，在奋进中谋发展，努力开创人大工作新局面，为我县经济社会发展做出新的更大贡献，以优异成绩迎接党的十九大胜利召开!

政府工作报告

——在当雄县第十二届人民代表大会第二次会议上

当雄县人民政府县长 其美次仁

（2017年3月30日）

2016年工作回顾

2016年，是实施“十三五”规划的开局之年。全县上下在区市党委和县委的坚强领导下，在北京市的无私援助下，深入贯彻落实党的十八大和十八届三中、四中、五中、六中全会以及中央第六次西藏工作座谈会精神，贯彻落实习近平总书记系列重要讲话精神，贯彻落实区市第八次、第九次党代会和县九次党代会精神，顺利完成新一届政府换届，接过当雄改革发展稳定的接力棒，牢牢把握稳中求快的工作总基调，全面打响“扶贫攻坚战”，努力克服各种压力，积极应对各种挑战，不断加强各项工作调度，保持了全县经济社会持续健康快速发展，实现了“十三五”良好开局。

2016年，全县实现地区生产总值15.56亿元，同比增长16.4%；全社会固定资产投资完成29.51亿元，同比增长18.9%；地方财政一般预算收入实现2.5亿元，同比增长25.45%；规模以上工业增加值完成3.17亿元，同比增长27.5%；社会消费品零售总额实现1.67亿元，同比增长13.1%；农牧民人均可支配收入达12626元，同比增长10.3%。全县经济更加繁荣、社会更加和谐、生态更加优美、政治更加清明、人民更加幸福，实现了“十三五”的开门红，为全面建成小康社会奠定了坚实的基础。

一年来，我们重点做了以下工作：

一是依托净土健康产业，加快转变传统牧业生产方式。作为拉萨市唯一的纯牧业县，畜牧业基础的稳固，是全县发展之基、稳定之要、民生之本。不断提升畜牧业科技含量。投入303.66万元，为全县牲畜佩戴电子耳标（芯片），建立电子耳标（芯片）系统，通过输入牲畜基本信息，对牲畜进行有效管控，降低输入性疫源引发的疫情风险。继续推出有“身份证”的牦牛肉。投入290.39万元，新建牦牛肉冷冻库与切割工厂一座，成功注册当雄牦牛地理标志产品保护和地理标志商标保护，成功完成当雄有“身份证”牦牛肉的“SC”认证，为下一步全面打入全国市场奠定了基础。投入2900余万元，收购当雄牦牛3840头，与当雄润祥绿色食品有限责任公司达成合作协议，作为当雄牦牛冷鲜肉全国总代理，开辟内地高端市场。现已在成都环球中心设立300余平米的当雄牦牛肉旗舰体验店，并在北京、成都、广东、西安设立了一级代理商，正以成都、北京为中心，辐射带动全国市场。与中央电视台合作拍摄当雄牦牛肉宣传片，在中央电视《发现之旅追溯好食品》栏目中播出。全年共销售牦牛2749头78万斤，实现销售收入2507万元，直接受益群众2000余户，平均每户增收1500元，实现就业300多人，取得了良好的社会效益和经济效益。探索建立当雄净土牦牛产业示范园区。先后组织人员多次赴青海、四川、甘肃等地，考察学习内地现代牧业生产方式，在我县探索建立当雄净土牦牛产业示范园区，破解我县传统牧业发展瓶颈，加快推进传统牧业转型升级。加快推进水产业发展步伐。西藏冰川矿泉水（5100）企业技改全面完成，生产能力得到进一步提升，全年水产量达12万吨。县净土公司以土地作价入股的形式与象雄矿泉水有限公司合作，开发天然饮用水项目。与纳木错实业有限公司合作开发纳木错圣水，先后同北京安氏集团和当雄圣地生物水发展有限公司签订4万吨及5万桶装水销售合同。

二是围绕全域旅游目标，全力推进旅游产业提档升级。当雄发展的优势在旅游、空间在旅游、潜力也在旅游，旅游产业正逐渐成为未来当雄发展的重要增长极。2016年全县共接待国内外游客64万人次，实现旅游收入6750万元，旅游业带动相关产业实现收入2.7亿元。加强旅游对外宣传。成功举办“第十届纳木错徒步大会”。投入77.27万元，开展“相约纳木湖畔·寻觅虫草之旅”活动。投入120.64万元，与西安华堰同泰影视文化传媒有限公司合作拍摄《天缘——纳木错》电影，制作完成《逐梦当雄》首张音乐原创专辑。完善旅游基础设施。全面贯彻落实齐扎拉书记赴纳木错景区调研时的指示精神，强势推进纳木错景区保护开发工作，20天内制定完成了当雄县纳木错景区保护开发商户及群众搬迁工作实施方案和退牧降畜工作实施方案，得到了齐扎拉主席的充分肯定。强势推进纳木湖特色旅游小镇建设，全面完成游客集散中心建设范围内的拆迁工作。稳步推进羊八井镇特色小城镇建设，相关设计规划已全部完成，已经报送自治区住建厅审批。融资1.2亿元正式启动“岭.格萨杰布药泉酒店”度假村改扩建项目。加快推动全域旅游。主动与拉萨市旅游发展战略合作伙伴景域国际旅游运营集团对接，合作开发廓琼岗日冰川、唐冰湖等旅游景点。主动与四川岷山集团对接，全力打造羊八井、宁中、赛马场等点上旅游项目。投入1.63亿元，实施阿热湿地保护开发工程，将阿热湿地划出拉萨市自然保护区，正在申报国家级湿地公园。先期兑现558万元，已经完成湿地内46户、207名牧民群众的搬迁工作。挖掘文化旅游内涵。投入1083万元，恢复举办“当吉仁”赛马节，传承发展民族文化。投入6000万元，打造《天湖·四季牧歌》实景剧场，挖掘牧区文化内涵，打造游牧文化品牌。

三是加快改革创新步伐，凸显新能源产业园区集聚效应。在新的历史条件下，我们要解决在发展中遇到的问题，就必须要有改革创新的勇气和魄力，才能以新视野、新思路、新方法将其解决，才能更好的推动社会发展。项目建设支撑有力。各级各部门紧紧围绕全县中心工作，创新思想、超前谋划、多方争取，项目建设工作取得重大突破，拉动经济增长作用明显，纳木湖乡中小学、宁中乡巴灵村公路、学校太阳能供暖工程等一批民生项目顺利完工，全年共开复工项目126个，总投资达25.62亿元。招商引资成效显著。把招商引资作为深化改革开放和发展合作的重要举措，全面实施“走出去”和“请进来”的招商战略，立足产业和项目招商，创新思路包装推荐项目，积极主动寻求招商合作，使招商引资工作取得了重大突破。全年招商引资合同项目22个，实际到位资金16.25亿元。园区建设不断加快。全面启动“羊八井——格达新能源产业园区”建设，打造以羊八井地热电站为轴，光伏与风能产业连线成片发展的新能源及旅游观光区，为全区新能源产业示范园区建设进行探索，提供借鉴。全年，园区内共引进光伏企业13家，9家已完成前期工作，项目总投资105.4亿元，总装机容量330兆瓦，园区的集聚效应不断显现。

四是不断壮大自身财力，千方百计保障民计民生。三大产业的迅速崛起，进一步壮大了我县的自身财力，使我们有更多资金来保障民计民生。脱贫攻坚成效显著。始终把脱贫攻坚作为最大的政治任务和全县的“一号工程”，实施“六项精准脱贫”措施，从严落实责任，逐级传压、各负其责、扎实推进扶贫工作机制进一步形成。积极开展就业培训共17期2083人，大规模、多层次提升农民技能素质，贫困户的自我发展能力进一步增强；全年农牧民劳务输出1.47万人，2.51万人次，实现新增就业3972人，开发就业岗位870个，城镇登记失业人员210人，城镇登记失业率控制在2.2%以内。2016年，全县共1811户7716人越过贫困线，占脱贫总数的99%，切实做到稳定脱贫，广大群众的幸福感和获得感显著提升。社会事业全面进步。加大民计民生投入，全力办好区、市、县各项惠民实事，全县民生支出占到财政总支出的70%以上。优先发展教育，大力改善办学条件，全面提升教育质量，出台《当雄县控辍保学措施》《当雄县关于进一步加强师资队伍建设的实施意见》等12项机制，有效破解当雄艰苦边远乡镇教学人才流失严重的问题。加快推进义务教育均衡发展工作，投入5344.78万元，实施教育改扩建项目11个。扎实开展农牧区医疗制度，继续深入巩固基本药物制度，稳步推进基本公共卫生服务，健全完善城乡医疗体系，投入300万元，新建县医院医技中心，争取北京援藏资金2130万元，对羊八井镇、纳木湖乡卫生院进行改扩建。加大村级文化综合服务中心建设配套力度，规范落实城乡五保、低保和大病医疗救助政策，投入376.5万元，救助低收入困难群众499人次。全县公共服务和社会保障普惠化、优质化水平进一步提升。重视和加强意识形态工作，扎实推进平安当雄建设，集中排查化解社会矛盾，加强安全生产等重点领域专项整治，人民群众的安全感和幸福感不断提升。生态环境保持良好。年初，高标准、高规格召开全县环境保护工作专题会议，建立县、乡（镇）、村、组、联户五级环境监管网格，并将环境保护工作纳入全县各级各部门绩效考核体系，形成了“政府实施、环保部门统一协调、相关部门各负其责、社会各界广泛参与”的工作格局，实现了环境保护工作规范化、精细化、长效化。全年开展涉矿企业、饮用水源地等环境监察执法50余次，不达标工矿企业全部得到有效整改。围绕“禁白”主题开展环保宣传10余次，进一步增强了群众的环保意识。在纳木湖乡198户群众中成功推广清洁能源，探索节能减排新路。我县已成功创建自治区级生态村25个、自治区级生态乡（镇）5个。社会局势持续稳定。建立完善全县综治管理服务网格体系和963个联户单位基本信息数据库；充分发挥“护城河”检查站作用，全年共检查过境车辆274.3万辆，人员200余万人次，物品159.5万件次，进入拉萨的人、车得到有效管控。重点开展了“沙霸”“车霸”“路霸”等专项整治行动和安全隐患大排查活动，180起安全隐患全部消除。妥善化解处理群众来访上访事件24件。出动人员24.68万人次，车辆2.3万台次参与铁路护路工作，确保青藏铁路全年安全运行。全县社会局势持续稳定、长期稳定、全面稳定。民族团结巩固深化。全面落实“六建”“六个一”和“9+5”等利寺惠僧政策，提高寺庙公共服务水平。全县235名在编僧尼全部享受养老保险、医疗保险、最低生活保障和免费健康体检。开展了以弘扬“爱国爱教、遵规守法、弃恶扬善、崇尚和谐、祈求和平”为主题的法制宣传活动，表彰县级和谐模范寺庙4座，表彰爱国守法先进僧尼250名。深入开展民族团结宣传教育和民族团结进步创建活动，表彰民族团结进步模范集体、个人和家庭28个。

各位代表！成绩来之不易，这是区市党委、政府和县委的坚强领导的结果，是北京市无私援助的结果，是县人大、县政协监督支持的结果，是全县5万余名各族干部群众共同努力的结果，是各位代表、政协委员有效监督、参政议政的结果。在此，我代表县人民政府，向辛勤工作在全县各条战线上的广大干部群众，向给予政府工作大力支持的人大代表、政协委员、离退休老干部，向驻军指战员、武警官兵和政法干警，向所有关心支持当雄建设与发展的同志们、朋友们，表示衷心的感谢并致以崇高的敬意！

在肯定成绩的同时，我们也清醒地认识到，全县经济社会发展中还存在一些亟待解决的困难和问题：一是净土健康产业发展速度与县委、县政府的要求还有很大差距，加快推进净土健康产业发展，提升其市场竞争力任重而道远；二是旅游产业化进程缓慢，旅游基础设施建设滞后，依然是制约我县旅游产业发展的突出短板；三是工作能力不够，自身素质有待进一步提高，部分干部特别是部分领导干部，不爱学习、不会学习，所掌握的知识不能做到与时俱进，严重影响了全县经济社会的发展；四是部分干部创新意识不强，对改革发展中出现的新问题、新矛盾，总是墨守成规，以惯性思维、老办法来解决，存在“不求有功，但求无过”的想法；五是个别部门和干部的责任意识以及执行力还不强，缺乏大局意识，相互配合协调差，存在推诿扯皮的现象。对此，我们一定要高度重视，勇于担当，切实加以解决。

2017年主要工作

2017年，是党的十九大召开之年，是学习贯彻习近平总书记系列重要讲话精神的引深之年，是全面落实县委九次党代会的起步之年，是供给侧结构性改革的攻坚之年，做好今年的经济工作意义重大。

今年政府工作的总体要求是：全面贯彻党的十八大和十八届三中、四中、五中、六中全会精神，以邓小平理论、“三个代表”重要思想、科学发展观为指导，深入学习贯彻习近平总书记系列重要讲话精神，全面落实中央、区、市经济工作会议精神，突出“稳中求进、进中求好、补齐短板”的工作总基调，紧扣全面建成小康社会的战略目标，以提高发展质量和效益为中心，更加注重经济结构调整和动力转换，更加注重改革和创新驱动，更加注重脱贫攻坚和城乡协调发展，更加注重投资拉动和项目建设，更加注重生态保护和绿色发展，全面推进经济、政治、文化、社会、生态文明和党的建设，凝心聚力，真抓实干，创新突破，全力打赢脱贫攻坚战，扎实推进全面建成小康社会进程，以优异的成绩迎接党的十九大的胜利召开。

今年经济社会发展的主要预期目标是：地区生产总值增长14%，地方财政一般预算收入增长16%，全社会固定资产投资增长22%，社会消费品零售总额增长15%，工业增加值增长30%，农牧民人均可支配收入增长16%。

实现上述目标，具体要做到“四个必须”：

*必须把“核心意识”作为思想标尺。*要加强理论学习和理想信念教育，坚定“四个自信”，增强“四个意识”，严守党的政治纪律和政治规矩，旗帜鲜明、态度坚决、坚定不移的在思想上、政治上、行动上始终与以习近平同志为核心的党中央保持高度一致，坚决维护习近平总书记核心地位和党中央权威，以最坚定的政治自觉和行动抓大事、促发展，确保中央和区、市、县委各项决策部署不折不扣落到实处。

*必须把“稳中求进”作为发展基调。*要始终把“稳中求进”总基调作为保持经济健康运行、社会和谐稳定的重要原则和方法论，努力在关键领域和重点工作中奋发有为。加快推进畜牧、旅游、新能源三大产业发展，从项目、资金、技术和领导力量等方面予以大力倾斜、全面保障，有前瞻性和针对性地促进县域产业大提升、环境大改善、经济快增长。

*必须把“改革创新”作为内生动力。*要始终把改革创新放在更加突出的位置，贯穿于经济社会发展的各领域、全过程，广泛汇聚各级各层面的聪明才智，激发全县上下协同一心、攻坚克难的激情和干劲，在新的实践中大胆探索、开拓奋进，有效破解制约当雄发展的一系列体制机制问题，确保常规工作做出特色，优势工作做出品牌，在全县形成讲实干、重实绩、出业绩的浓厚氛围。

*必须把“维护稳定”作为第一责任。*稳定是发展的前提，发展是稳定的基础。要始终把维护稳定作为硬任务和第一责任，坚决贯彻落实好中央对达赖集团的斗争方针，切实加强社会综合治理，做好统战民宗工作，切实维护当雄社会和谐稳定，民族团结繁荣发展。

重点要抓好以下七个方面的工作：

*一是坚定不移抓产业发展，产业竞争力要有新提升。*大力实施产业强县战略，优化升级传统产业，积极发展新兴产业，引进培育骨干企业，切实推动经济持续健康发展。要破解牧业发展瓶颈。全面贯彻落实吴英杰书记、白玛旺堆书记赴当雄调研时的重要指示精神，加快推进当雄净土牧场建设，在宁中乡堆灵村8组、龙仁乡郭庆

村、纳木湖乡色德村，先行先试，重点围绕牧区如何建设、牧业如何发展、牧民如何致富、草场生态如何持续、畜产品如何开发等问题，进行大胆探索尝试，改变一家一户传统放牧模式，探索出组织化、集约化、规模化、现代化的牧业发展新模式，为全区牧业发展提供可复制、可推广、可借鉴的经验。要强势推进净土产业发展。按照走高端、拓市场、树品牌、强效益的工作思路，继续做好有“身份证”牦牛肉的市场推广工作，积极为“当雄牦牛”申请欧盟认证及美国市场有机牧场认证工作。年内计划收购有“身份证”的牦牛5200头。加快推进西藏象雄饮用水有限公司与当雄圣地生物发展有限公司矿泉水生产建设项目，加大对外宣传与合作，打响“当雄天然饮用水”地域品牌，不断提升当雄天然饮用水市场占有率，年内，要争创自治区品牌和著名商标1－2个。加快推进“岭.格萨杰布药泉酒店”度假村改扩建项目建设进度，确保在年内投入使用。要全力推动全域旅游发展。加大与四川岷山集团的合作力度，全力抓好各点上旅游的开发与推广，打造串点成线的旅游发展新模式。深度挖掘文化旅游资源，注重把文化元素注入旅游开发全过程，全力抓好天湖四季牧歌剧场建设，促进旅游、文化深度融合。要完善旅游基础设施。加快推进纳木错景区保护开发工作，年内完成游客集散中心和配套旅游及扎西岛环岛路建设。在通往纳木错景区的公路沿线建设一批特色民俗乡村、特色牧家庄园、特色旅游景点，打造有内涵的特色旅游文化品牌，让游客充分体验当雄民俗文化和乡村风情。进一步完善旅游要素和服务功能，打造集观光、休闲、度假于一体的综合旅游景区，让广大群众特别是贫困群众成为旅游发展的参与者、受益者。要深入开展宣传推介。加快建设智慧旅游景区，高标准、高层次办好第十一届纳木错徒步大会和“当吉仁”赛马节。创新景区宣传载体和模式，加大对外推介力度，开展网络互动、宣传促销，全面提升当雄旅游的知名度和影响力。要加快推进园区发展。要紧紧抓住全区“十三五”期间光伏产业规划指标二分之一落户当雄的政策机遇，加快推进“羊八井—格达新能源产业园区建设，加快制定园区发展规划。破解制约园区发展的水、电、路、通讯等基础设施问题。要在政策允许的前提下，帮助落户企业尽快解决征地、拆迁、融资等实际问题，使其能早投产、早见效。

二是坚定不移抓项目建设，争取投资要有新成效。牢固树立抓发展必须抓项目的理念，精心谋划，有效推动，以大项目好项目吸引投资、调优结构、改善民生、推动发展。要紧盯政策抓争取。抢抓自治区扶贫攻坚行动和拉萨市编制三年滚动投资计划的机遇，紧紧围绕易地扶贫搬迁、重大水利工程、农村电网、生态环保等领域，积极争取一批支撑财源建设、增强发展后劲的重点项目，持续完善全县“十三五”动态项目库，不断充实项目总量，为争资金、上项目、扩投资奠定坚实基础。要优化环境抓招商。认真落实好国家和区、市出台的各项优惠政策，把扩大招商引资作为争取项目、拉动投资的重要举措，采取全员招商、以商招商、节会招商等方式，努力提高招商引资项目的落地率；进一步优化思想环境、政策环境、经营环境和服务环境，在确保不降低准入门槛的前提下，为企业搭建好政务服务、金融等保障平台，真心诚意地支持，让县内外客商放心投资、安心经营、专心发展，在全社会营造浓厚的亲商、安商、富商氛围。力争全年引进招商引资项目21个，实际到位资金增长15%以上。要强化责任抓建设。3月13日县委、县政府召开全县项目工作推进会议，对今年要实施的123个重点建设项目，实行四大家分管领导分项抓、县级领导具体抓、部门“一把手”亲自抓和定时限、定标准、定任务的“三抓三定”工作责任制，算好时间账和任务账，倒排工期，挂图作战，争取续建项目4月份全部复工建设，新建项目四月份开工率达到70%以上。各级领导干部要把抓项目作为一项基本功，围绕年度目标任务，认真细化每一个环节的工作，进一步落实责任和措施，做到思想上高度重视、责任上落实到人。要规范程序抓管理。加强部门之间横向交流，认真研究解决规划、土地、征地拆迁及前期手续办理等方面的困难和问题，严把项目规划、用地、环评等审批关，突出抓好项目立项、设计、施工、验收四个关键环节，确保每一个项目依法依规、符合程序。同时，加强项目资金审计，强化施工过程监理，确保项目资金安全、工程质量安全。

三是坚定不移抓脱贫攻坚，富民增收要有新突破。认真贯彻落实区、市党委、县委的决策部署，强化“一号意识”，坚持问题导向，加快落实相关政策措施，确保10月份顺利通过自治区验收。攻坚思路要再优化。各乡（镇）要按照县委、县政府的要求，紧扣精准识别、精准退出、群众满意度三个关键，进一步细化完善各自年度工作计划，全面提升脱贫攻坚工作的针对性和实效性。富民产业要再落实。紧扣贫困群众稳定增收，大力发展农村集体经济，积极走富民产业组织化经营、规模化发展的路子，特别要在牧民专业合作社的提质增效上采取实质性的扶持措施，充分调动牧民积极性、提高产品市场竞争力，争取成立一个就能带动一片、致富一方。加快实施危房改造、小康安居、易地扶贫搬迁等工程，重点做好750户3071人搬迁至拉萨人员的安置就业问题。各方力量要再加强。要将产业扶持与脱贫攻坚深度融合，积极衔接汇报争取，切实把帮扶重点放在协调项目、措办实事、发展产业上；要抓住一切政策机遇，围绕产业、就业、教育、旅游、医疗、招商等方面，积极争取扶贫产业项目落地实施，为我县扶贫脱贫注入新的活力、奠定坚实的基础。工作机制要再健全。严格落实脱贫验收责任体系，落实好贫困户退出机制，坚决防止“被脱贫”和“数字脱贫”。要进一步强化县级领导的包乡责任、部门的配合责任和工作队的落实责任，发挥好乡镇的统揽实施作用，确保责任压力传导到位，扶贫措施落实到位。

四是坚定不移抓基础设施，城乡建设要有新发展。着眼制约发展的瓶颈问题和群众生产生活难题，统筹推进全县基础条件和人居环境改善。要全力抓好县城提质扩容。按照生产空间集约高效、生活空间宜居适度、生态空间山清水秀的要求，修编县城总体规划，完善各类修建性详规和专项规划，精品化建设重点城建项目、精细化加强市政管理，切实抓好城区管网建设。加快棚户区改造，提升县城承载力；深入实施绿化亮化、道路畅通、违建拆迁等提升工作，着力打造整洁美观、文明有序的县城环境。要全力抓好特色小城镇建设。加快推进羊八井和纳木湖特色小城镇建设，按照“规划一次到位、逐年分期建设、地上地下结合、注重工程质量”的原则，紧扣供水排污管网、集中供暖、垃圾处理、路网、市场等重点，结合旅游服务功能需求，加快完善小城镇设施建设，提升建设品位，切实增强辐射带动功能，打造全县特色小城镇建设样板工程。要全力抓好小康安居工程建设。结合羊八井特色小城镇建设规划，加快推进在羊八井建设188户小康安居工程安置示范点的工作，将居住在羊八井镇境内气候恶劣、条件艰苦、经济资源匮乏的牧民群众进行搬迁集中安置。加快推进海拔4500米以上牧民群众的搬迁工作，结合当雄净土牦牛产业示范园区项目建设，争取在年内完成纳木湖乡色德村、龙仁乡郭庆村的整体搬迁任务。

五是坚定不移抓生态环境，环境优化要有新进展。牢固树立“绿水青山就是金山银山、冰天雪地也是金山银山”的理念，努力构建环境优美、生态文明的经济社会发展新格局。要加强生态环境保护与修复。划定并坚守生态红线，所有新建项目必须严格落实环评，严禁“三高”项目进入，进一步巩固“禁白”工作成果。继续做好109国道和旅游沿线补植增绿工作，继续实施退牧还草、人工种草、人工造林等工程。加强草场资源保护，重点查处违法占用草场尤其是天然草场的行为。严厉打击整治非法采矿、采砂行为，抓好矿山修复。全力做好纳木错景区和阿热湿地保护开发工作。争创国家级生态文明县。全面落实“河长制”，加快推进县域内河流整治保护工作，打造“水清、河畅、岸绿、景美”的河流生态体系。要全力抓好环境综合整治。在巩固提升去年环境整治成效的基础上，认真落实环境保护目标管理和责任追究制度，突出标本兼治、多管齐下，加大对城乡环境污染综合整治力度，下功夫解决公共基础设施不配套、管理水平低和脏、乱、差等突出问题，努力营造卫生整洁、秩序井然、安全文明的人居环境，提升当雄对外形象。要全力做好迎检准备。环境保护督察是党中央、国务院关于推进生态文明建设和环境保护工作的一项重大制度安排。全县各部门要进一步提高思想认识，把它当成一项政治任务来抓好抓实。要对照督察工作的要求，健全相关制度措施，完善相关台账，严肃认真，不折不扣的抓好落实，全力以赴做好迎检工作。

六是坚定不移抓教育卫生，社会事业要有新变化。始终把民生需求作为根本导向，用足用好国家惠民政策，持续加大民生投入，不断提升公共服务均等化水平。要突出抓好教育事业。坚持把教育摆在优先发展的战略地位，持续加大资金投入，强化防流控辍措施，推进义务教育学校标准化建设，进一步改善办学条件，重点做好当雄义务教育均衡发展评估认定工作，确保年内顺利通过自治区及国家验收。要着力提升医疗卫生水平。加快推进医疗人才组团式援藏工作，探索建立远程会诊机制。加快推进乡级卫生院建设，完善乡级卫生院医疗设施设备，全力提升乡级卫生院医疗水平。认真贯彻落实医疗救助政策，重点做好包虫病综合防治工作。要健全完善社会救助体系。加快完善社会保险、救助、福利相衔接的新型社会保障体系，巩固和提高养老、医疗、生育、工伤、失业五大社会保险保障水平，切实兜住民生底线，确保兜底贫困户的收入水平与拉萨市脱贫标准实现“两线合一”。同时，统筹推进国防动员、统计、档案、地方志、工商、气象、质监和妇女儿童等各项事业发展。

七是坚定不移抓社会稳定，社会管理要有新气象。发展是硬道理，稳定是硬任务，要牢固树立“稳定压倒一切”的思想，紧扣工作大局，创新方式方法，全力维护社会大局和谐稳定。要旗帜鲜明反对分裂。坚决维护祖国统一和民族团结，始终保持高压态势，严厉打击各种分裂渗透、干扰破坏和暴力恐怖活动，筑牢反分裂斗争的铜墙铁壁。要认真做好社会矛盾化解。按照“属地管理、分级负责”的原则，积极推行信访、司法、民调、综治“四位一体”的工作机制，扎实开展社会稳定风险评估，进一步加强工作力量，重心下移、关口前移，对各种苗头性隐患抓早、抓小，切实做好各类矛盾纠纷排查化解，严防群体上访和越级上访的发生。要全面加强社会管理创新。积极探索末端化、个性化、数据化、制度化的社会治理实践，建立健全城乡生产安全、食品药品安全、环境安全、网络安全“五位一体”的公共安全体系。依托乡镇综治中心，全面推进网格化管理，从严落实信息掌控、治安防范等监管措施，深入推进“技防”当雄建设，在更高起点上统筹完善立体化、现代化的社会治安防控体系。要深入推进平安当雄建设。深入开展“七五”普法工作，特别加强对青少年、未成年人的公德教育和法制教育。持续推进基层“平安创建”活动，加大重点领域治安专项整治力度，严厉打击各类违法犯罪，坚决防止重大公共安全事故发生，有效巩固平安当雄建设成果。

切实加强政府自身建设

坚持党的领导是做好政府工作的根本保证，自觉地把政府工作置于党的领导之下，始终做到与县委同步同调同向同力，加强政府自身建设，提高施政能力和服务水平，建设人民满意政府。

讲政治，建设严明政府。始终把讲政治作为政府工作的根本要求，在思想上政治上行动上同以习近平同志为核心的党中央保持高度一致。始终做到把团结当成政府的工作原则，统一思想、凝聚共识、精诚团结，形成加快发展的强大合力。始终做到把严守政治纪律和政治规矩视为生命、放在首位，坚持纪律挺在前面。着力解决人民群众最关心、最直接、最现实的利益问题，用扎实的工作汇聚成全县各族群众的幸福感、归宿感、自豪感。严格党的组织生活制度，坚持“三会一课”、民主生活会和组织生活会等各项制度。

讲法制，建设法治政府。要严格遵守宪法和

法律，自觉运用法治思维和法治方式推动工作，切实做到法定职责必须为、法无授权不可为。严格执行人大及其常委会决议决定，自觉接受人大及其常委会的法律监督，支持人民政协履行政治协商、民主监督、参政议政职能，充分听取社会各界的建议。认真办理人大议案、建议和政协提案。抓实“七五”普法工作，推进“法治六进”活动。加大重点领域执法力度，依法惩处各类违法行为。加快转变政府职能，进一步简政放权、放管结合、优化服务，创新政府管理方式，加快推进电子政务建设，提高依法行政质量和效率，营造公平竞争的发展环境。

讲责任，建设务实政府。以中央“八项规定”、自治区“约法十章”和市委“八项要求”为准绳，持续改进作风。严厉整顿形式主义、官僚主义、享乐主义、奢靡之风和官油子之气、不作为之气、漂浮之气、两面人之气，推动干部作风明显转变。把心思凝聚到干事创业上，把精力集中到办实事上，把功夫下到抓落实上。要认真用心、亲力亲为，以对党和人民事业高度负责的态度，责任上身、工作上心，一项工作一项工作地推进，一个环节一个环节地抓牢，一个问题一个问题地解决，一件事一件事地办好，坚决防止工作浮在面上，确保各项工作部署落地生根、见到实效。健全督查激励问责机制，加大政府督查工作力度。进一步加强机关效能建设，强化对政府系统工作人员的监督和管理，严肃查处不作为、慢作为、乱作为的干部，努力为基层、为群众、为企业提供方便、快捷、高效的政务服务。

讲廉洁，建设清廉政府。深入推进政府系统党风廉政建设和反腐败斗争。全面落实党风廉政建设主体责任和监督责任，严肃查处越过“底线”“红线”的违纪违法行为，严肃查处损害群众利益的问题，严肃整治“庸懒散拖”等作风问题。严肃财经纪律，加强审计监督，完善行政权力运行监督和制约机制，强化财政支出、工程建设等重点领域和重要环节的监管，切实扎牢制度笼子，确保干部清正、政府清廉、政治清明，让权力在阳光下运行。

各位代表，时代赋予重任，奋斗铸就辉煌！让我们在中共当雄县委的坚强领导下，团结和带领全县广大干群，不忘初心，继续前进，上下同欲一起干，撸起袖子加油干，坚决打赢脱贫攻坚战，为全面建成小康社会而努力奋斗！

名词解释

1. SC认证：“SC”是代替“QS”，是新的食品生产许可标志，2015年10月1日起《食品生产许可管理办法》与新《食品安全法》同步实施，明确规定食品生产许可证编号将由SC（“生产”的汉语拼音字母缩写）开头，新的食品生产许可证编号是字母“SC”加上14位阿拉伯数字组成，完全可以满足识别、查询的要求。

2. 十三五规划：中华人民共和国国民经济和社会发展第十三个五年规划纲要，简称“十三五”规划（2016—2020年），规划纲要依据《中共中央关于制定国民经济和社会发展第十三个五年规划的建议》编制，主要阐明国家战略意图，明确政府工作重点，引导市场主体行为，是2016—2020年中国经济社会发展的宏伟蓝图，是各族人民共同的行动纲领，是政府履行经济调节、市场监管、社会管理和公共服务职责的重要依据。

3. 全域旅游：全域旅游是指在一定区域内，以旅游业为优势产业，通过对区域内经济社会资源尤其是旅游资源、相关产业、生态环境、公共服务、体制机制、政策法规、文明素质等进行全方位、系统化的优化提升，实现区域资源有机整合、产业融合发展、社会共建共享，以旅游业带动和促进经济社会协调发展的一种新的区域协调发展理念和模式。

4. 供给侧结构性改革：供给侧结构性改革旨在调整经济结构，使要素实现最优配置，提升经济增长的质量和数量。需求侧改革主要有投资、消费、出口三驾马车，供给侧则有劳动力、土地、资本、制度创造、创新等要素。

5. 禁白：禁止白色垃圾，抵制塑料购物袋。

6. 四个自信：习近平总书记在庆祝中国共产党成立95周年大会上明确提出：中国共产党人“坚持不忘初心、继续前进”，就要坚持“四个自信”即

“中国特色社会主义道路自信、理论自信、制度自信、文化自信”。

7. 四个意识：政治意识、大局意识、核心意识、看齐意识。

8. 三会一课：即俗称的“一课三会”制度，是指定期召开支部党员大会、支部委员会、党小组会，按时上好党课。

9. 六建：建管理机制、建党组织、建领导班子、建干部队伍、建管理职能、建管理机制。

10. 六个一：交一个朋友、开展一次家访、办一件实事、建一套档案、畅通一条渠道、形成一套机制。

11. 9+5：有领袖像、有国旗、有路、有水、有电、有广播电台、有电影、有书屋、有报纸、建一个食堂、建一个澡堂、建一个温棚、建一个垃圾储备池、培养两名卫生员。

12. 七五普法：中央宣传部、司法部关于在公民中开展法治宣传教育的第七个五年规划（2016—2020年）。

13. 法治六进：“法治进机关”“法治进乡村”“法治进社区”“法治进学校”“法治进企业”“法治进单位”。

14. 中央八项规定：1. 要改进调查研究，到基层调研要深入了解真实情况，总结经验、研究问题、解决困难、指导工作，向群众学习、向实践学习，多同群众座谈，多同干部谈心，多商量讨论，多解剖典型，多到困难和矛盾集中、群众意见多的地方去，切忌走过场、搞形式主义；要轻车简从、减少陪同、简化接待，不张贴悬挂标语横幅，不安排群众迎送，不铺设迎宾地毯，不摆放花草，不安排宴请。2. 要精简会议活动，切实改进会风，严格控制以中央名义召开的各类全国性会议和举行的重大活动，不开泛泛部署工作和提要求的会，未经中央批准一律不出席各类剪彩、奠基活动和庆祝会、纪念会、表彰会、博览会、研讨会及各类论坛；提高会议实效，开短会、讲短话，力戒空话、套话。3. 要精简文件简报，切实改进文风，没有实质内容、可发可不发的文件、简报一律不发。4. 要规范出访活动，从外交工作大局需要出发合理安排出访活动，严格控制出访随行人员，严格按照规定乘坐交通工具，一般不安排中资机构、华侨华人、留学生代表等到机场迎送。5. 要改进警卫工作，坚持有利于联系群众的原则，减少交通管制，一般情况下不得封路、不清场闭馆。6. 要改进新闻报道，中央政治局同志出席会议和活动应根据工作需要、新闻价值、社会效果决定是否报道，进一步压缩报道的数量、字数、时长。7. 要严格文稿发表，除中央统一安排外，个人不公开出版著作、讲话单行本，不发贺信、贺电，不题词、题字。8. 要厉行勤俭节约，严格遵守廉洁从政有关规定，严格执行住房、车辆配备等有关工作和生活待遇的规定。

15. 自治区约法十章：1. 坚持立场坚定、保持一致；2. 坚持旗帜鲜明、反对分裂；3. 坚持加强学习、解放思想；4.坚持总揽全局、民主集中；5. 坚持同心同德、维护团结；6. 坚持牢记宗旨、服务群众；7. 坚持求真务实、真抓实干；8. 坚持恪尽职守、勤政高效；9. 坚持艰苦奋斗、清正廉洁；十、坚持精文减会、转变作风。

16. 市委八项要求：加强调研工作，切实掌握实情；严控会议规模，切实改进会风；严控发文数量，切实改进文风；严格审批程序，切实改进事风；严格宣传报道，切实提升质量；严控评比活动，切实规范表彰；严格信访制度，切实化解矛盾；严格廉洁自律，切实厉行节约。

17. 六项精准脱贫措施：以业脱贫、以迁脱贫、以教脱贫、以补脱贫、以保脱贫、以助脱贫六项精准脱贫措施。

18. 两线合一：指的是农村居民最低生活保障标准与农村困难群众扶贫标准“两线合一”。

19. 河长制：即由中国各级党政主要负责人担任“河长”，负责组织领导相应河湖的管理和保护工作。

20. 三高：高能耗、高污染、高排放。

21. 特色小城镇建设：城乡地域中地理位置重要、资源优势独特、经济规模较大、产业相对集中、建筑特色明显、地域特征突出、历史文化传统保存相对完整的乡镇建设。

22. 小康安居工程：对2016年7月30日前登记为拉萨户籍的居民和农牧民，有意愿参与且属于城镇棚户区改造、老旧住宅小区、农牧区危旧房、平房一层等房屋进行就地安置或集中安置的工程项目。

23. 欧盟认证："CE"标志是一种安全认证标志，被视为制造商打开并进入欧洲市场的护照。CE代表欧洲统一（CONFORMITE EUROPEENNE）。凡是贴有"CE"标志的产品就可在欧盟各成员国内销售，无须符合每个成员国的要求，从而实现了商品在欧盟成员国范围内的自由流通。

24. 地理标志产品：是指产自特定地域，所具有的质量、声誉或其他特性本质上取决于该产地的自然因素和人文因素，经审核批准以地理名称进行命名的产品。

25. 地理标志商标：是标示某商品来源于某地区，并且该商品的特定质量、信誉或其他特征主要由该地区的自然因素或人文因素所决定的标志。申请地理标志证明商标是目前国际上保护特色产品的一种通行做法。通过申请地理标志证明商标，可以合理、充分地利用与保存自然资源、人文资源和地理遗产，有效地保护优质特色产品和促进特色行业的发展。

戮力同心 共襄伟业
以优异成绩迎接党的十九大胜利召开

——在政协第二届当雄县委员会第二次会议闭幕会上的讲话

县政协党组书记、主席 次仁桑玻

（2017年4月1日）

政协第二届当雄县委员会第二次会议，在全体委员和与会同志的共同努力下，圆满完成各项议程，即将闭幕。会议期间，市政府副市长、县委书记张正，市政协副主席*等市县领导同志出席会议并参加了分组讨论，与委员们共商改革发展大计，充分体现了县委县政府对推进协商民主、发展政协事业的高度重视，我们深受鼓舞。

会议期间，全体委员以高度的政治责任感和强烈的历史使命感，紧紧围绕全县经济社会发展重大问题和涉及人民群众切身利益的实际问题，通过提案、反映社情民意信息、小组讨论等多种形式深入协商议政，积极建言献策，提出了许多宝贵的意见建议，展现了胸怀全局、为民履职的情怀和风貌，彰显了人民政协协商民主的蓬勃生机与活力，体现了人民政协这一政治组织和民主形式的独特优势，是一次团结民主、和谐向上、凝心聚力的大会，是一次解放思想、务实创新、昂扬奋进的大会。

各位委员、同志们，2017年是推进实施“十三五”规划的重要一年，是供给侧结构性改革的深化之年，也是党的十九大召开之年。做好2017年的各项工作意义重大，全县政协各参加单位和广大政协委员要在县委的坚强领导下，全面贯彻落实党的十八大、十八届三中、四中、五中、六中全会精神，深入贯彻习近平总书记系列重要讲话精神、特别是“治国必治边、治边先稳藏”的重要战略思想和“加强民族团结、建设美丽西藏”的重要指示，贯彻落实俞正声主席对西藏政协提出的“一个平台、两个共同、三个更好”（即：把政协作为一个平台，大家共同商量、共同讨论，使民族团结搞得更好、藏传佛教发展得更好、老百姓的生活改善得更好）的指示要求，贯彻落实区、市县第九次党代会精神和县委九届二次全会精神，牢固树立“四个意识”特别是核心意识和看齐意识，坚定维护核心、牢牢把握方向，严守党的政治纪律和组织纪律，不断增进政治共识，凝聚改革发展正能量，紧紧围绕县委县政府中心工作，认真履行政治协商、民主监督、参政议政职能，努力适应新常态、展现新作为、树立新形象，为建设团结美丽健康幸福新当雄、率先在全区全面建成小康社会而不懈努力。下面，我就抓好今年的工作讲四点意见。

一、维护核心、坚定方向，在筑牢根基上要有新提高

习近平总书记指出：“做好人民政协工作，必须坚持中国共产党的领导”。党的领导是政协工作遵循的基本原则，政治可靠是当好政协委员的首要标准。全县广大政协委员要坚决拥护和绝对忠诚于中国共产党的领导，牢固树立“四个意识”特别是核心意识和看齐意识，更加紧密地团结在以习近平同志为核心的党中央周围；要高举爱国主义、社会主义旗帜，坚决维护祖国统一、加强民族团结，坚决反对分裂，始终做到立场坚定、旗帜鲜明、态度坚决；要严格遵守宪法和法律法规、政协章程，在落实中央、区市县党委决策部署上不讲条件、不走偏、不动摇。

二、敢于担当、积极主动，在服务中心上要有新作为

人民政协作为协商民主重要渠道和专门协商机构，是名符其实的“人才库”和“智囊团”，很多政协委员是各个领域的专家、行家。要充分发挥人才荟萃、智力密集的优势，自觉把党的主张贯彻到政协工作中去，聚焦经济社会发展方方面面，着力提高政治把握能力、调查研究能力、联系群众能力、合作共事能力，发扬担当精神，紧扣县委县政府中心工作，切实履行政治协商、民主监督、参政议政职能。要以区、市县第九次党代会精神及县委九届二次全会精神为统领，围绕推进“六大战略”和建设团结美丽健康幸福新当雄、率先在全区全面建成小康社会的伟大目标，深入细致的调查研究，多提综合性、前瞻性、针对性、可操作性的意见建议。

三、增进团结、凝聚共识，在维护稳定上要有新成效

习近平总书记强调，人民政协要努力寻求全社会意愿和最大公约数，画出民心民愿的最大同心圆，广泛凝聚实现中华民族伟大复兴的正能量。全县广大政协委员、政协各参加单位要坚持团结民主两大主题，充分发挥代表性强、联系面广、包容性大的优势，在反映社情民意、增进民族团结、维护社会稳定中发挥更大作用。要发挥好各界别的渠道作用，教育引导全县各界群众把思想和认识统一到区、市县第九次党代会精神和县委九届二次全会精神上来，统一到建设团结美丽健康幸福新当雄、率先在全区全面建成小康社会的伟大目标上来，统一到这次大会确立的目标任务上来，努力营造人人思发展、谋发展、抓发展的良好氛围；要发挥爱国统一战线作用，教育引导爱国统战人士和党外人士自觉做政治上的“明白人”，把维护祖国统一、加强民族团结作为履职的着眼点和着力点，自觉与十四世达赖集团划清界限。

四、改进作风、务求实效，在自身建设上要有新突破

作风建设永远在路上。全县广大政协委员、政协各参加单位要继续巩固扩大党的群众路线实践教育、“三严三实”和“忠诚干净担当”专题教育及“两学一做”学习教育成果，始终保持昂扬向上的精神状态，保持锐意进取的工作态度，保持说真话、办实事、求实效的务实作风，把精力集中在想干事上，把本领体现在会干事上，把目标锁定在干成事上，以实际行动珍惜荣誉，不辜负人民群众的信任和重托；要继续加强机关建设，完善各项工作程序，推进政协工作制度化、规范化和程序化；要积极搭建委员履职平台、引导支持界别开展丰富多彩的活动，努力使委员的主体作用得到充分发挥；要加强对政协委员的动态管理，健全完善委员履职评价、激励约束机制，进一步激发委员的活力。全县广大政协委员要培养勤于学习的习惯，增强善于学习的能力，做到学有所感、学有所获，通过学习，开阔视野，理清思路，寻找对策，提升能力；要倍加珍惜荣誉，强化责任担当，着力提升能力素质，自觉树立委员良好形象，真正做到懂政协、会协商、善议政的行家里手，为全县经济社会长足发展和长治久安做出积极贡献。

各位委员、同志们：宏伟蓝图已经绘就，今年的各项工作任务已经明确。在建设团结美丽健康幸福新当雄、率先在全区全面建成小康社会的伟大实践中，人民政协责无旁贷，大有作为。让我们紧密团结在以习近平同志为核心的党中央周围，牢固树立“四个意识”特别是核心意识和看齐意识，高举爱国主义、社会主义旗帜，在县委的坚强领导下，戮力同心、锐意进取，共襄伟业，撸起袖子加油干，为建设团结幸福健康美丽新当雄、率先在全区建成小康社会做出新的更大的贡献，以优异成绩迎接党的十九大胜利召开！

最后，我代表县政协向为大会服务的工作人员、新闻记者、公安干警、武警消防战士致以衷心感谢，祝大家在新的一年里身体健康、工作顺利、阖家幸福、万事如意、扎西德勒！

强化精准监督 从严执纪问责
推动全面从严治党向纵深发展

——在中国共产党当雄县纪律检查委员会第二次全体会议上的工作报告

（2017年3月24日）

这次全会的主要任务是：深入学习贯彻十八届中央纪委七次全会特别是习近平总书记重要讲话和王岐山书记的工作报告精神，深入贯彻落实自治区和拉萨市纪委九届二次全会各项决策部署，总结2016年纪律检查工作，部署2017年任务。刚才，副市长、县委书记张正同志作了重要讲话，为开好本次全会、做好当前和今后的全县纪律检查工作指明了方向。全县各级纪检监察机关和广大纪检监察干部一定要紧密联系实际，认真学习领会，坚决贯彻落实。

一、2016年工作回顾

2016年，在市委坚强领导下，在市纪委的有力指导和推动下，县委常委班子带领全县各族人民紧密团结在以习近平同志为核心的党中央周围，坚定不移推进全面从严治党，严肃党内政治生活，强化党内监督，各级党组织管党治党政治责任明显增强，党的纪律建设全面加强，作风建设成果巩固深化，反腐败斗争压倒性态势已经形成。县乡两级纪检监察机关用担当诠释忠诚，从严监督、铁面执纪、严肃问责，党风廉政建设和反腐败斗争取得明显成效。

（一）深入开展“两学一做”学习教育，切实把纪律和规矩挺在前面

坚持在学习中强化看齐意识。坚持以马克思列宁主义、毛泽东思想、中国特色社会主义理论体系为指导，以尊崇党章、遵守党规为基本要求，把党的思想建设放在首位，把学习领会习近平总书记系列重要讲话精神，特别是十八大以来党的治国理政新理念新思想新战略，同深入学习贯彻十八届六中全会精神结合起来，不断增强“四个意识”特别是核心意识和看齐意识，做到主动在思想上拥戴核心、在政治上信赖核心、在组织上忠诚核心、在行动上捍卫核心，做到向党中央看齐，向党的核心看齐，向党的理论和路线方针政策看齐，向党中央决策部署看齐，切实在全面从严治党中找准职责定位，密切联系思想和工作实际，学思践悟、融会贯通。

坚持用“两学一做”推动责任落实。坚持把“两学一做”学习教育作为落实全面从严治党主体责任的重要抓手，督促各级党组织利用理论中心组、各类专题培训，切实加强党章党规党纪学习力度。联合县委组织部对全县新提拔使用科级干部进行廉政知识测试，对131名新提拔调整的干部进行了任前集体廉政谈话，进一步强化基层党员干部纪律意识。

积极营造全面从严治党浓厚氛围。坚持正确舆论导向，推进当雄县警示教育基地建设，着力打造廉政宣传“主阵地”，及时向当雄县微信公众号推送廉政信息，宣传廉洁从政新理念。推行《企业助廉守法承诺书》并严格执行，开展廉政

警示教育活动10场次，放映廉政题材优秀影片84余场次，受教育人数1000余人次，使党要管党、从严治党深入人心。

（二）推进纪检体制改革，层层推动主体责任落实

坚持党委统一领导。县委坚持将党风廉政建设和反腐败工作同改革发展稳定各项工作同部署、同推进、同落实、同考核。县委常委会专题研究部署党风廉政建设和反腐败工作，县委主要领导专门听取纪委工作汇报。年初召开工作部署会议，县第九次党代会对当前和今后一个时期任务进行总体安排部署。深入开展县委书记、副书记、纪委书记与各乡（镇）、县直各部门（党组、党支部）书记约谈工作并逐级延伸，层层传导责任压力。县委九届二次全会对党风廉政建设和反腐败工作作出了安排部署，为我们开展好2017年工作指明了方向、明确了任务。县委主要领导认真履行第一责任人责任，主动向市委落实党风廉政建设责任制检查考核组作述责述廉报告，多次作出重要批示，为纪律检查工作开展提供了坚强后盾和有力支持。成立由县委书记，县委副书记、县长为组长的2个检查考核组，对42家县（中）直单位和8个乡（镇）履行党风廉政建设主体责任和乡（镇）纪委履行监督责任情况进行考核。2016年，当雄县委认真落实党风廉政建设责任，持续推动作风建设，得到了市委、市纪委的充分肯定。坚持有权必有责、有责要担当，用权受监督、失责必追究，全年批评教育1人、提醒谈话2人、约谈2人。

有序推进纪检体制改革。落实纪检体制改革任务，对改革任务进行对账清查，全面完成改革任务。县委严格按照中央和区市党委关于深化党的纪律检查体制改革要求，认真深化党的纪律检查体制改革。加强纪委班子建设。结合县纪委换届工作，选举产生新一届纪委委员11名。加大纪检干部培训。县委先后选派13名干部到市纪委学习，其中6名以案代训、7名跟班学习，参加区市纪委各类培训45人次。不断充实纪检监察力量。在原有的11名纪检监察干部的基础上，再抽调11人加强纪委工作。进一步规范了纪委内设机构，设立了综合办公室、党风政风监督室、纪检监察室、纪检干部监督室、信访室（审理室、案管室）5个科室，进一步明确了工作职责。县委积极予以支持。为纪委解决132760元的办公办案设备经费，明确每年为纪委解决10万元办案专项经费。按照市委“强党固基扶村”工作要求，探索建立《当雄县村（居）纪检监督员管理办法（试行）》，将党风廉政建设和反腐败工作延伸至村（居）一线。在每个行政村（居）设置1名纪检监督员，推动监督触角向基层延伸。

（三）严明纪律，严肃规范党内政治生活

严守党的政治纪律和政治规矩。认真贯彻执行自治区关于共产党员、国家公职人员违反政治纪律行为处分有关规定，加大同公检法等部门的协作配合力度，健全完善维稳督查长效机制，严肃查处发表反动言论、造谣传谣、参与地下非法组织等违反政治纪律和反分裂斗争纪律案件，当雄县形势总体向好，全年未发现违反政治纪律问题。

严肃换届纪律。坚持把正风肃纪摆在换届工作首位，抽派干部组成8个换届风气巡回督导组对县乡两级换届风气开展巡回督查和现场监督。做到干部调整“凡动必查”，严把党风廉政意见回复关，全年出具意见函31份，按照“快查、快核、快审”要求，了结澄清2人。

持续查纠“四风”，深化作风建设。坚持把落实中央八项规定精神和区党委“约法十章”“九项要求”及市委“八项要求”作为作风建设的基础性、经常性工作，紧盯“四风”问题新变异、新变种，抓住元旦、春节、藏历新年等重要节点，及时下发通知、发布公告提出纪律要求，对“四风”问题露头就打，严肃查处不收敛、不收手的顶风违纪行为；对巡视巡察监督和执纪审查中发现的“四风”问题线索深挖细查、决不放过。全年共查处涉嫌违反中央八项规定精神4起，了结2起，立案2件，给予党纪政纪处分2人，约谈2人。

（四）聚焦政治定位，狠抓巡视巡察整改

扎实开展自查自纠。2016年5月，根据区党委巡视办《关于对巡视反馈意见整改和问题线索办

理情况开展督促检查的通知》精神，积极开展了巡视“回头看”工作，检验整改实效。对区党委巡视二组重点反馈的我县在严明党的纪律、党风廉政建设和反腐败工作、落实中央八项规定、区党委“约法十章”“九项要求”和作风建设方面以及干部选拔任用工作等方面存在的11个问题再次开展了自查自纠，建立完善相关制度37项，制定整改措施52项，反馈的意见已全部整改完毕，整改完成率100%。

抓巡察整改落实。2016年7月12日起，拉萨市委巡察五组对当雄县羊八井镇、格达乡、羊井寺、多吉林寺进行了政治巡察，并于11月19日反馈了民主集中制执行不力、党务政务公开不力、下沉干部发挥作用不明显等11个方面的问题，县委依据反馈问题，制定整改方案，召开专题会议，对整改工作提出了明确要求，并规定了整改时限，督促被巡察单位抓好整改，现已全部整改完成。

（五）践行“四种形态”，发挥不敢腐的威慑效应

坚持惩前毖后、治病救人。执纪审查谈话从学习党章入手，让审查对象对照党章，触及灵魂、深刻反省、认识错误、自悔自新；审查和审理报告不仅列明违纪事实，还要附上执纪审查对象的忏悔录和违纪事实材料，反映其对所犯错误的认识。对反映领导干部问题的线索，严格按照五类标准进行处置，提高分析研判和处置质量。全年作出党政纪轻处分和组织处理2人。

形成反腐强大震慑。着力构建“一盘棋”的协作办案机制，调整充实全县反腐败工作协调小组。2016年，共组织召开反腐败协调小组会2次，协调解决牧民党员涉刑入狱隐瞒身份问题，与公检法司建立互通机制，实现信息共享。全年共处置问题线索13件，其中，清理遗留件3件、受理信访举报3件、查办领导交办7件。了结11件、正在核实2件。2016年，批评教育1人、提醒谈话2人、约谈2人，立案2件，2人受到党纪政纪处分。

（六）严肃查处侵害群众利益的不正之风和腐败问题

健全工作机制。县委把严明群众纪律摆在突出位置，成立由县纪委牵头的资金监督检查领导小组，出台《关于开展扶贫资金项目专项检查方案》，对6家农牧民专业合作社扶贫资金专项检查，切实保障我县扶贫领域资金规范使用。督促行业职能部门强化监管，不断加强对扶贫领域违纪行为的监督检查，切实保障群众利益。

严惩基层“微腐败”。通过专项检查、巡视巡察、信访举报等途径，重点查处侵吞挪用专项资金、截留套取涉农资金、村组干部侵害群众利益、基层干部以权谋私、土地违规流转等群众身边的腐败案件。

（七）肩负新的使命，不断加强自身建设

尊崇党章，做合格共产党员。县纪委机关建立党支部学习制度，坚持每周一学习制度，平均每月开展学习教育4次以上，全年专题研究部署机关党建工作4次，明确突出党的领导地位。全体党员干部严格执行合格党员“四讲四有”标准，建立健全领导干部会前领学、干部职工集中学习等制度，定期开展中央纪委“学思践悟”专栏和党内法规专题学习。全年共开展专题学习51场次，观看警示教育片12场次、累计研讨发言27人次。

加强领导班子和干部队伍建设。按照区市《关于加强和改进基层纪检机关建设的意见》要求，县委充分酝酿，结合换届工作，选举产生县纪委新一届纪委委员11名，各乡（镇）配备纪委书记、副书记、专干。经过换届，县乡两级纪委班子结构更加合理，全县纪检干部队伍整体活力进一步增强。注重队伍业务素质培养。加大纪检干部培训，县委先后3批次选派纪检干部到市纪委以岗代训、跟班学习，锻炼干部13人，选派9名纪检干部赴区外参加中央纪委举办的各类培训。邀请市纪委有关领导到当雄县授课，教育干部100余人。

改进基层纪检机关建设。深化“三转”要求，县纪委先后2次清理参与的议事协调机构，退出或取消33个、保留12个。各乡（镇）纪委同步进行清理，主业主责更加突出。县纪委按照大县不少于20人要求配备干部，8个乡（镇）全部单设纪委、单独挂牌、单独设置办公室、配备专职纪委书记。

强化内部监督制约。针对监督执纪权力运行

中的重点岗位和关键环节，按照《拉萨市纪委监察局涉案款物管理暂行办法》《关于进一步规范全市纪检监察干部行为有关事项的通知》《拉萨市纪检监察机关违纪问题执纪审查安全管理责任书》等规范性制度，进一步加强和规范机关内部管控。加强自我监督，发挥干部监督机构作用，严查“灯下黑”。

党的十八大以来，我县纪律检查工作取得的成绩，得益于以习近平同志为核心的党中央旗帜立场鲜明、意志品质顽强，得益于区市党委、纪委决策部署科学、领导坚强有力，得益于县委高度重视，强力支持，得益于全县各级党组织的共同努力和人民群众的支持参与，得益于广大纪检监察干部顽强拼搏、勇于斗争的责任担当。王拥军书记在区纪委九届二次全会工作报告中总结了五点工作体会：即必须提高政治站位，坚决维护以习近平同志为核心的党中央权威；必须强化职能作用，以严肃的党内政治生活净化党内政治生态；必须维护群众利益，不断厚植党在西藏的执政根基；必须强化自我监督，积极回应党内关切和人民群众的期盼；必须弘扬斗争精神，坚定不移把全面从严治党引向深入。这是做好纪律检查工作的根本遵循，对我县开展纪律检查工作具有重要指导意义，必须长期坚持。

在肯定成绩的同时，我们也要清醒地看到，少数党组织对全面从严治党紧迫性和“纪在法前、纪严于法”思想认识不到位，落实全面从严治党和党风廉政建设主体责任主动性不强，仍停留在表面和口头上，布置任务多、检查推动少，责任追究“高举轻放”，干部日常管理监督存在宽松软现象。少数党员领导干部廉洁自律意识不强，以身作则要求执行不严，导致“四风”问题和侵害群众利益的“微腐败”等顶风违纪行为时有发生。少数纪检监察干部的能力素质与党风廉政建设和反腐败斗争的新形势新任务新要求不相适应，“三转”落实不到位，对监督执纪“四种形态”等最新执纪理念学习不深、理解不透、把握不准。对此，我们必须高度重视，采取有效措施，认真加以解决。

二、2017年工作部署

2017年将召开党的第十九次全国代表大会，这是党和国家政治生活中的大事，做好今年纪律检查工作意义重大。今年工作总体要求是：全面贯彻党的十八大和十八届三中、四中、五中、六中全会精神，深入贯彻习近平总书记系列重要讲话精神，贯彻落实十八届中央纪委历次全会和自治区第九次党代会、自治区纪委九届二次全会及市第九次党代会、市委九届二次全委会、市纪委九届二次全委会精神，坚决向核心看齐，坚持尊崇党章，严明党的政治纪律和政治规矩，严肃党内政治生活，强化党内监督，驰而不息纠治“四风”，保持反腐败高压态势，加强自身建设，践行忠诚干净担当，深化党风廉政建设和反腐败斗争，推动全面从严治党向纵深发展。

（一）深入学习贯彻十八届六中全会精神，严肃党内政治生活，强化党内监督

坚持把严明党的政治纪律摆在首位。牢固树立“四个意识”特别是核心意识和看齐意识，经常同党中央对表，自觉在思想上政治上行动上同以习近平同志为核心的党中央保持高度一致，坚决维护党中央的绝对权威。严格执行拉萨市委关于贯彻落实六中全会精神的决定，狠抓重大敏感节点特别是党的十九大召开前后遵守政治纪律情况的监督检查，将党员干部信仰宗教问题作为监督检查、执纪审查、巡察监督的重点内容，坚决查处共产党员信仰宗教、参与邪教等问题，严肃查处纵容和支持宗教极端势力、民族分裂势力及其活动，从事分裂破坏活动等问题，严肃查处任何形式的造谣传谣、散布小道消息等问题，严肃查处在党内培植私人势力、阳奉阴违、拉帮结派、对抗组织审查等问题，坚决维护党的团结统一。各级党组织要深化党员干部纪律教育，落实“三个特别”民族地区好干部要求，引导党员干部增强政治警觉性和政治鉴别力，自觉遵守反分裂斗争纪律和维稳工作纪律，旗帜鲜明反对分裂、维护稳定。

严明组织纪律，把好选人用人关。在选人用

人工作中，严格执行“纪检监察机关意见必听，线索具体的信访举报必查”要求，对在政治上有问题、搞团团伙伙的一票否决，确保选对人、用好人。认真排查梳理干部问题线索，及时更新廉政档案资料，把好党风廉政意见回复关，防止“带病提拔”“带病上岗”。

用好《准则》《条例》标尺。各级党员干部特别是党员领导干部要习惯在监督下工作，主动接受监督。各级纪检监察机关要发挥党内监督专责机关作用，加大对纪律特别是政治纪律执行情况的监督检查和巡察力度，特别是加强六中全会精神贯彻落实情况的监督检查，加强党的治藏方略贯彻落实情况的监督检查，加强自治区纪委九届二次全会、市委九届二次全委会、县委九届二次全会各项决策部署执行情况的监督检查，确保令行禁止、政令畅通。

（二）抓铁有痕、踏石留印，持续巩固作风建设成果

横下一条心纠正“四风”，抓出习惯、抓出长效。牵住主体责任“牛鼻子”，一个节点一个节点坚守，一个问题一个问题突破，关注新动向、采取新措施，久久为功、绵绵用力，推动中央八项规定精神和区党委“约法十章”“九项要求”及市委“八项要求”落地生根。既要紧盯无视中央八项规定精神、公车私用、私车公养、违规发放补贴、变相公款吃喝等老问题，又要注意发现和纠正以形式主义、官僚主义方式对待党中央决策部署，把同党中央保持一致仅仅当作口号等突出问题，坚决防止“四风”问题反弹回潮。坚持越往后执纪越严，对“四风”问题线索一律从严处理、一律点名道姓通报曝光，对执纪审查对象存在“四风”问题的，应当先于其他问题查处和通报。

拓宽渠道，推动作风监督常态化。要将全面检查与重点检查、明察与暗访相结合，做到掌握权力的岗位必受检查、权力集中的岗位重点督查、联系群众的岗位随时抽查、专业性强的岗位专项督查。要改进监督方式，提升监督实效，及时发现作风方面有问题的人和事，进行适时纠错和处理。要发动群众力量，激发群众参与监督的热情，形成“四风”无所遁形的氛围。

完善作风建设制度体系。要增强制度完整性，强化不同制度之间的配套协调，确保有权力运行就有制度约束，在破与立中持续深化作风建设成果。要紧密结合实际，务实求效，有什么漏洞堵什么漏洞，有什么问题解决什么问题，做不到的宁可不写、写上的就要确保做到，使评价有依据、检验有尺度，为持之以恒纠正“四风”提供制度保障。要坚持制度面前没有特权、执行制度没有例外，加强对制度执行情况的监督检查，严肃查处破坏制度的行为，决不能“开口子”、搞下不为例，切实维护制度严肃性。

坚定文化自信，除陋习、树新风。继承弘扬“长征精神”和“老西藏精神”“两路精神”，深入挖掘和汲取民族历史文化资源以及家规家风、乡规民约中蕴藏的精华，推动社风民风向善向上。会同相关部门拍摄制作专题宣教片，集中展示党的十八大以来我县全面从严治党取得的成效和经验。借助幸福当雄微信公众平台作用，传递崇廉尚洁正能量。大力弘扬中华民族优秀传统文化和党的优良作风，加强党内政治文化建设，引导党员领导干部廉洁修身、廉洁齐家，以家风建设助力作风涵养、以优良家风涤风励德，不断坚定党员干部文化自觉和文化自信。

（三）坚持从严问责，坚决落实全面从严治党政治责任

把责任压紧落实，推动管党治党从宽松软走向严紧硬。各级党委（党组）要切实担负起全面从严治党的政治责任，定期向上级党委和纪委书面报告落实主体责任情况，坚持实行各乡（镇）党委书记、县直单位（党组、党总支、党支部）书记每年向县委书面述责制度，深入开展“双述”工作，确保将管党治党责任层层压实到村党支部书记、机关党支部书记。县乡两级纪委要切实履行监督责任，把检查主体责任落实情况作为监督执纪的重点，督促各级党组织解决本地本部门党内政治生活中存在的突出问题。要建立健全监督检查和考核评价机制，坚持党委、纪委领

导班子成员带队调研督导制度，抓住“关键少数”，强化约谈督促，注重防范在先、教育在前，耳朵伸长、眼睛盯远，督促各级党员领导干部不折不扣贯彻落实党中央决策部署，做到真管真严、敢管敢严、长管长严。

以严厉问责倒逼责任落实。用好问责条例这个全面从严治党利器，严格执行《西藏自治区贯彻〈中国共产党问责条例〉实施办法》，坚持失责必问、问责必严，对党的领导弱化、党的建设缺失、从严治党不力的，对维护党的政治纪律和政治规矩失责、贯彻落实中央八项规定精神不严、选人用人问题突出、腐败问题严重、不作为乱作为的，要严肃问责，每季度对全县问责情况进行盘点，选择典型问题适时通报曝光，促进党员领导干部担当履责。各级党组织、乡（镇）纪委要定期报告问责情况，对该问责而不问责的，也要严肃问责。

（四）科学运用“四种形态”，促进标本兼治

突出日常监督，体现关心爱护。从政治和全局上把握处理“树木”与“森林”的关系，准确掌握党内政治生活开展情况，用好监督执纪“四种形态”特别是第一、二种形态，让红脸出汗成为常态。进一步规范谈话函询工作，严格执行谈话函询后抽查核实制度，建立健全查谈结合、签字背书、全程留痕工作机制。完善约谈提醒、诫勉谈话制度，对反映一般性问题要及时与本人见面，把问题主动向组织讲清楚。让有苗头性倾向性问题或者轻微违纪问题的党员干部，在民主生活会或组织生活会上有针对性地作出说明，党委（党组）书记签署意见。对反映不实的及时澄清；对如实说明且属于一般性问题的进行批评教育，及时了结；对不如实说明、欺骗组织的，要严肃处理。

坚守纪律底线，动辄则咎。坚持以纪律为戒尺衡量和处置党员干部行为，建立健全纪律处分与组织处理综合运用的有效衔接机制，综合分析违纪行为情节性质，考虑认错悔错态度，对廉洁自律不严、个人有关事项报告不实，问题较轻的要予以党政纪轻处分或组织调整，问题严重的要给予党政纪重处分、作出重大职务调整。要提高思想政治水准和把握政策能力，做好执纪审查对象的思想转化工作，教育引导违纪干部相信组织、忠诚组织，达到惩处极少数、教育挽救大多数的政治效果和社会效果。

让反面教材发挥正面教育作用。强化案例剖析，加大腐败典型案件通报曝光力度，深刻查找根源，堵塞监管漏洞。落实回访教育制度，加强对受处分党员干部的教育管理工作，编撰违纪干部忏悔录，能公开的及时公开，同时发回违纪干部案发单位，用身边事教育身边人。把反面“活教材”纳入党员干部教育培训总体规划，让广大党员干部以案为鉴、以案明纪。

（五）力度不减、节奏不变，保持惩治腐败高压态势

坚决减存量、遏增量。要用政治眼光深刻认识依然严峻复杂的反腐败斗争形势，强化党委对反腐败工作的统一领导，进一步发挥反腐败工作协调小组职能，提升执纪审查质效，坚决减少腐败存量、重点遏制腐败增量。严肃查处违反党的纪律特别是政治纪律、组织纪律的行为，严肃查处发生在领导机关和领导干部中插手工程建设、土地出让，干预司法活动，买官卖官、腐化堕落等案件，严肃查处转移赃款赃物、销毁证据，搞攻守同盟、对抗审查的行为。坚持无禁区、全覆盖、零容忍，对不收敛不收手，问题线索反映集中、群众反映强烈，现在重要岗位且可能还要提拔使用的要进行重点审查，三种情况同时具备的要作为重中之重，不论级别、地位、民族，一律依纪严肃查处。

加大群众身边不正之风和腐败问题查处力度。督促各级党组织履行管党治党主体责任、基层党支部发挥战斗堡垒作用，加强与相关职能部门的协作配合，把查处侵害群众利益不正之风和腐败问题作为主要任务，开展扶贫领域专项整治，重点查处在扶贫开发、抗震救灾、灾后恢复重建、惠民政策落实等领域优亲厚友、私分截留、贪污挪用问题，对顶风作案、与民争利行为严惩不贷，决不留回旋余地，增强群众获得感。

（六）深化纪检体制改革，做好监察体制改革前期准备

坚持巡视巡察同频共振。认真贯彻落实巡视工作条例，突出巡视巡察整改，持续巩固成果，聚焦党的领导，查找政治偏差。市委巡察组将陆续对全县各乡（镇）、各寺管会进行政治巡察，着力发现被巡察党组织和党的领导干部在坚定理想信念宗旨、落实党的路线方针政策、选人用人等方面的问题。做好建立县委巡察制度筹备工作，按照九届市委巡察规划予以落实。加大中央和自治区党委、市委巡视巡察反馈意见整改工作跟踪督办力度，对整改不到位、问题不解决的，敷衍整改、责任不落实的，要抓住典型、严肃追责。

做好监察体制改革前期准备。深化国家监察体制改革是以习近平同志为核心的党中央作出的事关全局的重大政治改革，体现了依规治党与依法治国的有机统一，对坚持和加强党对反腐败工作的集中统一领导，进一步整合反腐败工作力量，深入推进全面从严治党具有重大意义。要增强“四个意识”，提高政治站位，加强前期摸底调研，做好推进监察体制改革的思想和组织准备。

（七）坚持打铁还需自身硬，打造过硬纪检监察队伍

加强组织建设。巩固深化“三转”，优化纪检机关内部机构，将执纪监督和执纪审查部门职责分开，使执纪监督、执纪审查、案件审理各环节相互协调、相互制约。加强纪委全会和常委会建设，建立完善委员履职机制，强化对下级纪委的领导和指导，发挥委员作用。加强队伍建设，严格人选推荐程序，探索建立纪检干部作风状况定期分析、动态管理机制，建立健全干部选拔任用纪实制度，形成能者上、庸者下、劣者汰的用人导向。

提升监督执纪问责能力。深入开展“两学一做”学习教育，加大专题培训、轮岗交流和挂职锻炼力度，建立以执纪审查工作为核心，统筹线索筛查、案件突破、纪律处分、案件剖析、制度预防、警示教育、问责通报等协调推进的工作机制，不断提升思想政治素养和执纪审查能力水平。加强纪检监察干部队伍建设，努力建设一支让党放心、人民信赖的干部队伍，为广大党员干部树好标杆。

坚持刀刃向内，严防“灯下黑”。严格执行《中国共产党纪律检查机关监督执纪工作规则（试行）》，坚持执纪审查聚焦纪律，进一步加强和规范涉案款物管理，认真落实线索处置、“一案双报告”制度，对瞒案不报、压案不查的严肃追究责任，切实把权力关进制度笼子。要针对线索排查、执纪审查、涉案款物管理、定性量纪、选人用人等权力运行环节，找准风险点，进一步健全内控机制。要坚持因公授权原则，完善绩效考评办法，加强对重要岗位、关键环节的监督，规范执纪审查负责人权限。县乡两级纪委要自觉接受党委的日常监督和巡视巡察监督，把自我监督与接受党内监督、民主监督、群众监督、舆论监督结合起来，决不置身于纪律红线之外、决不成为监督执纪的盲点。严肃查处发生在系统内违规私存、隐瞒线索，擅做取舍、选择性办案，跑风漏气、泄露案情，办人情案、关系案、金钱案的行为，对不担当、不负责的要调整岗位，对不忠诚、不干净的要严肃查处，对执纪违纪、失职失责造成严重后果的，既要追究当事人责任，也要对纪委书记问责，绝不护短，绝不手软。

同志们，让我们更加紧密地团结在以习近平同志为核心的党中央周围，在拉萨市纪委和县委的坚强领导下，不忘初心、继续前进，以永远在路上的恒心和韧劲，严格监督执纪，用好问责利器，推动全面从严治党向纵深发展，为建设团结美丽健康幸福新当雄不懈奋斗，以从严管党治党的实际成效迎接党的十九大胜利召开！

当雄县人民法院工作报告

——在当雄县第十二届人民代表大会第二次会议上

当雄县人民法院院长 贡 嘎

（2017年3月31日）

2016年，我院在区市县党委的坚强领导下，在上级法院的正确指导下，深入学习贯彻落实党的十八大、十八届三中、四中、五中、六中全会和中央第六次西藏工作座谈会精神，深入学习贯彻习近平总书记系列重要讲话精神，深入学习贯彻区市第九次党代会精神，紧紧围绕“努力让人民群众在每一个司法案件中感受到公平正义”为目标，以司法为民、公正司法为主线，忠实履行宪法法律赋予的职责，各项工作取得新进展。2016年我院共受理各类案件115件（旧存5件），与去年同比增长1.76%。审执结113件，结案率98.26%，与去年同比增长1.8%。

2016年工作开展情况

（一）坚持罪刑法定，依法惩治犯罪，保障人权，着力维护社会稳定

在刑事审判中，我院认真贯彻落实罪刑法定原则和证据裁判规则，共受理刑事案件7件，审结7件，结案率100%。严格落实罪刑法定、疑罪从无等法律原则，依法保障被告人、被害人的各项诉讼权利，确保罚当其罪和无罪的人不受刑事追究。加大妇女儿童权益保护力度，认真学习贯彻《中华人民共和国反家庭暴力法》，畅通公权力干预家庭暴力的渠道，对妇女儿童遭受的暴力、虐待等行为，坚决依法严惩。

（二）坚持平等保护，着力保障民生权益，服务保障经济社会持续健康发展

实行调判结合，全面加强民事审判工作，依法及时调处社会矛盾。受理民事案件81件（旧存4件），审结79件，结案率97.53%。其中，受理婚姻家庭纠纷29件，权属纠纷32件，合同纠纷20件，审结民事诉讼标的额136.38万元。注重案结事了，使纠纷解决不留尾巴。加强司法调解与人民调解的相互配合，形成良性互动，合力构建“大调解”格局，一线审判人员从庭前到庭后直至审判前利用各个环节组织调解，努力促成调解结案。调解案件36件，撤诉16件，调撤率65.8%。共为经济困难的当事人减免缓交诉讼费2.54万元。

（三）坚持刚柔并济，进一步加强和规范执行工作，切实保护当事人的合法权益，努力促进执行工作良性循环

受理执行案件27件（旧存1件），执结27件，执结率100%。其中执行和解14件。执结标的额146.71万元。积极与公安、金融等机构沟通协调，强化执行联动及威慑，全面挤压规避执行者的活动空间。

（四）坚持司法为民，落实便民措施

一是坚持以人为本，大力加强普法宣传工作力度。我院依托“车载流动法庭”“法律七进”“法官包乡”等载体建立便捷的法制宣传网络，以人民群众司法需求为导向，不断提升法制宣传实效。2016年，共参与法制宣传18次，法制副校长进课堂2次，参与专题法制宣传1次，发放

宣传册1690册。

二是重视和加强涉诉信访接待工作，维护社会政治局势稳定。我院始终把涉法涉诉信访工作摆在重要位置，认真开展“文明立案窗口”建设，选派熟悉业务的少数民族干警担任导诉员，为当事人发放举证通知书、诉讼风险告知书等相关材料，并利用当地通用语言向群众开展诉讼指导，为当事人提供“一站式”服务，扫除群众诉讼障碍，减轻群众诉累。

三是强化接受监督意识，主动接受监督。始终秉持监督就是支持，监督就是爱护的工作理念，自觉把审判工作置于党的领导和人大监督之下，加大与人大代表、政协委员及社会各界联系，认真听取人民群众的意见和建议，不断改进工作，推进法院建设发展。向人大报告工作2次，邀请人大代表政协委员视察法院工作3次，召开专题座谈会1次。我院现有人民陪审员13名，参审案件13件。

（五）推进司法体制改革，不断提高司法公信力

自深化司法体制改革活动以来，我院坚决落实上级法院关于司法体制改革的决策部署，立足改革，稳步推进，全面落实司法体制改革各项要求。

一是推进法官员额制改革。成立法官绩效考评委员会，对全院17名符合入额报名条件的法官进行了全面的综合考核，提出拟入额人选，并报市中院政治部审核。首次确定我院12名拟入额法官。

二是着力解决立案难问题。对照《关于人民法院推行立案登记制改革的意见》和《最高人民法院关于人民法院登记立案若干问题的规定》，坚定落实立案登记制，登记立案率100%，实现了有案必立，有诉必理，共完成诉讼引导70余人次。推进多元化纠纷解决机制的建设，为人民群众提供灵活便捷、便民利民、多元选择的纠纷解决方式。

三是围绕“三公开”平台，深化司法公开。大力实施信息化建设，已全面实现裁判文书同步上网、案件评查同步跟进。推进“三公开平台”建设，落实审判流程公开，实现案件流程信息同步录入；大力推进裁判文书公开力度，2016年上网裁判文书公开率达100%；落实执行信息公开，当事人可在中国执行信息公开网上便捷查询执行案件办理情况、未结案件被执行人信息和失信被执行人名单等内容。

（六）加强队伍建设，提高法官素质

一是落实全面从严治党责任，推动人民法院全面从严治党不断向纵深发展。开展学习型党组织建设活动，加强党员队伍的思想政治教育。深入开展“两学一做”学习教育，我院党组带头组织专题研讨会3场次，带动全院干警开展集中学习8场次、个人自学10余次，人均撰写心得体会3篇；坚持以理论学习为主，结合审判工作实际，制定了详实的学习计划。

二是坚持标本兼治，深入推进人民法院党风廉政建设和反腐败斗争。坚持内外监督相结合，与各庭室签订党风廉政建设目标责任书，做到一级抓一级，层层抓落实。加强学习《法官职业道德基本准则》《中国共产党廉洁自律准则》《中国共产党纪律处分条例》，全年未发生干警违法乱纪情况。

三是深入推进法院队伍正规化、专业化、职业化建设，促进提升履职能力。认真落实中央《关于新形势下加强政法队伍建设的意见》，切实增强我院队伍创造力、凝聚力、战斗力，提高司法能力，教育引导干警既注重运用法治思维和法治方式，又注重运用道德规范和公序良俗分析解决实际问题。尤其提升广大法官认定事实、采信证据、释法说理、撰写文书能力和群众工作能力。2016年我院不断加大教育培训力度，共有14人参加上级法院组织的各种培训。

（七）围绕中心工作，依法主动参与当雄县域治理

正确处理服务大局和立足司法职能的关系，切实增强服务大局、融入大局意识，充分发挥审判职能作用，依法主动为当雄经济社会发展提供司法服务保障。2016年充分发挥我院密切联系群众的桥梁纽带作用，在“三大节日”“两会”“三月敏感月”“萨嘎达瓦”、直孔猴年

“颇瓦法会”等一系列敏感节点，积极参与重点部位重点区域巡逻值勤、矛盾纠纷排查化解、加油站值班、机关内部安保等维稳中心工作任务，共出动干警511人次，车辆150余台次。

（八）扎实开展“强基础、惠民生”活动

认真开展“强基础惠民生”“一对一帮扶”活动，2016年，派驻一名干警到格达乡羊易村驻村。带领工作队开展道路维修，修建饮水水井，并利用自身的业务优势，主动参与社会矛盾调解工作，开展法制宣传7次。同时积极参与精准扶贫活动，帮扶结对35户，并在春节、藏历新年来临之际为扶贫对象送去生活必须物品，共计1.2万元。

（九）狠抓基层基础建设，夯实人民法院工作根基

紧紧依靠党委领导，积极争取人大监督和政府、政协及有关部门的支持，纳木湖乡派出人民法庭和乌玛塘乡派出人民法庭现已列入“十三五”项目。羊八井法庭修缮、审判综合楼线路改造、院内路面硬化等项目共争取到资金180.87万元进行维修、改造。

在过去的一年里，当雄县人民法院面对群众期望高、司法改革任务重、基础建设时间紧等压力，勇于担当、攻坚克难、奋发有为，各项工作取得了新成绩、新进展。涌现出一批典型个人和优秀集体，有15名个人和3个集体荣获区市县表彰。这些成绩的取得离不开县委正确领导、人大有力监督、政府大力支持、政协民主监督以及社会各界的关心支持。在此我代表全院干警表示衷心感谢！

一年来的实践，我们深切地感受到，法院工作要更好、更科学地发展，必须始终坚持党的领导和人大监督，必须始终坚持“司法为民，公正司法”工作主线，必须深入推进司法体制改革，必须持续推进司法公开，必须不断强化队伍建设。同时，我们也清醒地认识到，与新形势新任务的要求相比，我们在司法理念、司法能力、司法作风、司法机制、司法保障等方面还存在着诸多不相适应的地方，法院工作还面临一系列挑战和考验，案多、事多人少的矛盾依然突出。个别干警学习不够，律己不严，司法理念和司法能力有待加强。对此我们将采取更加有力的应对措施，积极争取各方面的支持，努力加以解决。

2017年工作思路和安排

2017年是全面实施“十三五”的承上启下之年，是全面建成小康社会的决胜阶段，是深入开展司法体制改革工作的攻坚之年。围绕县委提出的工作新目标，面对新形势、新任务、新要求，2017年我院工作总体思路是：全面贯彻党的十八大和十八届三中、四中、五中、六中全会以及中央政法工作会议精神，牢固树立“四个意识”，紧密团结在以习近平同志为核心的党中央周围，深入贯彻习近平总书记系列重要讲话精神，紧紧围绕全面建成小康社会、建设团结美丽健康幸福新当雄目标，突出司法为民公正司法主线，以司法改革为动力，努力加强法院自身建设，积极提升法院自身依法服务大局的能力、维护社会稳定的能力、公正司法的能力、有效解决纠纷的能力、改革创新的能力、持续协调发展的能力，为当雄经济社会发展和社会稳定提供有力的司法保障。

（一）围绕公正高效，不断强化审判职能

以党的十八届三中、四中、五中、六中全会精神为统领，认真贯彻落实中央第六次西藏工作座谈会精神，准确把握人民法院在全面推进依法治国中的职责定位，引导和服务行政机关规范行政行为、主动执法，推进依法治县。以规范司法行为、促进司法公正的实效，努力让人民群众在每一个司法案件中感受到公平正义。

（二）坚持司法为民，落实便民措施

深入探索便民诉讼新举措，加快诉讼服务中心的转型升级，建好用好信息法院、网络法庭等平台，继续推进“三位一体”诉讼服务中心建设，计划于今年内修建具有网上诉讼服务功能、柜台式诉讼服务大厅和12368电话服务热线一体的新诉讼服务大厅。努力让信息多跑路，让群众少跑路。进一步加强“车载流动法庭”的便捷优势，深入乡村、田间地头及时就地化解矛盾，努

力打造流动的诉讼服务中心，打通司法服务群众的“最后一公里”，加大对困难当事人的诉讼费减免缓力度，健全司法救助体制推动司法救助与法律援助、社会救助有机衔接，依法保障弱势群体合法权益。

（三）坚决打赢“用两到三年时间基本解决执行难”这场硬仗

落实全国法院执行工作会议精神，强化执行监督、规范执行行为、加强信息化建设，紧紧依靠县委、推动构建“党委领导、政法委协调、人大监督、政府支持、法院主办、部门配合、社会参与”的综合治理执行难工作格局。认真落实《关于加快推进失信被执行人信用监督警示和惩戒机制建设的意见》，健全违法失信惩戒机制，进一步扩大信用惩戒范围，促进执行难得到根本解决。

（四）全面推进司法体制改革，加快建设公正高效权威的司法体制

今年是全面深化司法体制改革的决战之年，我们将坚决落实好党中央部署的重大司法改革措施，继续完善审委会委员办案制度和主审法官、合议庭办案责任制，切实做到让审理者裁判、由裁判者负责，继续强化庭审中心意识。对于重大改革事项以及存在的困难和问题，及时向上级部门和相关单位汇报和沟通，确保我院司法改革在上级部门的正确领导和相关单位的大力支持下顺利开展。

（五）牢固树立“四个意识”，落实管党治党主体责任，严肃党内政治生活，强化党内监管

紧密结合“两学一做”学习教育和“规范司法行为年”活动，不断增强党性观念，增强政治意识、大局意识、核心意识、看齐意识，坚决与党中央、区市县党委保持高度一致。深化向邹碧华同志学习活动，引导干警做公正为民、敢于担当的好法官、好干部。

（六）延伸审判职能，服务县委中心工作

一是加大巡回审判力度。坚持巡回法庭下乡（镇）常态化，选取婚姻家庭、民间借贷等与老百姓关切的案件，通过就地开庭、就地调解、就地宣判等方式，方便当事人诉讼，有效化解矛盾；二是广泛开展普法活动。结合重要节日、重大活动，开展送法下乡、送法进校园、送法进企业等“法律七进”活动。根据普法对象不同需求“量体裁衣”，开展符合群众“胃口”的法制宣传。

各位代表，做好“十三五”时期人民法院工作，使命光荣，责任重大。我院将在县委的领导下，更加自觉地接受县人大及其常委会的监督，怀着为人民群众排忧解难的深厚情感，怀着服务发展大局的责任意识，怀着维护社会公平正义的神圣使命，攻坚克难，埋头苦干，狠抓落实，不忘初心，继续前进。为建设团结美丽健康幸福新当雄不懈奋斗，以优异的成绩喜迎党的十九大胜利召开。

当雄县人民检察院工作报告

——在当雄县第十二届人民代表大会第二次会议上

当雄县人民检察院检察长　次仁多吉

（2017年3月31日）

2016年工作回顾

一年来，我院在当雄县委和市检察院的坚强领导下，在县人大及其常委会的有力监督下，在县政府大力支持、县政协民主监督和社会各界的关心支持下，深入学习贯彻党的十八大、十八届三中、四中、五中、六中全会精神，学习贯彻习近平总书记系列重要讲话精神和治国理政新理念新思想新战略，学习贯彻区市党委八届六次、七次、八次全委会和第九次党代会精神，县委第九次党代会精神，按照“五位一体”总体布局和“四个全面”战略布局，牢固树立“五大发展理念”，忠诚“一个核心”、打牢“四个意识”，扎实开展“两学一做”学习教育，紧紧围绕“六大战略”，依法履行职责，各项工作取得了新进展。

一、筑牢忠诚核心意识，持之以恒推进全面从严治党

扎实开展“两学一做”学习教育。教育引导全院干警牢固树立“四个意识”，特别是核心意识、看齐意识，坚决与以习近平同志为核心的党中央保持高度一致。全年组织各类政治理论学习活动达42次，交流发言26余人次，撰写心得体会56余篇，打牢了听党指挥、忠诚使命、执法为民的思想基础，保证了党的路线方针政策和重大决策部署在检察机关得到不折不扣贯彻落实。

锻造严肃认真的党内政治生活。深入学习贯彻《关于新形势下党内政治生活的若干准则》《中国共产党党内监督条例》，健全党建工作责任体系，签订《党建工作责任书》《党风廉政建设责任书》《队伍建设责任书》，严格落实支部书记讲党课制度，组织召开民主生活会和党支部组织生活会7次，做到了咬耳扯袖、红脸出汗。

从严从实推进党风廉政建设。深入贯彻落实“两个责任”和“三转”要求，扎实履行“一岗双责”，开展廉政谈话、廉政约谈，召开党风廉政建设工作专题会议5次。严格执行中央“八项规定”、区党委“约法十章”和市委“八项要求”，强化检务督察，没有出现维稳备勤不落实、办公办案不作为等违法违纪问题。

二、推进平安当雄建设，坚定不移防控风险服务发展

紧紧围绕发展稳定大局，牢记使命、勇于担当、依法履职，有力推进平安当雄、法治当雄建设。一年来，共批准逮捕各类案件6件7人，同比分别下降14.29%和30%；提起公诉8件11人，同比分别上升60%和120%，审结率达86.7%，公诉的案件均得到有罪判决。同时加大案件信息和法律文书公开工作力度，网上公开程序性案件信息28件，公开法律文书7份，提升了检察工作透明度，保障人民群众的知情权。

深入开展反分裂斗争，坚决维护国家安全。我院全面落实各项维稳工作部署，围绕全国“两会”“三月敏感期”等重大活动、重要节日和各敏感节点，累计投入警力350余人次，值班备勤

1200余人次，圆满完成单位内保外勤等维稳工作任务，得到各级领导的充分肯定。

坚持宽严相济刑事政策，营造平安和谐社会环境。围绕人民群众平安需求，积极参与社会治安防控体系建设，严格执行批捕起诉案件，同时积极贯彻宽严相济的刑事政策，对初犯、偶犯、未成年人和轻微刑事犯罪人员慎捕慎诉。全年起诉故意伤害等严重暴力犯罪2件2人。对无逮捕必要的不批捕4人，对犯罪情节轻微，不需要判处刑罚的，不起诉5人，减少了社会对抗、增进了社会和谐。

三、服务民生保障民利，切实增强人民群众获得感

坚决打击危害群众利益犯罪。依法打击发生在群众身边、群众反映强烈、危害民生的犯罪案件，批准逮捕盗窃等多发性侵财案件3件4人，起诉4件7人，切实保障了人民群众的生命财产安全。

加强防范和化解社会矛盾。建立来信、来访，完善信访案件风险评估预警、检察长接待日、领导包案等制度，全年共受理申诉案件1件1人，办理来信来访3件3人，并妥善做好人员稳控、化解处理工作，在落实党的惠民政策、维护群众利益、促进经济发展等方面发挥了重要作用。

深入开展强基础惠民生活动。全年选派1名干警驻村，提供各类便民服务135余人次，解决资金2万余元，解决矛盾纠纷11件，并成立妇女儿童之家，积极开展维护妇女儿童权益普法教育3次，帮助建档立卡贫困群众55户294人，为打赢脱贫攻坚战作出了积极努力。

四、强化惩防腐败责任担当，营造风清气正政治生态

保持反腐败高压态势。2016年，办理了梁某向国家公职人员洛某行贿30万元一案，积极克服人员极度缺少的困难，派两名干警历时8天赴四川等地调查取证，有效打击了围猎国家公职人员的犯罪行径，保持了反腐工作力度不减、尺度不松、节奏不变。

持续加大预防工作力度。一是开展扶贫领域预防职务犯罪专项工作，撰写预防调查报告3份；发出预防检察建议5份。二是组织参加行贿犯罪档案查询培训，并开通行贿犯罪档案查询系统，已实现与全国联网。三是服务和保障基层换届选举预防工作，积极促进风清气正的选举氛围。

检察舆论影响力不断提升。以成立女子检察官法律宣传队等方式开展了普法宣传教育10余次，宣传了《举报须知》等相关法律法规和政策知识，共发放宣传单1500余份，受教育的群众达1400余人次。充分发挥“两微一端”全覆盖优势，发布检察动态152条，关注人数达800余人。全年警示教育基地共接待750人次参观学习。

五、强化检察监督规范权力运行，确保每一起司法案件公平公正

强化源头监督，保障诉讼程序顺利进行。主动适应以审判为中心的诉讼制度改革，确保重大疑难复杂案件在侦查环节有效办理，做到不枉不纵。开展疑难案件提前介入2次，尤其是在办理舒某故意伤害致人死亡案件中，提前派员介入，历时10余天赴四川、贵州等多地，指导取证工作，确保办理的每一起司法案件公平公正。

强化刑罚执行监督，加强人权司法保障。2016年，我院进一步完善了刑罚执行同步监督机制，认真抓好了在押、释放、超期羁押等方面的监督工作。针对我县看守所正在改建，相关犯罪嫌疑人、被告人均关押在市公安局看守所，为确保监管场所管控到位，我院主动与市公安局看守所进行协调，及时了解犯罪嫌疑人的思想动态。我院在办理格某交通肇事逃逸一案中，得知该犯罪嫌疑人糖尿病病情加重后，立即组织干警到看守所看望并送其到医院治疗，对其进行思想上的安慰，同时对其羁押必要性进行了审查，切实做到了保障在押人员合法权益。全年共开展监督社区矫正工作6次，各社区矫正工作均符合法律规定。

强化控告申诉检察工作，健全权益保障机制。我院受理审查办理马某不服原判决申诉案，经审查发现原判决无任何错误，及时对其答复审查结果并进行思想教育，作出驳回申诉的决定，切实做到服判息诉，提高申诉案件办理水平。

六、增强内劲强化发展，检察事业不断迈上新台阶

积极推进司法体制改革。在司法体制改革过程中，坚持择优选拔员额内检察官，在突出政治标准的基础上，对业务能力、办案实绩、担任法律职务年限等严格把关，通过“考试+考核”两道程序，层层选拔我院首批入额检察官6人，占全院干警总数的28.6%，同时预留员额2个，为今后可持续发展留下空间，入额的检察官全部配置到办案一线，有效提升了办案质量。同时加大对检察干警的培训力度，去年我院派出两名干警参加国家司法考试培训，考试通过率比以往增长十个百分点，不断壮大了检察官队伍。

深入开展扶贫帮扶工作。2016年，我院组织全院干警深入到乌玛塘乡古尼村和纳木湖乡达布村开展扶贫帮扶工作3次。全院21名党员干部与49户贫困户结对帮扶，在结对帮扶、脱贫攻坚等方面加强沟通，取得了实效。

主动接受代表委员和社会各界监督。扎实开展走访联络人大代表工作，主动走访联络县人大代表，对代表委员的提案议案及时答复。自觉接受人民群众监督，推进人民监督员制度改革，完成了人民监督员由检察机关内部向外部选任、管理转变，向县司法局全面移交选任管理工作，组织开展人民监督员座谈会、“检察开放日”等活动，邀请人民监督员参与我院重大工作部署、重要案件讨论等活动。

各位代表！一年来，当雄检察干警戮力同心、奋勇拼搏、扎实工作，取得了优异成绩，先后荣获拉萨市检察机关案件管理工作先进集体、拉萨市共青团员民族团结闪光行动先进集体等诸多荣誉，一名干警通过三级检察机关层层选拔，代表我区参加全国检察机关首届案件管理业务竞赛，在比赛中荣获全国案件管理业务竞赛精神风貌奖并受到曹建明检察长的亲切接见。这些成绩的取得，得益于县委和上级院的正确领导，得益于县人大及其常委会的依法监督，得益于县政府的大力支持和县政协的民主监督，得益于各位代表、社会各界和人民群众的关心帮助。在此，我代表当雄县人民检察院向长期关心支持当雄检察工作的各级党委、人大、政府、政协及有关部门，向各级代表、政协委员和社会各族人民群众，表示衷心的感谢和崇高的敬意！

在看到成绩的同时，我们也清醒认识到，检察工作仍然存在不少问题：一是检察职能发挥与全面建成小康社会，推进依法治县，保障服务和促进经济发展还有不小差距，需要我们不懈努力；二是查办职务犯罪、强化诉讼监督等工作仍然存在短板，满足人民群众司法需求，回应人民群众公正期待，还需要我们不断加强、补齐短板；三是检察队伍整体素质，工作规范化水平还有待提高，专业化职业化建设依然任重道远。对于这些问题和不足，我们将紧盯不放，采取有力措施认真加以解决。

2017年主要任务

2017年，我院将深入学习贯彻党的十八大、十八届三中、四中、五中、六中全会精神、深入学习贯彻习近平总书记系列重要讲话精神、特别是“治国必治边、治边先稳藏”重要战略思想和“加强民族团结、建设美丽西藏”的重要指示，深入学习贯彻区市县第九次党代会精神、第十四届全国检察工作会议精神，按照“五位一体”总体布局和“四个全面”战略布局，牢固树立“五大发展理念”，全力助推“六大战略”实施，坚持区市县党委、上级院对当雄检察工作的集中统一领导，认真履行法律监督职责，在维护社会稳定、保障经济发展、促进公平正义、增进民生福祉、深化检察改革上凝神聚焦发力，为建设团结美丽健康幸福新当雄提供强有力的司法保障，以优异成绩迎接党的十九大胜利召开。我们将重点落实好以下工作。

一是强化政治担当，牢牢把握正确政治方向。牢固树立“四个意识”，特别是核心意识、看齐意识，坚决维护习近平总书记的核心地位，坚决维护中央权威。坚定不移地贯彻落实县委和上级院的决策部署，坚决维护祖国统一、维护社

会稳定、维护民族团结，坚决执行党的纪律和检察纪律，建设廉洁队伍，推进廉洁司法。

二是强化大局意识，集中精力维护社会稳定。要坚决维护国家安全和社会和谐稳定，更好地用法治思维和法治方式做好检察环节上的维稳工作。要依法打击影响群众安全感的犯罪，引导和支持当事人在法治轨道上行使信访的权力、解决矛盾纠纷，以高度的政治担当为党的十九大胜利召开营造安全稳定的社会环境。

三是强化法律监督，切实维护司法公正。顺应群众对公共安全、司法公正、权益保障的新期待，依法公正处理群众诉求，不断提高群众对检察工作的认同感和满意度。全面加强对刑事立案、侦查、审判、执行和民事行政诉讼的法律监督，坚决纠正执法不严、司法不公等突出问题。

四是强化责任担当，更加坚决惩防职务犯罪。积极预防、严肃查办精准扶贫领域职务犯罪，确保扶贫政策和资金落实到位，为打赢脱贫攻坚战提供强有力的司法保障。严肃查处围猎干部、恶意行贿的犯罪分子，营造健康、干净、廉洁的政治生态。

五是强化改革创新，保持激励动力和队伍活力。按照司法体制改革要求，严格执行检察官权利清单，着力强化员额检察官的责任心和担当意识，不断提高办案质量和效率。坚决拥护、支持国家监察体制改革，做好改革相关准备工作。

六是强化自身建设，努力塑造检察队伍新形象。以对习近平同志为核心的党中央绝对忠诚为根本要求，锻造检察队伍忠诚可靠、看齐一致的政治品格。抓住检察改革为契机，以工匠精神，强化执法规范化建设，努力建设忠诚干净担当的高素质检察队伍。

各位代表！在新的一年里，我院将更加紧密团结在以习近平同志为核心的党中央周围，在县委和市检察院的坚强领导下，认真贯彻落实本次会议的决议部署，团结拼搏、锐意进取、扎实工作，撸起袖子加油干，奋力推进建设团结美丽健康幸福新当雄，以优异成绩迎接党的十九大胜利召开！

名词解释

1. 审查起诉：指人民检察院对侦查机关侦查终结移送起诉的案件和自行侦查终结的案件进行审查，依法决定是否对犯罪嫌疑人提起公诉、不起诉或者撤销案件的诉讼活动。

2. 法律监督：按照我国宪法和法律规定，法律监督是指运用国家权力，依照法定程序，检查、督促、和纠正法律实施过程中严重违法的情况，以维护国家法制的统一和法律正确实施的一项专门工作，是检察机关的专门职责。法律监督的内容，主要是国家机关及其公职人员的公务活动的合法性；其范围包括，对国家机关制定的规范性法律文件的合法性的监督、对行政执法和司法活动的合法性的监督。

3. 直诉案件：指没有经过逮捕程序而对犯罪嫌疑人采取取保候审或监视居住后直接移送审查起诉的刑事案件，一般来说，这些案件都是危害程度不大，情节轻微的案件。

4. 宽严相济刑事政策：是党中央在构建社会主义和谐社会新形势下提出的一项重要政策，是我国的基本刑事政策。它对于最大限度预防和减少犯罪、化解社会矛盾、维护社会和谐稳定，具有特别重要的意义。

5. 行贿犯罪档案查询：是检察机关为预防贿赂犯罪，促进社会信用体系建设，录入并建立的行贿犯罪信息查询系统，目前已实现全国联网。

6. 羁押必要审查：羁押必要性审查，是指人民检察院依据《中华人民共和国刑事诉讼法》第九十三条规定，对被逮捕的犯罪嫌疑人、被告人有无继续羁押的必要性进行审查，对不需要继续羁押的，建议办案机关予以释放或者变更强制措施的监督活动。

7. 社区矫正：将符合社区矫正条件的罪犯置于社区内，由专门的国家机关，在相关社会团体和民间组织以及社会志愿者的协助下，在判决、裁定或决定确定的期限内，矫正其犯罪心理和行为恶习，并促进其顺利回归社会的非监禁刑罚执行活动。

8. 人民监督员制度改革：是由人民监督员对人民检察院在办理直接受理立案侦查案件时的有关情形进行监督。此项改革主要有两个方面：（1）将原来由检察机关自己选任管理人民监督员，改为由司法行政机关选任管理人民监督员；（2）将人民监督员监督案件的范围，在原来7种情形（应当立案而不立案或者不应当立案而立案的、超期羁押的或者检察机关延长羁押期限的决定不正确的、违法搜查扣押冻结的或者违法处理扣押冻结款物的、拟撤销案件的、拟不起诉的、应当给予刑事赔偿而不依法予以赔偿的和检察人员在办案中有徇私舞弊、贪赃枉法、刑讯逼供、暴力取证等违法违纪情况的）基础上，增加4种情形（犯罪嫌疑人不服逮捕决定的、采取指定居所监视居住强制措施违法的、阻碍律师或其他诉讼参与人依法行使诉讼权利的、应当退还取保候审保证金而不退还的），扩大为11种，拓宽了人民监督员监督案件范围。

9. 案件信息公开：人民检察院应当及时向社会发布下列重要案件信息：（一）有较大社会影响的职务犯罪案件的立案侦查、决定逮捕、提起公诉等情况；（二）社会广泛关注的刑事案件的批准逮捕、提起公诉等情况；（三）已经办结的典型案例；（四）重大、专项业务工作的进展和结果信息；（五）其他重要案件信息。人民检察院对正在办理的案件，不得向社会发布有关案件事实和证据认定的信息。

图一　2016年当雄县人民检察院审查逮捕业务情况图表

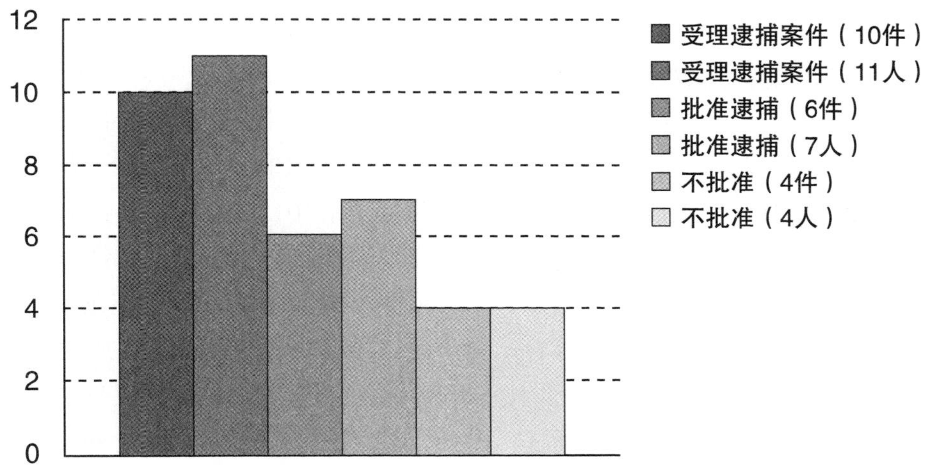

图二　2016年当雄县人民检察院审查起诉业务情况图表

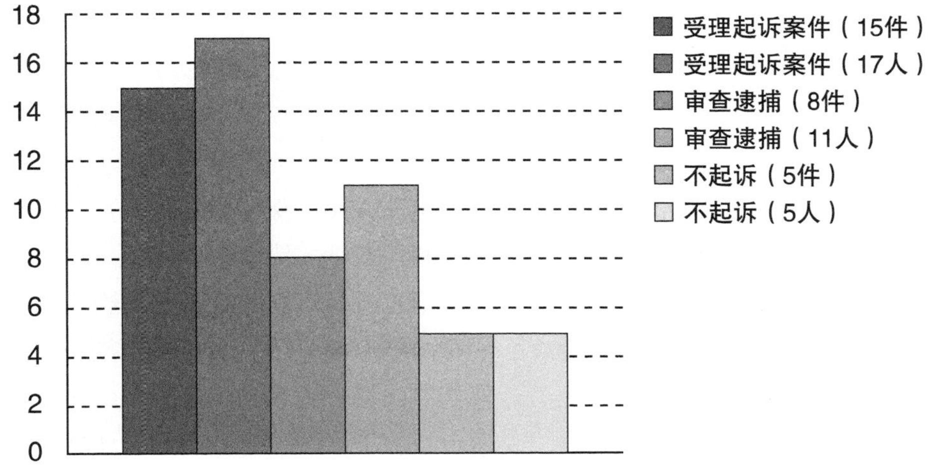

关于2016年国民经济和社会发展计划执行情况与2017年国民经济和社会发展计划（草案）的报告

——在当雄县第十二届人民代表大会第二次会议上

当雄县发展和改革委员会

（2017年3月30日）

2016年国民经济和社会发展计划执行情况

2016年是“十三五”开局、起步之年。一年来，县委、县政府团结带领全县各族人民，在县人大、政协的监督指导下，紧紧围绕县十一届人大五次会议和十二届人大一次会议确定的各项目标任务，全力以赴稳增长、调结构、促改革、惠民生、防风险，全年经济社会发展主要目标任务圆满完成，实现了“十三五”良好开局。2016年全县实现地区生产总值15.56亿元，同比增长16.4%；完成地方财政一般预算收入2.5亿元，同比增长25.45%；全社会固定资产投资完成29.51亿元，同比增长18.9%；全年实现规模以上工业增加值3.17亿元，同比增长27.5%；实现社会消费品零售总额1.67亿元，同比增长13.1%；农牧民人均可支配收入达12626元，同比增长10.3%。

（一）产业结构进一步优化，转型升级步伐不断加快。2016年，三大产业分别实现增加值2.67亿元、8.44亿元、4.45亿元，同比增长8.5%、21.2%、9.6%，三大产业结构由2015年的22.8：43.1：34.1调整为2016年的17.2：54.2：28.6。一是牧业生产基础稳固。畜牧业作为我县主导产业，关系着全县的发展和牧民的增收。全年牲畜总存栏57.17万头（只、匹）；幼畜成活率达到97.6%；牲畜死亡率控制在0.03%以内。2016年牧业产值达到3.36亿元。其中野生药材的采集总产量达到6426.94公斤（虫草产量444.13公斤、贝母产量4965.41公斤、其他药材产量1017.4公斤）。投入资金8995.2万元，建设高寒性畜棚圈项目，着力加强牧业生产能力；投入资金318万元，实施龙仁乡郭庆村人工种草项目，畜牧业基础设施更加健全；投入资金640万元，建设基层农技推广服务中心项目，大大提升公益性农技推广服务能力和水平；投入资金521万元，建设牧道桥涵建设项目，保障了人畜出行安全。二是工业经济快速增长。全年工业企业累计实现销售产值4.7亿元，同比增长18%；工业增加值完成2.66亿元，同比增长16%。完成工业税收0.39亿元，同比增长18%；完成工业投入10.03亿元，同比增长18%。投入300万元，培育扶持壮大牧民专业合作组织，带动群众增收致富，逐步提升本土建筑行业的整体水平。三是旅游服务业持续稳定。按照“保护与开发并重”的原则，适度开发和保护纳木错、阿热湿地、羊八井地热温泉等重要旅游景点。成功举办“当吉仁”赛马节、“相约纳木湖畔·寻觅虫草之旅”等活动；与西安华堰同泰影视文化传媒有限公司合作拍摄《天缘——纳木错》电影、制作《逐梦当雄》首张音乐原创专辑；依托旅游业带动服务业持续稳定发展。2016年共接待国内外游客64万人次，实现旅游门票收入6750万元，旅游业带动相关产业实现收入2.7亿元，同比增长3.8%。

（二）项目建设取得新硕果，拉动投资成效显著。一是加快推进项目建设。始终坚持项目带动战略，着力推进“四个一批”建设项目，强力推动投资持续增长，积蓄发展后劲。全年基本建设项目开复工104个，完成投资9.37亿元。其中续建项目5个，完成投资492万元；新开工项目99个，完成投资9.32亿元。四个学校太阳能供暖工程、纳木湖乡中心小学改扩建工程、宁中乡巴灵村公路、龙仁村五组公路工程等一批项目按期完成建设。坚持“开工一批、筹备一批”的工作思路，积极开展重大项目前期工作，切实加强业务指导和向上衔接；完成了康玛药泉开发建设项目（一期）、五个学校太阳能供暖工程、纳达线至纳木湖乡纳错村公路工程等项目前期准备工作。二是招商引资力度不断加大。2016年以“当吉仁”赛马节、“雪顿节招商引资项目推介会及集中签约活动”“第三届藏博会”为契机，重点加大对旅游产业、净土健康产业、新能源建设等方面的招商引资力度，完善招商引资项目库。全年招商引资引进项目22个，合同总协议资金286.77亿元，本年累计到位资金16.25亿元，同比增长15%，完成年目标任务104.5%；全年招商引资到位资金任务指标已圆满完成，全县招商经济呈现出可喜局面。

（三）民生保障坚实有力，社会事业加快发展。一是教育优先发展得到强化。优先发展教育，大力改善办学条件，全面提升教育质量，加快推进义务教育均衡发展。2016年投入资金5344.78万元，实施纳木湖乡中心小学改扩建工程、县中学维修改造等11个项目建设，极大改善了办学条件；投入援藏资金1540万元，实施四个学校太阳能供暖工程，进一步改善了师生教学环境；全县适龄儿童入学率、巩固率分别达到99.82%和99.94%；初中入学率、巩固率分别达到98.04%和98.57%。二是医疗卫生条件逐步完善。投入资金300万元，建设县医院医技中心；投入资金2130万元，建设标准化乡（镇）卫生院，逐步改善城乡医疗卫生条件。完善医疗保险制度，实现农牧区医疗参保率达100%，全民免费健康体检率达99.7%。三是城乡公共基础设施建设更加有力。投资6978.94万元，实施村级活动场所标准化建设项目，大大改善了村级基础设施环境；对全县危房进行排查核实，共排查核实1413户，按一户一表对全县1413危房户建立纸质档案，并全部录入到全国农村住房信息系统中，录入率为100%；投资265万元对53户受损D级房屋进行了改造；投入资金12013万元，实施宁中乡麦灵村1组至6组公路工程、公塘乡巴嘎当公路工程等9个新续建项目建设，保障了牧民群众日常出行安全。四是社会保障体系不断健全。不断提高城乡最低生活保障水平和医疗救助工作，全年累计发放农村低保资金590.68万，城镇低保资金435.85万元；开展医疗救助806人，救助资金225.90万元；对全县96名五保供养老人落实生活补贴41.15万元，社会保障质量不断提升。五是公共文化服务事业成效显著。投入资金8544.22万元，实施县游牧文化旅游产业示范园基础设施、综合文化活动中心项目，公共文化服务体系和文化阵地不断完善。各类文艺活动丰富多彩、节庆文化、村居文化等大型文艺演出场次达78场，观众人数达5万余人。全县广播电视覆盖率分别达到99.5%和99.5%，综合覆盖率有稳步提升。全年电影放映986场次，观看人数25084人，超额完成了上级规定的放映任务。六是粮食流通市场供需平衡。严格落实食品安全要求，严把质量关。全年粮食供给充足，粮食安全得到保障，2016年安全销售粮食272.04万公斤，库存粮食177.19万公斤。七是精准脱贫实现良好开局。结合精准识别、精准帮扶、精准施策等措施，通过六项脱贫措施的深入推进和帮助贫困户贷款创业等，为贫困群众提供了稳定的收入来源，找到了脱贫致富渠道，形成良好的发展格局；投资10151.8万元，实施2016年当雄县精准扶贫易地搬迁集中安置点建设项目，大大改善了牧民群众的居住环境；2016年全县1811户7716人实现了脱贫，占脱贫总数的99%。

（四）大力推动供给侧结构性改革，净土健康产业不断发展壮大。依托当雄县净土健康产业公司，实施产品品牌战略，建立产地标识和质量追溯体系，产业现代化和品牌化水平不断提高。投资303.66万元，为全县28.80万头牦牛佩戴电子耳标（芯片），建立电子耳标（芯片）系统；投入2900万元，诚信推出当雄有“身份证”牦牛肉绿色品牌，每头牦牛可直接为农牧民增收约1500元，受益群众达2000余户；投资290.39万元，实施建设牲畜切割厂、冷冻库项目；通过市食药局现场考核，已完成SC（生产许可证），同时，通过国家质检总局和国家工商总局批准当雄牦牛、当雄牦牛肉为地理标志产品；融资1.2亿元，正式启动“岭·格萨杰布药泉酒店”度假村改扩建项目；县净土公司以51%的控股率与纳木错实业有限公司正式签订增资控股协议；全面启动建设“羊八井—格达乡新能源产业园区”，与13家光伏企业签订框架协议，协议总资金达到284.1亿元；委托四川大学规划设计院编制完成纳木湖乡特色小城镇规划，打造旅游新亮点。

各位代表，成绩来之不易，经验弥足珍贵。在肯定成绩的同时，我们必须清醒地看到，我县经济建设仍然存在争取投资力度不足，建设项目不能及时投产，前期工作推进缓慢，工程类专业技术人员严重不足，经济发展方式跟不上发展需求等五个方面的问题，在下一步工作中，我们将加大工作力度，逐一改正。

2017年国民经济和社会发展计划

2017年是实施“十三五”规划的重要一年，也是供给侧结构性改革的深化之年。更为重要的是，我们党将召开具有深远历史意义的第十九次全国代表大会，做好经济社会发展工作意义重大。

2017年经济发展工作的总体要求是：更加紧密地团结在以习近平同志为核心的党中央周围，全面贯彻党的十八大、十八届三中、四中、五中、六中全会精神和中央经济工作会议精神和中央第六次西藏工作座谈会精神，以马克思列宁主义、毛泽东思想、邓小平理论、“三个代表”重要思想、科学发展观为指导，深入贯彻习近平总书记系列重要讲话精神和治国理政新理念新思想新战略，特别是“治国必治边、治边先稳藏”的重要战略思想和“加强民族团结、建设美丽西藏”的重要指示，坚持以“四个全面”战略布局为统揽，坚持党的治藏方略，坚持依法治藏、富民兴藏、长期建藏、凝聚人心、夯实基础的重要原则，把维护祖国统一、加强民族团结作为工作的着眼点和着力点，把改善民生、凝聚人心作为工作的出发点和落脚点，把调整经济结构、转变发展方式作为工作的中心和重心，牢固树立“和谐稳定、均衡协调、共享共建、绿色健康、创新开放”的发展理念，牢牢把握“稳中求进”的总基调，坚守“三条底线”，全力推进“六大战略”，主动适应经济发展新常态，以推进供给侧结构性改革为主线，促进全县经济平稳健康发展、社会和谐稳定、生态更加优美、政治更加清明、人民更加幸福。

2017年全县国民经济和社会发展主要预期目标是：地区生产总值增长14%；地方财政一般预算收入增长16%；全社会固定资产投资增长22%；工业增加值增长30%；社会消费品零售总额增长15%；农牧民人均可支配收入增长16%；城镇居民失业率控制在2.2%以内。为完成上述目标任务，我们将着重做好以下六个方面的工作：

（一）加快产业融合步伐，激发产业发展新活力

大力实施“产业强市”战略，扎实推进现代产业体系重大专项，加快改造提升传统产业和发展壮大新兴产业，推动产业向中高端水平迈进。加快一、二、三产业融合发展步伐，不断激发产业发展新活力。

打造主导产业体系。以净土健康产业为统领，加快发展现代畜牧业和精品旅游业，开发水资源和新能源，打造“1+4”主导产业体系，不断促进一、二、三产业深度融合发展。

大力加快发展现代畜牧业。按照特色产业带格局，实施畜产品品牌战略，逐步建立完善产地标识和质量追溯体系，积极打造当雄高原优质牦牛肉、酸奶、奶酪等特色绿色品牌，加强畜产品产销衔接；2017年计划实施净土牧场建设项目，建设冻精、检疫、工艺旅游、产品展示、体验区等，继续加大有“身份证”牦牛肉品牌的推广宣

传力度，委托有资质公司办理欧盟有机食品认证书、美国有机食品认证书等，推动全县畜产品趋于品牌化、经济化；坚持以草定畜、草畜平衡的原则，继续加大人工种草与天然草场改良建设投入力度，实现天然草场永续利用和畜牧业可持续发展；计划融资1.5亿元，主攻纳木湖乡减畜项目；加快实施重大动物疫情应急设备及冷链设施、县重点区域生态公益林等建设项目。

强力推进精品旅游品牌化进程。围绕打造旅游精品线路方案，坚持开发与保护并重原则，合理开发纳木错、唐冰湖、阿热湿地、念青唐古拉山等旅游资源，加大景区景点配套设施建设力度。充分挖掘草原旅游文化，依托纳木错国际徒步大会、秋季登山大会及“相约纳木湖畔·寻觅虫草之旅”活动扩大当雄县旅游的影响力，坚持量的增长和质的提升并举，规范市场秩序和提升服务质量；以“当吉仁”赛马节为品牌节点，打造具有当雄特点的“天湖.四季牧歌”情景音乐剧场。预计到2017年末，力争全年游客接待和旅游收入分别增长15%、13%以上。

加大水资源和新能源开发力度。一是充分利用丰富的水资源优势，继续支持“5100”冰川矿泉水、“纳木错圣水”企业发展壮大和品牌建设，吸引内地资本注入，打造具有高原绿色品牌的天然饮用水生产企业，打造西藏天然饮用水拳头产品。二是依托当雄县得天独厚的地热、光伏为主的“新能源”，大力发展新能源产业。2017年，全力推进格达乡至羊八井镇新能源光伏产业园区基地建设。

着力推进服务业市场化。以市场化、产业化、社会化为方向，把加快服务业发展作为经济结构调整、提升城镇功能和居民生活品质的重要途径，努力提高服务业对经济增长和全社会就业的贡献率。

（二）着力突出重点项目建设，助推全县经济全面持续发展

着力谋划一批、开工一批、完成一批重点项目，突出投资第一拉动力的作用。全年计划实施项目123个，计划年内完成投资约34亿元。一是完善项目储备库。密切关注国家投资方向和发展规划，结合我县资源优势和产业布局，按照“开工一批、储备一批”项目建设思路，建立完善并动态更新“项目库”。二是提高前期工作效率。明确时间表、落实责任人，完善部门协作机制、优化前置要件办理流程，有效利用项目前期经费，提前做好2017年规划项目前置手续工作。抓紧做好县城污水场及处理收集系统工程项目、羊八井特色小城镇建设项目等重大项目的前期推进工作，力争尽早开工建设。三是加快项目建设进度。督促项目责任单位落实项目投资，积极创造用工、用料、用电和用水等建设条件，加快推进康玛药泉度假村建设项目（一期）、县游牧文化旅游产业示范园基础设施工程及综合文化活动中心等重点建设项目进度。四是提升项目管理水平。建立健全各项管理办法，依法依规依章监督招投标、设计变更、质量检测、交竣工等项目建设关键环节，大力推行“标准化建设、精细化管理、规范化体质、程序化要求”，狠抓质量通病治理，严厉打击转包分包行为，严处施工队伍采购劣质材料、偷工减料粗制滥造、安全生产隐患、施工进度滞后、拖欠民工工资等问题，确保工程质量安全水平提高。五是加强资金专项管理。在项目实施过程中，严格根据工程实施进度计量，如实填报《当雄县基建工程拨款申请表》，项目总监、驻工地代表、项目负责人等逐级把关、严格审核，项目竣工验收后，及时上报财政评审，保证工程资金安全和使用效率。

（三）不断完善基础设施，提高支撑保障能力

强化交通设施建设。进一步加大道路交通投资建设力度。2017年计划投资24940.56万元，实施格达乡格达村3组至8组公路工程、羊八井镇G109至拉多村1组公路工程等11个项目建设，目前所有项目前置手续正在有序推进当中；加快推进S206至纳木湖乡达布村公路工程、纳达线至纳木湖乡纳错村公路工程等新续建项目进度，着力解决村组道路出行问题。调动乡镇、村两级积极性，大力开展农村公路维养护工作，构建城乡客运体系。组建当雄县农村客运公司、为农牧民群众出行提供安全、便捷客运服务。

加快水利基础设施建设。加快农村安全饮水工程、人工草场灌溉工程、防洪工程等民生工程建设步伐，切实提高农牧民安全饮水覆盖率，确保农牧民生产生活设施安全。

加快文化广播事业发展。加大完善公益性文化事业，加强公共文化设施建设，为文化发展繁荣创造良好的社会环境。加快实施县广播电视高山台、中央广播电视无线数字化覆盖、广播电视调频发射台站基础设施等项目，力争2017年完成县城有线电视整体数字化改造，使当代声音传遍千家万户。

着力改善城乡人居环境。加快推进实施羊八井镇特色小城镇、县城污水场及处理收集系统工程项目建设；计划投资2.4亿元，实施羊八井小康安居工程项目，提高牧民群众居住环境；计划投资2.1亿元，实施新农网升级改造工程项目，提升改善电力基础设施。

（四）社会事业发展全面提速，民生保障提高到新水平

推进教育事业均衡发展。继续加大教育事业的投入、着力完善城乡教育基础设施建设。加快实施学校太阳能供暖工程、县完全小学改扩建、乌玛、宁中小学改扩建和11个村级幼儿园等项目建设，进一步改善办学条件，确保适龄儿童入学率达到99.5%以上，初中阶段入学率达到98%以上。

提升医疗保障水平。加快推进县藏医院建设项目前期准备工作；投资155万元，实施宁中乡中心卫生院建设项目；投入援藏资金600万元，购置医院急缺设备配置等，加快“群众就医快速通道”建设工作，提高医疗卫生服务水平。

完善社会保障体系。进一步提高社会保障水平，不断扩大城乡居民养老保险覆盖面，抓好失业、工伤、生育保险等待遇落实工作。进一步完善城乡社会救助体系，重点做好城乡低保、医疗救助、救灾应急救助工作。

（五）高度重视“精准扶贫”工作，加大扶贫攻坚力度

加快推进羊八井镇精准扶贫易地搬迁项目建设，按照“精准扶贫、精准脱贫”工作主线，全面落实“五个一批”扶贫脱贫计划，紧紧盯住“三年脱贫，两年巩固”目标任务，立足实际，务实创新，多措并举，确保实现贫困人口“三不愁”“三有”“三保障”。进一步明确责任，加大督促检查力度，加强宣传教育引导，切实转变群众思想观念。依托“四业工程”平台，“产业+就业”模式，不断提高贫困群众的就业能力；加强资金整合力度，合理安排扶贫开发专项资金；积极争取国家和区市扶贫专项资金，整合发改、交通、水利、教育、卫生、农牧等部门的涉农项目和资金，集中捆绑使用，积极制定实施方案和投放标准，实现资金使用效益的最大化，为扶贫攻坚注入强大动力。

（六）完善体制建设，深化改革开放

积极推进政府职能转变，强化政府的社会管理和公共服务职能，深化行政体制改革、经济体制改革、牧区改革、社会体制改革、文化体制改革、投资体制改革，依法行政，公开政务，努力形成决策科学、权责对等、分工合理、执行顺畅、监督有力的行政管理体制。

进一步完善和落实招商引资的政策措施，创新招商引资工作方式方法，简化审批手续，提高办事效率，增强服务意识，改进服务方式、提高服务水平，形成“引进一个，建好一个，带来一批”的联动效应。力争全年招商项目达到21个以上，招商引资实际到位资金增长15%以上。

深化对口支援工作。主动加强与北京对口援助区的联系和沟通，解放思想，开拓创新，着眼于增强内生动力，集中解决制约发展的最突出问题。按照“互惠互利、优势互补、长期合作、共同发展”的原则，加强交流与合作，形成经济援藏、教育援藏、就业援藏、科技援藏、干部人才援藏的全方位援藏工作格局。

各位代表，2017年是实施“十三五”规划承上启下的重要一年，对确保当雄与全市、全区一道全面建成小康社会具有十分重要的意义。我们将按照县委、县政府的决策部署，认真贯彻落实区市第九次党代会精神，奋发进取，勇于担当，不断推动我县经济社会发展和长治久安，确保圆满完成年度各项目标任务，为全面建成小康社会奠定坚实基础。

关于当雄县2016年财政预算执行情况和2017年财政收支预算（草案）的报告

——在当雄县第十二届人民代表大会第二次会议上

当雄县财政局

（2017年3月30日）

一、2016年财政预算执行情况

2016年全县财政工作在县委的坚强领导下，在上级财政部门的关心和支持下，在北京市的无私援助下，坚持以科学发展观为统领，全面贯彻落实党的十八大和十八届三中、四中、五中、六中全会精神、中央第六次西藏工作座谈会和自治区第九次党代会精神，贯彻落实习近平总书记系列重要讲话精神，紧紧围绕“四个全面”战略布局，坚持稳中求进的工作总基调，抓住发展和稳定两件大事，全力保障“六大战略”实施，积极支持全县经济“又好又快”发展，为确保全县经济社会全面协调可持续发展，确保全县社会局势长治久安，提供了可靠的物质保障和有力的财力支撑。

（一）全县2016年公共财政预算及变更情况

当雄县十一届人大五次会议批准的2016年度全县地方财政收支预算为：财政总财力78130万元（其中：上级财政补助收入53765.73万元，地方财政收入24000万元）。

在年度公共财政预算执行过程中，根据财力变化情况，经当雄县十一届人大常务委员会会议批准，全县财政支出预算调整为103721万元。

（二）全县2016年公共财政预算执行情况

自治区、拉萨市财政对我县的财力补助不断增加和地方财政收入超收，2016年全县财政总财力达到103721万元，比上年决算增加12923万元，增长14.23%。

全县公共财政预算收入达到25109万元，其中：税收收入完成8112万元，比上年决算数增加4991万元，增长159.91%；非税收入完成16997万元，比上年决算数增加103万元，增长0.6%。

二、2016年财政主要工作

（一）加强财政宏观调控，促进经济又好又快发展。2016年是“十三五”规划的开局之年，全县财政工作在县委、县政府的正确领导下，积极应对严峻复杂的宏观经济形势，解放思想，迎难而上，共克时艰，认真贯彻落实“稳增长、促改革、调结构、惠民生”各项决策部署，全力以赴抓收入，多措并举优支出，确保民生改善和重点建设支出需求，全县财政收入保持了平稳增长态势，有力支持了全县经济社会跨越式发展。一是大力支持招商引资，增强发展后劲。全年共完成招商引资续建项目22个，协议总资金286.77亿元，实际到位资金16.25亿元。二是加强收入征管，做到应收尽收。财政局积极与税务部门加强协调配合，完善征管手段、加大稽查力度、挖掘增收潜力、堵塞征收漏洞，保证了税收收入的平稳增长和及时足额入库。与此同时，进一步完善行政事业性收费收入缴入国库工作，非税收入实现了较快增长。截止2016年底，实现税收收入8112万元。

（二）不断加大“三农”投入，推进社会主义新农村建设。按照县委关于巩固和加强农牧业基础地位，全面推进农牧区小康建设的精神，遵循“因地制宜，突出重点，农牧结合，协调发展”的指导方针，继续加大对农牧业的投入，全面推进社会主义新农村建设。加大涉农资金投入，全县农林水事务支出达到11292万元。安排资金7554万元，用于农业发展；安排资金202万元，用于水利发展；安排资金3536万元，用于农开发展，做好扶贫工作，加快贫困群众增收步伐。

（三）坚持保障和改善民生，健全社会保障制度体系。按照以人为本的要求，把保障和改善民生作为推进改革、促进发展、维护稳定的大事。截至2016年末，社会保障和就业支出达到9654万元。一是完善城乡社会保险制度。及时足额发放离退休人员养老金，月人均养老金水平达到150元；实现了养老保险制度全覆盖。二是完善城乡各项保险制度。做足做实职工医疗保险个人帐户，在职职工保健经费直接记入本人医疗保险帐户；三是继续提高标准，保障特困群众基本生活需要。调整了城镇居民最低生活保障标准和农村居民最低生活标准、“五保户”供养标准。四是落实自然灾害资金，确保受灾群众生活。

（四）大力支持社会事业发展，促进基本公共服务均等化。全县教育支出达到23562万元。支持城乡义务教育、薄弱学校改造和校园安全建设，改善办学条件，提高教学能力；进一步提高城乡义务教育保障水平，继续免收城镇义务教育阶段在校生学杂费、作业本费。将城镇困难家庭子女纳入“三包”经费保障范围，进一步提高义务教育阶段“三包”经费保障标准。医疗卫生支出达到10030万元。及时下达鼠疫防控、农村医疗救助、公共卫生项目等专项经费，进一步改善基层卫生室医疗条件。

（五）完善政法经费保障机制，确保社会局势稳定。按照“稳定压倒一切”原则，2016年，投入资金1577万元，不断加大反分裂斗争和维护稳定工作的投入力度，促进全县社会局势稳定和长治久安。支持民族宗教、治安巡防、流动人口服务与管理、政法部门维护稳定等工作。

（六）深入推进财政科学化精细化管理，强化财政监督稳步推进国库集中支付改革。全面推行国库集中支付制度改革，建立了以国库单一账户为核心的集中支付体系；有序推进部门预算改革，进一步规范县本级及各乡（镇）、部门预算编制，对新成立的组织机构预算及时进行了安排，安排资金分别为：不动产登记局10万元；审计局10万元；交通运输管理局10万元；纳木错——念青唐古拉山风景名胜区（当雄）管理局60万元，确保了机关行政事务的正常运行。进一步推进乡财县管改革；进一步规范了国有资产收入管理；加强公务车辆管理；不断规范政府采购行为；不断完善财政监督机制，确保基本建设、社会保障、涉农等专项资金专款专用；开展了财政专户清理整顿工作；加强对中央财政草原生态效益补偿资金、涉农专项资金、工程建设资金等使用情况监督检查，提高资金使用效率。

各位代表，在县委的正确领导下，通过全县广大财政干部的共同努力，2016年各项财政工作取得了新的成绩。在总结成绩的同时，我们也清醒地认识到，当前我县财政工作中仍然存在着一些薄弱环节，一是目前影响我县经济发展的不确定因素较多，要实现财政增收和经济发展的目标面临着很大的压力和严峻的考验；二是随着各项社会事业的进一步发展和反分裂斗争的不断深入，财政刚性支出因素增多，给我县财政增添了新的难度；三是财务管理存在混乱现象，需进一步规范财务管理问题。对于这些问题，我们将认真研究，通过创新理念、更新观念、加强管理逐步加以解决和完善。

三、2017年财政收支预算（草案）

根据新《预算法》《国务院关于编制中央预算和地方预算的通知》（国发〔2015〕65号）要

求，结合我县国民经济和社会发展目标以及全县财力情况，我们认真编制完成了2017年全县财政收支预算（草案），现将有关情况说明如下：

（一）预算编制指导思想

高举中国特色社会主义伟大旗帜，坚持以邓小平理论、“三个代表”重要思想、科学发展观为指导，全面贯彻落实党的十八大和十八届三中、四中、五中、六中全会精神，贯彻落实习近平总书记系列重要讲话精神，特别是“治国必治边、治边先稳藏”的重要战略思想和“努力实现西藏持续稳定、长期稳定、全面稳定”的重要指示，贯彻落实俞正声主席“依法治藏、长期建藏、争取人心、夯实基础”的指示要求，贯彻落实中央第六次西藏工作座谈会、中央经济工作会议和区、市经济工作会议精神，坚持稳中求进、改革创新，继续实施积极的财政政策，确保实现稳增长、促改革、调结构、惠民生、防风险的宏观调控目标；充分发挥财税政策促进产业结构调整、经济转型升级和培育发展新动力的重要作用，加大财政资金统筹使用力度，盘活存量、用好增量，优化财政支出结构，突出“六大战略”，重点保障基本民生支出，从严控制一般性支出；深化财税体制改革，健全政府预算体系，完善预算管理各项制度，加大预算统筹力度，切实推进预算公开透明。加强地方政府性债务管理，切实防范财政风险，促进经济持续健康发展。

（二）预算编制基本原则

1. 预算安排总体坚持量入为出，收支平衡。预算支出安排充分考虑财力可能，按照轻重缓急的顺序，优先考虑刚性及重点支出需求，确保年初预算编制收支平衡，不编赤字预算。

2. 收入预算安排坚持实事求是，积极稳妥。收入预算安排充分考虑国家及自治区政策调整因素，结合预算执行情况，既保证一定增幅，又确保与全县经济社会发展实际相适应。

3. 支出预算安排坚持量入为出，统筹兼顾。支出预算安排坚持有保有压、重点突出。牢固树立过紧日子思想，严格控制各部门、各单位的机关运行经费和楼堂馆所等基本建设支出，进一步压缩“三公”经费支出。将财力更多地向基本民生等重点领域倾斜。

4. 预算编制工作力求全面完整，讲求绩效。将政府的收入和支出全部纳入预算管理。及时将拉萨市对下转移支付提前告知有关单位，将资金尽可能地落实到具体项目和单位。据实安排项目支出预算。加大结余结转资金统筹力度。推进预算绩效管理，提高财政资金使用效益。

（三）2017年全县公共财政收支预算安排情况

——全县公共财政预算总财力。2017年全县公共财政预算总财力为88390.56万元，比上年年初公共预算增加13624.83万元，同比增长18.22%。其中：上级补助收入57769.56万元，地方财政收入29400万元。

——上级补助收入构成情况。总财力中上级补助收入57769.56万元的主要构成：一是返还性收入2100万元；二是一般性转移支付48520.81万元；三是专项转移支付7148.75万元。

——全县地方公共财政收入预算安排。2017年全县地方财政一般收入预算计划安排29400万元，比上年预算增加5400万元，增长22.5%。

——全县公共财政支出预算安排及保障重点。全县财政一般公共支出预算安排88390.56万元，比上年年初预算增加13624.83万元，同比增长18.22%。按照现行收支分类，2017年度全县财政一般公共支出分项目安排情况为：

1. 一般公共服务安排17424.72万元，比上年增加6630.41万元，增长61.42%。

2. 国防支出安排100万元，比上年减少200万元，下降66.67%。

3. 公共安全支出安排6986.64万元，比上年增加1517.99万元，增长27.76%。

4. 教育支出安排28848.31万元，比上年增加14830.31万元，增长105.79%。

5. 科技支出安排1004.36万元，比上年增加170.76万元，增长20.48%。

6. 文化体育与传媒支出安排1120.6万元，比上年增加34.62万元，增长3.19%。

7. 社会保障和就业支出安排5764.45万元，比上年增加2122.09万元，增长58.26%。

8. 医疗卫生支出安排4452.25万元，比上年增加371.55万元，增长9.11%。

9. 节能环保支出安排1450.01万元，比上年增加1264.01万元，增长679.58%。

10. 城乡社区事务支出安排3323.05万元，比上年增加2545.05万元，增长3.3倍。

11. 农林水事务支出安排12965.31万元，比上年增加3677.59万元，增长39.60%。

12. 交通运输事务支出安排10万元。

13. 资源勘探电力信息等事务支出安排668.72万元，比上年增加351.72万元，增长110.95%。

14. 商业服务业等事务安排574.29万元，比上年增加116.29万元，增长25.39%。

15. 国土资源气象等事务支出安排1112.05万元，比上年增加159.05万元，增长16.69%。

16. 粮油物质储备管理事务支出安排40万元，比上年减少20万元，下降33.33%。

17. 预备费安排502.18万元，按本级公共财政预算收入的2%计提。

18. 其它支出安排2043.62万元。

（四）本年度财政公共支出预算安排的具体情况

本年度财政公共支出中，除优先保证人员工资发放和行政事业机构的正常运转外，重点支持县委、县政府各项中心工作有效开展，支持全县经济社会协调可持续发展，支持各项民生政策全面落实。初步计划，2017年县本级财政支出主要向以下方面倾斜：

——大幅度增加社会保障投入，切实保障和改善民生。2017年计划对教育、科技、文化、卫生、社保、环境保护等社会公共事业投入42639.98万元，比上年增加18793.52万元，增长78.81%。其中：县级政府对教育事业投入28848.31万元，比上年增加14830.31万元，增长105.79%。科技支出安排1004.36万元，比上年增加170.76万元，增长20.48%。文化体育与传媒支出安排1120.6万元，比上年增加34.62万元，增长3.19%，社会保障和就业支出安排5764.45万元，比上年增加2122.09万元，增长58.26%，医疗卫生支出安排4452.25万元，比上年增加371.55万元，增长9.11%，节能环保支出安排1450.01万元，比上年增加1264.01万元，增长679.58%。继续改善城乡各类教学机构特别是农村中小学办学条件，加快职业教育发展。落实好教育“三包”“两免一补”和非义务教育阶段贫困生救助政策，改善教职工生活待遇。支持文化产业加快发展，打造特色旅游文化品牌；继续支持广播电视、新闻出版、群众文化等事业健康发展。支持全县精神文明建设，提高全民素质；继续把医疗卫生工作重点放在农村，提高农村公共医疗保障能力。进一步改善医疗机构办公条件。进一步完善养老保险、医疗保险、失业保险、生育保险、工伤保险；加大对精准扶贫的扶持力度，妥善解决困难群众生产生活问题；重点支持农牧民转移就业，鼓励大中专毕业生自主择业。

——大幅度增加公共安全投入，努力实现长治久安。2017年计划安排公共安全支出6986.64万元，比上年增加1517.99万元，增长27.76%。其中包括社会治安综合治理专项经费、突发公共事件应急处置资金、普法专项资金、消防部队专项经费、处置疑难信访案件专项经费、加强和创新寺庙管理经费等。支持突发公共安全事件应急处突工作；支持社会治安综合治理、平安当雄建设及流动人口服务与管理，加大对社会面的管控力度；提高消防部队经费保障标准；加大解决社会热点、难点问题的资金投入，妥善处理疑难信访案件，化解社会矛盾，维护社会正常秩序和社会局势的长期稳定。

——大幅度增加基层政权建设支出，保证党组织工作经费。为保障我县基层组织的建设，县委、政府不断加大财政投入，为基层组织的政权建设、活动开展、人员培训等各方面都提供了切实的资金保障，确保基层组织工作健康发展和人员队伍的稳定成长；加大基层党组织工作和活动经费投入，丰富基层党组织的活动内容和形式；加强党的路线、方针、政策的宣传力度，进一步提高基层党组织的战斗力和凝聚力；加强基层政权建设，保障基层党建经费。2017年我县基层政权建设款和基层党组织建设专项经费达到3375.59万元，用于加强基层党组织的阵地建设；健全基层组织干部教育培训经费保障制度。大力支持基层组织的“三个培养”工程建设、加强基层干部技能培训、提高基层干部管理水平、投入党员教育培训费、保障基层组织干部培训工作顺利开展；建立党内激励关怀帮扶资金。走访慰问“三老”人员、尽能力帮助慰问贫困党员、结对帮扶有困难的党员。

四、依法理财，科学管理，确保2017年财政一般公共预算任务圆满完成

各位代表，新的一年，站在新的起点，我们将在县委的坚强领导下，深入贯彻党的十八大和十八届三中、四中、五中、六中全会精神，自觉接受人大监督，虚心听取政协的建议和意见，奋发进取、开拓创新、扎实工作，努力完成2017年财政预算任务，为我县全面建成小康社会作出新的积极贡献。

（一）抓增收节支出，确保财政平稳健康运行。高度关注经济走势和中央财税政策调整影响，加强财政运行动态分析。牢固树立勤俭节约的思想，严格控制一般性行政支出，控制会议规模、档次，对公车购置及运行费用、公务接待费用等实行更严格的管理。进一步强化公共预算执行意识，加强公共预算执行的监督和管理，增强部门公共预算执行的严肃性和约束力，切实做好公共预算平衡工作。

（二）抓对上争取资金和项目，增强全县经济发展后劲。充分发挥财政资金导向性、引导性和“四两拨千斤”的效益，引导和鼓励民间资本投向重大基础设施、重大民生项目、新兴产业和现代服务业等项目。积极向上争取，认真研究、准确把握国家产业政策和投资导向，立足于早计划、早动手，加强前期调研和筛选工作，建立起完备的项目库，增强横向联系、纵向沟通，保证对上争取资金和项目工作落到实处，取得新突破。

（三）抓深化改革，不断提高财政管理水平。一是深入推进绩效评价工作，在全面总结分析上年工作开展情况的基础上，进一步提高我县财政绩效评价工作的覆盖面，努力挖掘深度，提升内涵，探索建立绩效评价结果与预算管理有效结合的长效管理机制。二是逐步理顺全县地方政府债务管理制度，不断细化监管环节，动态掌握债务规模，健全完善政府偿债准备金制度，增强防范风险能力。三是进一步规范政府性投资项目资金管理，建立政府性投资项目库管理系统，严把资金拨付审核关，避免资金使用风险。四是全面推进公共预算体系改革，细化公共预算，试行公共预算安排从功能类到部门并行，逐步提高财政供养标准。与公共预算改革配套，逐步开展存量资金清理结转工作，组织力量清理各单位账户。五是国库集中支付完善到位，公务卡开始试点推行，转变会计集中核算中心职能，开展会计代理记账业务。六是健全乡镇财政所管理职能，全力推进标准化财政所建设。七是不断强化财政自身建设，进一步转变作风，提高工作效率，以财政信息大平台建设为依托，提高财政管理质量和水平；同时加强财政廉政制度建设，严肃财经纪律，规范职权行为，全面提升干部队伍整体素质，努力建成一支群众满意的财政干部队伍。

各位代表，新的一年，我们将牢牢把握“四个全面”这条主线，在县委的坚强领导下，自觉接受人大对财政工作的指导和监督，认真听取政协委员的意见和建议，继续解放思想，改革创新，坚定信心，团结协作，开拓进取，扎实工作，为全县经济跨越式发展、社会局势长治久安、奋力建设“美丽幸福新当雄”，抒写中国梦当雄新篇章提供强有力的物质保障。

综 述

当雄县概况

【概况】 全县下辖6乡2镇、28个村（居）委会，172个村民小组，全县总人口53437人。在职干部职工1800人，退休干部职工272人，全县共有党组织支部130个，党员4354人，其中牧民党员3328人。现有中学1所，在校生2111人，教职员工148人；小学9所，在校生5259人，教职员工331人；幼儿园13所，在园幼儿1046人，教职工11人；有牧家书屋28个、寺庙书屋22个、文化站8所（含县文化活动中心）、文艺演出团体1个；县中心医院1所，医务人员61人，乡镇卫生院7所、医务人员64名；防疫站1所，专职人员12人；五保户96人；享受城镇最低生活保障388户、689人，享受农村最低生活保障1475户、4778人。全县共有各类宗教场所24个，其中有僧无场所2个，嘎巴点13个，旦康2个，大型寺庙4座，小型寺庙3座。僧尼221人。

【经济】 2016年，实现地区生产总值15.56亿元，增长16.4%；公共财政预算收入完成2.5亿元，增长25.45%；全社会固定资产投资完成29.51亿元，增长18.9%；规模以上工业增加值完成3.17亿元，增长27.5%；社会消费品零售总额完成1.67亿元，增长13.1%；农牧民人均纯收入达到12626元，增长10.3%；城镇登记失业率控制在2%以内。全年共接待游客64万人次，增长20.4%；实现旅游收入6750万元，增长15.6%；旅游业带动相关产业实现收入2.6亿元，增长8.3%。全年招商引资合同引进项目22个，协议资金286.77亿元，实际到位资金16.25亿元，增长15%。全县牲畜存栏473705头（只、匹），其中，牦牛256049头，羊158857只，山羊61865只，马4417匹。仔畜出生100782头（只、匹），成活率100%，肉产量11564.55吨，奶产量10328.73吨。

【地理】 当雄县属拉萨市纯牧业县，位于西藏自治区中部，藏南与藏北的交界地带，拉萨市北部，距拉萨市170公里。县域国土面积1.23万平方公里，平均海拔4300米。地理坐标为东经90° 45′ —91° 31′ ，北纬29° 31′ —31° 04′ 。北部与班戈县、那曲县接壤，南与林周县、堆龙德庆县交界，东部一隅与那曲嘉黎县相连，西南与尼木县毗邻，青藏公路（国道109线）由东向西横贯全境。东北至西南硕长，长185公里，西北至东南狭窄，宽约65公里，其中最窄处约34公里。

【气候】 受大气环流和地形影响，当雄县气候的主要特点为：冬季寒冷、干燥，夏季温暖湿润，雨热同期，干湿季分明，天气变化大。年均温度1.7℃，年均降雨量459.6毫米，年均蒸发量1891.4毫米，年均日照时数2837.9小时，年均太阳辐射总量187.9千卡/平方厘米每年，年均≥0℃，无霜期

62天，积温1800℃，无霜期仅62天，牧草生长期仅90—120天。地表温度平均为4.8℃，从头年11月至翌年4月份有6个月的土地冻结期，全年八级以上风力平均达17.8天，多发生在十二月至三月份之间。大雪、冰雹、霜冻、干旱、大风等自然灾害频繁。

【地貌】 当雄地貌类型复杂。著名的念青唐古拉山脉沿县的西北横穿全境，海拔7111米的主峰位于县辖宁中乡境内，第十一届亚运会圣火取自念青唐古拉山主峰下。总地势由西北向东南倾斜，东北部为高原平原，西北部和东南半壁皆为高峻山地，其间夹着近同念青唐古拉山走向的山间构造宽谷盆地，呈现岭谷平行相间的较有规则的条状地形。盆地海拔都在4200米以上，山地海拔最高为念青唐古拉主峰7111米，相对高差3000米左右。在北部高平原上，有西藏第一大湖——纳木错。地貌分为四个地貌单元，西北部冰蚀高山、极高山，东部高寒中山，北部高原湖盆地和中部洪积宽谷盆地。

【水文】 当雄县水域面积12.744公顷，占总面积的12.7%，其中河流面积1262.75公顷，湖泊面积7.6公顷，沟渠面积5.81公顷，水工建筑物（电站）面积1.93公顷，冰川及永久性积雪向积5.03万公顷。河流总长度1152180.0米，平均水面宽度10.1米，水系密度115.6米/平方公里。境内河流有桑曲、布曲、当曲、拉曲、尼木玛曲等，是拉萨河的主要支流和发源地，也是当雄—羊八井盆地、沼泽、草甸地带的水源所在，北部纳木错湖区为内流水系，水流注入纳木错。

全县地表年平均径流量23.80亿立方米，主要河流是典型的以雨水补给为主融水和地下水补给为辅的河流，有着非常丰富的水资源，水利开发有极大的优势。

【水资源】 由地表水和地下水构成。地表水溪河流与山川相倚，呈支状分布。以念青唐古拉山为分水岭，分别注入纳木错湖和汇入拉萨河，注入雅鲁藏布江。县境内较大的河流有桑曲河、拉曲河、布曲河、秀古河等。主要河流以雨水补给为主，冰雪融水地下水补给为辅。地表径流量年平均23.8亿立方米。湖泊面积7.6万公顷。纳木湖储水量228.06亿立方米。永久积雪储量252亿立方米。地下水资源丰富，埋藏浅，水质好，可供人畜饮用。热泉资源比较突出，羊八井地热温泉涌水量为1000立方米/秒。当雄县水域面积19.61万亩，冰川积雪面积19.02万亩，山沟溪水密布，水源丰富。当雄县草场灌溉引用秀古河、雄嘎姆沟、罗荣沟、白朵沟等水源挖灌，根据实地调查，这些水源是典型的以雨雪水补给为主，地下水补给为辅的溪流，水质优良，为重碳酸盐类钙组水，属软水，适宜农牧业用水和人畜饮水。

【矿产资源】 当雄县境内矿产资源有砂锡、铅锌、玉石、商岭土、石膏、火山灰、石灰石、水晶石、硫磺、泥炭等，其中以羊八井热田和羊易热田最为著名，1980年就建设了羊八井第一台3000千瓦机组发电，至1992年羊八井共装机组9台，总容量25180千瓦，年发电量1亿千瓦，向拉萨和当雄供电。已探明并开采的矿产资源有乌玛乡的石膏矿，储量1亿吨，还有高岭土、火山灰、铝锡、铅锌矿和以铜矿为主的稀有金属矿，均有相当的储量和品质。

【旅游资源】 当雄县主要名胜古迹和旅游景点有：世界海拔最高的咸水湖—纳木错、历史名称冲嘎固始汗夏宫遗址、享有盛名的藏传佛教噶当派创始人—仲敦巴旧址、藏北八塔、嘎洛寺（噶举派）、羊井寺（噶举派）、康玛寺（格鲁派）、多吉林寺（噶举派）。羊八井镇拥有驰名中外的地热电站，喷景壮观；海拔4718米的纳木错是西藏著名的佛教圣地之一，是全国第二大咸水湖，享有“圣湖”的美誉；与“圣湖”遥遥相对的是“神山”念青唐古拉山；主峰下是1990年第十一届亚运会圣火采集点，同时也是牧民从事宗教活动及赛马、赛歌的好地方。当雄县宁中度假村借用天然的温泉资源，配以相应的设施，是一个旅游修养的绝佳之地。

【自然资源】 当雄自然资源丰富，境内草场广阔，天然草场总面积691500公顷，林地90398.29公顷，年鲜草可利用量为629336.95吨。当雄天然草场分为4个草场类，6个草场亚类，15个草场组，33个草场型。优良草场占全县可利用草场的68%，质量中等的占29%。根据2011年草原生态保护补助奖励机制核定：草畜平衡理论载畜量为87.0399万只绵羊单位的牲畜。当雄土地资源特点是：山地冰川、河谷多，高山寒漠土、祖骨土、草甸土、高山草原土、亚高山草原土、草甸土和沼泽土8类，高山草甸土是当雄分布最大、面积最大、最主要的土壤类型，占当雄土壤总面积的51.85%，人工草场32000公顷，灌溉面积6000公顷。

【野生动物资源】 有野兔、盘羊、黄羊、野驴、旱獭、石羊、高原鼠兔、狐狸、黄鼠狼、狼、豹、猞猁、麻雀、乌鸦、雪鸡、山鸡、水鸭、黄鸭、大雁、白天鹅、黑颈鹤、秃鹫和鹰等。

【经济药用植物】 有冬虫夏草、藏贝母、藏雪莲花、单子麻黄、红景天、龙胆、甘遂、云南黄芪等。

（顾　晨）

大事记

1月

1日　当雄县当曲卡镇召开专题民主生活会。镇党委班子成员、一般党员干部、村（居）第一书记共19人参加了会议。

2日　当雄县格达乡召开了精准扶贫入户调查动员会。

3日　转湖、转岛人员共2494人次、环比减少24.40%，其中游客70人次、环比减少38.05%，四省藏区朝佛人员0人次。总人次累计达498.5832万人次。

4日　西藏自治区副主席房灵敏一行到当雄县羊八井中心小学、县中学看望慰问优秀教师、贫困教师。走访慰问过程中，房主席教师进行亲切交谈，详细了解他们生活上的困难，倾听了他们对全县教育的意见、建议，同时，充分赞扬了老师们不怕艰苦，教书育人的良好师德，并鼓励他发挥学术上的所长，为教育事业奉献力量。

5日　当雄县当曲卡镇组织全镇干部职工学习《关于转发〈自治区纪委关于2016年元旦春节藏历年期间驰而不息纠正“四风”的通知〉》。

6日　当雄县宁中乡组织开展了环境卫生大扫除活动。经过活动的开展，街道、公路沿线、草场焕然一新，为迎接新的一年增光添彩。

7日　2015年度纳木错“羊年转湖”民俗宗教活动服务管理工作总结表彰大会在当雄县隆重召开，全体在职干部职工共计300余人参加会议，会议对在“羊年转湖”工作中涌现出的44家先进集体代表和168名先进个人进行了表彰。

8日　14时50分许，一辆从那曲驶往拉萨方向的柴油罐车（车牌号：青H60692/青H7047挂）在当雄县羊八井镇境内发生侧翻，车上1名乘客受轻伤、1名驾驶员未受伤，柴油罐体出现轻微泄露。

9日　西藏电视台记者来到当雄县，对当雄县成立中学科技馆一事进行了采访。

11日　当雄县宁中乡召开安全生产工作专题会议，在家领导干部及各村委会负责人、下沉干部、驻村工作队员、辖区内企业负责人、商户共计55人参加会议。

12日　当雄县宁中乡组织乡党政领导班子成员、乡纪检员、各村党支部书记、村委会主任、村民监督委员会主任、全乡干部职工认真学习了当雄县纪委〔2015〕47号、48号、49号、50号文件精神。

13日　当雄县乌玛塘乡党委召开了党员大会。进行了2015年度工作总结，传达学习党的十八届五中全会、中央第六次第六次西藏座谈会精神。

14日　当雄县组织部召开“马上就办、立刻见效”主题会议，会议由组织部副部长扎桑主持召开，办公会、活动办工作人员共计9人参加此次会议。

15日　市政府副秘书长米玛次仁到当雄县宁中

乡堆灵村，看望慰问驻村工作队和结对帮扶对象。

18日 当雄县宁中乡驻曲才村工作队开设辅导班，为该村109名小学生进行为期1个月的义务辅导，并从驻村工作经费中为学生购买各类资料。

19日 当雄县纳木湖乡恰噶村驻村工作队响应上级的号召，通过走村入户的方式采集此次扶贫所需的各种资料，特别是对系统扶贫22户、落实惠民政策6户、民政兜底13户中的留守老人，孤残人员等特殊人群进行一对一的建档立卡。

20日 当雄县乌玛塘乡纳龙村工作队组织全体队员集中学习了陈军在全市第五批驻村（居）工作队队长培训班开班仪式上的讲话及《关于印发曾万明在2015年第六次暗访督查工作动员部署会议上的讲话》精神。

21日 当雄县宁中乡党委组织21名志愿者，清扫109国道沿线环境卫生及乡政府周边环境，周边牧民群众看到清扫卫生活动，自觉拿起扫把、铁锹等工具一起参与了志愿服务活动。

22日 当雄县宁中乡组织村“两委”班子成员、村民小组组长、驻村工作队员、下沉干部、机关全体干部职工共计60余人认真学习青海严肃处理藏区基层党员违反政治纪律的情况通报。

25日 当雄县乌玛塘乡党委向90名困难党员进行慰问，每名困难党员送去500慰问金，共计45000元慰问金。

26日 当雄县乌玛塘乡乡长同乡司法所工作人员下村对本乡3名刑释解教人员进行慰问，送上了大米、菜油、糌粑、茶砖等慰问品。

27日 当雄县当曲村党支部召开了2015年“三严三实”专题组织生活会。当曲卡镇党委副书记、镇长米玛旺堆、镇组宣委员邓洪，村党支部班子成员及村监督委员共计26人参加。

28日 当雄县商务局组织工作人员到羊八井镇甲玛村兑现2015年羊八井火山灰运输费。运输费以单价45元/吨计算，此次共兑现运输费1280613.6元，设计运输车160多辆，总运载量达28458.08吨。

29日 共投入人员2.54万人次、车辆620台次、摩托车806台次进行铁路沿线巡逻检查，总巡线里程达8184余公里。驱赶闲杂人员15人次，驱离违规停靠车辆24台次，制止牲畜上道36次。

2 月

1日 当雄县甲玛村工作队组织召开甲玛村“两委”班子成员、各村民小组组长和部分党员学习《中国共产党廉洁自律准则》《中国共产党纪律处分条例》。

2日 11时31分在当雄县（北纬30.30度，东经90.94度）发生3.1级地震，震源深度10千米。

3日 当雄县为195户计生特殊家庭送去每户1床被子、1件三件套和140元慰问金；县医院藏医专家对其中20户老人进行健康教育讲座，为老人们送去价值7000余元的藏药。让他们感受到党和政府的关怀，过上一个欢乐祥和的新年。

4日 当雄县甲玛村工作队与拉萨市残疾人联合会沟通协商争取残疾人慰问金2万元，为该村35名残疾人发放了2万元慰问金。

5日 当雄县宁中乡党委组织32名党员志愿者，走村入户开展志愿服务活动，帮助23户贫困家庭洗衣服、做饭、打扫卫生等解决眼前困难，发挥党员先锋模范作用。

8日 当雄县格达乡党委组织干部职工深入学校、沿街商铺等重点领域开展法宣活动。

9日 当雄县格达乡开展道路交通安全专项整治行动。

10日 水利局局组织全体干部职工到公塘乡拉根村对该村贫困户进行走访座谈，拉开了精准扶贫工作序幕。

11日 经过为期4天的详细调查和认真筛选，初步拟定35个饲草料基地建设点，合计预算投资为4800万元，分布在格达乡、宁中乡、羊八井镇、当曲卡镇、龙仁乡、乌玛乡、公塘乡。

14日 畜牧局会议室召开关于基本草原工作推进会，参会人员有各乡镇基本草划定工作负责人和工作人员。

15日 当雄县宁中曲才惠民砖厂专业合作社，

对当地20贫困户及大学生30人进行慰问活动。慰问资金共计10.8万元。慰问品大米、面粉、酥油、清油、砖茶、家具（床、卡垫、桌椅）等。

16日　当雄县为每个工作队员发放慰问金500元，共慰问113人，发放慰问金56500元。

17日　甲多村驻村工作队和村委会邀请文广局一行人员来到甲多村，开展电视接收器以旧换新的惠民活动。为该村的254户更换了新的电视接收器。

18日　当雄县纳木湖乡开展“社会治安人人参与和谐社会人人共享”为主题的综治治安宣传活动，发放各类宣传书籍200余册、宣传画150余张，滚动鞭播放法律视频计20个小时。

19日　当雄县冲嘎村工作队与村委班子、乡下沉干部共同协调，组织召开全体村民大会，进行开展全民普法教育学习。分别对《民法》《刑法》《道路交通安全法》《婚姻法》等法律知识进行讲解学习。

21日　市城乡规划局党组书记李嵘带领办公室主任和拉萨市城市规划设计院副院长一行到当雄县宁中乡麦灵村，亲切看望村“两委”班子成员和该局派驻麦灵村驻村工作队队员。

22日　羊八井寺、康玛寺、色庆旦康、郭尼嘎巴、宁中乡“宁日山”及念青唐古拉山共举办6场宗教佛事活动，参与群众6900余人次、车辆1200台次，投入安保力量180余人次，确保活动圆满和谐。

23日　当雄县曲登村组织工作人员开展排查摸底危房户工作。摸底调查共走访了300多户，摸清了当雄县曲登村危房户和存在几户的住房十分简陋。经统计：C级29户，D级23户，共计52户。

24日　郭庆村第一书记兼党支部书记晋多被评为自治区先进个人和市先进个人。

25日　纳木湖乡恰嘎村38个骑手在草原上策马奔腾，都展示各自的绝活，并有300余名群众来观看此次赛马活动。

26日　当雄县宁中乡卫生院医务人员为曲才村120余名牧民群众进行了免费健康检查。

28日　自治区督导组到当雄县堆灵村督导检查工作开展情况及在岗情况。

3 月

1日　截至2月底，各类市场主体达1604户、从业人员5223人、注册资金133389.528万元，同比分别增长42.58%、41.08%、97.24%，其中内资企业85户、从业人员948人、注册资金108449.9万元，同比分别增长88.89%、38.39%、115.86%；农牧民专业合作社101户、从业人员1595人、注册资金13601.158万元，同比分别增长57.81%、45.40%、49.01%；个体工商户1418户、从业人员2680人、注册资金11338.47万元，同比分别增长39.57%、39.58%、40.17%。

2日　当雄县当曲村组织召开惠民政策宣讲会议。驻村工作队、村“两委”班子、下沉干部、联户长共40余人参加了会议。

3日　当雄县宁中乡团委联合学校组织102名学生观看了影片《雷锋之歌》。

4日　以“创新引领未来创业改变生活奋斗成就梦想”为主题的西藏共青团首届青年农牧民创新创业大赛全区赛总决赛在拉萨举行。当雄县青年创业者嘎玛尊追桑布、旦增久美入围决赛，并在激烈的比赛各环节中表现优秀，嘎玛尊追桑布获得了大赛三等奖和最佳网络人气奖，荣获奖金12万元；旦增久美获得了优秀作品奖，荣获奖金5000元。

5日　当雄县组织开展以“弘扬雷锋精神、深化志愿服务”为主题的系列志愿服务活动。此次活动由当雄县委宣传部文明办牵头并联合县司法局、畜牧局、妇联等20余家单位在县农行宣传点通过悬挂宣传横幅、赠送药品、发放宣传资料、设立咨询点等方式，开展“向雷锋学习”宣传服务活动。

7日　当雄县委组织部部长邹华威一行到当雄县乌玛塘乡开展班子调整前期调研工作。

8日　由当雄县群团组织联合主办的当雄县欢庆“三八”妇女节——“欢乐巾帼”趣味活动在县

政府大院举行，县直机关和企业的6支队伍100余名妇女参与了比赛，活动由拔河、单人跳绳、夹气球、定点投篮和抢板凳5个环节组成，比赛现场热火朝天，充分体现了全县女同胞积极向上的精神风貌，比赛最后共评出一、二、三等奖各5名。

9日 拉萨市雪域明珠旅游汽车运输有限公司在宁中乡招聘驾驶员19人。

10日 当雄县嘎玛尊追桑布在西藏共青团首届青年农牧民创新创业大赛总决赛中荣获三等奖。

11日 当雄县当曲村驻村工作队及村“两委”班子利用六天的时间，在原有电子版户口信息的基础上对村内的403户1641人，逐一进行比对、核实、更新。经过细心的统计排查得知现在当曲村总共有401户1661人，2户5人已迁出外地。

12日 14时许，一辆从那曲驶往拉萨方向的天然气罐车，在羊八井检查站往拉萨方向大约500米处发生侧翻，车上1名跟车民警受伤，罐体出现泄露。

13日 当雄县龙仁乡党委召开班子成员会议，研究部署党委换届选举前期工作。

14日 乌玛塘乡派出所所长及纳龙村包村民警在纳龙村委会为广大牧民群众进行了一场别开生面的法律知识宣讲活动。参加此次法制宣讲活动的有纳龙村党员代表、联户长、车队司机及牧民群众共计100余人。

15日 拉萨市政协副主席次仁平措一行到当雄县宁中乡堆灵村检查指导各项工作开展情况。

16日 为认真贯彻落实《拉萨市信访局关于转发〈国家信访局关于开展化解积案集中攻坚的通知〉的通知》精神，进一步加大信访突出问题的排查调处力度，推动信访积案化解工作顺利开展，确保信访积案化解工作取得实效，信访局对本辖区本系统信访积案开展全面排查梳理。

17日 当雄县召开进一步深化干部驻村和下沉工作座谈会，当雄县组织县创先争优强基础惠民生活动领导小组成员、县乡（镇）党委书记或副书记、所辖村居党支部第一书记、驻村工作队队长和县直相关部门负责人共40余人参加

18日 当雄县龙仁乡开展了以“贯彻落实法律法规，构建和谐劳动关系”为主题的宣传服务活动，向广大群众宣传了《劳动法》《社会保险法》《劳动合同法》、法律援助等社会保障及劳动维权方面的法律法规知识。共发放农民工援助服务手册等各种宣传材料400余份，解答群众咨询60余次。

21日 当雄县乌玛塘乡严格按照“牧户申请、民主评议、乡村审核、公示公告、县核准”的工作程序，在全乡积极开展了建档立卡贫困人口核查工作，确保了入户全覆盖，贫困户入户核查率达到100%，共识别认定精准扶贫对象275户1299人，

22日 全县利用下沉干部、驻村工作队和村“两委”班子等村（居）工作力量，并联合340名教师“进万家门、知万户情”开展精准扶贫入户调查工作，共识别认定精准扶贫对象1835户、7809人，确保了当雄县精准扶贫对象的可靠性、真实性。

23日 全会由县委常委会主持，当雄县委书记张正代表县委常委会向全委会做工作报告。全会充分肯定了2015年县委常委会工作，一致认为，在市委的坚强领导下，在北京市的无私援助下，县委常委会团结带领全县各族人民，深入贯彻落实中央精神和区市党委的决策部署，在思想上、政治上、行动上同以习近平为总书记的党中央保持高度一致，重点做了深入学习贯彻习近平总书记系列重要讲话精神、深入贯彻落实中央第六次西藏工作座谈会精神、切实加强党的建设、强化党风廉政建设“两个责任”、扎实开展“三严三实”和“忠诚干净担当”专题教育、圆满完成纳木错“羊年转湖”民俗宗教活动期间服务管理工作等大事。全县呈现出经济快速增长、社会和谐稳定、民生持续改善、社会事业全面发展的良好局面。

24日 当雄县采取一对一、一对多的结对帮扶方式，落实县级帮扶责任人28名，县直帮扶单位党支部36家，全县责任帮扶党员干部953人。

25日 为打好换届选举主动仗，牢牢把握工作主动权，顺利推进乡领导班子换届选举工作，

当雄县龙仁乡党委超前谋划，精心组织，通过宣传动员、调查摸底、严肃纪律、组织领导“四个到位”，切实做好换届前期准备工作。

26日　自治区强基办第一巡回检查组组长晋美多吉率巡回检查组一行到当雄县检查督导驻村工作。

28日　当雄县提早谋划，精心部署，周密组织，全县28个驻村工作队按照区、市党委的要求和县委、县政府的安排部署，立足实际，克服困难，认真筹划，全面协调。在确保安全稳定的前提下，积极组织开展纪念西藏百万农奴解放57周年系列纪念活动

29日　当雄县宁中乡乡扶贫开发工作领导小组联合村委会，共派出4个工作小组与189户易地搬迁安置户签订了意向书。

30日　当雄县宁中乡贫困户的县人大、县委宣传部、县卫生局、县公安局等4家单位的主要负责人深入宁中乡开展结对帮扶工作。

31日　全县招商引资合同引进项目19个，协议资金283.5亿元，到位资金4300万元，同比增长48.3%（其中，续建项目9个，协议资金33.2亿元，到位资金4300万元；新建项目10个，协议资金250.3亿元，无到位资金）。

4月

1日　当雄县人力资源和社会保障局按照基层服务平台建设的统筹规划，利用3天时间，组织20名新录用人员开展基层平台工作人员业务培训。

4日　2016年第一季度，当雄县落实教育补助资金272.13万元。其中，为7326名享受“三包”学生拨付补助经费193.86万元，为7370名享受营养改善学生拨付补助经费59.07万元，为1046名学前教育学生拨付补助经费19.2万元。

5日　羊八井镇各驻村工作队和村（居）“两委”班子在镇畜牧所的带领下认真开展深入牧户家中开展2016年春季牲畜防疫工作。

6日　县水利局组织河道沿线百姓约40人次，雇佣大型机械（挖掘机、装载机）2台、拖拉机4辆开展了为期5天的河道垃圾清理整治工作。

7日　对县城内文化出版物市场进行了为期三天的“扫黄打非”“清源固边2016”第一阶段清查整治专项行动。

8日　县宗教领域牵头组织基建部门针对嘎洛寺剩余的31户僧舍维修改造工程，进行了验收。

11日　拉萨市农牧局到当雄县检查春防工作。

12日　当雄县组织开展2016年兽医专业技术人员业务技能培训。

13日　当雄县畜牧局在县政府综合会议室组织召开2016年重大动物疫病防控工作安排部署会。

14日　北京大兴供电公司领导到当雄县供电公司开展结对帮扶工作。

15日　为加强青少年中华民族优秀文化传统和中国革命传统教育，缅怀革命先烈，清明节期间，当雄县团委号召广大青少年开展“网上祭英烈”、清扫烈士墓等系列志愿服务行动，引导青少年用实际行动表达对革命先烈的景仰和追思，全县共计150名青少年参加。

18日　当雄县2016年网上信访信息系统培训班开班。

19日　为进一步拓宽群众增收致富渠道，近日，县扶贫办组织的“当雄县扶贫开发牧家乐项目旅游服务技能培训”正式开班。

20日　自治区级验收组实地抽查了当雄县宁中乡、公塘乡、纳木湖乡、龙仁乡的档案资料，深入70余户牧户家中核实数据。

21日　当雄县组织召开精准扶贫“六个推进小组”工作对接会。

22日　自治区妇联主席江措拉姆带队的调研组一行4人，到当雄县调研《当雄县妇女发展规划（2011-2015年）》《当雄县儿童发展规划（2011-2015年）》实施情况。

25日　当雄县开展牲畜“春防”疫苗注射工作。

26日　由中共当雄县委员会、当雄县人民政府主办；当雄县人社局、“四业工程”领导小组办公室、当雄县精准扶贫领导小组办公室承办；当雄县妇联、当雄县扶贫办、当雄县工会协办的

"当雄县春风行动专场招聘会暨精准扶贫转移就业促进会"在县职教中心举行。

27日 为进一步拓宽群众增收致富渠道，当雄县组织开展"当雄县扶贫开发牧家乐项目旅游服务技能培训"。

28日 为进一步净化社会治安环境，加强社会治安管控力度，最大限度地消除各类治安隐患，着力解决社会治安突出问题。公塘乡综治办牵头联合乡派出所组织开展了法制宣传活动。

5 月

4日 西藏伟利实业有限公司负责人到当雄县羊八井镇桑巴萨村优质水源点进行调研，对水源点详细情况进行了解。

5日 当雄县公安局组织牵头联合安监局、消防大队、工商局、卫生局、文广局、旅游局、环保局、派出所等部门的检查小组对全县、生产经营单位、加油站、商场、宾馆、超市、网吧、纳木湖景区、人员密集场所等，进行拉网式检查，不放过每一个行业领域、每一家生产经营单位，确保隐患排查横向到边、纵向到底，不留死角盲区，切实杜绝安全事故发生。

6日 县检疫站加大执法力度，联合乌玛塘乡公安一级民警设卡，对运输动物及动物产品的车辆开展执法监督检查。共开展执法检查66次、出动执法人员264人次、共检查活畜9419头（只）。

9日 县委副书记、县长其美次仁参加关于召开全国推进简政放权放管结合优化服务改革电视电话会议。

10日 县委书记张正主持召开县委理论中心组学习会议。会议传达学习了《习近平总书记在知识分子、劳动模范、青年代表座谈会上的讲话》《中国共产党章程》第一章内容和人民日报关于扎实开展"两学一做"学习教育评论员文章。

11日 县委副书记、人大常委会主任康加贵主持召开人大换届工作培训会议。

12日 县委书记张正主持召开县委八届59次常委会，会议议题：研究《关于当雄县宗教工作领导小组提请研究2016年上半年和谐模范寺庙暨爱国守法先进僧尼创建评选活动有关事宜的请示》；研究当雄县人民政府党组关于解决龙仁乡曲登羊阁村湿地搬迁工程资金的请示》；研究组织部提交议题。

13日 县委副书记、人大常委会主任康加贵在拉萨市干部教育分中心网站学习相关课程。

14日 县委常委、纪委书记胡思义上午陪同市纪委副书记赵大勇到宁中乡调研，中午陪同市纪委副书记赵大勇参观党风廉政建设和预防职务犯罪警示教育基地，下午陪同市纪委副书记赵大勇到公塘乡、公塘乡拉根村调研。

16日 县委常委、宣传部长元旦次仁陪同水利厅领导到龙仁乡检查指导工作，到县文化馆审核节目，与西藏日报记者讨论"虫草"发布会。

17日 县委常委、统战部长达瓦次仁到江热寺调研停车场项目建设相关事宜。

18日 县委副书记、县长其美次仁陪同国土厅相关领导考察羊八井镇桑巴萨村驻村工作队。

19日 县委书记张正主持召开县委八届60次常委会。会议议题有：研究县乡党代会相关事宜；研究县乡人民代表大会换届选举工作相关事宜。

20日 县委书记张正安排部署乡（镇）换届工作以及当雄县领导干部换届巡回督导工作相关事宜。

21日 县委书记张正参加全区维稳工作电视电话会议

22日 县委副书记、人大常委会主任康加贵召开主任会议，会议通过了康加贵、刘刚、张道顺、德吉、拉巴琼达、泽仁顿珠6名正式代表候选人辞去选举委员会职务的请求，并报人大常委会备案。

23日 县委书记张正参加当雄县干部任免大会；与各乡（镇）党委书记进行谈话，安排部署各乡（镇）党代会相关事宜。

24日 拉萨市人大常委会副主任平措朗杰到各乡（镇）检查指导人大换届选举工作。

同日 完成全县6座寺庙217名在编僧尼的健

康体检工作。体检内容包括内科、外科、妇科、五官科、腹部B超、心电图、肝功能、血常规、尿常规、血糖等项目。检查结束后县医院在第一时间将检查结果反馈到体检者个人手中，并建立了一套规范的健康档案。

25日 《当雄县档案馆关于做好档案归档工作的通知》。要求：各乡（镇）、各单位根据国家档案局《机关文件材料归档范围和文书档案保管期限规定》（第8号令）标准，认真履行“为党管档、为国守史、为民服务”职责，将本部门2000年—2015年所有机关文件材料进行收集、整理、归档（机关文件材料是指机关在其工作活动中形成的各种门类和载体的历史记录）。

26日 县委副书记、县长其美次仁考察当雄县“相约纳木湖畔·寻觅虫草之旅”活动采挖点工作部署情况。

27日 共开展文化广电下乡536次，开展文艺演出5场次，参演演员110人次，观众达10000余人次。

28日 当雄县首届“相约纳木湖畔·寻觅虫草之旅”活动在西藏拉萨市当雄县开幕，开幕式上织帐篷、酥油情等传统歌舞，充分展示了当雄深厚的文化底蕴和浓郁的地域特色。

29日 共开展整治活动507家次，查处各类违规违章案件2件，罚没款1.1万元，责令整改商户（企业）8家，收缴过期变质食品120箱（件、袋）、价值7328元。

30日 当雄县畜牧局召开了动物产地检疫工作会议。

31日 格达乡组织开展“社会治安综合治理宣传周”活动。

6 月

1日 当雄县各少先队组织积极组织开展了“红领巾相约中国梦”庆“六一”活动，参与人数1200余人。

3日 自治区党委常委、拉萨市委书记齐扎拉到当雄县调研纳木错拉萨片区总体规划建设、扎西岛核心景区规划建设和保护开发工作等情况以及羊八井镇小城镇建设。

6日 县委书记张正陪同自治区高级人民法院党组书记、院长索达，拉萨市中级人民法院党组书记、院长郝涛调研工作。

7日 当雄县畜牧局组织工作组对全县7个乡（镇）2015年牲畜棚圈建设项目开工情况进行了督导检查。

8日 当雄县纳木湖乡召开村集体经济推进会，各村党支部书记、村委会主任及全乡干部职工参加了会议。

9日 当雄县拟新增617个就业岗位。其中，湿地管护员126名；湿地监管员15名；疫源疫病监测员331名；土地沙化封禁管护员109名；水利协管员28名；科技特派员7名，与县住建局、护路办衔接，将环卫工人、护路队员尽可能向贫困户倾斜。

10日 对县城内文化市场进行了“扫黄打非”2016年度“清源固边”“护苗”“净网”“秋风”等一系列清查整治专项行动。

11日 当雄县精心组织，周密部署，全国第十一个文化遗产日，开展以“让文化遗产融入现代生活”为主题的文化遗产宣传活动。

12日 当雄县开展了以“让文化遗产融入现代生活”为主题的文化遗产宣传活动。

13日 当雄县文广局组织县民间艺术团演职人员带着党和政府的深切关怀，深入坚守一线的护路队员营地开展了慰问演出活动。

同日 市政协副主席、市委第一督导组常务副组长次仁平措一行4人到当雄县格达乡羊易村督导“两学一做”学习教育开展情况。

14日 由当雄县环保局牵头，县工商局、县治安大队、县食药局等部门在全县辖区内联合开展了排污费征收及食品安全联合检查。各单位按照自身职责，对各餐饮店、超市、商店进行食品安全相关方面的检查。

15日 当雄县举办以“弘扬职业精神恪守职业道德”为主题的道德讲堂活动。在家所有县级领导、各乡（镇）宣传委员、县直各单位负责人、学生代表、护路队代表以及干部职工代表等

200余人参加了此次道德讲堂活动。

16日 当雄县组织县中学青少年以参观县预防青少年违法犯罪警示教育基地、观看端午文化动画短片和观看爱国主义电影等形式开展宣传教育活动，共计50名青少年参加。

17日 区国土资源厅副巡视员李新带队的慰问组一行到当雄县羊八井桑巴萨村（居）委会，看望慰问驻村干部，听取驻村工作队的工作汇报。

20日 当雄县工业和信息化局深入西藏龙源新能源有限公司进行专题调研活动，检查指导企业发展工作。

21日 当雄县扶贫办联合县财政局和相关乡（镇）分管领导分别对羊八井镇、龙仁乡、当曲卡镇、纳木湖乡2014年扶贫项目进行检查验收。

22日 当雄县按照“两学一做”学习教育的总体部署，组织全县干部职工传达学习了《拉萨市违反中央八项规定精神典型案例通报》和《关于严禁借子女升学等名义大操大办的通知》。

23日 当雄县扶贫办联合县财政局和相关乡（镇）分管领导分别对羊八井镇、龙仁乡、当曲卡镇、纳木湖乡2014年扶贫项目进行检查验收。

24日 当雄县组织全县各乡（镇）、县（中）直各单位机关党员干部、下沉党员干部、驻村党员干部及寺管委党员干部500余人通过乡乡通电视电话会议系统聆听市委齐扎拉书记讲“两学一做”学习教育专题党课。

25日 羊八井镇人民医院组织体检人员为全校500多名学生进行了健康体检，此次健康体检主要检查每位学生的视力、身高、体重、心、肝、肺等，

27日 当雄县邀请市委党校、拉萨市第二中等职业技术学校讲师举办脱贫攻坚专题培训，村（居）党支部书记、主任、党员致富带头人等共计120余人参加。

28日 为进一步增强广大群众的防汛安全意识，普及防汛安全知识，掌握逃生、自救、互救的基本方法，提高抵御洪水和应对紧急突发事件的能力，快速、高效、有序地实施救援工作，最大限度地使事故损失减小到最低程度，减轻人员伤亡和财产损失，维护人民群众生命和财产安全，在公塘乡拉根村举办别开生面的山洪灾害非工程措施演练，

29日 当雄县工业和信息化局深入西藏龙源新能源有限公司进行专题调研活动，检查指导企业发展工作。

30日 当雄县开展全民免费健康体检，为了顺利完成2016年全县的全民免费健康体检工作，以及国家孕前优生健康检查、出生缺陷检查等工作，各乡（镇）卫生院正在有序的到各学校、村、组开展体检工作，全县已体检人数为14129人。

同日 当雄县开展牲畜电子耳标工作动员大会。

7月

1日 为表彰先进，弘扬正气，树立典型，进一步激励全县各级党组织和广大党员在建设幸福美丽和谐新当雄中再创佳绩、勇攀高峰，县委决定对在2016年基层组织建设中工作成效明显、实绩突出的11个先进基层党组织、20名优秀共产党员和10名优秀党务工作者予以表彰。希望受表彰的先进集体和优秀个人珍惜荣誉，戒骄戒躁，谦虚谨慎，再接再厉，永葆共产党员的先进性和纯洁性，为党的事业和当雄改革发展稳定各项事业再立新功！

同日 当雄县在政府楼前广场举行了“庆七一、升国旗、重温入党誓词”活动，县四个班子领导、县直各单位领导及全体机关干部职工参加了此次活动。

2日 2016年上半年，当雄县完成生产总值5.94亿元，同比增长12.71%，完成目标任务的42.76%。

4日 上半年，共接待游客195590人，同比增长4.3%，其中内地游客人数191171人，同比增长26.4%，藏族游客人数4419人，同比下降87.9%，旅游门票收入1935.07万元，同比增长16.6%。

5日 当雄县召开庆祝中国共产党成立95周年大会。

6日 当雄县开展庆祝青藏铁路通车101周年

文艺汇演。

7日　纳木湖乡组织全乡干部职工、各村第一书记、下沉干部、驻村工作队、村“两委”班子成员、各组组长传达学习习近平总书记在庆祝中国共产党成立95周年纪念大会所作“不忘初心继续前进”的重要讲话精神。

8日　拉萨市新闻出版广电局局长王巍一行工作组，在县委常委、副书记杨作云及政府副县长王晓宾的陪同下对当雄县广播电视事业发展状况，重点项目进展等情况进行了实地调研。

11日　当雄县委常委、政法委书记、公安局局长扎西亚培到县法院检查指导工作，先后考察了县法院立案信访窗口、科技法庭、党员活动室、部分办公场所等，多方位了解法院在便民措施、基础设施、审判工作等方面的情况。

同日　塔杰村支部党员在塔杰乡党委的带领下，120余名党员冲锋在前，开展防汛河堤筑建工作，用实际行动发挥党员先锋模范带头作用。

12日　当雄县结合文物工作实际，对全县6乡2镇52处不可移动文物点开展立碑保护工作。

13日　当雄县组织学习了习近平总书记在庆祝中国共产党成立95周年大会的重要讲话，讲话系统地回顾了建党95年来我们党走过的光辉历程。要求把学习贯彻习近平总书记重要讲话精神作为当前和今后一个时期的一项重要政治任务，同“两学一做”学习教育结合起来，增强学习效果。

14日　中央农村工作领导小组副组长袁纯清率领工作组到当雄县考察调研旅游扶贫工作，实地走访了纳木错景区、白莲度假村等地，深入了解当雄县开展旅游扶贫的做法、取得的成效，并召开座谈会听取工作汇报，对今后一个时期当雄县旅游扶贫工作提出明确要求。

15日　当雄县纪委始终认真学习、贯彻落实习近平总书记关于全面从严治党的系列重要论述，严格落实“两个责任”，把全面从严治党落到实处。

18日　县纪委常委、纪检监察局副局长组织纪委（监察局）全体干部认真观看了《作风建设在西藏》。

19日　当雄县召开第十九次县委理论学习中心组（扩大）会议。县四大领导班子、在家县级干部、当曲卡镇和县直机关负责人参加学习。

20日　当雄县纪委组织委局干部学习《关于七起发生在群众身边的不正之风和腐败问题典型案件的通报》文件精神。

21日　格达乡党委副书记、乡长前往格达村，指导开展以补脱贫人员明岗定责会议，村下沉干部及全村以补脱贫人员共计60余人参加会议。

22日　县环保局结合自身的业务特点，组织全县设立的28名建档立卡贫困户环保监督员进行岗前培训。

23日　2016年中国西藏“绝美当雄”摄影展征集活动，征集时间：7月25日——8月5日。

24日　当雄县紧紧围绕中央和区市党委相关部署要求，结合实际情况，不断创新方式方法，扎实推进“书记讲党课”活动。

25日　当雄县组织学习习近平总书记在建党95周年大会上第二次重要讲话精神。

26日　当雄县羊易地热电站项目实现并网发电，该项目总投资8.4亿元，装机总功率32兆瓦，可实施年发电1.92亿千瓦/小时，每年节约标煤6.9万吨、减少二氧化碳排放16万吨。

27日　环保局与项目所属的跟踪审计单位、设计单位、招标代理单位、监理单位、施工单位等现场签订了企业助廉守法承诺书。

28日　当雄县纪委常委、监察局副局长云丹加措主持召开专题会议，对全体党员干部学习《中国共产党条例》进行专题部署。

同日　拉萨市人大常委会副主任、总工会主席平措朗杰带领工作人员到公塘乡检查指导乡镇和村级成立工会相关工作。

29日　团县委组织返乡大学生在当曲卡镇当曲5组开展了“七彩假期、快乐童年”志愿服务活动，此次活动，主要以牧区贫困家庭子女及留守儿童假期的关爱关怀为出发点，还为学生们送去了书包、笔记本、文具盒等学习用品。

8 月

1日　中国人民解放军某部队卫生分队在格达村积极开展坐堂问诊活动，宣传医疗知识，免费发放药品，解决了格达乡因地处偏远群众看病难，医疗卫生知识匮乏的难题。

2日　市委督导组到纳木湖乡检查指导维稳值班、驻村在岗及各党支部“两学一做”学习教育等各项工作开展情况。详细查看了“两学一做”工作台账、驻村工作笔记、民情日志等相关资料，并分别询问了党支部书记和驻村队员“两学一做”学习教育、驻村工作等相关情况，对驻村工作队创新方式方法积极配合乡、村开展精准扶贫等工作给予高度肯定，同时询问了驻村工作队队员轮换、休息、日常生活的情况，要求队员们认真工作、注意身体。

3日　市委第一督导组在当雄县委常委、组织部部长徐建华的陪同下到乌玛塘乡郝如村检查指导工作，仔细查阅了郝如村“两学一做”学习教育记录及相关资料后。又分别与郝如村第一书记和郝如村驻村工作队队长进行了交谈，向他们详细了解郝如村“两学一做”学习教育开展情况及驻村工作队工作开展情况。

4日　当雄县委常务副书记王猛，县委副书记、常务副县长郭春杰一行到当曲卡镇，主要对党建工作情况、精准扶贫工作、村集体经济发展等方面进行了调研。

5日　当雄县召集全县驻村工作队队长，以“严密统筹协调、严格工作管理、严谨落实保障、严肃督查考核、严抓宣传引导”扎实推进驻村工作召开了专题会议，实现强指导、强纪律、强支持、强作风、强引领“五强”目标。

8日　羊八井镇组织机关党员干部职工召开学习当纪委转发的《关于七起发生在群众身边的不正之风和腐败典型案件的通报》（拉纪发〔2016〕58号）。

9日　当雄县环保局党支部书记组织全体党员干部开展“不忘初心跟党走、恪尽职守报党恩”讨论活动。

10日　当雄县开通微信公众平台“法制当雄”（微信号：dxxsf2560）。

11日　当雄县妇联主席拉巴琼达和县妇幼保健科医务人员巴桑拉姆到当曲村宣讲母乳喂养、妇女保健知识，镇妇联主席、驻村工作队、下沉干部、精准扶贫户育龄妇女共47人参加了会议。

12日　龙仁乡召开第五次月工作通报会。会议由乡党委书记达瓦次仁主持，乡领导班子成员、机关干部职工以及村级组织负责人、下沉干部等参加会议。

15日　当雄县启动新能源产业园区建设。

16日　当雄县第一批农机购置2015年补贴项目总投资300万元，已实施完成49.124万元，购置农业机械185台，受益户124户及一家专业合作社。

17日　当雄县分别对宁中乡、当曲卡镇、龙仁乡2015年强基惠民“短、平、快”项目进行终极验收。

18日　拉萨市卫生局选派7名专家到当雄县开展百名专家下基层服务活动，开展操作指导、专题讲座、示范教学、坐诊会诊等活动，以传、帮、带的方式培养基层人才，不断提高基层医疗单位的管理能力和服务水平，增强自我发展能力，促进当雄县医疗卫生事业的发展。

19日　乌玛塘乡组织4名村第一书记及4名村级纪检监督员召开会议并进行培训；会议由乡党委副书记拉琼主持，乡党委书记拉巴次仁、乡人大主席旦增克珠、乡纪委成员及各村纪检监督员员共13人参加会议。

20日　“当吉仁”赛马节开幕，举行了传统的服装表演、马长跑、马中跑、马短跑、走马、藏式举重、男女子拔河、锅庄舞、马术表演等10个比赛项目。举办了招商项目签约仪式、牛粪墙迷宫摄影展，新增了露天汽车影院、房车营地、帐篷体验、篝火锅庄等项目。原区人大常委会主任、区政府主席列确出席了开幕式，区市部分领导、各兄弟县（区）、那曲友邻县、区市相关部门应邀参加了赛马节。并邀请了人气歌星泽旺拉姆、本地歌手次仁桑珠与群众一起欢度赛马节。

精心编排的“千人锅庄”和训练有术的专业马术队表演震撼全场，传统的赛事活动深受牧民群众欢迎，传统与现代的有效结合吸引了众多游客。赛马节期间人流量达30.2万人次，整个活动安全、有序、喜庆、祥和。

21日　自治区环保厅厅长罗杰带队的区环境保护综合调研组到当雄县检查指导工作。

24日　据当雄县最新的数据统计，牲畜存栏557055头（只、匹），牦牛272574头、羊211048只、山羊69340只、马4093匹。仔畜出生86442头（只、匹）、成活仔畜85214头（只、匹）、成活率98.58%，成畜276667头（只、匹）、死亡率0.2%，出栏数1408头（只、匹）、牛羊肉产量128.42吨，奶产量2140吨。

25日　自治区环保厅厅长罗杰带队区环境保护综合调研组到当雄县检查指导工作。

29日　乌玛塘乡组织召开民族团结宣传员培训会；全乡干部职工及各村民族团结宣传员共30人参加会议。

30日　为深入贯彻落实当雄县“环境立县”战略，树立当雄县环保良好形象，当雄县环保局在“当吉仁”赛马节期间，开展了巩固“禁白”成果宣教活动。

31日　乌玛塘乡组织4名村第一书记及4名村级纪检监督员召开会议并进行培训。

9月

4日　当雄县水利局牵头，联合羊八井镇人民政府、拉多村村委会对2015年小型牧区水利重点县建设工程7、8组草场灌溉项目点进行了初步的完工检查。

5日　当雄县乌玛塘乡组织村党支部第一书记、书记及村级纪检监督员进行业务培训。

6日　当雄县精准扶贫“以助”组完成了全县因病返贫221人的全民体检，并对其建立一人一档，对体检的人员进行8月份门诊报销及住院情况进行调查，逐一核查家庭账户余额。

7日　当曲卡镇深入开展以“不忘初心跟党走、恪尽职守报党恩”为主题的讨论活动。

8日　当雄县召开第24次县委理论学习中心组（扩大）会议。会上，县委常务副书记樊锋旭传达学习陈全国、吴英杰在全区领导干部会议上的讲话精神；县委副书记杨作云传达学习《中共西藏自治区委员会办公厅关于认真学习贯彻吴英杰书记在区党委常委（扩大）会议上重要讲话精神的通知》；县委常委、组织部部长徐建华传达学习《中共中央关于辽宁拉票贿选案查处情况及其教训警示的通报》；县委常委、统战部部长边巴扎西传达学习《中共拉萨市委办公厅关于严明工作纪律强化责任担当全力做好当前维稳工作的通知》。

9日　电影《天缘・纳木错》在世界上海拔最高的湖泊纳木错湖举行盛大的开机仪式。

10日　当雄县召开2016年教师节表彰大会，对全县5个先进集体和62名先进个人进行了表彰。

11日　当曲卡镇拿出9758元购买了电脑及稳压器（2台），以便村级工会开展工作更加顺利。

12日　由拉萨市委副书记、组织部部长陈军带队的督导检查组到当雄县督导检查县乡换届工作。

13日　县水利局负责人及工程监理一同检查当雄县2016年精准扶贫集中安置点供水工程开工建设情况。

14日　当雄团县委以“情暖中秋关爱留守儿童”为主题，深入纳木湖乡中心小学开展了节前慰问活动，为100名留守、贫困、单亲儿童送去了中秋温暖和祝福。

15日　在羊八井军事训练基地军地联席会议，研究制定了涉军演习各项工作方案，专项研究解决军事演习相关事宜。分管县级领导亲自把关，先后多次深入格达乡调研指导、检查督办工作，详细了解掌握了群众清场转移撤离前期筹备工作进展及落实情况。

同日　格达乡组织干部职工到贫困户家庭进行了慰问活动，为这些特贫户带去了党和政府的亲切关怀与节日的温暖祝福。

16日　格达乡组织全体干部职工、卫生院、兽防所、个体商户等对格达乡街道环境卫生进行了全面清理清扫。

16—18日 县委书记张正代表中共当雄县第八届委员会向大会做报告。《报告》科学、系统、全面地总结了过去五年所取得的辉煌成就，认真分析了未来五年所面临的形势，明确提出了今后五年当雄县工作的总体思路及目标任务。《报告》描绘了在新的起点上全面建成小康社会、努力建设一个经济更加繁荣、社会更加和谐、生态更加优美、政治更加清明、人民更加幸福的新当雄宏伟蓝图，为奋力谱写中华民族中国梦当雄新篇章提供了遵循。

18日 由当雄县水利局牵头，联合工程监理方、格达乡人民政府、羊易村村委会对羊易村3组草场灌溉项目进行了完工检查。

19日 当雄县水利局对全县5处精准扶贫集中安置点供水工程进行了全面开工。

26日 区国土厅、市政府办公厅、市发改委、市国土局、市财政局领导以及当雄县发改委、国土局、财政局负责人到羊八井镇勘察地质公园实地检查项目实施情况，并召开推进会议。

27日 县委副书记樊锋旭到宁中乡检查指导精准扶贫工作开展情况。

同日 羊八井镇鲁登罗桑运输专业合作社举行向建档立卡贫困户发放分红仪式，合作社负责人向建档立卡贫困户20户以每户以3000元标准发放了现金，共发放6万元扶持资金。

28日 为进一步丰富广大党员干部群众的精神文化生活，用科学的理论武装全党，当曲卡镇严格按照县委宣传部的工作要求，及时将相关党的理论知识读本、业务工作读本、惠民政策宣传册等发放到广大机关党员干部职工、村（居）委会、驻村工作队、牧民党员和全镇联户长手中。

29日 当曲卡镇对辖区色庆旦康、曲登嘎巴进行消防安全大检查，做好火灾预防工作，确保寺庙的消防安全。

30日 县检疫站对县城范围内蔬菜店、肉食品店、酸奶店进行了全面监督检查，为群众节日餐桌保驾护航。

10月

6日 根据《自治区铁路建设运营工作领导小组会议纪要》（西藏自治人民政府办公厅）及《关于下达青藏铁路格拉段扩能改造工程征地拆迁补偿经费的通知》文件要求，当雄县羊八井镇党委高度重视，该镇于近日组织镇纪委副书记、镇财务工作人，召集铁路改扩建工程中被征地的桑巴萨8户牧民，按照文件提出的补偿标准，落实地拆迁补偿经费2488790（贰佰肆拾捌万捌仟柒佰玖拾元整），及时将补偿费拨付于桑巴萨8户牧民手中，切实做到了专款专用。

7日 纳木湖乡组织全体干部职工召开专题会议学习贯彻中国共产党当雄县第九次代表大会精神。会议由该乡组织委员白玛卓嘎主持。

8日 当曲卡镇在县中学礼堂里为500名学生宣讲了爱国主义和社会主义核心价值观相关知识，同时也为学生们送去了新华字典500本。

9日 当曲居委会驻村工作队带着“重阳节”的慰问深入8户高龄贫困老人家中为他们送去了高压锅和适合老人的棉鞋。

10日 纳木湖乡恰嘎村召开2016年度村级“先进“双联户””创建评选活动大会，村第一书记、驻村工作队、“两委”成员、各组组长、“双联户”代表共计38人参加了会议。

11日 县级扶持的12家农牧民专业合作社对所承诺的20户（每家扶贫20户）和宁中乡的3家农牧民专业合作社举行了帮扶慰问活动，为291户精准扶贫户发放了共计83.05万元的扶贫资金和12.2万元的物资。

12日 县妇联向宁中乡巴林村4组次仁发放了“蓝天春蕾女大学生”爱心助学金1400元。

13日 北京怀柔区，区委常委组织部部长姜泽延带队慰问北京援藏干部。在当雄县进行了座谈，了解了当雄县经济发展、旅游文化发展情况及援藏干部工作情况，结束后，举行了慰问捐赠仪式。

18日 当雄县水利局牵头，联合施工方、监理方对2015年小型牧区水利重点县建设工程羊八井镇拉多村草场灌溉项目点进行了完工检查。

19日　自治区卫计委医政医管处处长米玛扎西为评审组组长、区级医院专家组组成的一行12人，分别对当雄县人民医院行政、医疗、护理、医技等四个方面进行了等级评审工作。

20日　当雄县在全县范围内组织“两学一做”成效测试，全县134个党组织，县直各单位、各乡镇、公安系统、教育系统4个范围，11个考场分别进行，全县党员干部（除值班、执勤、休假、出差）共1500余人参加，据统计本次测试合格率达100%，其中优秀率92%，良好8%，全员达标，充分证明前期学习教育取得初步成效。

21日　新疆额敏县到当雄县学习考察。由额敏县委常委、统战部部长李铁钢带队，一行12人来当雄县学习考察，主要学习基层党组织建设、民族宗教管理、社会治安管理等方面的经验。

24日　下月1日起，景区门票将实行半价。纳木错景区道路随着天气变化会结冰、积雪，景区工作人员每天定时探路，积雪较多时，景区工作人员几乎全员上阵铲雪，保证雪后2小时道路畅通。

25日　当曲卡镇组织召开了2016年当雄县农牧民家庭子女在校大学生资助金发放仪式，共有大学生有114名，金额共计778560元整，现已全部发放至学生家长手上。

26日　为推进案件管理队伍规范化、专业化、职业化建设，进一步提高案件管理队伍素质能力，当雄县检察院参加高检院组织举办了第一届全国检察机关案件管理业务竞赛。

27日　为确保工作人员进入工作状态，提高工作效率，羊八井镇召开作风建设专题会议，及时强化措施，狠抓作风建设不放松。

28日　当雄县公安局组织基层各科所队各党支部书记、主要负责人及党员民警代表共30余人集中参观当雄党风廉政警示教育基地，接受廉政教育，强化从警清廉意识。

31日　由拉萨市水利局牵头、市财政局及各领导专家到当雄县，开展为期2天的当雄县2013年、2014年小型牧区水利重点县建设项目的竣工验收。

11月

1日　为确保学生的健康成长，龙仁乡中心小学遵循“健康第一、预防为主”的理念，坚持晨午检，并通过校园广播、主题班会、国旗下讲话等多措并举扎实做好流行性疾病的预防和控制工作。

2日　当雄县妇联为纳木湖乡贡嘎发放了“贫困母亲两癌救助”专项基金1万元，把党和政府的关心与温暖送到她的心坎上。2010年以来，当雄县妇联共为8名妇女“两癌”患者争取了“贫困母亲两癌救助”专项基金8万元，并已发放到患者手中。

3日　当雄县人社局联合拉萨市金盾保安公司举办当雄县保安人员综合培训工作。当雄县政府、各学校及县直各部门保安共计33人参加此次培训。

4日　当雄县财政局组织全体党员干部集中传达学习党的十八届六中全会精神，并围绕下一步学习贯彻全会精神进行研究部署，明确要求做好“四个结合”，推动各项财政工作更加有效地开展。

7日　为切实保障务工人员依法获取劳动报酬的权利，对劳务分包单位的务工人员发放约380万元工资，在该公司发放工资当天，当雄县公安局当曲镇派出所民警开展了现场监督和秩序维护工作。

8日　当雄县脱贫攻坚指挥部组织8个乡（镇）主要领导、县“六脱”小组负责人召开“双百攻坚战”工作推进会。

同日　当雄县委理论中心组召开举行党的十八届六中全会精神专题学习会，集中学习习近平总书记在党的十八届六中全会上的重要讲话以及《关于新形势下党内政治生活的若干准则》《中国共产党党内监督条例》。

9日　当雄县政协主席次仁桑布，县委常委、政法委书记、公安局局长扎西亚培和县委常委、副县长文林一行到龙仁乡检查指导脱贫工作，亲切看望贫困户。

10日　当曲卡镇为五名经济困难的高龄老人发

放了每人每月50元（每年600元）的生活补贴。

11日 当雄县召开基层党建七项重点任务专题培训会，对基层党建七项重点任务工作进行培训并就下一步开展工作进行了安排部署，全县各乡（镇）党委，县（中）直各单位党委、党总支、党支部有关负责人共计81名参与会议。

14日 水利部专家调研当雄县农村安全饮水情况。

15日 当雄县召开专招大学生座谈会，县委组织部、当曲卡镇、羊八井镇、公塘乡相负责人及11名专招大学生共计18人参加会议。

16日 自治区强基惠民第一巡回检查组组长晋美多吉一行，在当雄县县强基办陪同下到公塘乡检查指导工作。

17日 当雄县公塘乡召开集中学习会，组织党员干部学习《胡锦涛文选》，积极营造深入学习《胡锦涛文选》的浓厚氛围。

18日 当雄县公安局党委紧紧围绕精准扶贫“扛在肩上、抓在手上”为坚定信念，为2乡8个村330户1422人帮扶对象，迅速组织民警走村入户扎实开展“结对帮扶、送温暖”“进村入户、讲政策”等各项扶贫工作，确保扶贫工作落实到实处。

21日 拉萨市委巡察办副主任才华道吉、市委巡察五组组长周玉林到当雄县多吉林寺、格达乡、羊八井寺、羊八井镇召开了巡查情况反馈会。

22日 当雄县召开基层党建七项重点任务专题培训会，对基层党建七项重点任务工作进行培训并就下一步开展工作进行了安排部署，县（中）直各单位党委、党总支、党支部有关负责人共计50余人参加培训会议。

23日 当雄县举办“感党恩跟党走同心共筑中国梦”第四届少儿才艺大赛，全县9所小学130名青少年参加了此次比赛。

24日 由县委副书记王猛带队，联合县委、县政府、督查、政法等部门对各乡（镇）、单位进行了年度争先进位考核。

25日 当雄县公塘乡召开集中学习会，传达学习吴英杰在中国共产党西藏自治区第九次代表大会上的报告——《坚定不移贯彻落实习近平总书记治边稳藏重要战略思想奋力推进西藏长足发展和长治久安》；传达学习吴英杰在中国共产党西藏自治区第九次代表大会闭幕上的讲话；传达学习吴英杰主持九届自治区党委第一次常委会议精神；深入学习贯彻西藏自治区第九次党代会精神。

28日 当雄县委常委、纪委书记王俊龙到羊八井镇检查党风廉政建设工作开展情况，并召开党风廉政建设开展情况汇报会，会议由镇党委副书记、镇长兰辉主持，羊八井镇全体干部职工参会。

29日 拉萨市政府副市长、当雄县委书记张正到结对帮扶贫困户曲英家，检验脱贫成果。

30日 当雄县共在8乡镇开展文化广电下乡843次，开展文艺演出10场次，参演演员206人次，观众达20000余人次。

12月

1日 当雄县召开基层党建重点任务第三次工作推进会。

同日 当雄县疾控中心以第29个“世界艾滋病日”，组织宣传工作人员在县城人口密集地点开展了以“携手抗艾、重在预防”为主题的一系列宣传活动。

同日 当雄县深入开展“两学一做”学习教育，全面贯彻落实党的十八街六中全会精神知识竞赛总决赛。

2日 自治区环境保护考核组到当雄县开展环境保护现场复核与督导调研。

4日 “国家宪法日”。当雄县联合妇联与县委宣传部、县政法委等相关单位联合在县农业银行停车场前集中开展了进一步增强四个意识、弘扬宪法精神，不断提高当雄县妇女群众法律素质，深化“平安家庭”创建活动，促进家庭稳定，社会和谐法制宣传活动，参加宣传活动的牧民群众达200余人，其中牧民妇女群众达100余人，流动妇女人口达30余人。

5日 当雄县水利局召开干部大会传达学习中国共产党西藏自治区第九次代表大会精神，并结合水利工作实际，安排部署下一步工作计划。

7日　当雄县检察院邀请县人大代表、当雄县政协委员、县公安、县法院、县司法局、人民监督员、基层群众代表参加“加强侦查监督、维护司法公正”为主题的“检察开放日”活动。

8日　当雄县环保局在县脱贫攻坚指挥部的监督下，为从建档立卡贫困户中新增的28名环保监督人员发放了2016年下半年工资。

9日　当雄县检察院邀请县人大代表、当雄县政协委员、县公安、县法院、县司法局、人民监督员、基层群众代表参加“加强侦查监督、维护司法公正”为主题的“检察开放日”活动。

12日　当雄县公塘乡举办了2016年度共青团助力精准扶贫工作先进集体和模范带头个人表彰活动，对20名脱贫模范带头人，11名脱贫榜样青年干部，2名先进集体进行了表彰。

13日　拉萨市党的十八届六中全会和区市第九次党代会精神宣讲团走进当雄，为当雄县广大干部职工上了一堂生动精彩的报告。

14日　当雄县龙仁乡召开2016年度妇联工作表彰大会暨座谈会。

15日　为深入践行“两学一做”学习教育活动，当雄县宗教领域各部门认真总结经验，坚持问题导向，注重实效，坚持理论联系实际，学以致用，围绕中心，服务大局，按照“三必谈”要求，结合自身工作实际，深入开展“谈心谈话”活动。

16日　由拉萨市委常委、统战部部长阿努次仁带队的调研组一行到当雄县检查指导工作。

19日　当雄县委组织部把党员组织关系集中排查作为从严治党的重要任务，准确把握中央和区、市党委工作要求，立足实际，按照抓住“一个关键”（党支部书记），做到“二个结合”（与“两学一做”学习教育、软弱涣散基层党组织整顿相结合），坚持“三个基本”（以支部为基本单位、以组织生活为基本形式、以落实党员教育管理制度为基本依托）的“一二三”总体思路，科学谋划部署、强化工作措施、倒排时间进度、集中开展排查，积极推进党组织发挥战斗堡垒作用。

20日　拉萨市委副书记、常务副市长胡洪一行到当雄县调研精准扶贫工作开展情况。

21日　当雄县羊八井镇鲁登罗桑农牧民专业合作社商品混凝土搅拌站举行分红仪式。由鲁登罗桑运输专业合作社负责人向35户建档立卡贫困户及鲁登罗桑农牧民专业合作社商品混凝土搅拌站中的50户贫困户发放分红，每户以3000元标准，共发放255000元资金。

22日　当曲卡镇全镇共计156户家庭享受了家电家具补贴政策，共计274937元，其中精准扶贫建档立卡贫困户20户，补贴金额37755元。

23日　当雄县公塘乡拉根村及冲嘎村30户精准扶贫搬迁户进行了分房仪式。

26日　当雄县妇联从市妇联为全县5名精准扶贫户女大学生争取每人一次性5000元助学金的基础上，从县级妇女工作经费中支付32000元，为全县8名建档立卡的女大学生发放了每人4000元的助学金。

27日　当雄县召开以“我是青年我先行我与当雄共奋进”为主题的第五届优秀青年干部座谈会。

28日　当雄县召开乡（镇）党委书记、有关行业系统党工委书记抓基层党建工作述职评议会。

29日　当雄县召开精准扶贫精准脱贫表彰暨推进大会。张正充分肯定当雄县精准扶贫精准脱贫工作，全县上下为扎实有序推进此项工作做出的不懈努力，展现出的步调一致、奋发有为、顽强拼搏的精神面貌。以及基层党组织和党员干部在带领贫困群众脱贫致富过程中紧扣脱贫主题主线，立足实际、着眼长远，优先抓好智力帮扶、优化产业建设，引导贫困群众自主脱贫等方面做出的大量细致有效的工作。当雄县严格按照拉萨市2016年脱贫攻坚工作表彰奖励方案评选程序和评选要求，共计上报先进集体10个，先进个人19个。

30日　羊八井镇共为全镇193名草场监督员发放1043280元，其中拉多村监督员57名、共计307800元；甲玛村69名、共计372600元；桑巴萨村68名、共计361800元。

政 治

中共当雄县委员会

【概况】 中共当雄县委员会紧紧咬住“两年脱贫，三年巩固”的“一个目标”，打好基层党建和从严治党“两个基础”，大力发展现代畜牧业、精品旅游业和净土健康产业“三大产业”，倾力打造游客旅游休闲体验基地、现代畜产品生产基地、新能源发展基地、天然饮用水生产基地“四个基地”，牢牢把握政治底线、维稳底线、安全生产底线、生态保护底线、廉洁自律底线“五条底线”，全面落实市委“六大战略”。以提升经济增长力为突破口，以保稳定、促增长、惠民生作为根本出发点和落脚点，突出工作重点，强化为民举措，创新工作方式方法，狠抓具体工作落实，呈现出党建水平不断提高、社会局势持续稳定、牧业生产平稳发展、经济效益继续提高、重点项目顺利推进、各项社会事业加快发展的良好局面。

【理清发展思路】 高举中国特色社会主义伟大旗帜，以邓小平理论、“三个代表”重要思想、科学发展观为指导，深入贯彻落实党的十八大，十八届三中、四中、五中全会和中央第六次西藏工作座谈会精神，深入贯彻落实习近平总书记系列重要讲话精神、特别是“治国必治边、治边先稳藏”的重要战略思想和“加强民族团结、建设美丽西藏”的重要指示，坚持以“四个全面”战略布局为统揽，坚持党的治藏方略，坚持“依法治藏、富民兴藏、长期建藏、凝聚人心、夯实基础”的重要原则，牢固树立“和谐稳定、均衡协调、共享共建、绿色健康、创新开放”的发展理念，牢牢把握“稳中求快”的总基调，全面落实区市党委八届七次、八次全委会精神，努力建设一个经济更加繁荣、社会更加和谐、生态更加优美、政治更加清明、人民更加幸福的新当雄，确保全面建成小康社会目标顺利实现，奋力谱写中华民族中国梦当雄新篇章。

【八届六次全委会】 中共当雄县第八届委员会第六次全体会议，于2016年3月22日至23日在当雄举行。县委委员14人出席会议，县纪委委员和有关方面负责同志列席会议。

全会由县委常委会主持，当雄县委书记张正代表县委常委会向全委会做工作报告。全会充分肯定了2015年县委常委会工作，一致认为，在市委的坚强领导下，在北京市的无私援助下，县委常委会团结带领全县各族人民，深入贯彻落实中央精神和区市党委的决策部署，在思想上、政治上、行动上同以习近平为总书记的党中央保持高度一致，重点做了深入学习贯彻习近平总书记系列重要讲话精神、深入贯彻落实中央第六次西藏工作座谈会精神、切实加强党的建设、强化党风廉政建设“两个责任”、扎实开展“三严三实”和“忠诚干净担当”

专题教育、圆满完成纳木错“羊年转湖”民俗宗教活动期间服务管理工作等大事。全县呈现出经济快速增长、社会和谐稳定、民生持续改善、社会事业全面发展的良好局面。

全会提出，2016年发展的主要预期目标是：地区生产总值增长12%，财政收入增长16%，全社会固定资产投资增长20%，社会消费品零售总额增长15%，工业增加值增长18%，城镇居民人均可支配收入增长10%，农村居民人均可支配收入增长15%。

全会要求，要坚决贯彻落实中央精神和区市党委决策部署，贯彻落实好市委“六大战略”，举全县之力坚决打赢“精准扶贫”攻坚战。认真开展好“两学一做”专题教育活动，以“零容忍”“零懈怠”保证换届的风清气正，努力实现“十三五”时期社会经济发展开门红。

全会充分肯定并高度评价了“十二五”时期县委常委会的工作，审议通过了《中共当雄县委关于“十三五”时期国民经济和社会发展规划的建议》，深入分析“十三五”时期经济社会发展面临的机遇和挑战，提出了“十三五”时期的指导思想、发展定位、目标任务和工作重点，描绘了“十三五”规划蓝图，吹响了全面建成小康社会的号角。

全会号召，全县各级党组织和广大党员干部要抢抓机遇、奋发有为，改革创新、扎实工作，以昂扬向上的斗志、久久为功的恒心、改革创新的精神，深入贯彻实施市委“六大战略”，扎实推进精准扶贫各项工作，为率先在全区全面建成小康社会而努力奋斗。

【社会局势持续稳定】 2016年，当雄县坚持以“三无”“三不出”为目标，以深入开展反自焚、防自焚、防暴恐专项斗争为核心，坚持细化维稳部署、强化工作措施、严格工作纪律，深入持久地开展各项维稳工作，坚决确保了春节、藏历新年、3月敏感期、G20峰会等重要时段、敏感节点的平安和谐，确保了“萨嘎达瓦”“雪顿节”“藏博会”“当吉仁”赛马节等系列活动的安全有序，进一步巩固和发展了全县科学发展、和谐稳定的好局面。2016年，共开展护路联防反恐怖、反破坏应急演练2次；开展消防应急演练6次、道路水源和重点单位“六熟悉”28次。共受理群众来访29批67人次，已成功协调化解24件、引导走司法途径2件、其余3件已转办相关责任单位；协调解决资金64.6万；启用特殊疑难信访问题专项资金2.17万元化解1起久拖未决疑难信访问题。各护城河检查站共检查车辆2694583辆次，人员1880937人次，物品1490831件次，收缴零散油品4857升、伪造身份证47张，查处冒他人身份证546起，劝返“三无”“证件不齐”人员1268人，查获管制刀具506把、查获各类易燃易爆物品317余件、查获实弹7发、查获淫秽光碟40张、查获香蕉水酒精40升、查获固体酒精39个。共出动车辆2.3万台次，投入人力24.68万人次，排查安全隐患94起，修复损坏护栏82处，排查沿线徒步朝佛人员15150人次，劝离闲杂人员1960人次，劝离铁路沿线擅停车辆1430台，制止牲畜上道480起，确保了青藏铁路当雄段的安全畅通。开展“法律七进”宣传教育活动19场次，提供法律咨询79人次，发放宣传资料9000余份；县检察院开展法律宣传6次、发放宣传资料1500份、发放联系卡520份；法院开展法律七进活动18次、开展法制副校长进课堂2次，发放宣传材料1690余份。投入资金1662.2万元，巩固寺庙“六建”“六个一”“9+5”活动，实施寺庙人居环境整治、僧舍修建改造工程，寺庙公共服务水平不断提高。全县219名在编僧尼全部享受养老保险、医疗保险、最低生活保障和免费健康体检。隆重开展和谐模范寺庙暨爱国守法先进僧尼表彰评选活动10次，通过实施一系列利寺惠僧举措，全县广大僧尼的“四个意识”切实得到增强。

【“两学一做”学习教育】 2016年，全县拟脱贫人口达1811户7716人（“六脱”措施带动为：以业脱贫2096人，以迁脱贫3536人，以补脱贫3532人，以教脱贫1850人，以保脱贫442人，以助脱贫221人），占脱贫总数的99%（仅剩纳木湖乡24户93人未达到3345元脱贫线）。制定完善当雄县“十三五”时期脱贫攻坚规划、当雄县“十三五”时期产业扶贫发展、生态补偿、转移就业、易地搬迁、政策兜底六项规划。县本级财政累计投入扶贫资金8810万元（县本级配套3600万元，四季牧歌1750万元，村集体经济560万元，有“身份证”的牦牛肉2900万元）。

当雄县把党的思想建设放在首位，以尊崇党章、遵守党规为基本要求，以用习近平总书记系列重要讲话精神武装全党为根本任务，教育引导党员自觉按照党员标准规范言行，制定了《当雄县2016年度党员干部“两学一做”学习教育计划》。各级党组织建立每月党员统一活动日、每周集中学习日，结合“三会一课”“固定组织生活日”等党内活动充分学习党章党规及习总书记系列重要讲话，并按照相关要求及时上报学习情况，避免学习走形式、走过场，有效提升了学习教育的针对性和实效性。截至年底，全县开展“两学一做”学习教育座谈会1场；专题研讨会12场；召开协调会1场；县委理论中心组召开“两学一做”专题学习教育28次；各级党组织以学习交流会、专题学习会、研讨会等多种形式开展学习教育55202人次，94874.5学时，撰写心得体会4000余篇；8月10日在全县132个基层党组织4678名党员干部中开展了“两学一做”学习教育学习笔记心得展活动，参与率达到100%，共展出学习笔记160余本，学习心得180余篇；为测试全县“两学一做”学习教育效果，当雄县建立了“两学一做”学习教育成效测试机制，并制定《当雄县“两学一做”学习教育成效测试机制实施方案》，10月20日组织全县132个党组织1500余名党员干部进行了学习教育成效测试，合格率达100%，其中优秀率92%，良好8%，全员达标；11月16日晚县“两学一做”学习教育协调组办公室联合县团县委举办了“不忘初心跟党走凝心聚力再出发”演讲比赛，全县干部职工、学生代表共计200余人观看此次比赛，15名优秀党员干部结合各自工作、生活讲述了争做合格党员，开展精准扶贫工作，以及在学习贯彻党的十八届六中全会精神中的所思所感。比赛评出一等奖1名，二等奖2名，三等奖3名，优胜奖5名，并为获奖选手们颁发了荣誉证书和奖金，进一步增强了党员干部“学”的自觉性、“做”的实效性。

【建立联动工作机制】 年内，全县拟脱贫人口达1811户7716人（“六脱”措施带动为：以业脱贫2096人，以迁脱贫3536人，以补脱贫3532人，以教脱贫1850人，以保脱贫442人，以助脱贫221人），占脱贫总数的99%（仅剩纳木湖乡24户93人未达到3345元脱贫线）。制定完善当雄县“十三五”时期脱贫攻坚规划、当雄县“十三五”时期产业扶贫发展、生态补偿、转移就业、易地搬迁、政策兜底六项规划。县本级财政累计投入扶贫资金8810万元（县本级配套3600万元，四季牧歌1750万元，村集体经济560万元，有“身份证”的牦牛肉2900万元）。

继续深入开展干部下沉工作，在村（居）“两委”工作体制机制不变的基础上，成立了党群综合办公室、经济发展和社会保障办公室、维护稳定和社会综合治理办公室，把下沉干部分别安排到村（居）担任党支部第一书记、村（居）民服务中心主任、党建廉政专干、村集体经济发展专干、民生保障专干、治安专干（民警）和政法专干等职务。并明确由“第一书记”领导全村工作，按照帮助不代替的原则，与现有村（居）“两委”班子成员一对一、一帮一共同开展村级组织建设工作，构建起现有村（居）“两委”班子成员与下沉干部齐心协力、齐抓共管的工作格局，推进当雄县基层服务型党组织建设。截至年底，全县8个乡（镇）下沉到村（居）的干部共165名（直接任命145名，选举产生20名），平均每个村5至6名干部，其中，公务员119名（公安民警28名），事业编制人员32名，工人14名；本科及以上学历84名，大专55名，高中13名，初中及以下13名；男113名，女52名；藏族126名，汉族37名，其他民族2名。

【加强监督管理】 当雄县各乡镇结合村（居）

实际，成立村民监督委员会，从牧民群众选取委员会成员，制定村务监督委员会各项工作制度，进一步规范村级财务监督、村务公开监督、村级事务决策监督、工作职责等工作流程。同时，依托双联户工作，加强村务监督力度，对涉及村级管理的重要行政事务、村集体经济活动及其他涉及村民利益的重要事项等行使监督职责，构建起村“两委”班子、下沉干部、监督委员会、“双联户”代表、群众代表联合监督的体系。截至年底，当雄县28个村（居）均成立了村务监督委员会，共计106人，其中主任28人，委员78人。

【建立党建工作指导考核机制】 实行县委常委会成员联系督导乡（镇）党建，形成县委书记带头抓、分管副书记和组织部长全力抓、常委配合抓、组工干部具体抓的良好局面。制定《当雄县2016年度软弱涣散基层党组织整改方案》，集中整顿软弱涣散基层党组织，采取“一个支部一个方案、一个问题一个对策”的方式，紧紧围绕“先查明症结、再对症下药”的思路，按照“纵向到底，横向到边，不留死角”的原则，采取抓制度建设、抓教育培训、抓考察培养“三抓”措施，定时定责定任务开展集中整顿，使软弱涣散基层党组织在健全制度、规范组织生活会、执行民主集中制等有了明显改进。截至年底，全县13个软弱涣散党组织全部晋位升级，进一步提升了基层基层党组织建设水平。

【扶贫开发工作】 自精准扶贫、精准脱贫工作开展以来，当雄县委、县政府高度重视，严格按照中央、区、市部署开展工作，牢固树立“聚力精准扶贫，建设小康当雄”的奋斗目标，紧紧围绕“扶持谁、谁来扶、怎么扶”的问题，以“说办就办、马上就办、办就办好”的工作作风推动各项工作加快落实，脱贫攻坚工作取得显著成效。当雄县牧业户籍人口共9394户46871人，确定建档立卡贫困户1835户7809人，分为三类人：一般贫困户1147户4959人，低保贫困户678户2839人，五保户10户11人，其中重点贫困乡（镇）2个，重点贫困村17个。

截至年底，全县拟脱贫人口达1811户7716人（“六脱”措施带动为：以业脱贫2096人，以迁脱贫3536人，以补脱贫3532人，以教脱贫1850人，以保脱贫442人，以助脱贫221人），占脱贫总数的99%（仅剩纳木湖乡24户93人未达到3345元脱贫线）。制定完善当雄县“十三五”时期脱贫攻坚规划、当雄县“十三五”时期产业扶贫发展、生态补偿、转移就业、易地搬迁、政策兜底六项规划。县本级财政累计投入扶贫资金8810万元（县本级配套3600万元，四季牧歌1750万元，村集体经济560万元，有“身份证”的牦牛肉2900万元）。

【落实党风廉政建设主体责任】 坚持“党委统一领导、党政齐抓共管、纪委组织协调、部门各负其责、依靠群众参与”的反腐倡廉领导体制和工作机制，坚持标本兼治、综合治理、惩防并举、注重预防的方针，全面推进惩治和预防腐败体系建设。2016年，县委先后3次听取了纪委的工作汇报，召开1次专题会议，对党风廉政建设和反腐败工作进行研究部署，解决反腐倡廉工作中遇到的困难和问题。县委理论中心组安排党风廉政建设和反腐败工作内容学习20余次，集体分析、讨论党风廉政建设工作，把反腐倡廉工作纳入经济社会发展和党的建设总体布局，将其摆在重要突出位置，有力地推动了全县反腐倡廉工作深入开展。

【全面深化改革】 年内，成立全面深化改革领导小组，成立7个专项改革小组，成立深化农村改革领导小组，设立县改革办公室，按照市委决策部署，立足县域实际，全面推进深化改革各项工作。以全面提高行政机关效能为目标，深入推进行政体制改革。加强服务型政府建设，建立“窗口围着群众转、单位围着窗口转”的“一站式服务”机制。深化农村改革工作，加强了对宅基地确权登记颁证和草场流转的宣传，完成了当曲卡镇当曲居委会宅基地确权登记颁证试点工作，和龙仁乡郭庆村草场流转试点工作，为下一步全面深化农村改革工作奠定了坚实基础。

【县乡领导班子换届】 县乡领导班子换届工作是全县2016年政治生活中的一件大事，做好换届工作、选好干部、配强班子是2016年党建工作的一件大事，当雄县以绘出一个“好蓝图”、选出一批“好干部”、配出一个“好班子”、换出一片“好风气”为目标，扎实开展当雄县县乡领导班子换届工作。

【全面做好换届各项准备工作】 年内，为确保换届工作依法有序开展，县委先后多次召开常委会专题研究和部署换届工作，及时成立了以县委书记为组长的县乡领导班子换届工作领导小组及其办公室，结合这次换届工作时间紧、任务重的实际，研究制定了切合县情实际又符合上级要求的《当雄县换届选举实施方案》《选区划分及代表名额的分配方案》等文件，对换届选举的时间、方法、步骤和标准做了详细、具体的规定，促进了全县换届工作的顺利进行。

【改进考察方式、提前谋划】 在这次县乡领导班子换届工作中，当雄县严格按照换届工作“四必谈、四个凡提必、五个责任主体、九严禁、十不准”等要求，抓住关键点，吃透各项政策，把选优配强领导班子作为换届工作的重中之重，坚持党管干部的原则，严格按照《党政领导干部选拔任用条例》规定，以“好干部”标准和“忠诚干净担当”为标尺，扎实做好动议、民主推荐、考察、讨论决定、任职等干部选拔任用各个环节工作，切实做到不唯票、不唯分、不唯年龄、不唯GDP选人用人，切实做到把政治上靠得住、廉政上过得硬、群众信得过、工作上有本事的干部选拔上来，树立了有为才有位的正确选人用人导向，进一步确保了换届人事安排到位。

【确保代表委员选举工作依法依规】 在代表、委员推荐提名工作中，当雄县坚持县委主导，注重将革命群众、爱国统战人士、“三老人员”及其后代推荐提名为代表、委员人选，同时，严格落实代表、委员“十严防”要求，坚持“三上三下”对推荐人选进行审核把关，对初始提名人选、候选人初步人选、正式候选人进行三轮公示。成立由纪检、组织、统战、公安、国保、信访、综治等部门组成的换届代表资格审查小组，认真做好资格审查工作，确保依法合规。

【严肃换届纪律、强化宣传】 年内，为严肃换届纪律，确保乡镇领导班子换届工作顺利有序进行，当雄县通过宣传宣教、警示教育、强化督导等方式，严明换届纪律要求，进一步确保了换届工作的风清气正。截至年底，全县未发生一起换届风气举报，做到了零违纪、零上访、零投诉。2016年，结合县乡换届工作，当雄县新提拔使用干部49名，进一步使用15名，平职调整20名，将10名长期在乡镇基层工作的乡镇领导班子调整到县直部门工作，从县直部门下派干部13名，乡镇之间交流干部17名，提拔使用“三类人员”9名。

【开展摸底排查】 由县委组织部牵头，对全县131个基层党组织进行全面排查，摸清底数、查明情况，建立没有按时换届的基层党组织台账，明确换届时限和责任人，切实抓好未按期换届整改工作，针对基层机关党组织未按期换届情况，采取以会代训的方式，召集全县基层党组织党建负责人，召开基层党组织换届专题培训会，指导全县基层党组织按期换届工作，确保全县基层党组织换届工作有序推进。

【巡视工作】 认真抓好巡视反馈意见的整改落实。县委逐项对照巡视反馈意见，着力抓好自治区巡视二组反馈问题的整改落实，根据区党委巡视办《关于对巡视反馈意见整改和问题线索办理情况开展督促检查的通知》精神，积极开展了巡视“回头看”工作，并于5月5日召开了巡视“回头看”工作专题会议，及时研究部署自查工作。对区党委巡视二组重点指出当雄县在严明党的纪律、党风廉政建设和反腐败工作、落实中央八项规定、区党委“约法十章”“九项要求”和作风建设方面以及干部选拔任用工作等方面存在的11个问题再次开展了自查自纠，建立完善相关制度37项，制定整改措施52项，反馈的意见已全部整改完毕，整改完成率100%。

【党管武装】 年内，严格按照“注重学习提能力、加强领导重责任、突出班子强队伍、重视双拥促和谐、投入资金解难事”的总体要求，认真贯彻落实上级关于加强国防后备力量建设及双拥工作的一系列指示精神，紧紧抓住全面深化改革有利契机，创新发展理念，突出工作重点，加强统筹协调，把握关键环节，建立“主官抓总、常委分工”的责任机制，努力形成抓战备工作的合力，为当雄县国防后备力量的建设和经济社会的发展提供了有力保障。

【群团组织】 充分发挥工会组织联系职工群众的桥梁纽带作用，进一步密切党和政府与职工群众的血肉联系，5月23日，在县委统一组织和安排下，会同县医院、文化局、县妇联、文明办等单位到乌玛乡郭尼村开展文化“三下乡”活动，发放《工会法》《职工代表大会条例》《劳动法》《法律援助条例学习材料》等藏汉两种法律法规宣传材料200余份，参加活动的群众达1000余人。在广大青年干部中全面贯彻落实党的十八届六中全会精神，组织开展“两学一做”专题学习、“不忘初心跟党走凝心聚力再出发”演讲比赛、知识竞赛等活动，切实把全县团员青年思想统一到党的十八届六中全会精神上来，把力量凝聚到谱写小康幸福当雄新篇章上来，激励和引导团员青年为全面建成小康社会而不懈努力奋斗。为进一步深化妇女法制宣传和维权服务，深化“建设法治中国·巾帼在行动”以“三八”妇女节、“六一”儿童节、社会管理综合治理宣传周和法制宣传日为契机，通过采取发放宣传资料、现场解答等形式，着重宣传了《妇女权益保障法》《未成年人保护法》《婚姻法》和等各类法律法规，等相关宣传资料2500余份，受益干部群众达1700余人次，其中，妇女群众950余人次，进一步营造了全社会关爱妇女儿童的良好氛围。

（熊　强）

【领导名录】

拉萨市政府副市长、当雄县委书记
张　正
人大常委会主任
康加贵（藏族）
县委副书记、县长
其美次仁（藏族）
县委常务副书记、政协主席
周雅林（2月免）
县委副书记　樊锋旭（6月任）
县委常务副书记
王　民（北京援藏，8月免）
王　猛（北京援藏，8月任）
县委副书记、常务副县长
沈海明（北京援藏，8月免）
郭春杰（北京援藏，8月任）
县委副书记　杨作云（6月任）
政协主席　次仁桑布（藏族，9月任）

当雄县人民代表大会常务委员会

【概况】 2016年，当雄县人大常委会深入贯彻落实中共十八大、十八届三中、四中、五中、六中全会和中央第六次西藏工作座谈会精神，深入学习习近平总书记系列重要讲话精神和治国理政新理念新思想新战略，贯彻落实区市县党委第九次党代会精神，紧紧围绕县委中心工作和重大决策部署，用依法行使职权、积极开展工作的实际行动践行对以习近平同志为核心的党中央的坚决拥护和绝对忠诚。2016年，共召开9次常委会会议和10次主任会议，听取工作报告4个、专项报告3个，对2部法律法规实施情况开展执法检查，参与自治区和拉萨市人大组织的各类执法检查、调研6次，作出决议决定10项，较好地完成了县十二届人大一次会议确定的各项目标任务。

【始终坚持党的领导】 常委会充分发挥党组领导核心作用，认真贯彻落实中央决策和上级人大工作会议精神，紧紧围绕县委决策和全县工作大局，确定工作思路和工作重点。确保了人民通过人民代表大会行使国家权利，党的主张经过人大法定程序转化为国家意志和人民意愿，党组织推荐的人选经过法定程序成为国家政权机关工作人员。

【坚决服从服务于县委中心工作】 年内，常委会始终做到与县委思想同心、目标同向、行动同步，坚持向县委请示、汇报制度，年初将人大全年工作计划报县委审定。凡审议重大问题，做出决议、决定，组织开展执法检查等，都事先向县委请示报告，对依法行使职权中遇到的重大问题，积极向县委提出建议。在工作上，常委会主动服从、服务县委中心工作，积极参与、支持全县的重大项目建设及重要活动，发挥了较好的示范带头作用。

【依法任免国家机关工作人员】 年内，常委会共任免国家机关工作人员38人次，依照宪法规定，共举行2次宪法宣誓活动。在依法行使人事任免权过程中，常委会认真履行法律赋予的职权，充分发扬民主，严格依法办事，坚持党管干部原则，严格依照法律程序办理，增强了国家机关工作人员的宪法意识和公仆意识。

【经济工作监督】 常委会围绕当雄县经济社会发展目标，先后于3月份和7月份召开2次专题会议，听取当雄县人民政府2015年全年和2016年上半年经济运行情况和社会发展计划执行情况的汇报；2015年财政决算情况和2016年上半年财政预算收支执行情况的汇报。对计划、财政工作所取得的成绩常委会给予了充分肯定，并提出进一步加强计划、财政工作，加快经济结构调整，提高财政资金使用绩效等意见，促进了当雄县经济持续健康有序发展。

【法律法规监督】 常委会突出对依法治县、依法行政、依法管理等重大问题的监督。7月，常委会依法组织26名区市县三级人大代表对县相关部门贯彻执行《中华人民共和国环境保护法》和《中华人民共和国执业医师法》2部法律法规进行执法检查，针对在执法检查中发现的法律法规执行不严、执法误区和法律实施中的一系列相关问题，提出了加大宣传力度、完善监管体系、推进设施建设、提高业务部门自身执法素质能力建设等意见建议，要求相关执法部门认真整改落实，并在规定时间内就整改落实情况向常委会进行书面反馈。同时，积极配合市人大常委会安全生产执法检查组在县域开展工作，进一步推动法律法规在当雄县的正确贯彻实施。

【民生工作监督】 根据县人大常委会2016年度工作计划安排，11月，县人大常委会组织由区市县三级人大代表和县直相关部门负责人组成的人大代表视察团，对当雄县精准扶贫工作开展情况和重点项目建设情况进行考察。考察团先后到宁中乡扶贫搬迁点，宁中乡唐拉糌粑加工专业合作社，县城垃圾填埋场和当曲河流域治理等进行实地调研，视察团对易地搬迁安置点未能如期完工的情况积极联系各方找准问题所在，督促有关部门尽快研究提出具体改进措施。对扶持专业合作社建设，专合组织资金使用，要求有关部门拿出具体扶持政策，对未能投入使用的垃圾填埋场提出尽快整改并投入使用，对尚未开工的当曲河小流域治理项目要求有关部门尽快完成项目前置手续，尽快开工建设，造福当地人民。通过组织人大代表开展视察活动，有力地推动了当雄县项目建设进度，有效提升了代表履职能力。

【司法监督】 围绕审判检察工作，3月和7月人大常委会先后2次听取县人民法院和县人民检察院工作开展情况汇报，积极协调有关部门解决法院和检察院在行使职权中遇到的困难和问题。12月，人大常委会积极组织部分人大代表深入县法院，参观法院诉讼服务中心建设，观摩典型案件的庭审，并对法院建设和公正司法提出了批评意见和建议。通过听取汇报和现场监督，人大常委会为推动司法规范化建设，推进司法公正，阳光执法、廉洁司法，发挥法律赋予的监督职责，为当雄县经济社会发展和长治久安提供强有力的司法保障。

【拓宽代表依法履职平台】 在县委的高度重视和县政府的大力支持下，县人大常委会及各乡镇于6月累计投入资金18.6万元，按照有牌子、有房子、有专人、有经费、有设备、有制度的“六有”要求，共建成“人大代表之家”9个，当雄县400多名各级人大代表以代表小组为基本单位，依托“人大代表之家”开展各项活动。县乡“人大代表之家”的建成，搭起了代表之间交流履职经验的平台，为代表更好地履职创造了条件。

【代表培训】 年内，常委会举办代表培训班4期，培训代表90人次，同时，积极参加区、市人大机关组织的培训。常委会坚持为各级人大代表订阅《中国人大》并寄送人大常委会简报等学习资料，平时，注重扩大代表对常委会工作的参与，邀请人大代表列席常委会会议，为代表知情知政议政和审议议案报告创造条件。通过广泛的培训学习，代表们不仅开阔了眼界，更提升了依法履职水平。

【提高意见建议办理质量】 县十一届人大五次会议期间共收到意见建议41件；县十二届人大一次会议期间共收到意见建议32件。为使代表提出的批评、意见和建议尽快落到实处，常委会进一步完善了《督促办理代表建议实施细则》，分别召开2次专题会议听取县政府关于办理代表批评、意见和建议情况的报告，对于当前能够办理的要求及时办理并答复代表，对于条件不成熟或超出能力范围短时间内无法办理的向代表作出说明，取得代表的谅解。这些意见建议均在规定的期限内得到办理，代表对意见建议办理过程和办理结果的满意率均有所上升。

【严格换届选举】 换届选举中，常委会坚持做到每一个步骤、每一项程序、每一道环节都充分发扬民主，严格依法办事。在选民登记核对阶段，采取各种措施，确保每一个具有选举权的人都能依法行使选举权利；在提名推荐和协商确定候选人阶段，广泛发动选民提名推荐，并注意根据较多数选民的意见确定正式候选人；在投票选举前，注意加大宣传介绍候选人的力度；在投票选举时，严格按照法律规定组织选民进行投票选举；在召开县十二届人大一次会议时，除认真组织代表审议会议的各项议程，还注意依法做好国家机关领导人员的选举工作。县新一届人大会按照法定程序以无记名投票方式选举产生当雄县人大常委会主任1名、副主任4名、县人大常委会委员21名、县人民政府县长1名、副县长10名、县人民法院院长1名、县人民检察院检察长1名和出席拉萨市第十一届人民代表大会代表28名。同时，指导各乡镇圆满完成乡镇人大换届选举工作，全县各乡镇依法选举产生人大主席8名、副主席8名、乡镇长8名、副乡镇长22名。在换届选举中，充分发扬民主，严格依法办事，使换届选举既有坚实的群众基础，又能沿着法治的轨道有序进行，整个换届选举做到了零举报、零违纪、零上访，确保了换届选举的风清气正。

【“两学一做”学习教育】 年内，常委会高度重视“两学一做”学习教育，提前谋划，积极行动、稳步推进。认真组织机关干部职工学习《党章》《中国共产党廉洁自律准则》《中国共产党纪律处分条例》等党内法规，学习人大业务知识，学习各种法律、法规，不断提高人大机关干部职工的思想政治素质和业务水平；抓住“做”这个关键。努力引导干部职工做讲政治、有信念，讲规矩、有纪律，讲道德、有品行，讲奉献、有作为的合格党员，切实推动人大机关党员干部作风不断好转。

【抓组织建设】 抓党建促脱贫，认真开展强基惠民精准扶贫工作。常委会将党建工作同脱贫工作有效衔接，班子成员积极投身到精准扶贫工作之中，同15户贫困户结成帮扶对子，定期走访慰问。积极向帮扶对象宣传党和政府的政策，了解其家庭生活状况，帮助协调解决就业、就医和子女就学等方面的困难。对有就业能力、就业意向的，帮助其转变就业观念，做好服务工作，一方面积极提供就业信息，另一方面多渠道帮助寻找就业门路，使其感受到党和政府的关怀和温暖；完善落实规章制度。3月，召开常委会修改《当雄县人大常委会党组理论中心组学习制度》《当雄县人大常委会党组重大问题向县委请示汇报制度》等4项制度。完善《当雄县人大常委会专题会议制度与流程》等3项制度，使各项工作有章可循，有据可依。

【抓作风建设】 坚持走群众路线，做到以人为本。把实现好、维护好、发展好广大人民群众的根本利益作为人大工作的出发点。充分发挥人大常委会紧密联系人民群众的优势。经常深入县直部门、乡（镇）、村委会、企业、学校、医疗机构、服务对象和基层群众开展调查研究。年内，共召开各种座谈会36次，走访干部、群众1000余人次，查阅各类账、卡、薄、册762份；坚持反腐倡廉长抓不懈，拒腐防变警钟长鸣。年初制定《当雄县人大落实党风廉政建设主体责任方案》《当雄县人大2016年党风廉政建设及反腐败工作计划》，明确规定班子主要负责人是第一责任人。严格落实领导干部个人重大事项报告制度，制定党组主要负责人约谈计划，开展谈话提醒，始终把人大及其常委会的工作置于人民群众的监督之下，树立了为民、务实、清廉的良好形象。

（韦祥余）

【领导名录】

党组书记、主任
　　康加贵（藏族）
副主任　张道顺
　　拉巴旦增（藏族）
　　仁　青（藏族）
　　朗　嘎（藏族）

当雄县人民政府

【概况】 2016年，全县上下深入贯彻落实中共十八大、十八届三中四中五中全会和中央第六次西藏工作座谈会精神，牢牢把握“稳中求进”的总基调，始终坚守“三条底线”，深入实施“六大战略”，求实创新，奋力攻坚，经济社会发展好于往年、快于同期、高于预期，保持了好的趋势、好的态势。

【经济发展】 2016年，实现地区生产总值15.56亿元，公共财政预算收入完成2.5亿元，固定资产投资完成29.51亿元，工业增加值完成3.17亿元，社会消费品零售总额完成1.67亿元，农牧民人均可支配收入达到12626元。分别比“十二五”末增长1.2倍、4.65倍、1.18倍、1.35倍、1.12倍、1.1倍，城镇登记失业率控制在2%以内。

【牧业基础设施建设】 2016年，投资2164.5万元，新建3个乡（镇）兽防所、3个兽用加工坊、3个防抗灾物资储备库和龙仁乡曲登羊阁村牦牛养殖小区项目，实施人工种草8000亩，畜牧业综合生产能力持续增强，基础地位更加稳固。

【净土健康产业】 投入注册资金8000万元成立当雄县净土健康产业投资开发有限公司，全面介入畜牧业、旅游业、水资源和新能源的开发，加快优质稀缺资源国有化进程。投入资金2107万元，新建净土农畜产品农贸交易市场和温室大棚5座，实施人工种草1.2万亩，引进种公牛172头，不断夯实畜牧业发展基础。诚信推出有“身份证”的牦牛肉，着力解决市场供需矛盾、回应群众期盼、壮大净土产业、促进草畜平衡，共销售牦牛2749头、78万斤，实现收入2507万元。水资源和新能源产业快速发展，引进6个光伏、地热以及水产业支撑项目，天然饮用水区域品牌逐步建立，新能源产业发展势头强劲。

【旅游产业】 2016年，投资64万元，选送14名群众前往西北民族大学进行为期半年的导游培训，邀请旅游卫视拍摄“当雄旅游”宣传片。投入185万元，完成“互联网+纳木错”智慧景区建设，旅游综合服务能力不断提升，龙头地位更加凸显。全年共接待游客64万人次，增长20.4%；实现旅游收入6750万元，增长15.6%；旅游业带动相关产业实现收入2.6亿元，增长8.3%。

【项目建设】 2016年，全县开复工项目104个，总投资9.37亿元。其中，新建项目99个，完成实际投资9.32亿元，复工项目5个，实际完成投资492万元，建设任务和投资计划如期完成。

【招商引资】 2016年，招商引资合同引进项目22个，协议资金286.77亿元，实际到位资金16.25亿元，增长15%。

【工业经济】 5100矿泉水荣获世界“最佳矿泉水”奖，西藏华钰矿业有限公司拉乌分公司井下“六大”安全生产避险系统和新建尾矿库投入运营，工业经济实力大幅提升。2016年，全县工业企业实现销售产值7.075亿元，完成工业投入12.37亿元，分别比“十二五”末增长1.38倍、4.67倍。

【城乡发展】 统筹推进城乡协调发展，总投资1.41亿元，实施2014年148套公租房、48套县直周转房和100户棚户区改造工程。在扎西岛新建1750平方米安检房及7座公厕，实施396套周转房、100套公租房建设和偏远乡（镇）285户危房改造工程等，人居环境更加优美，综合服务功能更加完善等。

【环境保护】 2016年，不断加强生态环境建设，投资323.87万元，实施109国道县城段、政府大院和旅游沿线绿化、美化、亮化工程。投资1398.57万元，实施纳木湖乡清洁能源推广试点工程及道路景观生态修复工程，稳步推进自治区级生态乡（镇）创建工作，城乡环境质量持续好转。

【援藏工作】 2016年，落实援藏资金567万元，实施郭尼村五组桥梁和羊八井镇至当曲卡镇沿线4座桥梁建设，不断改善群众出行环境。

【教育事业】 2016年，投资5344.78万元，实施县中学、县中心幼儿园改扩建项目，新建县完小、纳木湖乡小学澡堂以及村级幼儿园4所。投资581.8万元，对全县1010名大学生进行资助。全县小学适龄儿童入学率、巩固率分别达到99.68%、99.16%；初中入学率、巩固率分别达到98.7%、98.53%；教育“三包”经费和营养改善落实率达到100%。

【医疗卫生】 2016年，全县大病统筹住院2579人次，报销金额2158.74万元。全民免费健康体检率达99.62%，婴幼儿死亡率控制在12.4‰以内，国家免费孕前优生健康检查率达100%。

【文化事业】 2016年，投资46万元，对广播电视转播台的天馈系统及UPS电源系统进行整体改造，全县广播电视综合覆盖率分别达到98.5%和99.4%。投资10万元，从内地购置一台1KW电视发射机。县民间艺术团荣获拉萨市文艺调演比赛活动歌舞类二等奖。

【农饮工程】 2016年，投入资金1770.03万元，新建大口井162处、管引19处、机井19处，完成江热寺、色德寺等21座寺庙的供水工程，基本实现了全县安全饮用水的全覆盖。

【扶贫开发】 争取国家扶贫和农业综合开发资金3625万元，实施扶贫（农发）项目14个，受益群众569户2577人。抽调340名干部，开展“进万家门、知万户情”——当雄县精准扶贫摸底调查工作，走访群众9840户，征求各村民小组意见建议221条，为推进全县扶贫攻坚行动奠定了坚实的基础。

【社保体系】 2016年，为3.67万人次发放养老保险金629.5万元，为5496人发放低保资金996.2万元，全县76名五保老人正式入住三县社会福利

院，意愿集中供养率达到100%

【“四业工程”】 2016年，整合投入“四业工程”培训资金371.6万元，完成职业技能培训2768人，开发就业岗位570个，实现农牧区劳动力转移就业2.8万人次，实现劳动力转移收入0.63亿元。

【民族团结】 2016年，全县共表彰和谐模范寺庙4座及231名爱国守法先进僧尼，推选市级和谐模范寺庙2座、先进寺管会2个、优秀驻寺干部（干警）6名及爱国守法先进僧尼148名。2016年，无一起民族纠纷和破坏民族团结的事件发生，营造了共同团结奋斗、共同繁荣发展的浓厚氛围。

【维稳工作】 投入资金3000余万元，有序推进“羊年转湖”民俗宗教活动服务保障工作。2016年转湖、转岛人员共计60.35万人，各保障单位开展武装巡逻349次、综合执法249次、消防安全隐患大排查161次、食品卫生安全大检查55次、排查化解矛盾纠纷13起，实现了“零人员伤亡、零案（事）件、零暴恐事件、零负面印象”的目标；建立健全“1+X”维稳工作体系，积极整合拉萨市网络数据中心资源，完善全县综治信息平台建设，全面推进法治当雄、平安当雄、和谐当雄建设进程，确保了西藏和平解放60周年、自治区成立50周年大庆期间社会和谐稳定。投资282.67万元，落实全县792名护路队员的出勤补贴，全年共出动护路联防队员24.63万人次，巡线里程达18.6万公里，确保了青藏铁路当雄段的安全畅通。

【信访工作】 2016年，共受理群众来信来电来访32批106人次，办结率达100%。启用信访疑难专项资金15万元，成功化解1件久拖未决的矛盾纠纷，确保了旧案不积累、新案不搁置。

【国防建设】 投入资金200万元，补偿格达乡部分群众的草场损失，并做好群众思想工作，军演期间未发生一起军地纠纷，为建设国家安全屏障贡献了力量。

【安全生产】 2016年，全县共开展安全大检查86次，下发责令整改通知书42份，发现安全隐患228处，整改率达100%。工矿、商贸领域继续保持“无事故、零死亡”的良性发展态势。

【民生实事】 2016年，投资4781.51万元，保障28个村（居）委会启动实施增收项目、解决全县28个村级组织工作经费以及兑现全县792名护路队员出勤补贴等，全力办好12件民生实事，群众满意度不断提高。

【工作作风】 始终坚持案件查办工作不放松，旗帜鲜明地支持县纪委（监察局）查办违纪违法案件，始终保持惩治腐败的高压态势。全年共开展监督检查22次，着力解决违反中央“八项规定”和区党委“约法十章”“九项要求”及市委“八项要求”等方面的突出问题，查处公车私用1起，给予党纪处分1人，切实维护了党纪政纪的权威性和严肃性。工程领域的项目全部由基建领导小组评审，200万元以下的工程全部交由当地牧民施工队抽签实施，200万元以上的工程采取公开招投标，并做到资金投放到哪里，监督就落实到哪里，审计就跟进到哪里。同时，大力查处领导机关和重要岗位领导干部违反《基本建设项目管理暂行规定》插手干预工程建设，在项目实施、土地出让、资源开发中吃回扣、受贿赂的案件，行业不正之风得到有效控制。

【廉政建设】 年内，以开展“三严三实”和“忠诚干净担当”专题教育为牵引，深入落实中央八项规定和区党委“约法十章”“九项要求”及市委“八项要求”，坚决纠正和整治“四风”，狠抓作风建设，营造了风清气正、勤政廉政的干事创业氛围。通过开展民主生活会查摆问题整改落实情况，查找出了在“三严三实”“忠诚干净担当”和“马上就办”等方面存在的突出问题共143条，积极开展批评与自我批评，对苗头性、倾向性问题，做到“拉袖子、早提醒”，并制定了整改措施，逐一抓好落实。从严控制“三公”

经费指出，认真执行公务接待标准，无违规多占住房和办公用房、购置使用超标车辆、持有私人会所会员卡等。2016年，“三公”经费支出同比下降5.1%；县直各单位公务接待一律按标准在县政府机关食堂接待，全县公务接待费用同比下降7.14%。清理收缴部分单位超编公务车15辆，调剂使用2辆，公开拍卖8辆，报废5辆。元旦、春节、“五一”、中秋、国庆等节日风清气正，逐步成为党员干部的习惯，形成了新的节庆文明习俗。

【政务公开】 年内，扎实推进制度建设，不断完善政务服务体系，坚持以习近平总书记系列重要讲话精神为指导，以群众的满意程度为检验工作的主要指标，以全面提高机关管理和服务水平为宗旨，以公正、便民和廉政、勤政为基本要求，以监督制约行政权力的行使为着力点，认真抓好政务公开，保障公众对政府工作的知情权、参与权与监督权，进一步促进机关工作的公开、公正、规范和高效运行，提高机关为民执政、科学理政、依法行政、从严执政的水平，增强机关政务工作的透明度，密切党群干群关系，推动全县经济社会健康快速发展。

（顾　晨）

【领导名录】

县委副书记、县长

其美次仁（藏族）

县委副书记、常务副县长

沈海明（北京援藏，7月免）

郭春杰（北京援藏，7月任）

县委常委、副县长

文　林（内蒙古援藏，7月任）

游关涛（湖北援藏，7月任）

副县长 王晓宾（北京援藏，7月免）

柳福平（7月免）

旺堆罗布（藏族）

次仁桑布（藏族，7月免）

杨忠泽（7月免）

格桑加措（藏族，7月免）

张　洁（北京援藏，7月任）

多吉平措（藏族）

骆　宁

普布扎西（藏族，7月任）

郑　莉（女，7月任）

胡小平（7月任）

中国人民政治协商会议当雄县委员会

【概况】 2016年，当雄县政协常委会团结带领广大政协委员深入贯彻落实中共十八大、十八届三中、四中、五中、六中全会和习近平总书记系列重要讲话精神，全面贯彻落实区、市县第九次党代会精神，高举爱国主义、社会主义伟大旗帜，牢牢把握团结和民主两大主题，紧扣全县工作大局，认真履行政治协商、民主监督、参政议政职能，充分发挥协调关系、汇聚力量、建言献策、服务大局的作用，凝心聚力、同心同德，为建设团结美丽健康幸福新当雄做出了积极贡献。

【坚持党的领导】 毫不动摇坚持党对人民政协的领导，是做好政协工作的根本保证。常委会始终自觉把政协工作置于党的坚强领导之下，贯穿于政协工作全过程，主动与县委保持高度一致，引导委员牢固树立“四个意识”，特别是核心意识和看齐意识，在思想上拥戴核心，在政治上信赖核心，在组织上忠诚核心，在行动上捍卫核心，始终不渝地坚持以习近平总书记为核心的党中央保持高度一致，坚决拥护执行区、市县党委决策部署。在履职过程中，凡是主要工作和重大事项主动向县委请示汇报，重要活动邀请县委领导参加，切实把县委的要求贯彻落实到工作中去，不断筑牢共同思想政治基础。全面贯彻落实区、市县第九次党代会精神，以深入开展“两学一做”学习教育为契机，努力把县委的决策部署转化为政协履职的共识，转化为助推“六大战略”深入实施的具体成果，转化为全面建成小康社会的生动实践。

【依法依章依规圆满完成换届】 2016年是县政协

换届之年，在县委坚强领导下，县政协严格按照政协章程和区、市县党委要求，精心部署，周密组织，严肃纪律，依法依章依规圆满完成换届工作。按照“懂政协、会协商、善议政”的要求，对新一届政协委员人选进行严格把关，经过民主酝酿、充分协商产生73名（确定名额为75名，预留2名）政治立场坚定、人民群众公认、热心政协事业、行业代表性强的新一届政协委员。2016年9月21日至24日召开政协第二届当雄县委员会第一次会议，选举产生主席1名、副主席3名（党外1名）、办公室主任1名和政协常委10名。

【围绕中心服务大局】 年内，常委会始终紧扣全县中心工作，发挥政协统战性、民主性、协商性、广泛性的作用，开展协商议政、调研视察，积极建言献策，为县委、县政府决策提供有力支持。

【利用各类会议协商议政】 年内，通过政协全委会、小组会议、提案等形式，就当雄县全面深化改革的重点任务、保障和改善民生、生态文明建设、促进社会稳定等重大事项协商议政，提出有针对性和可操作性意见建议20条。就群众关心、党政部门重视、政协有条件做的课题，组织委员围绕精准扶贫、精准脱贫工作，深入一线调研，广泛协商建言。同时，组织广大政协委员列席县委、县政府有关部门会议12次，参与讨论经济发展、民生改善、司法建设等事关全局的重大问题，拓宽了协商的层次性，促进了党政决策民主化、科学化。

【提案工作注重实效】 县政协常委会始终把提案工作作为政协委员履行职能的一项全局性工作来抓，重点从抓好提案质量、办理实效、优化服务等方面作为出发点和落脚点，形成了“政府部门主办、政协主席领办、委员调研促办、督查室联动督办”的整体联动机制。二届一次会议以来，共提出提案47件（会议期间收到45件，闭会期间收到2件），经审查立案46件，立案率97.87%。经二届一次主席会确定重点提案4件。及时召开提案交办会，按照归口管理、分级负责的原则，将46件提案，分别交给22个相关部门和单位归口承办。截至年底，提案答复率达100%，委员对提案办理情况满意或基本满意率达95%，受政策、财力等客观因素限制，暂不能解决的有5件，占总承办数的10.87%，已圆满解决或列入部门工作计划逐步解决的有41件，占总承办数的89.13%。

【民主监督广泛深入】 年内，紧扣全县中心工作和民生实事开展民主监督，9月26日，县政协主席会议研究确定县二届政协民主监督员16名，特邀信息员11名，并对今后的民主监督工作作了具体安排部署。截至年底，民主监督和社情民意工作正有序开展。

【调研视察聚焦发展】 年内，以民生改善为履职出发点，组织界别委员围绕精准扶贫精准脱贫小康安居工程、纳木错景区保护开发、纳木湖乡减畜工作、净土健康产业等课题，深入实地调研，走访了解，通过协商讨论，提出具体意见10余条。

【坚持民主团结主题】 年内，县政协常委会始终牢记使命，勇于担当，积极促进团结，坚决维护稳定，为当雄县社会稳定和长治久安做出积极的贡献。深入贯彻落实区、市县党委关于维护稳定的重大决策部署，认真做好一线维稳带班值班工作和社会面巡查工作。在敏感时期，县政协党组成员，工作重心前移，进驻联系乡（镇），深入村（居）和寺庙60余天，召开专题座谈会9次，解决实际困难15件，分管副主席与僧尼交心谈心50余人次（含社会持证僧尼），指导服务宗教活动等维稳安保工作6次，有力助推了当雄县社会局势持续稳定、长期稳定、全面稳定，彰显了县政协维护社会稳定的责任担当。

【自身建设】 年内，县政协党组充分发挥在政协工作中的领导核心作用，从推动政协工作的要求出发，总览全局、协调各方，为做好新形势下政协工作提供了坚强保障。

【服务和管理委员】 年内，为充分发挥委员主体作用，提升委员履职能力和水平，县政协组织委员参加各类会议、视察、集中培训，拓宽了委员视野，提升了委员素质，委员履职能力明显提升。全年共组织委员调研视察5次，集中培训1次，积极探索委员服务与管理、激励与约束并重的工作机制，通过印发《委员履职考核办法（试行）》，从制度上明确了委员职责，从机制上激励委员履职，从纪律上规范了委员行为。

【政协机关建设】 年内，研究制定《当雄县政协机关理论学习制度》《当雄县政协机关党内生活制度》《当雄县政协机关考勤管理办法》等规章制度，努力打造务实高效、团结协作、风清气正的和谐机关。激励机关干部勤于学习、善于创新，大力弘扬敢于负责、勇于担当、求真务实的精神，切实提高政协机关工作的创新能力、执行效力和服务保障能力。

【党风廉政建设】 年内，认真落实党风廉政建设主体责任，制定《政协当雄县委员会党风廉政建设主体责任和廉政风险防控机制建设的实施方案》等制度，明确党风廉政建设主体责任、第一责任和分管领导“一岗双责”，做到党风廉政建设与政协工作同部署、同落实、同检查。严格执行领导干部报告个人有关事项、述职述廉、约谈等规定和要求。

【加大对外交流与合作】 2016年，接待全国政协侨联界、民族和宗教界、内蒙古政协、自治区政协等区内外政协学习考察团15批次，200余人次，举办座谈交流会10余次。积极参加区市政协有关会议。通过交流学习，开阔了视野，增长了见识，进一步提高了服务水平和履职能力。

【服从服务于中心工作】 2016年，县政协党组，聚焦全面建成小康社会重大任务，紧紧围绕全县精准扶贫、精准脱贫工作，积极响应县委号召，为脱贫攻坚积极贡献智慧和力量。

年内，县政协党组成员，主动参与精准扶贫、精准脱贫工作，根据各自所担负的任务，找准工作定位，创新工作思路，勇于担当，做到政协工作和精准扶贫、精准脱贫工作“同研究、同部署、同落实”，实现政协和分管工作“两手抓、两促进、两不误”。全年共看望慰问困难群众30余次，召开脱贫座谈会10次，为其解决实际困难10余件。党外副主席也积极响应，主动参与，联合康玛寺寺管会将价值50余万元的56头牦牛，捐赠给县域内五户无牲畜的贫困家庭。县政协达到了人人参与、人人关心、人人关注精准扶贫、精准脱贫工作的良好格局。

（胡石磊）

【领导名录】

主　席　次仁桑玻（藏族，9月任）
副主席　边巴扎西（藏族，9月免）
　　　　洛桑塔克（藏族）
　　　　李　　军（9月任）
　　　　巴　　桑（藏族，9月任）

中共当雄县纪律检查委员会（监察局）

【概况】 2016年，当雄县纪委严格按照党要管党、从严治党的要求，周密部署、认真履职，始终把加强党风廉洁建设和反腐败工作作为重大政治任务，切实担负起党风廉洁建设党委主体责任和纪委监督责任，有效推动了当雄县党风廉洁建设和反腐败工作的持续深入开展。

【推进反腐倡廉有序开展】 县委高度重视党风廉洁建设责任制的落实。及时调整县委落实党风廉洁建设责任制领导小组，由县委书记张正担任组长，亲自组织、协调、指导、监督党风廉洁建设工作，检查考核全县各级领导班子和领导干部执行党风廉洁建设责任制情况；坚决把贯彻执行中央和区市党委关于党风廉洁建设和反腐败工作的一系列方针政策和重大决策，纳入经济社会发展和党的建设总体布局，将其摆到更加突出的位置，同经济建设、政治建设、文化建设、社会建设、生态文明建设同研究、同部署、同落实、同检查、同考核。2016年县委常委会共召开13次专题会，对党风廉洁建设和反腐败工作进行研究部署，研究解决反腐倡廉工作中遇到的困难和问题。积极解决县纪委人力物力等方面的困难，大力支持县纪委履行职责，有力推动了全县落实党风廉洁建设责任制工作的深入开展。

【强化选人用人】 年内，县委严格按照《党政领导干部选拔任用工作条例》，坚持标准，严格程序，切实把好廉政、动议、推荐、考察、决定、任职“六关”，加强对干部选拔任用工作的监督，实行干部“带病提拔”责任倒查制，坚决遏制不正之风，积极营造风清气正的选人用人氛围，真正使一批想干事、能干事、干成事的优秀干部走上领导岗位。扎实开展县乡两级换届选举工作，选齐配强了乡（镇）班子，经市委批准，选举产生新一届县级“两代表一委员”414名。切实加强干部驻村工作，先后选派165名乡（镇）干部下沉村（居），持续推进村级组织“七有”规范化建设。着力推进党建工作，设立党建工作联系点37个，指导开展党建工作350余次，督查党建责任制落实情况10余次。

【牢固树立党的纪律意识和组织观念】 县委以开展“两学一做”学习教育为契机，全面强化党员干部政治意识、大局意识、核心意识、看齐意识，严守党的政治纪律和政治规矩，切实做到在思想政治上立场坚定，在重大问题上旗帜鲜明，在关键时候经得起考验，始终与以习近平同志为核心的党中央保持高度一致。严格落实区市党委维稳工作决策部署，确保社会局势持续和谐稳定，切实维护政治纪律的权威性和严肃性。组织在家的县级领导干部、县直各单位负责人观看大型反腐专题片《永远在路上》8场次，观看人数达400余人次，要求参会单位组织本单位干部职工认真观看并撰写观后感。

【反对和纠正“四风”】 健全作风建设长效机制。县委始终将加强作风建设作为深化党风廉洁建设的重要抓手，特别是中央八项规定、自治区“约法十章”“九项要求”和市委“八项要求”出台以来，从改进调查研究、严禁公车私用、严控“三公”经费、严肃工作纪律、严禁大操大办借机敛财等群众反映强烈的突出问题入手，认真落实作风建设新要求，进一步规范干部从政行为，并要求县纪委认真开展监督检查工作，确保作风建设取得实效；切实维护群众利益。认真部署扶贫领域专项检查工作，切实保障扶贫专项资金项目规范使用，研究通过《当雄县关于开展扶贫资金项目专项检查方案》，并及时听取专项检查进展情况、存在问题及下步计划，共听取6次专项检查情况汇报。

【惩治腐败】 年内，为进一步加强对反腐败工作的组织领导，县委及时调整充实了县委反腐败工作协调小组，由县委常委、纪委书记担任组长，组织协调党员干部重大腐败案件及涉及面广、影响较大、群众反映强烈的腐败案件的查处，协调解决执纪执法机关协同查办案件工作中的重大问题，督促检查工作落实情况及领导干部廉洁自律规定执行情况；县委、县纪委积极践行监督执纪“四种形态”，既强调立案审查严重违纪涉嫌违法的极少数，又强调用纪律和规矩管住大多数，及时教育、挽救游走在违纪边缘的少数，确保纪律审查工作稳步推进。

【教育管理】 年内，以开展“两学一做”学习教育为契机，以书记讲党课，学党章党规、学系列讲话为重点，以“请进来”“走出去”教育培训为依托，组织县委理论中心组学习34次，开展各类宣讲活动110余场次，发放宣传学习手册1万余份，举办培训50余期，累计教育培训干部职工1万余人次。通过学习培训，教育引导党员干部自觉按照党员标准规范言行，进一步坚定理想信念，提高党性党悟，增强政治意识、大局意识、核心意识、看齐意识，坚定正确政治方向；县委始终将加强廉洁警示教育作为提高党员干部拒腐防变能力基础性工作。不断强化全县广大党员干部的思想教育，消除腐败根源。通过新媒体宣传、发送廉政短信、观看廉政警示教育片、上廉政党课、参观市县廉政教育基地、发放廉政书刊、通报典型案例、建立廉政文化走廊等多种形式，加强党员干部作风建设、廉洁从政的学习宣传和警示教育，不断筑牢党员干部廉洁从政的思想防线。对新提拔任用、进一步使用、平调、兼任、聘任的131名干部进行了任前集体谈话。同时，九届县委委员21人、候补委员5人参观了当雄县党风廉洁建设和预防职务犯罪警示教育基地，切实提高拒腐防变能力。

【巡查工作】 认真抓好巡视反馈意见的整改落实。县委逐项对照自治区巡视组巡视反馈意见，着力抓好反馈问题的整改落实，根据区党委巡视办《关于对巡视反馈意见整改和问题线索办理情况开展督促检查的通知》精神，积极开展巡视“回头看”工作，并于5月5日召开巡视“回头看”工作专题会议，及时研究部署自查工作。对区党委巡视二组重点指出当雄县在严明党的纪律、党风廉洁建设和反腐败工作、落实中央八项规定、区党委“约法十章”“九项要求”和作风建设方面以及干部选拔任用工作等方面存在的11个问题再次开展了自查自纠，建立完善相关制度37项，制定整改措施52项，反馈的意见已全部整改完毕，整改完成率100%。11月19日，市委巡察五组向当雄县被巡察单位（羊八井镇、格达乡、羊井寺、多吉林寺）反馈了巡察工作情况，县委依据反馈问题，制定整改方案，对整改工作提出了明确要求，并规定了整改时限。在下步工作中，县委将积极督促被巡察单位进行整改。

【强化支持保障】 县委严格按照中央和区市党委关于深化党的纪律检查体制改革要求，认真深化党的纪律检查体制改革。加强纪委班子建设。按照区市《关于加强和改进基层纪检机关建设的意见》要求，结合县纪委换届工作，不断加强县纪委全委会的建设，选举产生新一届纪委委员11名；注重队伍业务素质培养。立足工作实际，不断提升纪检监察干部的业务素质，加强《准则》《条例》等党内法规的学习，着力打造一支适应新常态的纪检监察干部队伍。加大纪检干部培训，县委先后选派13名干部到市纪委学习，其中6名以案代训、7名跟班学习，参加区市纪委各类培训45人次；不断充实干部队伍。在原有的11名纪检监察干部的基础上，再从各乡（镇）、县直部门抽调11人加强纪委工作，充实了县纪委力量。同时，进一步规范了纪委内设机构，设立了综合办公室、党风政风监督室、纪检监察室、纪检干部监督室、信访室（审理室、案管室）5个科室，进一步明确了工作职责；加大资金支持力度。年初，为纪委解决了132760元的办公办案设备经费。同时，明确每年为纪委解决10万元办案专项经费；按照拉萨市委办公厅关于《拉萨市村（居）纪检监督员管理办法（试行）》（拉委厅发〔2016〕30号）的通知要求，进一步选齐配强了28个行政村（居）纪检监督员，探索建立了当雄县村（居）纪检监督员管理办法，将党风廉政建设和反腐败工作延伸至村（居）一线。

【制度建设】 根据《当雄县贯彻落实〈西藏自治区建立健全惩治和预防腐败体系2013—2017年工作规划实施办法〉分工方案》（当委发〔2014〕70号），成立由县委常务副书记为组长的专项检查组，对各单位贯彻落实惩治和预防体系工作规划、各项任务及措施进行了专项检查，确保各项任务和措施落到实处；坚持问题导向，切实将权力关进制度的笼子，不断推进反腐倡廉工作制度化和规范化，着力实现用制度管人、管权、管事。坚持贯彻党风廉洁建设责任制，落实“一岗双责”机制，强化“两个责任”落实，建立健全党风廉洁责任考核机制。拓展监督渠道，充分利用廉政信箱、举报电话、短信、邮箱等监督平台，及时受理各类举报。围绕拒腐防变、权力监控、纠风治乱、治腐惩戒等方面，制定完善制度30余项，进一步规范了议事程序，进一步严明工作纪律，着力用制度规范从政行为，让权力在阳光下运行；将建制度、立规矩作为强化对权力运行制约的重要举措。研究通过《中共当雄县委书记、副书记、纪委书记对下级党委（党组）书记进行约谈的方案》，对8个乡（镇）、32家县直部门主要负责人进行了约谈，共谈出存在问题96条。

【强化检查考核】 县委始终把党风廉洁建设责任制检查考核作为落实党风廉洁建设责任制的重要举措和县委落实主体责任的重要载体。成立由县委书记，县委副书记、县长分别为组长，县委副书记为副组长的2016年度党风廉洁建设责任制检查工作领导小组，并于11月28日至12月1日分别深入当雄县48家县（中）直单位和8个乡（镇），通过听取汇报、个别谈话、查阅资料、民主测评等方式，对全县各级党委（党组）履行党风廉洁建设主体责任和乡（镇）纪委履行监督责任情况进行了检查考核。对检查考核中发现的责任不明确、措施不具体、推动不力等9个问题，提出整改意见限期整改，确保党风廉洁建设责任制落到实处。

【强化执行报告】 根据《拉萨市县（区）委、市直单位党组（党委）落实党风廉政建设主体责任定期报告办法》，及时向市委、市纪委上报县委落实党风廉洁建设主体责任情况。同时，认真查找存在的问题，并制定切实可行的工作计划；制定并下发了《中共当雄县委员会关于当雄县开展部分乡（镇）和县直单位党委（党组）书记向县纪委全会述责述廉及接受评议质询试点工作的通知》，要求各乡（镇）、县直各部门就落实党风廉洁建设责任制情况每年进行一次述责述廉，报告履行领导责任、强化组织推动、协调解决问题、督办案件处理、加强教育监管、带头廉洁自律等情况。班子成员通过加强对分管单位党风廉洁建设工作的指导，听取分管单位党风廉洁建设责任制汇报2次，向县委常委会汇报分管单位党风廉洁建设2次。

【加强组织协调】 通过提请召开13次县委常委会研究党风廉洁建设和反腐败工作，提高县委主责意识，切实推动党风廉洁建设和反腐败工作与县委中心工作同部署、同检查、同落实；积极发挥反腐败工作领导小组职责，纪委牵头协调，部门各负其责，整合监督力量，形成监督合力。2016年，共召开反腐败协调小组专题会议2次，协调解决问题和困难7个，并及时向市纪委和县委就基层如何开展反腐败工作提出具体意见建议。

【纪律监督】 狠抓责任落实。为推动区市县党委各项决策部署落实到位，年初，县纪委进一步修订完善《当雄县纪委约谈制度》，制定约谈方案，对县委书记、副书记、纪委书记谈出的96条问题实行挂账管理，坚持整改1条销号1条，并跟踪监督整改落实，现已全部整改完毕；狠抓换届风气督导。按照换届工作要求，及时在全县组织学习中央关于湖南衡阳破坏选举案和四川南充拉票贿选案的通报精神，观看《镜鉴》警示教育片，成立了8个换届风气巡回督查组，采取明察暗访、蹲点督导、查阅资料、调查民意等方式，对乡（镇）换届工作程序和纪律风气进行专项督导。同时，切实把好党员领导干部“党风廉洁意见回复”关，对8个乡（镇）696名“两代表”进行了廉政审核，并出具了廉政鉴定意见；对414名县级“两代表一委员”形成书面把关意见，并上报市纪委。换届期间，县纪委未收到关于反映换届纪律的举报。

【作风监督】 坚持把落实中央八项规定精神和区党委“约法十章”“九项要求”及市委“八项要求”作为作风建设的基础性、经常性工作，通过在县委理论中心组上通报相关典型案件，在“三大节日”等重要节点向全县各级部门下发廉洁过节通知，在“幸福当雄”微信公众号上解读区市第九次党代会精神等方式，及时提醒各级党组织切实履行主体责任，教育引导广大党员干部严格执行中央八项规定精神和自治区“十个严禁”等作风建设要求。2016年，共开展监督检查40余次，发布各类通知15份。

【严肃查办案件】 坚持把学好用好贯彻落实好《中国共产党廉洁自律准则》《中国共产党纪律处分条例》《中国共产党问责条例》《关于新形势下党内政治生活的若干准则》《中国共产党党内监督条例》等党内法规作为监督执纪问责的有力抓手，督促党员干部严格遵守党的“六大纪律”。

【强化廉洁教育】 充分利用当雄县党风廉洁建设和预防职务犯罪警示教育基地，积极组织县委委员、纪委委员、党员干部、牧民党员等共计150余人次接受警示教育，明示党纪国法，敲响清廉警钟。组织党员干部职工观看警示教育片11场次，受教育人数达700余人。通过发放廉洁书刊、通报典型案例、建立廉洁文化走廊等形式，加强廉洁宣传，不断筑牢党员干部廉洁从政思想防线。年初以来，编印《党风廉政建设党委主体责任和纪委监督责任清单》120余册，发放廉洁教育书刊1000余册。

【发挥专责作用】 县纪委加大对各乡（镇）、县直各部门贯彻落实党的理论和路线方针政策及区市县党委各项决策部署的监督检查力度，确保全县党员干部把党的政治纪律和政治规矩放在首位，切实树立“四个意识”；制定《当雄县关于开展扶贫资金项目专项检查方案》，积极开展农村专业合作社的扶贫资金专项检查，着力查处发生在群众身边的腐败问题，确保当雄县扶贫专项资金使用规范化、制度化。截至年底，发现的6个问题线索已了结5件，正在核实1件。

【落实监督机制】 落实纪委对同级党委决策监督机制，推行与同级党委领导班子成员廉洁提醒谈话制度，对新提拔任用、进一步使用、平调、兼任、聘任的131名干部出具了廉政鉴定意见，并进行了任前廉洁谈话；积极监督“三重一大”决策的实施，及时向县委报告各单位执行“三重一大”决策情况，并定期不定期的在一定范围内公开通报，确保县委“三重一大”决策落到实处。2016年，共开展监督检查40余次。

【严格实行问责】 年内，根据《中国共产党问责条例》要求，县纪委进一步完善“一案双查”制度，对党组织和党的领导干部不履行或不正确履行职责，违反《条例》规定的“六种”情形进行严肃问责。2016年，县纪委对2起公车私用问题责任单位负责人进行了通报批评。

【推进惩防体系建设】 经县委九届二次常委会研究决定，由县委常务副书记带队，对全县各级各部门贯彻落实工作规划、任务分解及推进措施进行了专项检查，发现问题13个，并对存在的问题责令予以整改，确保惩防体系建设有序推进。

（洛次成）

【领导名录】

书　　记　胡思义（6月免）
　　　　　王俊龙（6月任）
副书记、监察局局长
　　　　　张国喜
监察局副局长
　　　　　云丹加措（藏族，7月免）
副 书 记　云丹加措（藏族，8月任）
纪委常委　黄兴勇（8月任）
　　　　　贡觉次仁（藏族，8月任）

当雄县综合督查室

【概况】 2016年，当雄县综合督查室严格按照县委、县政府的决策部署有效落实，以全县经济工作会议为中心，按照“为民、务实、清廉”的总要求。综合督查室对各乡（镇）、县（中）直单位各项工作贯彻落实情况，采取进村入户、走访调查、实地了解、反馈情况等方式进行了认真督查，尤其是县长办公会、专题会议等议题落实情况进行了跟踪督查。共深入乡（镇）督促检查100余次，深入县直各项目单位及施工地30余次，上报各类督查专报43期、简报12期，下发督办通知3

期、督查通报6期。

【市委督查室下发督查、督办事项落实】 2016年，根据市委督查室下发的督办通知及文件要求，综合督查室逐一进行督查落实，向市委督查室上报督查专报6期。当雄县《关于精准扶贫异地搬迁安置工作专题会议落实情况》、当雄县《关于学习贯彻落实全市安全生产工作情况汇报》《当雄县纳木湖乡达布村、色德村与周边乡镇边界草场纠纷的情况说明》、当雄县《关于纳木错沿线环境卫生整治及悬挂国旗情况的汇报》等。

【市政府督查室下发督查、督办事项落实】 2016年，按照市政府督查室下发的督办通知及文件要求，综合督查室逐一进行督办落实，向市委督查室上报督查专报14期。《关于进一步做好今冬明春森林防火工作的情况汇报》、当雄县《关于进一步加强和转变市政府督促检查工作作风的落实情况》、当雄县《关于拉萨市民主生活会查摆问题整改情况》、每月报送当雄县《关于农牧民工工资支付保障工作的落实情况》、当雄县贯彻落实《关于严禁在项目审验中发放和收受红包的通知》的情况汇报、当雄县《关于纳木错自然保护区临时住房拆除后的建筑垃圾及生活垃圾未清理整改情况的汇报》、每月上报当雄县《关于全区重点项目督查整改工作落实情况的汇报》、当雄县《关于加快推进迎藏博会环境综合整治工作落实情况的汇报》、当雄县《关于学习贯彻落实洛桑江村主席重要批示精神的情况汇报》、当雄县《关于市委、市政府重大决策部署落实督查情况的汇报》、当雄县《关于加快推进纳木错景区保护开发全力打造旅游特色小镇工作开展情况的报告》等。

【重点工作、重点项目督查情况】 当雄县综合督查室联合县直有关部门对全县各项工作开展情况进行了督查检查。联合县扶贫办对各乡（镇）精准扶贫工作完成情况进行了督查，及时将检查情况呈送主要领导；联合党群办对各乡（镇）、县直各单位民主生活会召开情况进行了督查；每季度与县环保局联合督查旅游沿线、各乡（镇）街道、县城街道、纳木湖景区等环境卫生整治情况；每季度经济运行情况进行了督查；综合督查室联合县发改委对机关院内三栋旧办公楼维修工作进展情况进行了督查；全年的县长办公会、专题会议议定事项落实情况进行督查等。

【政协提案、人大建议案】 2016年，当雄县共收到人大代表建议、意见86件，其中：会上提出了41个建议，会后提出了45个建议（不作为人大正式建议案处理）。政协委员提案18件。综合督查室坚持以科学发展观为指导，自觉把办理好代表建议的答复工作作为一项严肃的政治任务，列入督办事项，要求分级负责，上下联动，形成“主要领导负责、分管领导亲自抓、各承办单位分头抓、专门人员具体办”的工作格局。及时下发了督办通知及办理要求。截至年底，已办结的建议、提案共62件，未办结（计划未来三年内办结）的建议、提案共31件，无法办理的建议、提案共11件。做到能够解决的及时给予解决，暂时不能解决的给予详细答复。

【干部职工在岗在位督查情况】 年内，按照县委、县政府的工作要求，综合督查室对各乡（镇）、县直各单位、驻村工作队、乡（镇）卫生院、寺管会等干部职工在岗在位情况进行了50余次不定期的督查，对检查中发现的问题，及时提出整改建议，对未履行请销假手续的，根据《当雄县干部职工管理规定》在全县范围内进行通报处理。

（土旦欧珠）

【领导名录】

主任 张国喜

中共当雄县委办公室

【概况】 高举中国特色社会主义伟大旗帜，以党的十八大和十八届三中、四中、五中、六中全会精神，邓小平理论和“三个代表”重要思想为指导，深入贯彻落实科学发展观，贯彻落实习近平总书记系列重要讲话精神，特别是“治国必治边、治边先稳藏”的重要战略思想和“努力实现西藏持续稳定、长期稳定、全面稳定”的重要指示，紧紧围绕“四个全面”战略布局，牢牢把握“稳中求进、好中求快”的总基调，坚持解放思想，与时俱进，求真务实，开拓创新，积极发挥参谋助手、综合协调和保障服务作用，较好地完成了各项目标任务，为县委各项工作的开展，为全县经济社会又好又快发展做出了应有的贡献。

【支部建设】 年内，围绕“两学一做”抓党建、带队伍、促工作的目标，按照县委、县政府的决策及工作部署，组织全系统党员干部开展深入学习“两学一做”主题学教活动，通过广泛动员及组织理论学习，着力提高干部素质。按照县委提出的“创建学习型机关”的要求，组织全办干部、职工加强学习党的十八大及十八届三中、四中、五中、六中全会精神和习近平总书记系列讲话精神；进一步提高党员干部的政治觉悟及理论修养，凝聚人心、提升能力，争做合格党员干部。同时加强建设党员发展教育工作，构筑坚强“堡垒”，为实现当雄县城建工作又快又好发展提供智力支持及组织保障；狠抓作风建设。按照“政治敏锐、工作主动、组织纪律、共事相容和务实创新”的工作要求，进一步提高办事效率，树立办公室新形象。同时，在办公室营造一种“求真务实、风清气正、奋发有为、团结和谐”的良好氛围；加强组织建设。扎实开展好“两学一做”教育活动，不断巩固学习实践活动成果，完善科学发展观长效机制，切实加强县委办公室机关建设、党支部建设和党员干部队伍建设。

【办文情况】 年内，坚持把参谋服务摆在突出位置，重点在文稿起草、调查研究、内刊信息、督查督办、对外宣传上下功夫，不断提高为领导决策服务的能力和水平。深入研究当雄县在发展稳定工作中的重点难点问题和干部群众关注的热点焦点问题，想大事、谋全局、献良策，努力提高高水平高质量的决策建议，切实当好县委的“智囊团”“思想库”和“参谋部”。提升“三服务”工作水平。充分激发每个“细胞”活力，使办公室每位同志做到静有其位、动有其规，各司其职、分合有度，分则独当一面、合则同心同向，形成一部反应灵敏、运转迅速、功能强劲的机器；沟通协调。主动加强与县直各部门之间的沟通，积极做好党委办公室与人大、政府、政协办公室之间的联系，充分发挥重大活动和重大事项的统筹协调，及时通报情况，及时传达上级决策，明确各方职责，推进了党委工作顺利开展；提高执行力。遇事不退，办事不滞，善于细化分解任务、督深督细督实，确保各项工作落到实处；提高公信力。遇事不惑，办事不私，耐得住寂寞、守得住清贫，顶得住压力、扛得住打击，抵得住诱惑、经得住考验。把方方面面的思想统一起来，把上下左右的力量凝聚起来，形成工作合力，保证了党委各项工作的正常、高效运转。

【办会情况】 年内，办公室工作人员能够细心、细致的做好会场布置工作，努力在会前布置、会中协调、会后落实方面下功夫，做到会前布置科学周密、会中服务细致到位，会后落实有力得当。高效率办事。办公室人员严格按照程序办事、制度办事，做到大事精办、急事快办、要事稳办、特事特办、熟事生办，凡事都细办的工作要求。

【信息工作】 为确保将当雄县有价值的信息第一时间报送至市委办公厅，根据县委领导的指示精神，对信息报送工作进行细安排、严部署。年内，继续大力要求信息质量与报送速度的问题，明确各乡（镇）、各部门信息员职责，对重特大信息进行反复强调，逢节假日、敏感时期按照24小时报送制度开展信息报送工作，确保信息报送畅通无阻。截至年底，共采编各乡镇及县直各部门信息千余条，向市委办公厅综合信息科报送1140条（篇），编写农工简报65期，保密简报12期，档案信息21期，采用率在全市处于中等水平。

【保密工作】 年内，在县委、县政府的高度重视和大力支持下，不断加强组织领导，深化保密教育，规范保密秩序，改善保密环境，保密委员会严格按照保密工作具体要求，为进一步落实上级精神，首先成立了由县委副书记为组长、副县长为副组长、县委办主任为办公室主任，各部门负责人为成员的安全保密检查领导小组。2016年，将安全保密工作列入重要的议事日程，确立“安全保密工作无小事”的思想理念，把“明确责任、落实制度、强管理、保住安全秘密”作为安全保密工作的总体思路，从组织建设入手，将安全保密工作摆在了突出位置。并强调各部门，尤其是档案部门要认真组织员工深入学习文件精神，组织安排好宣传、落实及评分工作。要求由县委办公室牵头，各涉密科室分别按照上级精神认真开展安全保密工作。及时成立保密委员会，制定贯彻实施方案，确保保密工作落到实处。落实责任制和责任追究制，书记对全县的保密工作负总责，确定一名县委副书记主抓全县保密工作，各部门负责人对本单位的保密工作负主要责任，并逐一签订保密工作责任书。

【农村工作】 根据《西藏自治区人民政府办公厅关于开展农村集体土地所有权确权登记发证工作的通知》（藏政办发〔2016〕21号）、《西藏自治区国土资源厅办公室关于加快启动农村集体土地所有权确权登记发证工作的紧急通知》（藏国土资办发〔2016〕45号）及2016年7月份在日喀则召开的全区农村集体土地所有权确权登记发证现场会明确提出，全区各地（市）、县（区）加快推进农村集体土地所有权确权登记发证工作，2016年要启动农村集体土地所有权地籍调查工作。依据全国第二次土地变更调查（简称二调）成果显示，当雄县集体土地共计3317.59公顷（约33.18平方公里），通过于西藏自治区的试点县日喀则市白朗县了解得知，全区所有试点县地籍调查都是由国家测绘地理信息局第三大地测量队进行地籍调查，单价为8900元/平方公里。为更加快速、有序地推进当雄县农村集体土地所有权地籍调查工作，当雄县计划委托国家测绘地理信息局第三大地测量队对当雄县农村集体土地所有权进行地籍调查，所需经费30万元，已向县人民政府提交了资金申请。截至年底，完成当曲卡镇、羊八井镇、宁中乡、格达乡农村宅基地发证工作，累计发证3651本。乌玛塘乡、纳木湖乡、龙仁乡、公塘乡农村宅基地土地使用证正在制证当中，在2016年11月底能够完成此项工作，并下发证书。

【党风廉政建设】 切实实行“一岗双责”，严格落实党风廉政建设责任制。年初将党风廉政建设重点工作分解到班子的每一位成员，主要负责同志作为党风廉政建设的第一责任人，坚持把廉政建设与改进机关工作作风结合起来，与具体工作实践结合起来，并结合工作实际，深入开展抓基础，大力开展廉政教育活动，构筑思想防线；抓重点，扎实全面按照“照镜子、正衣冠、洗洗澡、治治病”的总要求，扎实推进反腐倡廉工作；抓源头，扎实推进机关效能建设、党务、政务公开，建立健全各种规章制度，着力体制、机制创新，深入预防和治理腐败；抓领导，强化责任意识，完善工作分工，落实责任制，推进党风廉政责任制和反腐败工作的落实。并通过检查、考评等方式督促各责任单位抓落实。教育和引导全办人员树立“宁愿自己千般苦，不让他人一时难”的工作理念，时刻牢记全心全意为人民服务的宗旨，守得住清贫，耐得住寂寞，抗得住诱惑，着力塑造“为民、务实、清廉”的公仆形象。

【档案工作】 年内，进一步完善档案馆工作机制，制定档案馆修建实施方案，及时调整档案馆工作人员，创新工作方式方法，理清工作思路，促使档案工作常态化、制度化、长效化。全年开展档案工作人员理论学习会议和培训会议共3次，340余人参加，不断提升档案工作人员的能力和素质，加强了档案干部队伍建设，确立县直各单位、各乡（镇）档案专门负责人员51名。截至年底，县档案馆共有档案2500余卷，全年对重要文件和档案进行清点37余次，全年出入档案馆87人次，借阅利用档案文件59件，对周边安全、消防设施、电线电路进行检查12次，积极做好了档案工作的“八防”事项。

（熊 强）

【领导名录】

县委常委、办公室主任

刘 刚

副主任 游 磊

平 措（藏族）

中共当雄县委组织部（编办）

【概况】 2016年，当雄县委组织部严格按照“抓党建促发展”的总体思路，以开展“两学一做”专题教育为契机，深入开展组织编制、党员教育、老干部、强基惠民等工作，努力为全县经济跨越式发展和社会长治久安提供强有力的组织保障和人才支撑。

【“两学一做”学习教育】 年内，严格按照区市党委的安排部署，坚持把“两学一做”学习教育作为党建工作的重要任务，高度重视、精心组织、扎实推进学习教育取得实效。成立以县委常委、组织部部长为组长的“两学一做”学习教育活动领导小组，并下设专门的办公室，统筹全县学习教育活动的开展；及时制订《中共当雄县委员会关于在全县党员中开展“学党章党规、学系列讲话，做合格党员”学习教育实施方案》，组织各乡（镇）、县中（直）各单位党组织切实履行党建职责，从严从实谋划、部署和落实好“两学一做”学习教育工作；成立“两学一做”学习教育督导组，加强对各参学单位的督导检查和宣传引导，确保学习教育全覆盖、无遗漏，真正把党的思想政治建设抓在日常、融入经常、形成常态，不断开创“两学一做”学习教育新局面；在全县范围开展“手抄党章100天”“两学一做”学习教育座谈会、专题研讨会等活动，将党的最新理论、最新思想和中央、区市党委及县委的重大决策意图及时贯彻到每个党组织、深入到每名党员心中，切实为打造过硬干部队伍提供了有力保障。截至年底，制作并发放当雄县“两学一做”学习教育笔记本4500余本，发放藏汉双语版《党章》2000余册，藏汉“双语”系列讲话（2016年版）读本4500余本，组织全县各乡（镇）、各单位各部门开展“两学一做”集中学习63950余场次、71194学时，撰写心得体会4000余篇，开展演讲、知识竞赛、测试等各类活动3次。

【制定村级组织运行经费保障机制】 制定《关于发展壮大村级集体经济的实施方案》，设立村级集体经济专项扶持资金560万元，通过无息借贷的方式，为全县27个经济薄弱村（居）集体经济提供资金扶持，不断培育和壮大村级实体经济；按照“县统、乡管、村用”的管理使用原则，建立村级组织工作运行经费143万元（人口在3000人以上的村居每年6万元、人口在3000人以下的村居每年5万元），全力保障村级基层党组织“有钱办事”，为下沉干部和村（居）干部开展工作提供资金保障。

【村级活动场所规范化建设】 按照“新建一批、改（扩）建一批、修缮一批”的思路，坚持“分类实施、因地制宜”的原则，抓住“建、管、用”关键环节，及时制定《当雄县关于2016年村级组织活动场所提档升级工作实施方案》和《当雄县村级组织活动场所建设具体实施办法》，全面启动28个村（居）组织活动场所规范化建设工作，加强基层党组织阵地建设。该项目总投资6978.94万元，将新（重）建组织活动场所13个，改（扩）建组织活动场所15个。截至年底，全县28个村（居）活动场所按照统一规划设计、分批实施建设的原则，16个村（居）的村级活动场所正在新建或改扩建当中，其余12个村（居）的村级活动场所待2017年开工建设。

【拓宽党员干部教育培训渠道】 按照《干部教育培训工作条例》要求，结合当雄县干部教育培训工作实际，制定《当雄县2016年干部教育培训计划》，依托县级党校和区、市党校资源以及人才智力援藏项目，采取集中面授、以会代训、考察学习和组织调训等方式，积极开展“请进来、走出去”学习培训，通过完善分类别、多层次、多渠道、重实效、全覆盖的培训格局，切实为打造一支高素质干部队伍奠定了坚实基础。年内，以“走出去学”的方式，先后选派720名干部职工参加区内外各类业务培训67期；以“请进来教”的方式举办普法知识讲座10余场次，参学干部职工600余名，举办各类培训11期，参训人员1000余人。

【党员队伍建设】 规范党员发展程序。认真贯彻“控制总量、优化结构、提高质量、发挥作用”的党员发展“十六字”方针，不断规范党员发展工作。针对各乡（镇）和村（居）党组织党员发展及管理不规范问题，采取实地指导的方式，围绕健全党员档案和规范党员发展程序等内容，深入乡（镇）和村（居）开展专门培训。截至年底，共发展党员214名，其中，牧民党员140名，党员干部74名；开展规范党员发展程序培训班2期，参训人员120余人；完善党员管理工作。认真贯彻《关于进一步从严管理党员的实施意见》要求，严格党内组织生活，定期对党员进行法纪教育；出台《当雄县关于流动党员管理办法》，按照“以流入地为主、流出地为辅”的原则，切实加强对流动党员的服务教育和管理。截至年底，排查清理流动党员247名，口袋党员3名，不存在没有档案的党员和失联党员；补转组织关系介绍信9人。

【落实基层党建重点任务】 开展党代会代表和党员违纪违法给予相应处理排查工作。经排查，全县上一届县级党代表132名，人大代表99名，政协委员52名；本届县级党代表226名，人大代表107名，政协委员75名。全县上一届和本届县级“两代表一委员”中的党员不存在违纪违法现象；受到行政处罚并给予组织处理的牧民党员8名；制定印发《当雄县委组织部关于进一步加强和规范党费收缴的通知》，明确党员党费收缴使用管理的要求，党员缴纳党费的数额、党费计算的依据、党费交纳的时间等，有力保证了党费收缴的准确性和严肃性；推进非公有制企业和社会组织党的组织和工作覆盖面，增强非公有制企业和社会组织党的组织工作覆盖率，并定期对党支部书记的业务能力和党建工作能力进行培训，推进非公企业党建工作有序进行。截至年底，全县国有企业共4家，党员19名；非公有制企业共17家，正式党员34名、预备党员2名、积极分子5名；开展党组织晋位升级工作。制定《当雄县2016年度软弱涣散基层党组织整改方案》，集中整顿软弱涣散基层党组织，采取“一个支部一个方案、一个问题一个对策”的方式，紧紧围绕“先查明症结、再对症下药”的思路，按照“纵向到底，横向到边，不留死角”的原则，采取抓制度建设、抓教育培训、抓考察培养“三抓”措施，定时定责定任务开展集中整顿，使软弱涣散基层党组织在健全制度、规范组织生活会、执行民主集中制等方面有了明显改进。截至年底，全县13个软弱涣散党组织全部晋位升级。

【干部选拔任用】 年内，始终坚持注重政治标准，注重工作实绩，注重群众公认，做到把那些政治上靠得住、廉政上过得硬、群众信得过、工作上有本事的干部选拔上来，进一步巩固干部干事创业平台。截至年底，共开展3批干部选拔任用工作，新提拔使用干部77名，进一步使用干部21名，平职调整干部24名，聘任干部3名，进一步充实了县域领导班子队伍。

【换届工作】 以绘出一个“好蓝图”、选出一批“好干部”、配出一个“好班子”、换出一片“好风气”为目标，扎实开展县乡领导班子换届工作。及时成立以县委书记为组长的县乡领导班子换届工作领导小组及其办公室，研究制定切合县情实际又符合上级要求的《当雄县换届选举实施方案》《选区划分及代表名额的分配方案》等文件，对换届选举的时间、方法、步骤和标准做了详细、具体的规定，促进了全县换届工作的顺利进行；严格按照《党政领导干部选拔任用条例》规定和换届工作“四必谈、四个凡提必、五个责任主体、九严禁、十不准”等要求，选优配强县乡领导班子；坚持“三上三下”，对推荐人选进行审核把关，对初始提名人选、候选人初步人选、正式候选人进行三轮公示，并成立由纪检、组织、统战、公安、国保、信访、综治等部门组成的换届代表资格审查小组，认真做好资格审查工作，确保代表委员选举工作依法依规；通过宣传宣教、警示教育、强化督导等方式，严明换届纪律要求，进一步确保了换届工作的风清气正。截至年底，全县未发生一起换届风气举报，做到了零违纪、零上访、零投诉。通过换届，乡（镇）共选举产生党委委员74名，纪委委员37名，人大班子16名，政府班子30名；选举县级党代表226名，人大代表107名，政协委员75名。

【梳理权责清单】 明确相关政府部门权力和责任清单的工作专职人员，要求相关部门积极与上级单位沟通，理清本单位权力与责任；及时成立以县委副书记、政府县长为组长的当雄县推行政府工作部门权力和责任清单制度领导小组，在县委组织部下设办公室，并内设一个综合组和一个审核组，负责指导和审核全县29个部门的权力清单梳理工作；印发《关于推行当雄县政府工作部门权力和责任清单制度的实施方案》，明确各部门工作责任和完成时限，增强相关职能部门对权力清单梳理工作的重视程度。截至年底，完成《当雄县行政权力和责任清单目录》《当雄县行政权力和责任清单项目事项》和《当雄县政府工作部门权力清单报送表》的汇总审核工作，研究确定权力清单和行政权力运行流程图并上报市备案，并向全县干部职工和群众公布了权力清单和“流程图”。

【机构编制工作】 认真开展行政审批制度改革前期工作。采取问卷调查的方式，就政府管理权限下放、政府部门机构设置和职责重复交叉、县乡政府服务体系建设等情况进行深入调研，并对各职能部门的行政审批权力进行清查和统计，确保行政审批制度改革顺利推进；开展机构编制实名制管理工作。组织开展机构编制清查和建档工作，努力做到全县各乡（镇）和县直各机关单位机构清、编制清、领导职数清和实有人员清，并建立各乡（镇）、各单位机构和编制相关情况档案。2016年，根据市编委相关文件精神，成立县委党校、组织编制信息中心、五保集中供养中心、纳木错—念青唐古拉山风景名胜区管理局等四个事业单位，核定编制20名，并将统计局、食药局升格为正科级政府工作部门，有效推进机关事业单位改革。

【老干部工作】 在全面落实党员离退休干部职工党费全额返还制度的基础上，为两个离退休干部职工党支部争取活动经费6万元，保障离退休干部职工党支部开展组织生活活动；利用老干部每月三次的集中学习日，及时宣传习近平总书记系列讲话精神和区、市党委的重要决策部署，做到离退休干部职工思想和行动始终与中央和区市党委保持高度一致；拨付资金467400万元，组织41名离退休干部职工到云南省昆明市干部疗养院开展健康疗养；建立特困离退休干部职工帮扶专项资金50万元；落实老干部活动经费6万元，开展夏季趣味活动2次；组织召开离退休干部职工“迎春节、藏历新年”座谈会2场，向296名离退休干部职工进行节前慰问，送去县级节日慰问金888000元；走访慰问生病住院离退休干部职工38名，送去慰问金16200元。同时，做好机关事业单位提前退休干部职工审核申报及后续工作。2016年，全县提前退休和离岗休养干部职工共25人，其中公务员8名，专业技术人员14名，工人3名。

【开展“强基础惠民生”活动】 以提升驻村工作队素质、规范驻村工作队行为、提升驻村工作队能力为抓手，坚持把改善民生、凝聚人心作为出发点和落脚点，紧紧围绕基层党建七项重点任务深入扎实开展强基础惠民生各项工作。开展驻村工作队岗前培训。采取以会代训的方式开展驻村队员岗前培训，邀请县强基惠民工作分管领导和相关职能部门负责人，就基层党建七项重点任务、驻村各项经费的规范使用管理等内容进行了详细讲解；规范驻村工作队行为。以《中国共产党廉洁自律准则》《中国共产党纪律处分条例》和自治区强基办印发的《全区创先争优强基惠民活动驻村干部行为规范（试行）》为标尺，明确驻村工作队各项工作职责，规范驻村工作队行为；规范请销假制度。研究制定《驻村工作队请销假及轮休管理办法》，进一步为规范管理驻村干部提供了可靠保证。第五批工作队入驻以来，先后入户走访13713户，入户率达到100%；收集并梳理群众困难和问题112条，完善牧民家庭档案960余份，形成各类调研报告16篇，撰写驻村日志3012篇，民情日记978篇，完善村级维稳制度107条、应急处突预案64份，排查调处矛盾纠纷97起。

【组织部门自身建设】 按照“讲党性、重品行、作表率”的根本要求，着力规范办事流程，树立组工干部良好形象。着力提升办事能力。紧紧围绕开好一次工作例会、练好两种能力、办好三个科室、用好四个平台的“一二三四”工作思路，扎实开展业务工作，坚持做到办事“公道正派”。截至年底，召开工作例会30余次；编发组工信息119期、党建手机报474期；着力转变组工干部作风。以“两学一做”专题学习教育活动为契机，以个人自学和集中学习相结合的方式加强组工干部党性教育，以开门纳谏和召开党支部学习会的方式，认真剖析存在的问题；以落实“组工干部作风建设任务分解表”为基准，全力解决存在的问题，不断提升组工干部综合能力素质。

（尼玛仓决）

【领导名录】

部　长 邹 华 威（6月免）
　　　 徐 建 华（6月任）
副部长 扎　　桑（女，藏族）
副部长、人社局局长
　　　 扎西桑珠（藏族，12月免）
　　　 才　　达（女，藏族，12月任）
副部长 杨 成 光（12月任）
老干部局局长
　　　 次仁央宗（女，藏族，8月免）
　　　 扎西卓玛（女，藏族，12月任）

中共当雄县委宣传部

【概况】 2016年，全县宣传文化战线围绕中心、服务大局，坚持团结稳定鼓劲、正面宣传为主的方针，贯彻落实中共十八大和十八届三中、四中、五中、六中全会精神，贯彻落实习近平总书记系列重要讲话精神，贯彻落实中央第六次西藏座谈会精神，贯彻落实区市党委八届八次、九次全委会精神以及县委八届六次全委会精神，大力实施“文化兴县”战略，积极培育和践行社会主义核心价值观，大力推进精神文明建设，为建设美丽幸福新当雄提供了有力的思想保证、舆论支持、精神动力和文化条件。

【理论武装】 严格按照中央和区市党委的部署要求，坚持把理论学习作为首要政治任务，突出学习重点，密切结合实际，始终注重县委理论学习中心组龙头作用发挥，围绕党的十八届四中、五中、六中全会精神、中央第六次西藏工作座谈会精神、党的治藏方略、习近平总书记系列重要讲话精神以及区市党委八届八次、九次全委会精神等学习内容，县委理论学习中心组集中学习34次，其他党委（党组）、党支部组织集中学习386次。同时，邀请自治区宣讲团成员开展专题宣讲，组建由机关干部、乡（镇）基层干部、牧民宣讲员等组成的县委宣讲团，进机关、进乡村、进学校、进企业、进寺庙，深入开展中央十八届六中全会及区市第九次党代会精神，突出展现当雄的新发展新变化新生活，为建设美丽幸福新当雄凝聚了力量、筑牢了基础。

【核心价值观教育】 2016年，当雄县在广大学生中，广泛开展了社会主义核心价值观主题实践活动。制作和悬挂树立社会主义核心价值观和爱国主义教育横幅、宣传标语、营造氛围。开展“爱祖国、爱家乡、爱学校”为活动内容的爱国主义教育，并为学生发放字典，加深认识理解社会主义核心价值观。开展“画出我的价值观”活动。组织学生围绕某一主题、价值观层面的手工作画等。通过此项活动的开展，有效引导了学生爱国爱校、关爱同学、关心集体、尊敬师长、孝敬父母、知分享、晓礼让的价值观，使学生树立了正确的世界观、人生观、价值观，为学生全面发展和终身发展奠定良好的思想道德基础，形成与教育实际相结合的社会主义核心价值观教育工作新局面。

【重大节点渲染浓厚氛围】 在春节藏历新年、“3·28”“5·23”期间，分别组织了现身说法、文体活动、歌咏朗诵比赛、文艺下乡、义务巡诊等形式多样、内容丰富的系列庆祝活动。在活动中，组织干部群众共同参与，以寓教于乐的方式，既增进了干群关系，又潜移默化地使广大干部群众得到了教育。期间，共悬挂横幅150余条，公路、铁路沿线牧户安插国旗5000余面，宣讲教育60余场次，文艺下乡30余场次，受众达25890余人次，将节点庆祝活动推向了高潮。

【公民道德建设】 在干部群众中积极开展学雷锋志愿服务、设立道德讲堂、道德模范巡讲巡演、文明交通、文明旅游、文明礼仪、文明餐桌等活动，强化道德教育，营造了人人尊重道德、崇尚道德、践行道德的浓厚氛围。在全县各中小学校开展“做一个有道德的人”“童心向党”“老西藏精神”、学习英雄人物、先进人物、美好事物等主题活动，使广大青少年在学习中逐步养成了良好的思想品德追求。

【文明创建】 截至年底，全县荣获全国文明单位1个、全国文明村镇1个；荣获自治区级文明户40个、文明单位2个、文明村镇6个；荣获市级文明户32个、文明单位12个、文明村镇25个。同时，全县荣获为自治区级文明县城。

【道德模范评选】 年内，坚持以典型引路，大力开展道德模范和身边好人评选推荐工作，采取“群众推荐、择优推荐”的方式，通过基层组织推荐、审核初选、公示投票、综合评定等程序，评选表彰172名当雄县2016年度“爱国守法模范”，为全面提升全县社会文明程度，培育爱国守法理念起到了示范和引领作用。

【网络建设和管理】 年内，继续做大做强手机APP“逐梦当雄”。优化客户端界面，更注重用户阅读体验。建立完善稿件来源、信息上报、审查把关等机制。安排具有政策理论、文字工作能力和沟通协调能力强的工作人员组成管理人员，负责日常的运营管理。通过县党代会、换届选举、寻觅虫草、“当吉仁”赛马节等重大事件，特别推出一批有质量、有深度、有广度的理论文章和视频，全力营造好社会舆论氛围。开通“网信当雄”微信公众号。完成公众服务号申请、认证工作，设置、规划微信公众号栏目，定期推送政务信息以及民生信息。本年度发稿量367条，总阅读量180000余次，点赞量1804，关注人数2035人；“幸福当雄”微信公众号稳中求进。2016年，“幸福当雄”微信公众号本年度发稿量396条，阅读量163000，点赞量1630个；根据本部门实际，制定新闻采编工作量化考核办法，实施政府网站新闻纠错制度，提高整个门户网站的信息质量。截至12月7日，全年累计在政府门户网站发布政务要闻795篇，视频新闻4条。

【网络监测】 紧紧围绕“净网2016”“固边2016”“清源2016”“秋风”“护苗2016”“网上扫黄打非”等专项活动，坚持舆论监测每日一报制度，及时进行收集、研判和有效处置，确保互联网信息安全。截至年底，组织网评员完成网络评论任务80人次，发表网络评论315条，发布贴文85篇，微博495条。

【对外宣传】 积极协调区市主流媒体，主动提供报道素材，在重要版面、重要时段大力宣传全县各项中心工作的典型事例、进展情况、典型经验。全年接待中央、区市媒体60余家，记者234多名。县记者站报送新闻稿件185篇、视频素材74条；当雄县政府新闻网站发布政务要闻795篇；“逐梦当雄”手机客户端发布信息258篇；“幸福当雄”微信公众号推送396篇；“网信当雄”微信公众号推送367篇。进一步丰富了对外宣传的手段和形式，打开了对外宣传工作的新局面。

【文化执法】 年内，持续加强对全县范围内娱乐场所、音响店、网吧、小耳朵出售点，尤其是校园周边场所等开展整治行动，同时加强政治性非法出版物和影射性反动音像制品的检查监控力度，保证了全县文化市场环境的绝对安全，文化市场管理得到进一步规范。全年，共进行联合检查21次，出动执法人员150余人次，检查各类文化经营场所18家，警告6家，没收并销毁盗版音像制品35盘（张），上报执法信息16期。

【宣传队伍建设】 年内，以开展“两学一做”专题教育为动力，在全县宣传文化系统中深入开展“两学一做”活动，有效转变作风，提升工作效率，整体精神风貌焕然一新。同时，选派业务骨干参加上级部门组织的网络宣传管理骨干培训、文化综合执法业务培训、基层网信人员网络评论知识和技巧培训等，进一步提高了宣传队伍能力素质，提升了业务工作水平，培训达20余人次。

（尼玛仓决）

【领导名录】

部　长　元旦次仁（藏族，6月免）
　　　　格桑加措（藏族，6月任）
副部长　刘 光 毅（正科，5月任）
　　　　严 学 理（副科，5月免）
　　　　边　　贵（藏族，12月任）
网信办副主任
　　　　曲　　吉（女，藏族）

中共当雄县委统战部（民族宗教事务局）

【概况】 2016年，当雄县统战民族宗教工作认真贯彻落实中央统战工作会议、中央民族工作会议和中央第六次西藏工作座谈会精神，学习中共十八届六中全会精神，贯彻落实习近平总书记系列重要讲话精神，紧紧围绕当雄县委、县政府中心工作，紧扣大团结、大联合主题，认真开展“两学一做”学习教育活动及统战民族宗教业务工作，以创新思维和务实作风，全力推进统一战线和民族宗教各项工作，并取得了显著成效。

【民族团结工作】 以“3·28”百万农奴解放纪念日、“三月综治宣传月”“九月民族团结宣传月”为抓手，深入开展了宣传教育活动。积极补充和完善民族团结进步创建活动开展情况的相关材料，自治区民委在康玛寺开展民族团结进寺庙活动，推动民族团结“七进”活动引向深入。开展当雄县2016年度民族团结进步模范集体和个人表彰活动，共表彰10个集体，15个个人，3个模范家庭。推选拉萨市民族团结先进集体4个，先进个人5个（包括1个模范家庭）；推选宗教领域市级民族团结先进集体1个、先进个人1个；推选自治区级民族团结先进集体2个，模范个人1个。“当吉仁”赛马节期间，自治区民委邀请北京医疗专家组在县医院、赛马场开展以骨科、眼科、心血管等疾病为主的“中华民族一家亲”医疗巡诊活动。积极配合国家民委对当雄县创建民族团结进步示范县工作进行考核验收，并获好评。

【宗教工作】 高度警惕、主动应对、严密防范、周密部署、落实责任，扎实开展敏感时期乃至全年各类维稳活动，筑牢宗教领域稳定基础。扎实开展当雄县宗教活动场所基础信息统计工作，完善在编僧尼档案，深入开展法宣工作。从专项经费中拨付10万元经费开展法宣活动、寺规戒律教育活动及僧尼文化补习活动。扎实开展新增僧尼补充工作，组织开展4次消防安全隐患排查及64次寺庙周边隐患排查。召开4次专题会议，部署防范当雄县境内僧俗群众出境参加达赖集团“法会”工作，与乡镇、各寺管会（特派员）形成责任状，定期督导，坚决防止出现当雄县僧俗群众出境参加“法会”的状况。集中教育转化安置帮扶当雄县四省藏区学经回流人员，安排至拉萨指定点统一办班，引导回流人员思想及行为，杜绝可能出现的危害。

【非公经济工作】 扎实开展“两覆盖”工作，建立企业党组织3个，发展党员34人，不断扩大党的覆盖面；先后3次组织12名非公经济人士参加中央、区市各类培训，非公党员党建工作能力不断提升；深入开展“企帮村”工作，掌握贫困资料，上报企业扶贫计划，由5100冰山矿泉水有限公司帮扶公塘乡冲嘎村；继续完善非公经济组织扶持项目申报落实工作，2016年申报了纳木错实业有限公司“扩大生产线扶持项目”及琉璃工贸有限公司“藏香销售改造扶持项目”，其中纳木错实业有限公司项目立项；在非公企业中开展“双联户”活动（把优秀党员培养成为企业骨干，把企业骨干培养成优秀党员），鼓励优秀党员针对困难群众实行“一对一”帮扶；开展会员企业帮扶慰问因病致贫党员活动，落实郭庆牦牛育肥专业合作社一名因疾致贫党员帮扶资金2000元。截至年底，当雄县17个非公企业加入会员，占55家非公企业的30.9%，通过非公党建及扶贫工作，进一步拉动企业帮扶困难群众力度。

【党外代表人士工作】 完成46名党外政协委员的推荐提名及20名党外人大代表的民主推荐工作，按要求完成县乡党代表、人大代表、政协委员的政审工作，推荐两名县政协委员担任市政协委员，积极协调他们的生活补贴。积极答复村两委班子代表、县人大代表、政协委员提案9件。

【境外藏胞工作】 对境外滞留藏胞进行了清查，截至年底，无滞留人员。再次核对境外藏胞档案，规范藏胞回国接待管理工作，建立健全入境探亲藏胞信息档案，加强教育引导，提升服务水平。

【寺庙管理】 年内，从专项经费中安排资金129.7万元，用于羊八井寺、多吉林寺等6座寺庙的人居环境改造项目；拨付资金51.51万元，用于羊八井和康玛寺两个寺庙管委会地暖铺设项目；拨付资金25万元，用于嘎洛寺等4座寺管会房屋屋面处理项目，项目的实施极大地改善了广大寺庙僧尼和驻寺干部生活环境，也得到了广大寺庙僧尼和驻寺干部的一致赞誉。对当雄县全部僧尼进行了免费体检，涉及资金2.4万元。总结加强和创新寺庙管理五周年经验材料。申报热庆日追特派员综合业务用房建设项目，涉及资金18万元，完善其他三个既建项目的资料补充工作，积极申报2017年当雄县属7座寺庙9+X工程阳光暖房建设项目。

【寺庙创建评选】 上半年共表彰2座县级和谐模范寺庙及148名爱国守法先进僧尼，推选了市级和谐模范寺庙1座、先进寺管会1个、优秀驻寺干部3名及爱国守法先进僧尼73名，下半年共表彰2座县级和谐模范寺庙及102名爱国守法先进僧尼，推选了市级和谐模范寺庙1座、先进寺管会1个、优秀驻寺干部3名、爱国守法先进僧尼60名及优秀宗教执事人员4名，区级和谐模范寺庙2座、先进寺管会2个、优秀驻寺干部8名及爱国守法先进僧尼83名，优秀宗教工作干部1名。通过创建评选活动，广大僧尼“四个意识”广泛增强。

【涉宗干部队伍建设】 年内，积极协调相关部门调整充实2名部（局）干部，2名驻寺干部、一名宗教工作干部调整到其他岗位进一步使用。突出抓好“两学一做”学习教育活动，先后集中组织学习16次，撰写心得体会78篇。加强部门班子队伍建设，健全例会制度，完善办文、督查制度，加强工作落实。扎实开展支部各项活动，定期收缴党费，推动党建工作稳序推进。

【兴边富民】 当雄县严格按照拉萨市民族宗教事务局的相关要求，对各项兴边富民项目进行了项目跟踪。资金的重点投入、项目的有力推进，有效地改变了人口较少民族地区经济社会环境，改善提高了群众生产生活条件，进一步促进了各族人民的交往交流交融。

【信息调研】 立足当雄县统一战线、民族宗教工作实际，加大以宗教为主的现实问题的研究力度，以重点难点的突破提升研究水平，促进政策措施的完善。通过壮大信息员队伍，整合信息资源，拓宽信息渠道，加强情报信息搜集研判工作，抓好课题规划，找准对统战、民族宗教工作有价值、有新意的八篇课题，全面推进理论、政策和举措等问题的研究。

（梁丽莎）

【领导名录】

部　长　达瓦次仁（藏族，6月免）

　　　　边巴扎西（藏族，9月任）

副部长　琼　达（藏族）

民宗局局长

　　　　边巴扎西（藏族，6月免）

　　　　德　吉（女，藏族，12月任）

民宗局副局长

　　　　洛桑加措（藏族，12月免）

中共当雄县委政法委员会

【概况】 2016年，当雄县政法委认真贯彻落实中共十八大、十八届三中、四中、五中全会和中央第六次西藏工作座谈会精神，深入贯彻落实习近平总书记“治国必治边、治边先稳藏”的重要战略思想，紧紧围绕市委“党建统市、环境立市、文化兴市、产业强市、民生安市、依法治市”六大战略布局，牢记职责使命，坚持创新社会治理，持续深化系统治理、依法治理、综合治理、源头治理，全力推动社会治安立体化防控体系建设，努力维护社会大局稳定、保障人民安居乐业、服务经济社会发展。2016年，当雄县政法委获得了纳木错“羊年转湖”民俗宗教活动“先进集体”，拉萨市铁路护路联防工作第二名以及县级“先进基层党组织”等荣誉称号。

【“两学一做”】 县政法委立足本职工作、高度重视“两学一做”活动开展，以学习贯彻党章党规、党的十八届五中、六中全会以及习近平总书记系列重要讲话精神为契机，进一步坚定理想信念、提高党性觉悟，协调推进四个全面战略布局、五大发展理念；坚持求真务实、问题导向、领导带头，着力解决一些党员理想信念、党的意识、宗旨观念方面的问题，认真开展专题组织生活会，认真批评总结、抓好问题整改、推动作风好转，取得了实实在在的成效。

【维稳防控】 年内，县政法委坚持以“三无”“三不出”为目标，以深入开展反自焚、防自焚、防暴恐专项斗争为核心，坚持细化维稳部署、强化工作措施、严格工作纪律，深入持久地开展各项维稳工作。及时调整充实县维稳指挥部班子成员、小组配置，进一步明确职责任务、分工要求，保障维稳指挥体系的分工协作、高效运转；根据各个季度、时段、节点的维稳形势和防控重点，持续深化“1+X”维稳防控体系建设，细化完善各类季度性、节点性、针对性维稳安保方案32个，有序指导各项工作深入开展；各护城河检查站充分发挥“过滤网”职能，严格落实“五逢必查”要求、优化服务质量，坚决防止“输入型、潜入型”维稳安全隐患途径全县流入市区；突出县城、各大寺庙、党政要害单位、学校、医院、油气站、景区等人员密集场所为重点，各级党委、党组织以及公安、武警、消防等力量完善联勤联防联动机制，强化定点守护和巡查力度，有效防范各类不稳定隐患发生；积极整合“大情报信息”平台，全面发动各乡（镇）、各派出所、护路队伍、联户代表工作力量，充分发挥专群结合作用，强化情报信息收集，加大沟通协作、信息共享，形成全民搜集情报信息的良好工作局面；严格落实特殊人群分类分层分级管控责任，切实加强走访联系、逐人落实教育稳控措施，做到了“应管尽管、应控尽控”。严格落实实名制登记加油和零散成品油销售管理办法，联合派驻安全监管员16名，并逐层签订安全监管责任书，强化督导检查，确保成品油源头管控不出任何问题；优化流动人口服务管理，采集完善基础信息数据库，确保管控到位、管理到位、服务到位。

【“当吉仁”赛马节】 8月20—26日，当雄县赛马场举行“当吉仁”赛马节活动，为确保此次活动安全顺利进行，县政法委高度重视，精心组织，周密部署，严格落实各项维稳工作机制要求。活动期间，县委书记张正，县委副书记、县人大常委会主任康加贵，县委副书记、县长其美次仁，县委常委、政法委书记、公安局局长扎西亚培等多位县级领导亲临活动现场指挥引导，各点执勤民警尽职尽责，按照方案既定部署，认真落实各项工作措施，充分发扬吃苦耐劳、无私奉献的优良作风，确保了此次“当吉仁”赛马节的圆满结束。活动现场共出动联合安保警力1500人次，开展徒步及车辆巡逻共70余次，清查各类场所2880家次，受理报警、求助电话57起、解决纠纷警情13起，服务群众及游客302000人次；各乡镇、各派出所严格落实属地责任，切实强化辖区内社会面防控工作，确保了赛马节期间全县社会局势的和谐稳定。

【维稳应急】 年内，切实强化维稳反恐防暴工作，从源头上严格落实油品、管制刀具、民爆物品的实名制管理，扎实开展反恐防暴宣传教育，广泛发动各族干部群众参与辖区村镇联防、确保一方安全稳定，积极营造反恐人民战争的强大声势。县公安局、武警、消防以及各乡（镇）完善反恐防暴应急处突装备，适时开展拉动演练和警情演练，不断提升服务维稳实战的能力和水平，共开展护路联防反恐怖、反破坏应急演练2次；开展消防应急演练6次、道路水源和重点单位“六熟悉”28次；公安队伍每月组织开展1次突发事件演练。

【平安创建】 及时调整充实由县委书记为组长，县长、县委常务副书记、县委政法委书记、县政府分管综治的副县长等主要领导为副组长，各综治单位为成员的平安创建工作领导小组，各级各部门按照工作要求，严格落实“一把手”责任制，明确专人专职，为平安创建工作提供坚强的组织保障。2016年，全县投入平安创建专项工作经费15万余元，同比增加25%，用于平安创建宣传、基层办公硬件设施配备、人员培训、创建评选等，不断夯实基础，全力实现平安创建工作经费保障常态化。紧紧围绕“五级联创、四级评审、一级命名、动态管理”的模式，不断拓展平安创建领域，不断巩固平安创建成果，切实在全县形成了纵向到底、横向到边的平安创建工作格局。

【矛盾纠纷排查调处】 年内，坚持风险管控，严格落实《拉萨市重大决策社会稳定风险评估实施细则》，严格按照重大事项稳评复核工作流程，依法、依规、科学、有序开展社会稳定风险评估工作，共受理建设项目社会稳定风险评估报告47件，受理各类民俗宗教活动、临时性活动申请20件，已全部完成复核，在确保稳定的基础上，最大限度的保障了各大工程项目的顺利建设。坚持预防为主，完善机制建设、加大调处力度、推进信息化建设、提升队伍能力，扎实开展矛盾纠纷排查调处工作，全年受理群众来访29批67人次，主动排查化解各类矛盾纠纷17起，开展信访业务培训3次；全县共有各级人民调解组织43个配备调解人员280人，开展人民调解员业务培训1场次，各级调解组织共摸排线索80余次，主动预防纠纷2件、调处成功24件。

【治安防控体系建设】 积极整合区市网络数据中心资源，推动大数据平台建设，全县综治信息网络实现“村村通”，大大节约社会治理工作成本、提高工作效率。依托天眼视频监控系统，完善前端综合治理，县公安局及便民警务站等派出机构进一步完善屯警街面、动中备勤、武装巡逻、联动应急的便民警务机制；同时，在各乡镇划分社会治理网格、配备网格工作人员、设立综治便民服务窗口，突出对流动人口、安全隐患等社会治安的管理。在深入贯彻落实“六建”“六个一”和“9+5”等惠寺利僧政策的同时，利用民族团结进步模范、和谐模范寺庙等创建评选活动载体，创新寺庙服务管理工作，引导广大僧尼增强“四个意识”。

【网格化、“双联户”工作】 年内，县委、县政府高度重视网格化、“双联户”工作，多次组织开展专题会议研究解决“双联户”工作实际困难，并从县级财政设立“双联户”工作专项经费220万元，为各乡镇完善综治办人员配置，促进基层网格化、“双联户”工作的有序开展。完善奖励考核机制，强化对综治专干、联户代表的日常考核检查，定期通报工作开展情况，推进“双联户”工作向纵深开展，共评选表彰村级“先进“双联户””联户单位192个，乡级“先进“双联户””先进集体8个、先进联户单位41个，县级“先进“双联户””先进集体4个、先进联户单位12个，市级“先进“双联户””先进集体3个、先进联户单位6个；区级“先进“双联户””先进集体2个、先进联户单位4个。发挥联户代表在情报信息搜集、矛盾纠纷排查化解、安全隐患排查管控等方面的职责作用，通过幸福家园微信平台及时上报异常信息实现对基层社会的动态化治理，全县963名联户代表共开展矛盾纠纷排查685次、预防调解矛盾纠纷118起，排查各类安全隐患699次、整治安全隐患226处，开展治安巡逻641次，登记流动人口3425人，搜集情报信息226条，开展卫生整治697处。“双联户”助推精准扶贫向纵深开展。县委、县政府对联户群众组织兴办的经营项目进行试点扶持，并制定当雄县“联户增收”经营试点扶持方案；在县委、县政府的鼓励支持下，各联户单位积极落实各级扶贫开发规划，创新联户扶贫方法，拓宽牧民增收致富渠道，截至年底，全县共有经济组织53个（其中2016年新增专业经济合作组织10个），带动牧民群众就业4014余人，创收金额达867万余元。

【社会治安严打整治】 年内，以“全覆盖、零容忍、严执法、重实效”为要求全力推动社会治安专项整治工作。从打黑除恶、涉枪涉爆、管制刀具、“两抢一盗”和黄赌毒等关键问题入手，集中整治了一批人民群众反映强烈的社会治安热点、焦点和难点问题，并取得显著成效。集中开展建设发展环境集中整治专项行动，严厉打击“沙霸”“车霸”“路霸”等扰乱经济市场秩序等违法活动，对全县11个车队、25个沙场、23家工地进行了一一走访和摸底排查，签订工作责任书44份，并成功查处1起建设领域的犯罪行为。全面开展社会隐患清理清查工作。对全县范围内的超市、学校、网吧、KTV、朗玛厅、旅馆、酒店等人员密集场所、治安复杂区域开展“地毯式”的清理清查工作，全面摸清掌握辖区内的“人、地、事、物、情、组织”。针对不同时段的工作实际，增派警力，加强道路交通整治和消防安全大检查，加大对道路交通、油气站点、采矿企业、水电设施和重点工程施工现场的执法检查力度，通过深入各个领域全面排查安全隐患，做好预警预防。

【铁路护路联防】 年内，坚持“防恐怖、防破坏、防爆炸、防事故、保畅通”，以桥梁、涵洞为重点，采取人巡为主、车巡为辅的方式，对青藏铁路当雄段实行24小时不间断巡查守护，确保青藏铁路当雄段的安全畅通。积极争取县级财政支持，完善后勤保障，先后投入2344680元用于改善护路营区和护路队员的工作、生活条件，并设立护路工作奖励机制专项资金26万元用于年底护路营区和先进联户单位的考核激励。同时，继续完善护路工作考核奖励机制，建立完善专职护路队员个人考核档案，进一步细化、量化考核标准，定期组织考核，将常态化的考核结果作为年底综合考评的依据，真实客观的评价护路队员的业务能力，创新队伍正规化建设。以青藏铁路通车十周年庆典活动为契机，深入开展“爱路、护路”宣传工作，发放各类宣传品2700余份，制作护路宣传展板36块，悬挂横幅6条；制作发放青藏铁路通车“十周年”纪念品2000余件；举办通车“十周年”文艺演出1场，深入各护路营区开展慰问演出1次。从多个方面开展护路宣传工作，提高护路工作、护路队伍的知晓率和认知度，营造护路队伍良好形象。

【政法工作】 根据中央深化司法体制改革工作精神，坚持“司法为民、公正执法”的工作主线，通过完善司法部门内设机构建设、规范司法程序行为、优化服务水平、推进司法公开等方式，稳步推进司法体制改革进程。通过综合运用信息化技术，依托微信、网络等新平台，为全县干部群众提供在线的法律宣传、法律咨询和法律援助服务，推进司法公开、广泛接受群众监督，拉近与群众的距离；通过综治宣传、七五普法、法律七进、法治副校长等途径，深入开展法治宣传工作，全年共组织开展综治宣传活动27场次，发放各类宣传材料达6万余册；开展法制宣传活动43，提供法律咨询79人次，发放宣传资料2万余份；开展法制副校长进课堂2次。

（蒋玲玲）

【领导名录】

书 记 曹 勇（5月免）
扎西亚培（藏族，6月任）

党支部书记、专职副书记
尼玛旺堆（藏族，4月任）

副书记 刘 源（4月免）
洛桑登巴（藏族，12月任）

当雄县总工会

【概况】 当雄县总工会是中共当雄县委领导下的一个群众团体组织，2016年有干部职工5名，其中：公务员2名，工人3名，领导职数2名（1名工会主席、1名主任科员）。

【思想宣传教育】 2016年，当雄县总工会把加强职工队伍的政治思想宣传教育、职工队伍稳定工作作为工会工作的重中之重，利用开展宣传活动、召开座谈会、以会带训的方式把各级会议精神及各级领导的重要讲话精神传达、宣传给每个职工，让他们真正领会精神实质，提高思想认识，转变工作作风，增强办事效率，为全县的经济和社会各项事业的发展做出不懈的努力。

【主要职责】 年内，贯彻落实党的工会工作方针政策，拟订并组织实施全县工会工作规划年度计划，指导全县工会工作；维护职工合法权益，解决职工最关心、最迫切、最困难的问题，开展好“金秋助学”“大病救助”等工会品牌活动；负责对职工宣传《工会法》《工会章程》《劳动法》等法律法规知识，培养和教育职工践行社会主义核心价值观、职工精神文明、职业道德建设等工作；负责承办会员关系的结转手续，办理会员入会及办证工作；依法收好管好用好工会经费，按照完成工会经费上缴任务，发挥工会职能，增强职工积极性；协助中共当雄县委、当雄县人民政府做好各级各类劳模的推荐评选工作；积极参政议政，依法维护职工民主权利；承办当雄县委、县政府交办的其他工作事项。

【宣传教育】 工会法是维护职工群众切身利益的有力武器，只有增强职工群众的法律意识，才能更好地维护职工群众自身的合法权益，县总工会利用“雷锋纪念日”“3月综治宣传月”“女职工维权月”“6月综治宣传周”“安全生产月”“民族团结月”“12·4法制宣传日”等各宣传节点，在县城内悬挂横幅，设立展板、开展宣传法律法规知识、法律咨询、法律援助活动，深入企业、机关、矿厂对职工、农民工发放《工会法》《劳动法》《安全生产法》《职工教育读本》等法律法规宣传材料；为充分发挥工会组织联系职工群众的桥梁纽带作用，进一步密切党和政府与群众的血肉联系，“5·23西藏和平解放日”在县委宣传部的统一组织和安排下，总工会同其他相关部门到乌玛乡郭尼村开展文化“三下乡”活动；10月27日，总工会在宁中乡麦灵村开展了“情系职工心贴心工会服务在基层”系列服务活动暨“农民工集中入会”活动，赢得了农牧民工及群众的欢迎。

2016年，县总工会开展法律法规宣传活动11次，共发放各类宣传材料4500余册，参加人数达3900余人。

【开展职工文化活动】 当雄县群团组织联合主办当雄县欢庆“三八”妇女节—“快乐巾帼”趣味活动，共有6支队100多名妇女职工参与活动，共评出一等奖5名，二等奖5名，三等奖5名。

【召开工会工作座谈会议】 6月7日，县总工会召开全县工会工作座谈会议，并表彰2015年度目标考核任务先进单位，兑现2015年度的基层工会规范化建设“八有”乡镇达标奖4万元（格达乡、当曲卡镇各2万元）及基层工会建设援藏资金16万元（各乡镇2万元）。

【开展困难农民工技能培训】 10月19日，县总工会在县职业教育中心开设了困难农牧民工挖掘机培训，培训时间一个月，参加培训人员48名，每人以3500元标准，共投入168000元培训资金。

【加强工会组建工作】 县工会着眼于扩大工会组织覆盖面，不断提升工会组织服务职工的能力和水平，切实增强工会组织吸引力和凝聚力。加大组建工会力度。组建工作重点放在中小型非公企业、警务站（辅警）、环卫队、村居委员会、农牧民专业合作社等行业，全年共组建工会组织33个，发展会员1200余人；推进基层工会规范化建设。按照县工会组织“六有”、乡镇工会组织“八有”的要求，开展对宁中、乌玛乡工会组织规范化建设工作，全面推进基层工会规范化建设。

【关心关注民生】 积极争取市总工会慰问、帮扶、救助资金，解决困难职工、困难农民工的燃眉之急。争取资金7.5万元，在“三大”节日前对当雄县75名在档困难职工进行年前慰问；开展了2015年度“金秋助学”金兑现活动，兑现资助金共计26000元（每人2000、4000元不等），2016年县总工会上报“金秋助学”困难职工子女6名；2016年申报了2名“大病救助”困难职工，解决了每人1万元的大病救助金；本级工会经费中列支4.8万元因各种原故无法建档录入全总困难职工档案库却仍困难的职工48人进行节前慰问；根据市总工会安排部署，县总工会于2016年2月5日，对当曲卡镇当曲卡村委会驻村工作队进行节前慰问，慰问资金由市总工会下拨，每人慰问标准1000元，共计慰问资金4000元；根据市总工会关于开展“春风行动”活动的安排部署，2016年4月26日，开展了以当雄县人力资源和社会保障部门这牵头单位，县扶贫办、县妇联、县工会为协办单位的“2016年当雄县春风行动专场招聘会暨精准扶贫转移就业促进会”集中招聘活动，参加此次招聘会的企业代表有16家，求职者达到800余人，招聘的主要工种有企业会计、宾馆客服、接待员、厨师等多种工作，初步达到意向的求职者136名；10月27日，县总工会在宁中乡麦灵村开展了“情系职工心贴心工会服务在基层”系列服务活动暨“农民工集中入会”活动，2016年为20名困难农牧民工进行慰问，每人1000元标准，共慰问20000元，同时组织农牧民工开展集中入会活动，送去价值10000元的藏药及西药，送去精彩的文艺演出节目，赢得了农牧民工及群众的欢迎。

【弘扬劳模精神】 年内，为树立榜样、激励先进，根据《关于推荐评选2016年度拉萨市五一劳动奖状、奖章、工人先锋号的通知》精神，县总工会通过在全县范围各工会组织自己筛选、推荐的方式，推荐2名五一劳动奖章评选的先进职工、一家评选工人先锋号的企业班组及一家五一劳动奖状的先进单位参加市总工会2016年度“五一劳动奖状”、奖章、工人先锋号评选活动，经过上级部门层层审核，县总工会推荐的2名先进职工及2家先进单位被评选为拉萨市总工会2016年度“五一劳动奖状”、奖章、工人先锋号获奖者。

【健全困难职工档案】 根据《西藏自治区总工

会关于建立困难职工档案管理制度的实施办法》（试行）的规定，2016年县总工会对已有的困难职工档案进行了调整，2016年新增建立困难职工档案符合标准的7人，在此次调整中不变动的建档困难职工40人，因离职、过逝、退休、脱贫等情况取消档案的33人，经过此次调整总工会已建纳入全总困难职工档案的职工47人。

【坚持开展竞赛】 2016年3月，县总工会下发了拉萨市总工会《关于在全市开展“安康杯”竞赛活动》的通知，对2016年的“安康杯”竞赛活动进行全面部署；6月份，配合组织了“安全生产月”活动；10月份，在纳木错实业有限公司3个班组广泛开展了“安康杯”竞赛活动，通过在企业中开展“安康杯”竞赛活动，进一步提高了企业安全生产，增强了职工安全防范意识；为增强职工安全意识，提高职工技能水平，增强集体凝聚力，10月25日，总工会县供电公司开展了以“安全”为主题的职工技能竞赛，参赛队伍分成四个组，竞赛内容为理论知识、配网抢修及装表接电实际操作，赛后对取得成绩的四组参赛队颁发了奖状及纪念品，共投入活动经费10000元，其中5000元由供电公司自筹。

【开展工资集体协商】 为保持和谐稳定职工与企业的劳动关系，不断调整自己的工作思想，创新工作方法，注重在完善职工代表大会制度和平等协商，在2015年对（5100矿泉水厂和拉乌矿）两家企业提出工资集体协商要约，2016年县总工会继续督导开展两家企业工资集体。截至年底，两家企业的工资集体协商工作基本完成。另外，县总工会对县粮食公司和县供电公司发出了工资集体协商要约书，为两家企业明年的工资集体协商后续工作奠定基础。

（边巴央宗）

【领导名录】

主　　席　普　琼（藏族，5月免）
　　　　　郑　莉（女，5月任—12月免）
　　　　　仁　青（藏族，12月任）
主任科员　琼　达（藏族）

共青团当雄县委员会

【概况】 2016年，当雄共青团紧紧围绕党政工作大局，始终坚持教育和引导青少年、服务青少年成长两条主线，切实履行团的根本职责和基本职能，扎实推进各项工作，全面加强自身建设，全县共青团事业取得了新的突破、实现了新的发展，圆满完成了年度工作目标任务，并被评为拉萨市2016年度民族团结进步模范集体。

【青少年思想政治教育】 在团员青少年中，突出“中国梦·我的梦”这一主题，开展少儿才艺大赛、践行核心价值观等系列活动20余场次。在校园中开展全县中小学生“保护母亲河美化家乡环境”、全县中小学生法制宣传和自护教育、中学校素质活动周等系列活动56场次，持续开展文明劝导、爱心接力等活动8场次，受助人数达225人。在少年儿童中，突出“红领巾相约中国梦”这一主题，开展少先队员优秀传统文化在我身边、“我是接班人我为党庆生”——红领巾心向党、“奋斗的青春最美丽”等活动25次，扎实开展“优秀少先队辅导员”“优秀团干部”评选活动，深入学校开展法治校园宣讲活动，引导青少年深刻认识党带领人民进行的伟大实践，深刻理解当前全面深化改革重大意义，收到良好的社会效果；深入做好青年理论学习工作。为在广大青年干部中全面贯彻落实党的十八届六中全会精神，组织开展“两学一做”专题学习、“不忘初心跟党走凝心聚力再出发”演讲比赛、知识竞赛等活动，切实把全县团员青年思想统一到党的十八届六中全会、区市九次党代会精神上来，把力量凝聚到谱写团结美丽健康幸福新当雄篇章上来，激励和引导团员青年为全面建成小康社会而不懈努力奋斗。

【服务大局、主动作为】 年内，围绕中心、服务大局是共青团的工作主线。根据县委、县政府的重点工作，团组织结合自身工作特点，找准切入点和服务点，发挥团员青年生力军的作用，开展共青团助力精准扶贫行动。扎实开展团系统扶贫攻坚活动，确定每名团干帮扶1户贫困户，联系10名青年群众，使团干部与青年群众零距离接触、面对面交流、实打实解决问题。组织易地搬迁户青年代表赴搬迁点进行参观，积极引导群众，大力宣传党的好政策。表彰先进模范，引导基层青年在精准工作中发挥模范带头作用，积极投身精准扶贫事业；选树青年典型，激活青春正能量。引导并推荐一批优秀创业青年积极参加拉萨市第二届青年创新创业大赛，为创业青年提供展示平台，使优秀项目的创业青年获得更多的资金、技术、信息和智力支持；积极打造青年人才发展平台。联合县人社局统筹资金，成功举办拉萨市第二届青年创新创业大赛当雄县选拔赛，并发放创业扶持资金65000元，切实解决青年创业过程中的资金“瓶颈”问题；加大宣传力度，全面带动广大牧民青年提高自身素质、转变观念，积极就业、自主创业。优化青年成才环境，为青年人才的脱颖而出创造条件。

【当好桥梁、选准路径】 充分发挥共青团联系广大青年的桥梁作用，是党章的明确规定，从服务党政、服务青年两个视角出发不断深化共青团改革。大力开展希望工程捐资助学活动。借助端午节、中秋节等节点，慰问资助重点青少年。截至年底，共资助困难学生达213人。募集到图书、学习用品和生活用品等物品价值24000余元；积极协调团市委，为贫困学子圆大学梦。为全县20名贫困大学生申请了2016年度“国酒茅台·国之栋梁”希望工程、“芙蓉学子”“学子阳光”“江苏省希望工程圆梦大学行动”等助学金85000元；联合县检察院、法院、司法局等单位，组织青少年参观县预防青少年违法犯罪警示教育基地、观看未成年犯罪典型案例警示教育片、开展青少年模拟法庭进校区、校园法律大课堂、青春与法同行—青少年法律大课堂、“珍爱生命远离毒品”禁毒法制宣传等各类宣传教育活动15场次，受教育人数2350余人，有效预防和减少青少年违法犯罪；青年志愿服务是当好桥梁的重要延伸力量。把握“3·5”雷锋日“3·12”植树节等节点，开展多种形式的学雷锋、文明交通、送温暖等志愿服务活动，全年共组织开展30余次志愿服务活动，推动了青年志愿服务品牌化运作、系列化发展、全方位普及，赢得社会广泛好评；运用网络新媒体发出团的声音。团县委及乡镇团委建立腾讯QQ群、新浪腾讯官方微博、微信公众平台“青春当雄”，坚持每周更新一期信息。团系统组建有200人的网宣员、网评员队伍，建立微信群、QQ群和手机短信群发等指令传输和意见收集渠道，逐渐完善日常管理。大力推进“青年之声”网络平台建设，积极为全县广大群众答疑解惑。

【团要管团、夯实基础】 坚持青年党员先行，团县委书记带头作专题党课、团课。召开当雄县党的群团工作会议，组织团干部学习中央党的群团改革工作会议精神以及《共青团中央改革方案》，探讨新时期群团工作面临的挑战，进一步加强基层团的思想、作风和组织建设。开展“两学一做”学习教育活动，推动各级团干部强化使命担当，用心用情用力，认真求真较真，精心精细精致，真抓实干，埋头苦干，力求在谋事、干事、成事上有新突破，在治懒、治庸、治散上有新改观，在提速、提质、提效上有新成效，使各级团组织真正成为党联系青年的桥梁和纽带。

（卓　嘎）

【领导名录】

书　记　熊　劲（女，5月免）

副书记　卓　嘎（女，藏族）

当雄县妇女联合会

【概况】 2016年，当雄县妇女联合会认真贯彻落实中共十八届四中、五中、六中全会，中央第六次西藏工作座谈会和习近平总书记关于新时期妇女工作的重要指示精神，贯彻落实中央、区、市县关于加强和改进党的群团工作的决策部署，结合“两学一做”学习教育，紧紧围绕精准扶贫精准脱贫，立足基本职能、发挥特殊优势，切实维护妇女儿童合法权益，促进男女平等，富有创造性地开展了一系列工作，为全县的经济和社会各项事业的发展做出了不懈的努力。

【组织领导】 年内，县妇联以“两学一做”学习教育活动为契机，进一步建立健全妇儿工委联席制度，及时调整充实成员单位组成人员，并召开专题工作会议安排部署“两规”终期评估工作会1次，召开妇儿工委全体会议1次，督促指导各成员单位保质保量完成各项指标。召开县政府妇儿工委成员单位联席会议即联络员培训会1次，为全国和自治区“两规”迎检工作顺利推进奠定了坚实基础。深入开展“两学一做”学习教育，以支部为单位共组织党员干部集中学习9次，妇联自身召开学习会9次，撰写学习笔记51600余字，开展支部书记讲党课活动1次。提高了妇联工作的组织引导能力。

【自治区妇联主席江措拉姆到当雄县调研】 4月25日，自治区妇联主席、自治区政府妇儿工委办副主任江措拉姆带队的调研组一行4人到当雄县调研《当雄县妇女发展规划（2011-2015年）》《当雄县儿童发展规划（2011-2015年）》实施情况。调研组听取了当雄县“两规”工作汇报，走访了县“妇女之家”、县完小、宁中乡卫生院、宁中乡曲才村共4个点进行实地调研。

【开展宣传教育活动】 为进一步深化妇女法制宣传和维权服务，以“12·4”法制宣传日、“三八”妇女维权周、“社会管理综合治理宣传周”“安全生产月”等活动节点为契机，通过采取发放宣传资料、现场解答等形式，着重宣传了《妇女权益保障法》《未成年人保护法》《婚姻法》《反家庭暴力法》等各类法律法规，并发放了各类宣传资料2500份。受益牧民群众达1700余人次，其中牧民妇女群众达950余人次，流动妇女达300余人次，进一步营造了全社会关爱妇女儿童的良好氛围。

【开展健康服务活动】 认真实施“贫困地区儿童营养改善项目”。联合县疾控中心妇幼儿童保健科，组织乡镇及村组妇联在全县妇女群众中进行科学母乳喂养、儿童营养包知识宣讲活动，截至年底，全县有520人每月免费领取婴幼儿“营养包”520盒。提升了牧区妇女对儿童喂养、儿童保健的知识水平，极大地改善了贫困儿童的发育状况。当曲卡镇妇联组织54对夫妇在县医院进行健康检查，增强群众对孕检工作重要性的认识，促进当雄县妇女儿童健康发展。

【推进民生项目】 年内，认真统计建档立卡精准扶贫户中妇女和儿童人数，深入联系点进行入户调研，了解妇女群众生产生活中的困难，积极为她们解难事，发力精准扶贫。2016年，从拉萨市妇联争取女大学生资助项目，为5名精准扶贫户女大学生发放助学金25000元，从县级妇女工作经费中支付32000元，为8名建档立卡的女大学生发放助学金每人4000元；实施好“春蕾计划”，为1名女学生争取到1400元的“蓝天春雷”助学金。全力做好妇女“两癌”救助宣传活动，并为全县1名“两癌”确诊妇女发放救助金1万元。从市妇联争取婴儿关爱包，为15贫困母亲发放婴儿关爱包15包，价值4500元，努力为贫困母亲提供保健服务。开展“恒爱行动”——毛线编织活动，全县10名爱心妈妈为孤儿编制了毛衣毛裤16件，并发给公塘乡小学孤残儿童。组织妇女合作社法人深入公塘乡小学举办“关爱孤残情暖童心”圆梦活动，为8名学生购买并送去了小学语文作文书（全套）、遥控飞机、芭比娃娃等价值3000元的物品，助力助推了精准扶贫。

【开展送温暖活动】 以“春节、藏历新年、端午节和重阳节”为契机，采取召开座谈会和入户走访的方式，开展“我们的节日”慰问活动，将党和国家的温暖送进贫困妇女、儿童的心坎。2016年，共走访慰问全县18名贫困母亲，送去糌粑、清油、面粉等慰问品及慰问金7400元；为20名贫困、留守儿童发放了价值4950元的学习、生活用品；走访慰问空巢老人8名，为他们送去了高压锅和棉鞋等生活用品；为10名孤残儿童送去了5000

元的慰问金。使他们时刻感受党和政府的关怀，感党恩，听党话，跟党走。

【帮助扶持妇女创业】 为认真贯彻落实《中央关于加强和改进党的群团工作的意见》，使有意愿、有能力的妇女能够顺利实现创业，并能带动更多的妇女增收致富，2016年，县妇联又为贫困妇女创业带头人投入扶持资金10000元，帮扶创建了一家9户贫困妇女家庭组成的民族服装手工制作合作社，极大地激发了妇女创业热情。截至年底，该合作社人均月增收达到2500元。县妇联协助县人社局举办了“2016年当雄县春风行动专场招聘会暨精准扶贫转移就业促进会”，共有20家用人单位，提供了宾馆服务员、会计等9个工种，参加招聘会群众1000余人，现场初步达成就业意向131人。为应聘企业和广大求职者搭建一个有效的劳务对接平台，帮助有就业愿望的求职者尽快实现就业。

【举办各类文艺活动】 年内，为进一步激发全县各族干部群众的爱国热情、丰富人民群众的精神文化生活，联合团县委等单位先后举办“快乐巾帼”趣味活动和“童心飞扬庆六一激情畅想中国梦”“少儿才艺比赛”等各类文体活动4场次，促进了社会主义和谐社会和精神文明建设，极大丰富了广大干部群众精神文化生活。

【树立先进典型】 2016年，结合广大妇女组织和妇女在推进全县经济和社会发展中发挥作用情况，按照市妇联的要求，在全县范围内开展了寻找“最美家庭”和“最美格桑花”“平安家庭”“五好文明家庭”等好家风好家训创建评选活动，本着“公平、公正、公开”的原则，向市妇联推荐全县“最美家庭”19户、“平安家庭”7户、“最美格桑花”2名、“五好文明家庭”1户。其中1户被评为全国“最美家庭”候选家庭，并到北京参加全国“最美家庭”表彰大会。

【做好维权工作】 年内，为充分发挥妇女维权信访代理员作用，坚持每月开展矛盾纠纷排查，定期走访调研，及时发现侵害妇女儿童权益的事故苗头和违法行为，预防和制止就业中的性别歧视，依法维护妇女的合法权益。2016年，县、乡（镇）两级妇联共接待信访婚姻纠纷类案件10起，协助办理10起，办结率100%；按照县委、县政府指示要求，县妇联协调相关职能部门，在各乡（镇）开展了非婚生子维权专项行动，通过摸底调查、入户宣传、教育引导等方法，截至年底，共为4名妇女实施法律援助。其中1名非婚生子通过司法的法律援助，经上诉法院，已判决男方支付40000元的抚养费，其余三名因男方不履行法院判决，向法院申请强制执行。

【开展巾帼志愿活动】 年内，妇联联合团县委组织返乡女大学生志愿者，在当曲卡镇当曲5组开展“关爱留守儿童志愿服务”活动。志愿者们利用暑期时间为40余名青少年开展了为期10天的学业辅导、亲情陪伴、团体游戏、自护教育等志愿服务活动。同时为学生们送去了书包、笔记本、文具盒等学习用品，折合人民币1000元。

（索朗白玛）

【领导名录】

主 席 拉巴琼达（女，藏族）

当雄县人民代表大会常务委员会办公室

【概况】 2016年，当雄县人大常委会办公室认真贯彻落实党的十八大和十八届三中四中五中全会精神，深入学习贯彻习近平总书记系列讲话精神，深入开展“两学一做”学习教育，紧紧围绕县人大常委会中心工作，团结拼搏，开拓创新，扎实工作，圆满完成了各项任务，为县人大及其常委会依法履职和机关有序高效运转提供了良好服务保障。

【做好综合性文稿起草工作】 年内，认真起草好常委会年度工作计划，力求使常委会的工作紧扣县委中心工作和全县发展大局，并按月份排好

“工期”，推进办公室工作有条不紊地实施，为常委会依法行使监督、决定、任免等各项职权提供优质服务，充分发挥“以文辅政”的重要作用；认真起草好常委会工作报告、工作总结，全面客观准确反映常委会过去一年所作的工作及提出今后一年工作思路，为常委会总结工作经验和谋划来年工作提供有益参考；认真做好县委涉及人大工作和常委会举行的各项种重要会议、重大活动的文稿起草。认真起草好县委书记在县十二届人大一次会议上的讲话以及常委会领导在全县“人大代表之家”建设大会等讲话。按时完成《当雄县人民代表大会年鉴2016》的编撰。

【做优各项会议服务工作】 年内，以提高会议质量为重点，切实把好上会议题关、材料关、分组讨论安排关、常委会审议意见督办关，不断提高办公室服务水平。全年高效优质地完成人民代表大会、常委会会议、主任会议（简称“三会”）等重要会议21次，其中人民代表大会会议2次、常委会会议9次、主任会议10次。

【做实服务人大代表工作】 年内，做好人大代表培训工作。成功举办一期县乡人大代表培训班，共有25名基层人大代表参加；做好人大常委会组成人员走访代表工作。精心起草好调整县十二届人大常委会组成人员联系基层县人大代表走访工作方案，切实加强常委会组成人员与人大代表的密切联系，不断畅通社情民意反映和表达渠道；做好闭会期间代表服务工作。精心拟定代表小组活动方案、确定视察路线和后勤保障等各项服务工作，圆满完成常委会交给的2次代表小组活动的组织协调和服务工作。圆满完成市人大代表到当雄开展年终专题调研活动。积极组织协调部分市县人大代表参加市县人大常委会组织开展专题调研、督办代表建议、观摩法院案件庭审等活动。坚持给县人大代表赠订《中国人大》杂志，为代表依法履职积极创造条件；认真督办代表建议。联合县督查室，深入县发改委、教育局、水利局等单位进行督办，切实加大对代表建议督办力度，提高了代表建议的落实解决率。截至年底，代表所提的32件建议已全部办理完毕并答复代表，代表们对办理结果比较满意。

【办公室内部管理】 年内，健全完善公文处理制度，实行分级负责制，做到层层把关，严格审核，进一步规范了公文的写作、审核、签发、印制、发送等程序，确保了零差错、零失误；采用电子政务进行收发文件，大大提高了办文效率。对所有来文来电都能及时准确地签收办理，未发生耽搁送阅、影响工作的现象；切实强化机关车辆、财务、公务接待等管理，为常委会及机关提供优质高效的后勤保障。此外，积极加强与县委办、县政府办、县政协办、县人民法院、县人民检察院等相关部门的沟通联系，互相支持配合，为机关日常工作顺畅运转营造和谐良好的环境。

【转变作风】 2016年，办公室按照县人大常委会年度工作计划的安排，以深入开展“两学一做”学习教育为契机，坚持把深入调查研究作为转变工作作风的突破口，深入开展义务教育、居民基本养老保险等专题调查研究，充分听取和吸收基层群众意见建议，综合分析汇总形成调研报告，为常委会会议审议专项工作报告、发出审议意见书提供重要参考依据。

【乡镇人大工作】 组织乡镇人大主席、副主席列席县人大常委会会议及参加常委会开展的专题调研等活动，认真审核乡镇人大会议材料，精心指导乡镇人代会，切实提高乡镇人大干部的综合素质；深入开展“人大代表之家”规范化建设工作。在常委会的带领下，经常深入全县8个乡镇进行检查指导，了解进展情况和存在的问题，全力抓好乡镇“人大代表之家”规范化建设工作。全县8个乡镇“人大代表之家”规范化建设工作于6月份全部完成，为进一步提升乡镇人大工作水平夯实了基础。

【人大宣传工作】 年内，认真做好《中国人大》等刊物的征订发行工作。通过下发征订文件、上门征订等方式，不断加大人大刊物在全县国家机关的普及；认真做好人大宣传工作。与市人大常委会联合大力宣传当雄县经济社会发展和民主法制建设情况，宣传效果取得良好的反响。

【开展“两学一做”学习教育】 年内，根据县委的统一部署，深入开展“两学一做”学习教育的动员学习、问题查摆、整改落实和巩固提高等工作，进一步加强了机关干部职工纪律作风建设，增强了学法律、懂政策、守纪律、讲规矩意识，工作作风得到明显转变，机关工作效能明显提高。

【政治理论和业务学习】 年内，深入学习贯彻党的十八届三中、四中、五中全会和习近平总书记系列重要讲话精神，不断提升政治理论水平。举办县乡人大代表《代表法》《选举法》学习培训班，进一步提高办公室的业务水平。

【廉洁自律】 认真学习贯彻《中国共产党廉洁自律准则》《中国共产党纪律处分条例》，严守党的政治纪律和政治规矩，严格执行中央八项规定精神，进一步完善制度、强化措施、加强监管，优化经费支出，建设节约型、廉洁型机关。自觉接受人民群众和县人大代表的监督，进一步树立和维护人大机关干部的良好形象。

（韦祥余）

【领导名录】

主　任　德　吉（女，藏族，12月免）

副主任　央　宗（女，藏族，12月任）

当雄县人民政府办公室

【概况】 2016年，当5把文稿质量提高到一个新水平。积极推进公文流转规范化建设，严格收发文程序，降低差错率。年内，印发政府文件208份，政府办公室文件73份。坚持热情、节俭、规范，精心搞好政务接待，体现地方特色，不搞铺张浪费。

【事务管理】 政府信息公开工作进一步加强，在财政预决算、征地拆迁补偿、住房保障等重点领域的信息公开力度得到加强，各类政府信息发布的及时性、规范性进一步得到提高。建立较为全面的政府应急管理体系。根据新形势、新变化、新要求，认真做好突发性公共事件应急管理工作，突出重点，综合协调，狠抓落实，卓有成效地开展工作。在各类突发性公共事件中，办公室全体成员保持临战状态，加强应急值班，有力保障了各项抢险救灾工作顺利进行。

【法制工作】 全面推进依法行政，围绕中心，打造法制性政府，聘请政府法律顾问。增强依法行政能力，聘请专家开展开展知识讲座。加强县政府规范性文件管理，从计划、起草、审查、备案和清理五个阶段分别做了详细的阐述，加大法制办的审查力度，全面完成全县范围内的规范性文件清理工作。

【后勤保障】 强化后勤保障工作，近两年来，政府办坚持以“创建学习型机关”为重要抓手，以学习启迪思路的创新，以学习促进作风的转变，以学习推动效能的提高，努力实现后勤工作“管理科学化、服务社会化、保障法制化”，取得了一定的成效。同时要求每名工作人员在“钻”“勤”“有心”“优”上下功夫，变被动服务为主动服务，不断提高服务能力和水平，全县各单位对政府办的服务皆非常满意，后勤保障服务工作再上新台阶。

【理论业务学习】 年内，始终把学习作为办公室素质提升的重要途径，根据办公室工作实际，制定了年度学习计划，进一步健全完善办公室学习制度，坚持开展集中学习与自学相结合的理论、业务学习，有效提高干部的业务和理论水平。坚持重大事项班子集体研究，广泛征求意见，推进决策的科学化、民主化，充分调动班子成员的主动性、积极性和创造性。坚持以人为本、民主管理，经常开展谈心交心活动，办公室内部始终保持团结协作、积极向上的工作氛围。

【党风廉政建设】 从宣传教育入手，加强廉政思想教育，不断增强党员干部廉洁自律的自觉性。班子成员以身作则，率先垂范，严格遵守干部廉洁自律各项规定，耐得住寂寞，守得住清贫，干净干事。干部职工始终坚持自重、自省、自警、自励，从严规范自身言行，时刻与党的纪律要求保持一致。注重自身形象，严守党的纪律，严格依法办事，着力打造清正廉洁的干部队伍。带头狠刹各种不良风气，办公室干部职工从未利用职务之便谋取不正当利益，全年无违反廉政准则、违规经商办企业、以权谋私、违法违纪行为发生。

（顾　晨）

【领导名录】

主　任　普布扎西（藏族）

副主任　德庆曲珍（女，藏族）

　　　　洛桑旺丹（藏族）

　　　　陈　彬

中国人民政治协商会议当雄县委员会办公室

【概况】 2016年，政协当雄县委员会办公室深入贯彻落实中共十八大以及十八届三中、四中、五中、六中全会精神，扎实开展“两学一做”学习教育，围绕县委、县政府中心工作和县政协二届一次会议提出的目标任务，积极履行政协“三大职能”，充分发挥承上启下、保障、协调、沟通和参谋助手的作用，较好地完成了2016年的工作任务。

【开展“两学一做”学习教育】 “两学一做”学习教育开展以来，县政协机关党支部自觉把“两学一做”学习教育作为巩固党的群众路线教育实践活动和“三严三实”专题教育成果的深化和拓展。按照县委安排部署，精心制订学习教育实施方案和学习计划，在深入学习、深度调研的基础上，广泛征求意见建议，召开专题组织生活会，开展了批评和自我批评。通过“两学一做”学习教育，切实增强了县政协机关全体党员政治意识、大局意识、核心意识、看齐意识，深刻把握了新形势下党员的职责使命。

【精心办文】 年内，办公室认真对照《行政机关公文处理办法》的规定，对公文处理工作作了改进和完善，坚持严把“三关”，确保办文质量。严把起草关；严把审核关；严把收发关。

【细心办会】 年内，办公室圆满完成二届一次全体会议，常委会议、党组会议、主席会议、半年协商座谈会和界别座谈会的组织筹备和服务工作。无论是会前的材料起草、会场上的服务保障工作，还是会后材料的收集整理等工作，都竭力做到细致周到，尽量为与会人员提供一个良好的环境，确保会议顺利召开。

【调研工作】 县政协机关按照县政协常委会工作部署和要求，根据各专题调研视察活动的内容和特点，认真研究，制订专题调研视察活动的具体实施计划，专题调研视察活动都安排政协机关工作人员分工联系，责任到人，确保服务。年内，县政协办公室组织有关界别委员就当雄县精准扶贫精准脱贫小康安居工程、纳木错景区保护开发、纳木湖乡减畜工作、净土健康产业等课题开展专题调研视察活动。在开展专题调研和专题视察活动过程中，通过采取分散与集中、走访、召开座谈会的多种形式，深入了解有关方面的详细情况，广泛听取各单位部门领导和广大群众的意见建议，进行详细分析，融入委员智慧，撰写专题调研、视察报告，为县委、县政府及有关部门推动相关工作提出科学可行的意见建议。

【提案工作注重实效】 提案质量是提案工作的生命，是做好提案工作的前提和基础。县政协办主要从选题引导、搭建知情平台、加强培训辅导和对提案严格审查把关等入手提高提案质量。县政协办在县政协二届一次会议期间，共提出提案47件（会议期间收到45件，闭会期间收到2件），经审查立案46件，确定的提案经过整理、翻译、打印后，按照归口管理、分级负责的原则，将46件提案，分别交给22个相关部门和单位归口承办。截至年底，交办的提案已办复46件，办复率为100%。为使提案办理工作真正落到实处，县政协办加强与承办单位的沟通、联系，及时督促有关部门组织力量把提案办理落到实处，并将提案办理情况及时答复委员、县政协办和县综合督查室。

【政协机关建设】 年内，修订和完善《当雄县政协机关理论学习制度》《当雄县政协机关党内生活制度》《当雄县政协机关考勤管理办法》等规章制度，努力打造务实高效、团结协作、风清气正的和谐机关。激励机关干部勤于学习、善于创新，大力弘扬敢于负责、勇于担当、求真务实的精神，切实提高政协机关工作的创新能力、执行效力和服务保障能力。

【强化综合协调】 年内，办公室注重加强与县直部门的工作协调、协作，确保政协各项工作能够超前部署、超前实施、超前完成。坚持实事求是，求实创新，各项工作力争做到细致具体、务实高效。

【抓好工作督办落实】 无论是县委、县政府以及上级政协所交办的工作，还是县政协全体会议、常委会议和主席会议安排部署的工作都能做到尽心尽力、尽职尽责抓好督办落实，在工作中树立“马上就办”意识，保证政令畅通，确保时限，从没有出现拖延或敷衍塞责的现象。

【加大对外交流与合作】 2016年，接待全国政协侨联界、民族和宗教界、内蒙古政协、自治区政协等区内外政协学习考察团15批次，200余人次，举办座谈交流会10余次。积极参加区市政协有关会议。通过交流学习，开阔了视野，增长了见识，进一步提高了服务水平和履职能力。

（胡石磊）

【领导名录】

主任 李　　军（12月免）

　　　旺丹次仁（藏族，12月任）

当雄县信访局

【概况】 2016年，当雄县信访局共受理（接待）群众来信来访来电45批（件）104人次，办结45批（件），办结率100%，其中本级受理31批（件），上级转交办14批件；排查矛盾纠纷22起，化解22起，化解率100%；根据拉萨市信访局推动市县两级信访部门、职能部门以及乡镇（街道）全部实现信访信息系统互通互联工作要求，组织开展网上信访信息系统业务培训1次。开展信访法治宣传活动6余次，发放依法逐级走访宣传单、信访条例等各类信访宣传手册2000余份；先后召开4次信访工作联席会议和4次信访问题专题会议，全年共启用信访疑难资金2.17万元，化解1件久拖未决矛盾纠纷。

【坚持源头预防治理】 当雄县按照党委总揽全局、政府牵头负责、部门分工落实的原则，切实把源头预防工作摆在重要议事日程。调整充实了信访工作联席会议领导小组、矛盾纠纷排查领导小组和县委群众工作部领导小组，定期召开信访专题会议和信访联席会议，各级政府“一把手”既挂帅也出征，定期分析信访形势、准确把握信访苗头、及时研究应对措施，真正形成主要领导亲自抓、分管领导具体抓、班子成员配合抓、职能部门落实抓的工作机制。同时，与各乡（镇）、县直部门签订了信访工作目标责任书，形成了一级抓一级，层层抓落实的良好态势；积极落实“属地管理、分级负责，谁主管、谁负责，依法、及时、就地解决问题与疏导教育相结合”原则，将“事要解决”作为出发点和落脚点，大力推行“首办责任制”，推动由单事单议向综合施策转变。

【落实领导干部接访下访约访制度】 2016年以“两办”名义下发《关于做好县级领导接访活动的通知》《关于进一步强化县级领导信访工作责任的通知》《关于做好县级领导带案下访工作的通知》《关于县级党政领导接访（约访）时间安排的通知》等文件，保证定期有一名县级领导到信访大厅接待信访群众，县委、县政府主要领导对重点群体及重复越级上访的重点人坚持做到随约随接，搭建领导与群众间的对话平台，通过面对面直接交流，保证了上访对象反映问题及时有效得到化解。2016年，针对1起信访反映的问题，安排了“县长接待日”。

【加强宣传引导】 为进一步推进“平安当雄”建设，结合三月综治宣传和《信访条例》修订实施11周年为契机，信访局联系实际，制作了藏汉双语群众通俗易懂的宣传资料和读本，主要从国家和自治区信访条例、信访人员的权利和义务、信访工作流程、拉萨市依法逐级走访实施细则等方面的知识进行宣传讲解，更好地将信访程序、依法逐级走访办法、信访条例等宣传工作深入广大牧民群众之中，切实提高广大牧民群众依法信访意识，预防和减少各类矛盾纠纷和信访隐患，特别是2016年开展的依法逐级走访宣传宣讲活动以来，当雄县牧民群众的依法逐级走访的意识得到了有效提高，跟往年比，牧民群众越级上访的次数明显下降，很好地维护了“畅通、有序、务实、高效”的信访工作秩序。

【高度重视群众初信初访办理】 年内，进一步完善各级各部门信访接待场所服务功能，全县各乡（镇）、各部门均已建立专门的群众来访接待室，并配有专兼职信访工作人员，及时办理群众来信来电来访，使群众话有地方说、事有地方办、困难有人帮、问题有人管；并严格落实首问负责制、首接首办责任制，切实承担起化解职责范围内信访问题的责任，依法按政策处理信访事项，提高初信初访一次办结率和化解率，最大限度地减少问题积累，切实减少群众来信转来访、重复访、越级上访的现象，引导群众更多地用书信、电话反映诉求。

【组织培训】 为努力建设一支拥有网上信访工作能力的高效、高素质信访干部队伍，当雄县举办了为期两天的网上信访信息系统培训，邀请西藏自治区信访局网上信访信息系统工程师对全县各乡（镇）信访专干、信访主管及县直相关部门信访联络员等50余人进行业务授课，有效推动了全县各职能部门、各乡（镇）实现信访信息系统互联互通，实现信访业务网上流转。

【强化督导】 年内，为确保网上信访信息系统真正畅通运行、规范运作，信访局成立由局长任组长的督导组，到全县8个乡（镇）开展规范网上信访信息系统使用情况检查，主要查看各乡（镇）来信来访录入、办理等情况，对信息录入不全、答复意见内容及格式不统一等情况，督导组责令进行整改。同时，对各乡（镇）在系统使用过程中出现的问题进行了一一解答，提出改进建议。

【规范办理】 按照“随接随录、来访必登”的要求，信访局每天安排两名信访干部到接访大厅接待来访群众，将信访事项信息及受理、办理环节统一录入信访信息系统，及时转（交）办、按时提醒督办责任单位，并定期电话回访信访人，做到了每件信访事项的录入有信访人基本信息、反映情况及责任单位办理情况和对信访人的答复意见、送达回证、满意度测评等要素。并明确专人对案件录入进行审核把关，坚决杜绝办理不规范的访事项进入信访信息系统，确保了程序规范、数据完整、信息共享。2016年，当雄县信访局共受理登记31件信访事项，均已录入到网上信访信息系统。

【开展用工单位联合检查】 年内，为进一步做好“双拖欠”信访突出问题的防范处置工作，从源头上预防建筑领域信访事项及矛盾纠纷。根据当雄县政府《关于在用工单位开展联合检查的通知》要求，信访局联合县人社局、县教体局、县发改委、县畜牧局、县住建局等单位开展用工单位联合检查工作。主要检查使用农牧民工的各类用人单位，特别是招用农牧民工较多的建筑施工、加工制造及其他中小型劳动密集企业、个体工商户等，对用工单位的农牧民工工资保障金缴纳情况、工伤保险征缴情况、用人单位签订劳动合同情况、用工许可证办理情况等进行详细检查。其次还检查了完工项目工资结算情况和有无拖欠农牧民工工资情况，切实做到了排查到位，不留死角，调处到位，不留隐患。

【完善矛盾纠纷排查调处体系】 依托网格体系，完善信访组织机构。结合“联户平安、联户增收”工作网络，进一步完善了基层信访工作组织机构，建立“联户代表→网格联络员→村（居）群众工作室→乡（镇）信访接待室→县信访局”的信访工作网络，搭建一条联系群众、收集社情民意、掌控信访矛盾、畅通信访诉求的“绿色通道”；加强信息排查，畅通信访工作渠道。当雄县按照“矛盾联排、纠纷联调”的工作原则，充分发挥全县网格长、联户代表的作用，更好地实现信息收集、沟通交流、矛盾缓冲和化解等功能，使信访工作关口前移至最小单位，联户单位信访隐患和排查出的社会矛盾第一时间上报至网格系统，实现了信访隐患和矛盾纠纷在网格中办理、督办和反馈，积极把各类矛盾纠纷、信访隐患化解在基层、解决在萌芽状态；有效整合资源。将社会管理由职能部门管理实现全民参与的无缝隙对接，对信访由联户代表进行一对一帮扶管控，通过一级抓一级，层层抓落实的责任落实机制，形成人人身上有责任的体系，将信访维稳触角延伸到全县的每一个角落，有效预防和减少越级访、重复访和非正常访，切实提高社会建设和社会管理水平。2016年，共排查矛盾纠纷22件，已调处22件。

【落实信访工作责任】 年内，严格按照《信访条例》法定权限和程序，依法履行职责进行规范，不断提高信访工作人员依法办事能力和维护群众合法权益能力；严格按照“谁受理、谁协调”“谁负责、谁办理”“谁办理、谁回复”的原则，严格规范有权处理的行政机关按照法定程序和要求受理和办理信访事项，推动信访事项的及时就地解决，提高信访事项办理公信力；严格按照“属地管理、分级负责、谁主管、谁负责、依法及时就地解决问题与疏导教育相结合”的工作原则，进一步强化信访工作的领导责任、职能部门责任和基层属地责任，积极引导群众以理性合法的方式逐级表达诉求，维护正常信访秩序。

（付　涛）

【领导名录】

局　长　卓　嘎（女，藏族）

副局长　米　玛（女，藏族）

武 装

当雄县人民武装部

【概况】 2016年，当雄县人民武装部坚持以邓小平理论、“三个代表”重要思想、科学发展观为指导，深入贯彻中共十八大和十八届四、五中全会精神，深入学习贯彻习近平主席系列重要讲话和全军政治工作会议精神，以党在新形势下的强军目标为统揽，按照“四个牢固立起来”“五个着力抓好”要求，把握整风整改基调，坚持锐意进取、奋发有为、狠抓落实，大力加强党委班子建设、干部队伍建设和人武部全面建设，圆满完成了上级赋予的各项工作任务，人武部全面建设呈现出协调发展、稳步上升的良好局面。

【思想政治建设】 2016年，全面深入学习贯彻习主席系列重要讲话精神，特别是国防和军队建设重要论述，积极开展“学习践行强军目标，做新一代革命军人”主题教育，围绕学习贯彻习主席关于培养新一代革命军人的重要指示，对照“有灵魂、有本事、有血性、有品德”的新“四有”要求，紧跟时代势任务持续培育当代革命军人核心价值观，持续深化军魂教育，深扎听党指挥的思想根子，自觉坚持党对军队的绝对领导，防止官兵犯政治上的自由主义。深化党史国史军史和老西藏精神教育，开展纪念抗日战争胜利70周年、遵义会议召开80周年和自治区成立50周年系列活动。围绕习主席指出的10个方面问题，以整风整改为基调，以党委班子和党员干部为重点，组织观看《作风建设永远在路上》专题片，全面扎实开展“三严三实”专题教育，牢固树立了党委班子和干部党员的忠诚、干净、担当意识。

【自身建设】 2016年，人武部不等不靠，积极向县委、县政府请示汇报，争取了107余万元经费，用于配套建设人武部官兵的办公和生活设施，购置越野车辆一台，维修下水管道及管网200余米，新建消防池、避雷针各一个、维修太阳能10个、改造电视信号16部等，进一步营造了拴心留人的良好环境。

【民兵军事训练】 2016年，武装部一手抓维稳执勤，一手抓主战装备训练。全年共出动民兵2156人次，组织在各要道路口、各重要目标点进行执勤和担负维稳任务，确保了纳木湖羊年转湖节、元旦、春节、藏历新年、“3·10”“3·14”“3·28”期间的辖区稳定。县政府先后投入10万余元，由县财政、县纪委等单位集中为民兵高炮分队采购了野外驻训所需物资和训练保障器材，足额发放了民兵误工补助。当雄县人武部先后2次组织高炮分队集中训练，共培养了30余名民兵高炮骨干，实现了装备配发后翌年形成战斗力的目标。

【民兵组织建设】 2016年，武装部狠抓民兵组织落实，成立以县主要领导任组长、人武部主官任副组长的民兵工作领导小组，深入辖区6乡、2镇、县直、企（事）业单位，协调解决民兵组织工作中存在的问题，进一步搞好教育动员，摸清适龄青年的政治表现、年龄结构、文化层次、身体状况等底数。结合年度整组，把5100冰川矿泉水厂职工、当曲卡镇铁路护路队队员编入应急民兵连，解决应急民兵难召集的问题，确保招之即来。在保证人员落实的基础上，领导小组精心指导，区分应急民兵连、民兵高炮连、民兵技术分队等建立健全民兵组织，成立民兵临时党支部，加强组织领导，经常开展工作，在调动民兵积极性、应急维稳拉动演练、民兵高炮分队训练考核、民兵编组、征集兵员等工作中，充分发挥了民兵临时党支部的战斗堡垒作用。根据基层武装工作的需要，县委、县政府结合年度干部调整实际，为6乡2镇配齐配强专武干部，分别为每个乡（镇）配1名基层专武部长和1名基层专武干事，基层专武部长为该乡（镇）党委委员，从组织上保证了基层武装工作的质量。针对新提升专武干部不会开展工作的实际，组织人员参加上级组织的区外培训以外，人武部立足自身，集中组织新提升专武干部业务培训，收到了较好的效果。针对当雄县传统与宗教节日多，各乡（镇）驻地分散的特点，县政府投入5万余元，为每个乡（镇）配备了一个应急排的防暴器材和服装，解决了各乡（镇）应急民兵巡逻器材被装不统一的问题。

【征兵工作】 针对近年来各地出现的当兵冷、征兵难的实际，人武部与县相关职能部门积极协同，走村串户，不留死角，扎实开展征兵宣传教育工作，大力倡导“一人当兵、全家光荣”的浓厚氛围。严格落实适龄青年网上报名，学历审核、政治审查、体格检查等程序，2016年，实现当雄县征兵工作由“数量规模型”向“质量效益型”的转变，最终批准入伍20人，当年实现无1人退兵的目标，高标准完成年度征集任务。

【群众工作】 2016年，人武部围绕困扰多年的羊八井训练基地草场纠纷，多次深入格达乡各村（组），调查了解驻地群众草场补偿诉求，协同乡（村）干部反复做群众的工作，客观真实地丈量草场损坏面积、登记牧民房屋受损情况，给军地相关部门提供了第一手资料。充分发挥人武部桥梁纽带作用，积极主动协调，促成军地（市、县）主要领导7月份赴现地勘察，最终达成军地草场补偿意向协议，有力支持了国防建设，确保了社会稳定。驻地当曲卡村牧民，多年来放牧牦牛只能趟水过河，小孩上学只能绕道远行，涨水季节经常有牦牛被河水冲走，面对河道阻碍牧民的实际困难，部党委看在眼里，急在心里，组织官兵与村民了解实情，不同季节多次实地勘查，综合情况及时向县政府汇报。充分发挥官兵种养殖技术的优势，为当曲卡镇牧民、铁路护路队、寺庙等传授高寒地区大棚温室蔬菜种植技术，受到当地群众的一致好评。协调驻地驻军单位做好民族团结工作，积极解决涉及驻军与地方群众间的矛盾纠纷，有效维护了军政军民团结。

（刚　组）

【领导名录】

部　长　金　明

副部长　阿　娜（藏族）

当雄县公安消防大队

【概况】 2016年，当雄县公安消防大队在总队。支队党委及县委、县政府的正确领导下，严格按照年初既定的工作目标，狠抓思想政治教育、严格部队管理教育、认真排查火险隐患、加大消防宣传力度、圆满完成“三大”节日、三月敏感期、“萨嘎达瓦”宗教活动及“3·12”羊八井液化气槽车翻车事故、“6·8”当雄县龙仁乡柴油槽车侧翻事故处置、“当吉仁”赛马节、当雄县换届选举会议等各类消防安全保卫任务，为全县2016年保持社会局势稳定和火灾形势稳定的“双稳定”工作和“三不出”目标做出了积极贡献。

【基本情况】 2016年，大队现有官兵18人，其中

1人驻村，1人借调尼木，1人借调公安厅，3人休假，1人长期在格尔木执勤。消防车4辆，一辆12吨水罐泡沫消防车、一辆抢险救援车、一辆3.5吨水罐泡沫联用消防车，一辆5吨泡沫水罐联用车。行政车3辆，生活保障皮卡车1辆。

【全县火灾、救援情况】 截至年底，当雄县未发生火灾事故，共接警抢险救援任务34起，出动34次（含增援），出动消防车54辆次，消防人员255人次，抢救被困人员5人，抢救财产价值20万元。同比2015年，接警起数下降了71.67%，出动次数下降了71.67%，出动车辆数下降了86.89%，出动消防人员数下降了88.12%，抢救被困人员数上升了400%，抢救财产价值与2015年持平。

【思想政治教育】 坚持教育引导，夯实官兵思想根基。大队把管理教育作为部队正规化建设的重点，扎实开展总队、支队两级组织的专题学习教育活动，先后开展了学习结合正在开展的“两学一做”教育活动，积极组织好官兵“手抄党章100天”活动、习近平总书记一系列重要讲话精神、学习贯彻《中国共产党廉洁自律准则》和《中国共产党纪律处分条例》等主题教育活动，不断坚定了官兵的人生信念和职业追求，有效筑牢官兵的思想防线，保障了官兵思想纯洁性。同时，“两学一做”活动期间大队制作了活动主题展板两张，完善了党务公开栏的制作，使官兵牢固树立了军人服务意识、奉献意识，全面提高了官兵甘于奉献的政治责任感、使命感，为有效防止思想失控、组织失控、管理失控提供了强有力的保证；坚定理想信念，践行“人民消防为人民，人民消防爱人民”，始终以群众利益高于一切，为县当好参谋助手作用。期间，大队积极参加了县里的抢险救灾任务、为民助民等各项任务和活动，得到了驻地百姓高度赞誉；加强部队管理，确保队伍安全稳定。大队严格依照条令条例，从一日生活秩序的细节着手，从起居作息、警容姿态、礼节礼貌、队列步伐、一举一动、一言一行抓起，狠抓官兵作风养成，坚持领导带头、干部带头遵守，克服思想作风松散、纪律松弛等现象。通过努力，大队全体官兵、辅警上下团结、和谐，凝聚力不断增强，确保了部队内部安全稳定。

【统筹规划、细致部署】 为切实抓好各项消防安全保卫任务，确保社会安全与稳定，根据支队的工作指示和总体工作安排，认真制订了监督检查、夜查、消防宣传、消防培训等工作的计划和方案，对上级下发的文件和各级领导的工作批示，坚持“不推办、不拖延、不应付、不打折扣”的要求，尤其是“两节”“三月敏感期”“萨嘎达瓦”宗教佛事活动、五一黄金周、“当吉仁”赛马节期间、当雄县换届选举期间等消防安全保卫专项行动的要求，大队周密部署，确保工作扎实有效开展，取得预期效果。

【开展夏季消防安全检查专项整治行动】 2016年，当雄大队按照支队及县公安局的统一安排部署，全力排查整治火灾隐患，严厉打击消防违法行为，切实提升了社会面火灾防控能力。在“两节”“三月敏感期”“五一”黄金周期间、“当吉仁”赛马节、当雄县换届选举等重大敏感节点扎实开展了“零点夜查”行动，有效预防了火灾事故的发生。积极深入重点单位、敏感场所、涉庆场所开展检查。截至年底，大队共检查单位938家次，发现火灾隐患1233余处，督促整改火灾隐患1227余处，下发《责令改正通知书》478余份，下发临时查封决定书0余份，责令“三停”单位0家，处罚金额0元。大队与县政府、各乡镇、21家重点单位年初逐层签订消防安保责任书30余份。

【寺庙火灾防控】 为切实了解当雄县火灾防控尤其是寺庙火灾防控工作，大队先后组织人员多次深入寺庙监督检查，对寺庙管理委员会、派出所，以及寺庙消防安全现状和重点部位进行了细致有效的调研，并形成了2份专题报告上报了支队防火处及县委县府。县委、县政府高度重视，并在县长办公会议上专题研究当雄县文物古建筑火灾隐患整治工作，完成了七座寺庙的电气线路改造工程，同时会议决定按轻重缓急、突出重点的思路每年逐步进行整改。结合今冬明春和夏季防火检查工作有利时机，对寺庙、人员密集场所和易燃易爆场所等“三类场所”进行了拉网式火灾隐患排查，并对重点部位、重点场所要求个行业主管部门实施定点监控和流动巡查相结合的方式，全面监护、严防死守场所的消防安全，随时做好火灾扑救、反恐防暴、防自焚等应急处突准备，确保消防安全万无一失。

【消防宣传】 努力提高全民消防安全意识，是大队在开展防火监督检查的重点。为吸取“2·27”拉萨火灾事故教训，2016年，大队多次到各乡镇、村委会进行消防常识宣传，注重贴近农村生活实际、人性化教育和扑救初起火灾的宣传上，积极利用下乡执法检查等时机，向边远农牧区开展“送消防知识上门”“送消防安全到家”活动。2016年，大队为乡镇干部消防知识安全培训5次，对六乡两镇派出所民警培训4次，对24座寺庙消防安全宣传1次，深入各乡镇7余次，开展中小学知识讲座4次，发放宣传资料3000余份。同时，大队还会同驻村工作队深入农牧区开展消防知识培训及初期火灾扑救演练，通过发放宣传资料、讲解农牧区防火措施的形式扩大了消防宣传面，进一步提高了人民群众的消防安全意识。

【冬季、春夏季开展岗位练兵活动】 年内，大队结合当前消防工作实际，科学制订练兵计划，通过加强体、技、战术训练，坚持月考核制度，做好登记备案，全面、系统掌握全体官兵训练工作开展情况。2016年，大队扎实开展岗位练兵及道路水源和重点单位“六熟悉”，修订完善各类预案8份，组织、指导各类演练和拉动6次，开展道路水源和重点单位“六熟悉”28次。2016年，“三月敏感期”及“萨嘎达瓦”宗教活动期间，大队严格按照当雄县一线维稳指挥部和支队等级战备要求，根据县委、县政府和县公安局安排部署，高度重视，提前介入，严密监护，全力以赴，筑牢消防安全防火墙，确保“三大”节日、三月敏感期、“萨嘎达瓦”宗教活动、“五一”黄金周期间消防安保万无一失，大队官兵共计投入2辆执勤消防车，1辆行政车，1辆生活保障车，15名官兵参与活动现场的消防安全保卫任务。通过全体执勤官兵的不懈努力，当雄县“三月敏感期”“萨嘎达瓦”宗教活动安保执勤任务。同时，2016年大队在“两节”“三月份敏感时期”“五一”黄金周、“当吉仁”赛马节、当雄县换届选举等消防安全保卫任务期间，大队先后投入警力153余人次，车辆45余台次。圆满完成“3·12”羊八井液化气槽车侧翻事故处置工作及“6·5”当雄县龙仁乡铁路桥下柴油罐槽车侧翻事故处置，救出被困人员2人，赢得了总队、支队、县委、县政府的高度肯定和赞扬。

【不断提升部队综合保障能力】 当雄县人民政府按照财防54号文件，不断加大经费投入力度。2016年度业务经费已纳入财政预算80万元，其中业务经费80万元，专项经费526万元。2016年度业务经费同2015年持平，为顺利完成各项工作任务奠定了经费保障基础。同时，大队本着厉行节约、使有限经费用在刀刃上，按照开支事项由支部集体讨论决定、分别上报支队及县财政开支请示同意后，按程序报账结算，使经费得到了有效控制。2016年，投入4000元完成了大队党务公开栏、营区展板及执法公开栏；投入了31万余元购置了便民警务站、派出所微型消防站建设个人防护装备和更新部分器材装备，大队投入了8500，购置了一台双星牌美式台球桌；大队投入了9500元，购置了4部手台；大队投入了8950元，对岗亭进行实体墙封堵中间加窗户的方案进行维修；截至年底，大队各项基础设施有了明显改善。

（汪晓伟）

【领导名录】

大 队 长　秦　超（6月免）
副大队长　次仁觉登（藏族，主持工作）
负 责 人　蒋明官

武警当雄县中队

【概况】 2016年，当雄县武警中队按照“驻警一方、服务一方”的指导思想，在县委、县政府、县公安局的正确领导下，结合中队自身实际，牢固树立“执勤主业”的观念和安全发展理念，着眼建设听党指挥、能打胜仗、作风优良的现代化高原武警，坚持把思想政治建设摆在首位，中心工作居中不动摇，依法从严治警，在全体官兵的共同努力下，圆满完成了上级赋予的各项工作任务，高标准实现了“两个确保”，官兵政治信念坚定、思想道德纯洁，没有发生违反政治纪律的人和事。2名同志立三等功，6名战士被评为优秀士兵，8名战士被支队表彰嘉奖，2016年12月份被评为“西藏自治区总队标兵中队”。

【思想政治教育】 2016年，当雄县武警中队思想政治教育是紧紧围绕把部队建设成政治可靠的威武之师、文明之师、把官兵培养成“四有革命军人”这一政治要求加强思想政治建设，坚持用党的创新理论武装官兵，深入开展保持共产党员先进性教育活动和“两学一做”主题教育，集中进行“治三松、严纪律、保安全”“尊干爱兵”教育整顿，广泛开展“条令法规学习月活动”，结合“3·14”、党的“十八大六中全会”召开等特殊日，学习《十大忠诚卫士》、践行《忠诚卫士誓词》和《忠诚卫士守则》等活动。充分发挥“三互”“双四一”等有效载体的作用，把解决思想问题、心理问题与解决实际问题结合起来，增强了思想政治工作的主动性、针对性、实效性，确保了广大官兵政治信念的坚定和思想道德纯洁，全队没有发生违反政治纪律的人和事。

【执勤和处置突发事件】 围绕“拉得出，打得赢”的要求，按照“稳定压倒一切”的方针，维护当雄县的社会稳定。根据关于加强公安工作、武警部队建设的一系列重要指示为指针，以《中华人民共和国看守条例》《中华人民武装警察部队执勤规定》等有关政策、法规为依据。深入开展“三共”“三个一遍”“正规化等级评定和执勤“双十佳”评比活动，执勤中常见病，多发病得到有效解决，安全系数进一步提高。针对看守所、武警中队共同担负任务实际，进一步明确任务，区分责任、增强责任心，达到确保目标安全，维护当雄社会稳定之目的。全年主要担负当雄县看守所外围武装警戒、机动待命、路线警卫、现场警卫任务、当雄县城市武装巡逻、抢险救灾等任务，现场警戒任务6次；机动待命任务8次；城市武装巡逻共20余次。

【军事训练】 2016年，着眼提高能力保中心，狠抓军事训练质量，全年完成80个军事训练日，参训率达72%以上。适时组织所属官兵进行综合训练，结合西藏维稳处突常态化和日常化，时常开展以“防自焚自爆、防聚集闹事、防暴力袭击”为主要科目的演练，为执勤、处突、反恐积累了经验。

【警民共建】 年内，按照习主席提出的“同呼吸、共命运、心连心”的总要求，大力开展拥政爱民工作，先后与3户驻地贫困户结成助学、扶贫对子，大力开展警民共建活动，与地方3个共建单位，组织警民联欢、座谈活动2次；组织官兵参加义务劳动日4个。

（吴佳明）

【领导名录】

中队长　陈晓峰

指导员　张进步

法 治

当雄县公安局

【概况】 2016年，当雄县公安局深入推进法治当雄、平安当雄、和谐当雄建设，坚持法治思维和法治方式为指导，以贯彻落实自治区维稳工作十项措施为抓手，以基层基础、重大敏感节点防控、重大活动安保、社会综合整治、反恐防暴工作为重点，以加强公安机关“四项建设”为主线，团结带领全局民警、基层治保力量和治安辅警员圆满完成了各项维稳安保任务，确保了当雄县政治局势持续稳定。

【维稳工作扎实推进】 当雄作为拉萨的“北大门”，格拉输油管线、青藏铁路、兰西拉光缆、青藏交直流电网、109国道、当纳路旅游专线“六线”贯穿当雄县，为做好当雄县各项维稳防控工作，按照区市县党委、政府的工作部署，公安局紧紧围绕自治区十项维稳工作措施，严格落实区市县党委、政府和拉萨市公安局各项维稳工作要求，从当雄县实际出发，坚持底线思维、问题导向，从严、从实、从细组织开展当雄县各项维稳防控工作，确保了2016年当雄县大局安全、平稳、和谐。

【落实油品管理制度】 为严格落实《西藏自治区零散成品油销售管理办法》和《拉萨市实名制登记加油和零散成品油销售管理办法》，派驻加油站安全员监督加油站对进站加油的机动车辆进行“三证”实名制登记后加油；加强督导检查，设立由县政法委牵头、公安局治安大队、消防大队为成员的工作督导小组，采用明察暗访方式不定时、不定点对当雄县加油站落实实名制加油制度情况和安全员值班情况进行督导检查，加强油品源头管理，确保油品不出任何问题。

【落实“护城河”查验】 各“护城河”检查站肩负着当雄县、拉萨市的维稳工作，发挥着过滤器、防护网的作用。各“护城河”检查站严格按照“五逢”必查工作要求，坚决落实“点对点、点对店、店对警、警对社区”管控工作模式和“3小时落地核查、12小时办证、10分钟旅店核查”的工作机制，认真、细致的开展盘查、检验、办证工作，对过往人员坚决做到“来知去向、动知轨迹”。

【落实辖区矛盾纠纷排查化解机制】 为做好矛盾纠纷排查化解工作，公安局坚持属地管理、分级负责，妥善处理各类社会矛盾，同时落实领导干部接访、下访制度，切实做好化解调处工作。对重大工程项目实施社会稳定风险评估制定，没有经过风险评估的一律不能开工，对已开工的项目要实施风险跟踪管理，在调处重大矛盾纠纷特别是群访、闹访时，慎用警力，严防因方式方法不当激化矛盾；对全县范围内矛盾纠纷每月进行一次地毯式排查，积极协调有关部门积极引导和妥善处理群众合理合法诉求，盯紧看牢缠访，严防发生各类极端上访事件，确保社会局势持续稳定；全力摸排因矿山资源开发、虫草采集交易纠纷、工程建设领域、草场纠纷等引发群访、闹访等矛盾纠纷，做到“底数清、情况明、无缝隙、无漏洞”。

【落实重要敏感节点社会面管控】 为确保“三大节日、两会”“三月份”敏感期、虫草采挖、“萨嘎达瓦”“当吉仁”赛马节、雪顿节、藏博会期间等敏感节点当雄县社会政治局势和治安形势平稳正常，公安局高度重视，多次召开专题会议进行研究部署，各部门各司其职、密切协同，圆满完成了“三大节日”“两会”“三月份”敏感期、虫草采挖、“萨嘎达瓦”“当吉仁”赛马节、雪顿节、藏博会期间的各项维稳工作。

【打击整治工作扎实推进】 按照“拉萨市打击干扰经济建设发展违法犯罪活动专项部署会”会议精神，为了确保打击干扰经济建设发展违法犯罪活动专项行动取得实效，公安局结合当雄县工作实际，按照“立即开展专项打击行动，务必见成效，不得延误”的指示精神。

【强化组织领导，周密安排工作】 年内，为严厉打击“沙霸”“车霸”“路霸”、扰乱公共秩序等违法犯罪活动，保障当雄县群众合法权益，净化辖区治安、经济环境。公安局组织召开了严厉打击“沙霸”“车霸”“路霸”等经济领域违法犯罪活动工作部署会，成立专项领导小组，确保了此项工作积极有效开展。

【强化宣传引导】 司刑警大队牵头组织各派出所民警前往辖区施工工地、重点区域悬挂横幅，大力宣传打击整治干扰经济发展等违法犯罪活动的决心，并与重点部位、施工工地签订了责任书，为打击整治干扰经济发展等违法犯罪活动营造了正面的舆论氛围。

【打击整治工作】 2016年，公安局共立刑事案件15起、破获10起（刑事拘留12人），5起未破（2起电信诈骗，3起盗窃案），取保候审2人，破案率67%，受理治安案件18起、结案18起（2起调解），行政拘留24人，罚款19人，行政拘留并处罚款14人。

【交通整治】 为认真贯彻全区公安交通管理工作会议精神，充分发挥公安交管部门职能作用，扎实有效的开展道路交通安全管理工作，公安局交警大队紧紧围绕“保安全、保畅通、降事故”工作目标，圆满完成了各项工作任务。

【道路交通安全宣传】 年内，狠抓交通安全宣传教育工作，始终把交通安全宣传教育工作作为预防和减少道路交通事故的重要手段，每逢节假日或大型民俗活动，交警大队都精心制作宣传横幅、张贴宣传海报等方式，教育引导广大交通参与者安全出行、文明出行；安排部署宣传工作小组，深入辖区各乡镇，开展交通安全知识讲座，进一步提升群众思想教育，通过典型事故案例分析教育群众自觉遵守交通法规；深入辖区学校、5100矿泉水厂、纳龙村扶贫货物运输专业合作社及线路运输车驾驶员开展交通安全宣传教育工作，并于各运输企业负责人签订了《交通安全责任书》。2016年，共开展宣传教育活动17次，发放宣传资料12000余张，受教育群众达30000余人，制作宣传横幅22条，与辖区运输企业、单位签订交通安全责任书5份。

【交通安全隐患排查治理】 年内，为进一步强化道路交通安全隐患排查工作，切实加强源头管理，联合当纳中队对国道109线及当纳公路所有的道路交通标志标牌进行了摸排，每到一处都严格按照标志标牌设置标准认真核对，按照道路、路段、路口等种类，对国道109线及当纳公路限速提示标志、交通安全宣传牌等进行了逐一检查，并登记造册，确保标志标牌清晰醒目，有效预防和遏制道路交通事故的发生。期间共开展交通安全隐患排查5次，主要对国道109线、当纳旅游专线及辖区临水、临崖、直道、危险路段进行认真排查，具体排查治理情况：共排查安全隐患98处，已报请相关部门进行整改。同时为强化“五类重点”车辆的安全管理工作，交警大队充分联合县安监局、交通局对“两客一危”车辆进行突击检查，有效提升了“两客一危”车辆驾驶员的安全意识，降低了道路交通安全存在的潜在隐患，为当雄县道路交通安全稳定工作打下了坚实的基础。

【严格路面管控，加大处罚力度】 为切实强化道路交通安全管理工作，按照局党委的工作部署，将公安局交警大队划分为4个中队，最大限度地把警力投入到路面，切实提高路面的见警率和管事率。加大交通违法行为处理力度，以“零容忍”的态度，切实形成严管严控的高压态势。当雄县是国道109县进入拉萨的必经之路，过往车辆较多，为切实实现“降事故、保安全”的工作目标，交警大队继续加强对“两客一危”车辆、7座以上车辆的检查登记工作，严厉打击超速、超载、无证驾驶、酒后驾驶、客车超员等严重交通违法行为做到违法车辆不过岗、不出境；强化重点路段管控。坚持全警上路，严格按照分段、分片责任包干制度，明确工作职责，责任到人，加强对重点路段及事故多发路段的监管，确保不留盲区、空白点，把严管严控势头渗入到路面管控的各个环节。

2016年，交警大队共出动警力9250人次，警车1505辆次，检查车辆206500辆次，共查处各类交通违法行为6287起，教育放行1425起。通过不断加大对各类交通违法犯罪的打击力度，有力地维护了辖区道路交通良好秩序。

【预防交通事故】 为全面提升预防重特大道路交通事故的能力和水平，交警大队深入分析事故分布特点，加强辖区道路秩序管理，狠抓道路交通事故预防工作。

2016年，当雄县共发生交通事故61起，其中死亡交通事故6起，死亡7人，经济损失67000元；伤人事故13起，伤16人，经济损失64000元；财损事故43起，经济损失75000元。

【基层基础工作扎实推进】 坚持巡逻防控工作不放松。为加强重点区域、重点部位防控工作力度，以三个便民警务站为依托，按照“警力跟着警情走”的原则，建立网格月评制度，确保了网格民警发挥最大的工作效能；积极组织红袖标、四护队参与到网格巡逻管控工作中，在城镇中推行“警民联勤”“电话联防”群防群治工作模式，构筑了警民联防联控的治安防控网络。

【治安隐患排查整治】 2016年，公安局继续深入开展大整治、大排查行动，力争把原来没有掌握的人员、没有掌握的情况进行全方位掌握，把没有发现的隐患进行整治，坚决将社会面“清干净”“扫干净”。

【校园及周边重点区域专项整治】 治安大队组织各派出所在全县范围内深入开展了校园及周边重点区域专项整治，切实加强了中小学和幼儿园安全保卫工作。加大对学生的法律宣传教育。各派出所纷纷组织民警到本辖区校园开展全方位、多角度的法制宣传教育活动，提高学生的自防意识和法律意识，引导学生学会处理解决矛盾纠纷的途径和办法，预防涉及学校及师生的案件发生，保障了校园安全；强化校园及周边巡逻防控力度。各派出所抽调民警加强校园周边等重点区域，上、放学等重点时段巡逻防控，2016年，共出动警力320余人次，对全县各乡镇15所学校、幼儿园及周边重点区域开展了拉网式安全大检查。

【民爆物品、枪支、弹药监管】 全力抓好民用爆炸物品管理工作，不断强化民爆物品的日常监管工作，有效地维护了全县治安大局的持续稳定。2016年，公安局治安大队对矿山企业落实公安部“两个标准”的情况进行督导检查，重点对民爆物品的领用、使用、清退等环节进行检查，通过查台账、清点炸药、导爆管，检查是否做到账物相符；对单位内爆破员、安全员是否持证上岗以及单位内的人防、物防、技防、犬防情况是否落实到位，并对存在的安全隐患提出整改意见。

【严厉打击黄赌违法行为】 强化日常检查和动态管理，牢牢把握治安阵地控制的主动权，提高管理、服务水平和发现、打击行业场所中违法犯罪活动的能力。全面掌握辖区公共场所、特种行业底数，掌握业主和从业人员情况，建立基础台账，加强对废旧物品收购站（点）的管控，防止形成收赃、销赃窝点；深入开展旅馆业管理工作，狠抓入住人员信息上传情况。通过现场检查和网上监控，督促旅馆业及时、准确录入旅客住宿信息并传送至公安机关。2016年，共出动警力100余人次，检查旅馆业400余家次，共查处旅店业违反治安管理规定3家，停业整顿三家，下发限期整改通知书10余份；维护公共娱乐服务场所的治安秩序，坚决扫除“黄、赌、毒”等社会丑恶现象。期间，共出动警力65余人次，检查娱乐场所143余家次，下发限期整改通知书20余份。

【流动人口和出租房屋管理】 进一步完善“以证管人、以房管人”的服务管理工作模式，以信息化为手段、居住证为纽带、出租房和用工单位为重点的流动人口服务管理工作动态化格局，实现对辖区流动人口“底数清、情况明”的工作目标。2016年，全县共登记流动人口55609人，办理居证、居住登记卡9605个；清查登记出租房屋807户，签订治安责任书807份，治安责任书签订率达100%。

【“当吉仁”赛马节安保】 按照既定部署，8月20日至26日在当雄县赛马场举行“当吉仁”赛马节活动，为确保此次活动安全顺利进行，公安局高度重视，精心组织，周密部署，严格落实各项维稳工作机制要求。活动期间，县委常委、政法委书记、公安局局长扎西亚培，副政委、副局长、乌玛一级检查站站长边巴次仁，羊八井一级检查站站长旦增贡嘎、副局长张志强、副局长蒋忠亲临活动现场指挥引导，各点执勤民警尽职尽责，按照方案既定部署，认真落实各项工作措施，充分发扬吃苦耐劳、无私奉献的优良作风，确保了此次“当吉仁”赛马节的圆满结束。

（杨军浩）

【领导名录】

局　　长　曹　　勇（7月免）

　　　　　扎西亚培（藏族，7月任）

副政委、副局长

　　　　　边巴次仁（藏族）

副 局 长　张 志 强

党委委员　蒋　　忠

当雄县人民检察院

【概况】 2016年，当雄县人民检察院深入学习贯彻十八大、十八大三中、四中、五中、六中全会精神、习近平总书记系列重要讲话精神和十四届全国检察工作会议精神以及全区检察长座谈会议精神，全区检察机关司法体制改革推进会议精神，深刻领会区市县委及上级检察院的工作部署，始终坚持“立检为公，执法为民”的核心执法信念，坚持以“维护社会稳定”为第一要务，筑牢公平正义的最后一道防线。深入开展“学党章党规、学系列讲话、做合格党员”专题学习活动，从而增强了全院干警的政治思想意识，为建设美丽和谐新当雄做出了新贡献。

【维稳工作】 年内，检察院以最充分的思想和工作准备，始终把维护国家安全和社会稳定放在首位，始终保持对反分裂斗争形势的清醒认识，牢固树立“稳定压倒一切”意识，狠抓反分裂斗争这一政治任务，严格落实自治区十项维稳措施，把思想统一到院党组的要求上来，坚决执行院党组的安排，严格遵守政治纪律和工作纪律，全力以赴做好各项维稳工作，特别是3月份、“萨嘎达瓦”、藏博会、雪顿节、国庆节等重要敏感节点，共派出

1050余人次，切实履行了单位内保值班带班的同时克服干警极度缺少的情况下，积极派出1名检察人员常驻加油站当安全监管员，参与直贡颇瓦大法会和当雄县羊井寺跳神法会等现场安保活动，有效维护了活动的正常秩序。

【“双联户”工作】 检察院主动适应全区社会治理中的新情况和新特点，充分发挥检察机关在创新社会管理中的职能作用。在“双联户”网格管理工作中，检察院以创建“平安家庭”为载体，以检察干警家庭和睦、邻里团结、遵纪守法、积极参与群防群治为工作目的，进一步激发了联户检察干警的工作热情，助推了检察事业向前发展。

【社会矛盾化解】 坚持将矛盾化解贯穿于执法办案始终，健全刑事和解、检调对接等制度，促成当事人达成和解，定纷止争，耐心做好当事人的服判息诉工作，极推行执法办案风险评估预警机制，切实维护司法权威，2016年，检察院深入开展当雄县虫草采挖期间矛盾纠纷排查化解工作和办理一起刑事申诉案件审查工作，切实解决了各项矛盾纠纷化解在萌芽状态。

【党建工作】 为落实2016年各项党建工作责任制，加强对党建工作的组织领导，推动检察院党建工作目标任务落到实处。检察院党组把党建工作安排到重要议事日程上来，成立以党组书记、检察长为组长，党组成员、副检察长为副组长，各科室负责人为成员的党建工作领导小组，督促检察院党支部共同抓好机关党建工作。

【“两学一做”专题学习活动】 年内，为深入学习贯彻习近平总书记系列重要讲话精神，巩固和扩大保持共产党员先进性教育活动成果，进一步促进党的建设，坚定共产党员理想信念，加强共产党员的道德修养，促进广大党员先锋模范作用的发挥，经检察院党组研究决定，在全院党员干部中集中开展“学党章党规、学系列讲话，做合格党员”主题教育活动，并制订学习方案和学习细化安排表，健全完善中心组学习制度、党员学习制度、“三会一课”制度、考核制度，把学习态度、学习力度、学习深度作为民主评议党员和评先创优、职级晋升、业绩考核的重要依据，推进学习制度化、经常化、长期化。学习次数达30余次，学习人数达到247人次，开展专题讨论9次。在学习过程中全院干警共撰写心得体会50余篇、对照检查材料50余篇。

【换届督导工作】 检察院党组书记、检察长次仁多吉带领县第七督导组成员对纳木湖乡换届工作进行了为期三天的督导检查，并对纳木湖乡换届选举工作进行了全程跟班督导，重点督查了纳木湖乡换届工作责任落实情况，教育宣传情况，监督查处情况和代表委员资格把关等情况。

【检务公开】 年内，在全院范围内开展了统一业务应用系统操作培训课6次，办公自动化培训8次，让全院干警初步掌握并使用了应用系统，为下一步使用应用系统奠定了良好的基础；积极推进阳光检察，检务公开10次、财务公开10次、案件公开7次，为下一步提升检察机关的公信力奠定坚实的保障。

【侦查监督】 突出打击严重暴力犯罪，尤其是盗窃等多发性侵财犯罪，坚持提前介入，引导侦查取证，加强督办和协调，确保办案质量、效率和效果的统一。2016年，检察院严格按照刑事诉讼法的相关规定，共受理公安机关移送审查批准案件9件10人，经审查后依法批准逮捕6件7人，不批准逮捕3件3人，批捕率达到了85%。提前介入对宋某、何某和罗某涉嫌非法经营一案，所有案件严格按照侦查监督案件办案流程办理，并未出现超期办案或程序错误的情况。

【公诉工作】 2016年，检察院共受理公安机关移送审查起诉案件6件7人，不起诉4件4人，改变管辖1件2人，正在审查2件2人；立案侦查1件1人，县人民法院做出了有罪判决。

【反贪污贿赂、反渎职侵权】 2016年，依法查办涉嫌职务犯罪案件共1件1人（上级院交办1件1人），对教育系统三包经费进行一次检查，对存在问题的学校下发检察建议予以纠正，有力震慑了职务犯罪行为，达到了预防为主、打击为辅的良好效果，同时结合党风廉政建设和反腐败斗争的新形势，创建了预防职务犯罪工作品牌，进一步加强了重点领域和关键环节的法律监督力度，主动深入到机关单位、企事业单位、工程建设单位认真开展职务犯罪警示宣传教育、预防咨询和法律宣传5余次，受教育达700余人次；开展服务和保障基层换届选举预防工作，促进形成风清气正的选举氛围；通过开展这些活动，对机关单位依法行政、保障政府投资安全和对公职人员依法正确履职起到了积极作用，有效预防了职务犯罪类案件的发生。

【刑事执行检察工作】 进一步完善刑罚执行同步监督机制，认真抓好在押、释放、超期羁押等方面的监督工作。集中开展清理久押不决案件，减刑、假释、暂予监外执行专项检察活动，维护了在押人员的合法权益。

【控告申诉检察工作】 年内，深入开展涉检信访案件排查和化解工作，积极推行文明接待制度，严格落实检察长接访和阅批来信、下访巡访、信访案件首办责任制等制度，集中清理信访积案，做好了服务保障当雄经济社会发展的各项工作。检察院检察长接待来访群众5人，下访巡防3次，发放检民联系卡420余张，化解各类矛盾1件，办理涉法涉诉信访案件1件，畅通了人民群众的诉求渠道，强化了联系群众和化解矛盾纠纷的能力。

【检务保障建设】 年内，为改善和美化检察人员的工作、学习和生活环境，在县委和上级院、县政府的大力支持下，首先在全院范围内进行道路硬化和修建停车场，其次对办案工作区进行改造装修（供暖设备）和建设“两微一端”（新浪微博、腾讯微信公众号和今日头条新闻客户端）并通过了官方认证，按时完成了全国检察机关新媒体“两微一端”在检察院全覆盖的任务，从而使检察院基础设施建设及信息化网络建设取到了较好、较快的发展。

【法制宣传】 2016年上半年检察院按照县委、上级院和县政法委的决策部署下，在人员密集场所县十字路口和县农业银行前面以悬挂各类横幅的方式，深入开展了6次法制宣传活动，并宣传了《信访条例》《举报须知》《选举法》《人民检察院行贿受贿立案标准》《中华人民共和国反家庭暴力法》等相关法律法规和政策知识，发放宣传单1500余份、发放检民联系卡520余份，全县范围受教育的群众达1000余人次。

【驻村工作】 年内，检察院派出1名干警常驻检察院驻村点当雄县宁冲乡曲才村，继续巩固驻村工作成果，为当地牧民群众共办实事6件，走访当地牧民群众1467人次，解决资金2.3414万余元，有效切实解决了当地牧民生产、生活问题，同时解决矛盾纠纷8余，并成立妇女儿童之家开展维护妇女儿童权益普法教育3次。

【党员结对帮扶活动】 年内，根据县委组织部的要求，检察院21名干部代表全院干警与当雄县乌码塘乡古尼村和纳木湖乡达布共49名贫困户结对，自开展党员结对帮扶活动以来检察院21名党员干部先后到结对户了解其家庭真实情况，共对49名结对户并送去价值2万余慰问品，在慰问过程中了解到有一位“五保户”的老人无人照顾的情况，检察院组织干警为其捐赠价值1500元人民币的物品，并将其接到县医院看病。通过以上工作，切实解决了贫苦户的生产、生活问题；同时对巴嘎当村共宣讲民族团结方面的法律宣讲4次，学习党章2次，受教育人数达200多人。

【领导班子建设】 2016年，检察院认真执行党内监督条例，充分发挥院党组的职能作用，凡涉及全院的重大问题和干警比较敏感的热点问题，党组主要负责同志能主动与其他成员通气协商，交换意见，由集体研究决定。对院党组决定的事项，能各司其职，尽心尽力，能创造性地抓好工作落实，现任班子的组织协调能力和合作共事意识强。

【党组织建设和党风廉政建设】 年内，院党组与各党组成员、院党支部与每名党员签订《党风廉政建设责任状》《党建和业务工作目标责任状》，认真抓好党员干部的廉政建设和学习培训，坚持落实“三会一课”制度和“民主评议党员”等各项制度。选配以一名副检察长为支部书记的党支部班子，全面提高党员队伍的整体素质和党支部的创造力、凝聚力、战斗力，通过加强组织建设，党员的宗旨意识和党性观念明显增强，公正执法能力提高了，党员的先锋模范作用日益突出，使得党组织的吸引力与凝聚力空前强大。

（阿旺措成）

【领导名录】

党组书记、检察长 次仁多吉（藏族）
党组成员、副检察长 央金拉姆（女，藏族）
尼玛旺堆（藏族，6月免）
党组成员、反贪局局长 平措扎西（藏族）

当雄县人民法院

【概况】 2016年，当雄县人民法院共受理各类案件115件（含旧存5件）；审执结113件，综合结案率98.26%。坚持宽严相济，全面加强刑事审判工作，努力维护社会稳定。在刑事审判中，法院认真贯彻落实宽严相济的刑事司法政策，刑事收案7件，审结7件，结案率100%。坚持调判结合，全面加强民事审判工作，依法及时调处社会矛盾。民事收案81件（含旧存4件），结案79件，结案率97.53%。其中，受理婚姻家庭纠纷29件，权属纠纷32件，合同纠纷20件。审结民事诉讼标的额136.38万元。加强司法调解与人民调解的相互配合，形成良性互动，合力构建“大调解”格局，一线审判人员从庭前到庭后直至审判前利用各个环节组织调解，努力促成调解结案。调解案件36件，撤诉16件，调撤率65.8%。

坚持刚柔并济，以清理执行积案为契机，进一步加强和规范执行工作，切实保护当事人的合法权益。执行收案27件（旧存1件），执结27件，其中执行和解14件，执结率100%。坚持强化案件执行力度，努力促进执行工作良性循环。采取灵活稳妥的执行方式，坚持和解先行，在平时处理执行案件中，多以耐心疏导、说服教育为主，切实维护了当事人权益，维护了法律尊严，执结标的额达146.71万元。

【维稳工作】 2016年，“两节”“三月份敏感月”“萨嘎达瓦”等重要敏感日期间，全院干警严格按照区市党委和县委的要求，积极参与机关内保、联防单位巡逻、重点部位守护和一线指挥部带班值班等维稳工作。并长期派1名干警到本县加油站任安全监管员。2016年，共出动干警511人次、车辆150余台次。

法院派驻法警队队长到格达乡羊易村驻村，担任驻村工作队队长。除了带领工作队开展道路维修，修建饮水水井外，还利用自身的业务优势，主动参与社会矛盾调解工作，开展法制宣传7次。投入资金1万余元。同时积极参与精准扶贫活动，帮扶结对35户。

【司法为民】 年内，开展法律“七进”活动，共参与法制宣传18次，法制副校长进课堂2次，参与专题法制宣传1次，发放宣传册1690册。充分发挥“车载流动法庭”的便捷优势，让法官多跑路、群众少受累，努力打造流动的诉讼服务中心，全年共深入牧区巡回办案121件，行程32899余公里。

【信访接待】 年内，坚持以人民满意为判断标准，结合本地实际以增设窗口、充实人员、完善功能等方面把诉讼服务中心建设的更为贴近群众。选派熟悉业务的少数民族干警担任导诉员，为当事人发放举证通知书、诉讼风险告知书等相关材料，并利用当地通用语言向群众开展诉讼指导，将庭审之外的可向群众提供的诉讼服务项目集合于诉讼服务中心，为群众提供“一站式”服务。当场立案103件，案件当场登记率100%，诉讼费减免缓交2.54万元，诉讼服务大厅接待当事人咨询312余人次，法院领导接待来访群众13人次，同比上升5%。

【强化接受监督意识】 年内，始终秉持监督就是支持，监督就是爱护的工作理念，自觉把审判工作置于党的领导和人大监督之下，加大与人大代表、政协委员及社会各界联系，认真听取人民群众的意见和建议，不断改进工作，推进法院建设发展。向人大报告工作2次，邀请人大代表政协委员视察法院工作3次，法院按照代表委员的意见建议进一步加大了法宣力度。采取丰富多彩的形式和适用的内容更好地服务牧区各族群众，使法律真正起到预防的作用。

充分发挥人民陪审员的陪审作用，认真组织安排陪审员参与传统民事案件审理工作，切实保障人民陪审员对审判工作的参与权。法院现有人民陪审员13名，组织参加人民陪审员培训2人2次。

【裁判文书公开】 2016年，法院报送上网裁判文书共计35份，其中民事裁判文书21份，执行裁定书8份，刑事裁判文书6份。法院对裁判文书的制作和内容的审查提出了更高更严的要求，力争将所有符合条件的裁判文书能够公开。

【审判流程管理】 法院从2015年5月1日起严格实行立案登记制，新收案件一律同步录入在数字法院业务系统内，截至年底，电子卷宗同步制作率达到100%，完善了庭审同步录音录像功能，为将对外公开审判流程做好了准备。

【推进司法体制改革】 为贯彻落实中央深化司法体制改革精神，推进法官单独职务序列改革和司法警察警员职务套改工作，加快法院队伍正规化、专业化、职业化建设。2016年共有17名法官参加全区法院法官首批入额考试，综合考核分及面试、笔试成绩于2016年12月28日公示。

2016年指导乡镇人民调解委员化解矛盾纠纷2件，非诉途径化解矛盾纠纷18件。

【开展“两学一做”学习教育】 法院采取个人自学、集中学习、集中讨论、观看警示教育片、上党课等形式开展学习教育，做到了“五有、四落实”（有计划、有考勤、有资料、有笔记、有体会、人员落实、时间落实、内容落实、效果落实）。法院召开集体学习8次、专题研讨会3次、全院干警人均撰写心得体会3篇。

【加强各项教育培训】 2016年，法院共有14人参加上级法院组织的各种培训，通过以上学习和培训，做到一人参训，全员收益，增强了干警的政治意识、责任意识、大局意识和服务意识。

【加强党风廉政建设】 坚持内外监督相结合，与各庭室签订党风廉政建设目标责任书，做到一级抓一级，层层抓落实。加强学习《法官职业道德基本准则》《中国共产党廉洁自律准则》《中国共产党纪律处分条例》，2016年未发生干警违法乱纪情况。

【信息化建设】 以“天平工程”建设为载体，全面加强法院信息化基础建设。法院实现了三级网络内网应用系统之间的互联互通、资源共享，远程案件协商、科技法庭、办公自动化等信息化软件的全覆盖，落实了本院的信息化建设。法院视频会议中心、科技法庭已安装完毕，并已经投入使用，现运行良好；旧审判楼现已改造成诉讼服务中心、执行局、法警队综合楼，并投入3.13万元完成从新楼到旧楼的线路管道埋设。

【基层基础建设】 法院现有已列入“十三五”项目数3个，分别为：纳木湖乡派出人民法庭和乌玛塘乡派出人民法庭以及诉讼服务中心建设。纳木错派出人民法庭项目建筑面积1030平方米，总投资317万元；乌玛塘乡派出人民法庭项目建筑面积1030平方米，总投资317万元；诉讼服务中心项目建筑面积850平方米，总投资306万元。

羊八井派出人民法庭房屋为2007年修建，2008年投入使用，属“十一五”项目，项目总投资额：50万元。因法庭年久失修法院于2015年投入37.5万元进行修缮，2016年另争取项目资金20万元对法庭的外漆及屋顶防水进行修缮。

法院现有地面是于2008年修建完成的，因未进行过维修大部分路面已出现坑洼和沙化现象。经多方协调后已争取项目资金106万元对现有路面进行重修，该项目现已完成。

2016年在院党组的努力下争取到项目资金30万元，专门就法院线路进行了改造。另考虑到法院现有车辆的存放及保养问题，专门争取项目资金24.87万元，用于修建法院车库，该项目已于12月20日投入使用。

（普布卓玛）

【领导名录】

党组书记、院长	普　　布（藏族，3月免）
	贡　　嘎（藏族，3月任）
党组成员、副院长	央　　白（女，藏族，3月免）
	罗布次仁（藏族）

当雄县司法局

【概况】 2016年，当雄县司法局坚持以邓小平理论、“三个代表”重要思想和科学发展观为指导，认真落实习近平总书记系列讲话精神，以维护社会和谐稳定为目标，充分发挥了司法行政在化解矛盾纠纷、维护社会稳定、推进平安当雄建设等方面的职能作用，锐意进取，开拓创新，为促进全县经济和社会各项事业的发展做出了积极贡献。

【全力参与维稳中心工作】 为认真贯彻落实县委、县政府、县维稳一线指挥部全面做好春节、藏历新年和三月敏感月、“萨嘎达瓦”宗教活动、雪顿节、国庆期间的维稳工作，传达了维护稳定工作会议精神，狠抓维稳各项工作任务和措施的落实，确保全县的安全和社会稳定，维稳工作中司法局积极采取一系列措施，做好各大节日期间的维稳工作。迅速传达贯彻会议精神，做好安排部署。司法局召开专题会议，传达了区、市、县维稳工作会议精神，对各大节日期间的维稳工作进行安排部署；加强组织领导，做到责任明确。根据实际情况，对“节日”期间的维稳工作进行了重点部署，成立了领导小组，丁亚生局长任组长，制定了值班表，落实了值班领导和值班人员，负责节日期间发生特殊情况的处理；制订《当雄县司法行政系统突发事件应急预案》。从组织上、制度上、管理上、责任上落实措施，以高度的责任感和使命感抓好节日期间维稳工作，确保在重要节日及节点的社会安全与稳定。

【法制宣传】 2016年是“七五”普法工作的开局之年，司法局始终以法制宣传工作为契机，以增强人民的法制观念为先导，以提高各阶层的法律意识为己任，以促进群众依法办事、促进各级执法部门依法行政为目标，不断拓展阵地、广辟渠道，层层推进，取得了明显的成效。

【制订2016年法制宣传工作计划】 年初，当雄县司法局根据普法工作实际，积极制订2016年普法工作计划、“法律七进”工作方案及“谁执法谁普法工作责任制”，并上报给县普法领导办公室及拉萨市司法局。通过文件，确定了2016年法制宣传工作的总体目标、主要任务、工作措施、工作要求、工作步骤，并根据要点推进工作开展。

【开展法制宣传活动】 为深入贯彻落实党的十八大和十八届三中、四中、五中全会精神，坚持把全民普法和守法作为依法治国的长期基础性工作，弘扬社会主义法治精神，增强全社会特别是领导干部和公职人员尊法、学法、守法、用法观念，在全社会形成良好的法治氛围和法治习惯。根据拉萨市普法办《关于做好〈法制日报〉〈法治宣传资料〉订阅工作的通知》要求，县司法局联合县政府办在全县开展《法制日报》《法治宣传资料》订阅工作；同时根据当雄县实际，印制了藏汉双语的《法律进机关知识读本》《法律进寺庙知识读本》《农牧民学法维权法律知识与案例评析》《农民工法律援助工作手册》《双联户常用法律知识读本》《防范打击传销活动信用卡诈骗邪教组织和拐卖妇女儿童犯罪宣传手册》等法律知识读本15000册，并有计划的进行了发放，法制宣传工作的顺利开展奠定了坚实的基础；充分借助媒体资源优势，广泛开展法治宣传。一方面，继续依托移动短信平台，深化普法宣传。重点宣传热点法律知识。另一方面，主动拓展全县普法的阵地，把“法”的精神和富有时代特征的“微”元素相结合，在潜移默化中传播法治理念。开通“法治当雄”微信公众平台（微信号：dxxsf2560），极大丰富了全县普法的载体与形式，扩大了普法覆盖面和受益面。

年内，司法局共开展法律进牧区、社区、机关、单位、企业、学校、寺庙“法律七进”宣传教育活动24场次，现场解答群众法律咨询100余人次，发放各种法律知识读本和资料12000份（册），受教育群众达20000余人次。同时，创新普法宣传形式，积极利用现代网络科技，通过创建普法移动平台，向广大手机用户发送各种法律信息3条；通过“法治当雄”微信公众号，编辑发送20条汉语类信息、8条藏语类信息。

【人民调解】 2016年，全县共有各级人民调解组织45个，其中专业性、行业性调解组织7个，乡一级调解组织8个，村一级调委会28个，企业调解组织2个，全县在册人民调解员280人。

【加强队伍建设】 为扎实开展人民调解员培训工作，切实提高人民调解员业务能力，于2016年4月和9月分别在司法局和县中学举办乡（镇）司法助理员及各乡（镇）村（居）人民调解员培训会议，会上对全县2个村级人民调解组织、9个村级人民调解员进行了表彰，发放奖励金8800元（其中包括市级优秀调解组织1个、市级优秀人民调解员1个）。

【推行“一案一补”激励机制建设】 为突出抓好人民调解工作“一案一补”激励机制建设。积极向县人民政府反映，得到了县人民政府的关心和支持，把人民调解工作经费纳入财政预算，对纠纷调解成功且档案材料完备的调解案件采取“一案一补”的方式兑现经费，促进了当雄县人民调解工作质量和规范化水平的进一步提高。2016年4月兑现2015年度人民调解个案补贴共计5030元。

【各级调解组织积极发挥作用】 各级人民调解组织共摸排线索纠纷80次（指主动摸排），预防纠纷2件，共调处矛盾纠纷案件28件，涉及金额35.2万元，其中婚姻纠纷13件、合同纠纷3件、邻里纠纷1件、山林土地纠纷6件、劳动争议纠纷3件、旅游纠纷1件、消费纠纷1件，调解成功28件，调解成功率达100%。

【刑释解教安置帮教】 2016年，全县共有安置帮教组织37个，其中县级1个，乡级8个，村级28个。

【工作开展情况】 经请示县委政法委，下发《关于调整充实当雄县刑满释放安置帮教领导小组的通知》，明确规定刑满释放安置帮教领导小组各成员单位的主要职责和任务。“萨嘎达瓦”宗教活动期间，司法局将“三无”“三不出”作为终极目标、核心目标和最高目标，对全县的刑满释放人员进行了一次彻底排查，并与摸底排查人员签订了安全责任状。为进一步增强刑满释放人员服刑、改造、悔罪意识，司法局在各大节日对刑满释放人员开展大排查、大走访活动，并开展了法制宣传教育活动。如1月初的慰问困难特殊人群活动，春节前的大排查、大走访活动，3月份及萨嘎达瓦期间的排查走访活动。在春节、藏历新年前夕，为30户生活困难的刑满释放人员送去了大米、糌粑、清油等慰问品，让他们感受到了党和政府的温暖，从内心接受管理、认真改造。

【社区矫正】 规范执行档案管理程序。当雄县社区矫正人员全部建立了社区矫正执行档案和工作档案。依法做好了社区矫正调查评估、社区矫正人员交付接收、社区矫正人员进入特定场所、外出、居住地变更等事项审批，规范办理对社区矫正人员的考核奖惩、执行变更、解除矫正、死亡通知等，并将各项审批管理材料及时归入档案；全面清查脱管、漏管社区矫正人员。为了严格规范管理各司法所的社区矫正人员，预防社区矫正人员脱管、漏管及重新犯罪，社区矫正办在上半年开展社区矫正人员“防脱管”专项活动，对清查处理的问题进行整改落实。落实社区矫正人员公益劳动教育，增强社区矫正对象的认罪悔罪意识和社会责任感；创新社区矫正人员管控措施，规范管理保稳定。在县委、县政府对策高度重视下，全县社区矫正工作经费纳入了财政预算，为了切实管控社区矫正人员，司法局为每名社区矫正人员佩戴了电子定位手表，从而进一步做到底数清、情况明，从根源上防止了脱管漏管现象发生。

【法律援助案件办理】 年内，县法律援助中心加大法律援助宣传力度，不断扩大法律援助面，提高法律援助办案效率，实现了“能援则援，应援尽援”的目标。全年，当雄县法律援助中心共受理法律援助案件12件，接待法律咨询40人次。已受理的法援案件中交通肇事案件2件；民事案件10件；按受援人群类别分：农民工3人，妇女20人，未成年人1人。为受援群众挽回经济损失20余万元。对于办理完结的法律援助案件及时归档保存，做到了“一案一卷”，无漏报、不报的现象发生。

【作风效能建设】 以加强民主政治建设为重点，积极创建“四型”（学习型、开拓型、务实型、清廉型）领导班子。以提高整体素质为目标，大力加强教育培训工作。司法局先后分批次组织机关干部和基层司法助理员进行岗位培训，并选派人员分别到区司法厅和市局参加人民调解、社区矫正、普法宣传等技能培训；结合各项活动起草了党风廉政建设和反腐败工作要点。制订下发《当雄县司法局领导班子及领导成员2016年度党风廉政建设责任分解》《当雄县司法局廉政谈心谈话制度》《当雄县司法局关于落实党风廉政建设党组主体责任和纪检监察监督责任的意见》，深入开展“三服务”和效能建设的意见；健全完善各项规章制度。结合司法局实际，2016年，又重新修订《车辆管理制度》《公务接待制度》，通过完善各项规章制度、建立激励机制，使全局上下无论是工作、学习还是生活，无论是开展业务工作还是履行服务职能，都有章可循。

（蔡琳川）

【领导名录】

党支部书记、局长

丁 亚 生（12月免）

党支部副书记、副局长

达娃卓玛（女，藏族）

法律援助中心负责人

王 军 卫（司法部法律援助律师）

经济管理

当雄县发展和改革委员会

【概况】 当雄县发展和改革委员会是政府宏观调控、经济管理的综合职能部门，下设粮食局、交通局和物价所三个二级局。当雄县发展和改革委员会紧紧围绕“以改革为动力，以统筹城乡为重点，大力发展循环经济”战略思想，以科学发展和长治久安为主题，以产业结构调整和加快转变经济发展方式为主线，突出提升“三个核心”指标（GDP、地方财政一级预算收入、农牧民人均纯收入），在民生问题上求实效，在产业升级上求突破，在品牌建设上求创新，在基础设施上求完善，在维护稳定上求力度，强化促进经济平稳较快增长的各项政策措施，努力克服经济运行中的各种困难，团结协作，狠抓落实，确保经济平稳较快发展，有力地推动了全县经济社会更快更好更大发展。

【编制年度报告及经济运行分析】 认真编制年度计划报告。根据中央经济工作会议精神，按照区、市党委、政府的安排部署，结合县情，深入细致地开展调查研究，认真分析总结了2015年度计划执行情况，提出了2016年工作目标和任务，编制完成当雄县《关于2015年国民经济和社会发展计划执行情况与2016年国民经济和社会发展计划（草案）的报告》。

2016年，全县经济总体运行平稳，各项经济指标完成情况良好，主要经济指标均达到预期目标，各项社会事业保持着良好的发展趋势，全县经济社会呈现了提质增效的发展势头。

全县国民经济和社会发展情况：全县实现地区生产总值15.56亿元，同比增长16.4%。全社会固定资产投资完成29.51亿元，同比增长18.9%。规模以上工业增加值完成3.17亿元，同比增长27.5%。社会消费品零售总额达1.67亿元，同比增长13.1%。农牧民人均可支配收入达到12626元，同比增长10.3%。

【项目建设】 根据上级单位下放的项目审批权限，规范项目建设程序，充分利用当雄县项目评审中心，积极开展当雄县项目的审批工作，促进当雄县项目更好、更快的实施。2016年新开工项目共计99个，自年初累计投入资金9.32亿元，续建项目5个，投入资金492万元，招商引资项目22个，投入16.25亿元。当雄县乡镇机关综合业务用房建设项目按期完成实施建设；当雄县污水无害化处理建设项目等各项前期工作逐一开展。

【交通建设】 2016年，投入7719.8万元，建设当雄县格达乡格达村3组至8组公路工程、当雄县宁中乡麦灵村1组至6组工程、当雄县羊八井镇拉多村4组公路工程等项目建设，使用大型机械对农村公路进行养护维修，养护道路总里程达230公里，有效解决了牧民出行安全问题。

【“十三五”规划】 按照早谋划、早部署、早开展的要求，发改委积极开展“十三五”规划编制工作，成立了专门的规划编制领导小组，结合区、市“十三五”规划编制工作实施意见，向全县各部门下发通知，明确指导思想、政策导向、工作任务，并多次征求县领导及各部门意见，已顺利完成当雄县“十三五”规划编制工作。

【价格督导】 年内，认真落实各项价格调控措施，确保全县价格总水平基本稳定，提出具体的应对措施并组织实施，保障市场经营秩序稳定。宣传贯彻落实有关稳定市场物价、保障群众生活的政策法规、文件规定；增加市场供应，稳定市场价格，确保群众安全消费、放心消费；对市场供应和价格异动情况的监测、预测情况进行分析，及时准确地向县人民政府提出预警和应急建议，维护了良好的消费环境。

【扶持、培育农牧民施工队伍】 发改委积极响应县委、县政府关于扶持培育当地农牧民施工队部署要求，全县技术含量较低、非国家强制招标项目尽可能交由当地农牧民施工队实施，引导他们向专业化、技术化、规模化迈进，切实增加了当地群众收入。

【开展道路抢险保通】 发改委配合县相关单位，2016年共实施11次公路抢修保通、重点完成了纳木湖道路铲雪破冰工作，保障了当雄县公路畅通，提高了当雄县公路交通应急保障能力，从各方面规范了公路养护管理、抢险保通工作。

（黄富城）

【领导名录】

主任、交通局局长
扎西曲觉（藏族）

副主任 多 吉（藏族）

当雄县财政局

【概况】 当雄县财政局位于当雄县当曲河东路，是政府经济综合部门，主要负责全县的经济工作。人员编制4人，（其中科级（含科级以上）2人），现有干部职工12人，其中：行政编制7人，事业编制5人；男女比例为5：7；硕士1人，本科10人，大专2人。

【保障“六大战略”实施】 年内，财政局始终坚持以科学发展观为统领，全面贯彻落实党的十八届三中、四中、五中全会精神，贯彻落实习近平总书记系列重要讲话精神，紧紧围绕县委、县政府总体工作思路和要求，坚持稳中求进的工作总基调，抓住国家实施西部大开发和积极财政政策的有利时机，抓住发展和稳定两件大事，全力保障“六大战略”实施，积极支持全县经济“又好又快”发展，为确保全县经济社会全面协调可持续发展，确保全县社会局势长治久安，提供了可靠的物质保障和有力的财力支撑。

【科学编制年初预算】 预算安排总体坚持量入为出，收支平衡。预算支出安排充分考虑财力可能，按照轻重缓急的顺序，优先考虑刚性及重点支出需求，确保年初预算编制收支平衡，不编赤字预算；收入预算安排坚持实事求是，积极稳妥。收入预算安排充分考虑国家及自治区政策调整因素，结合预算执行情况，既保证一定增幅，又确保与全县经济社会发展实际相适应；支出预算安排坚持量入为出，统筹兼顾。支出预算安排坚持有保有压、重点突出。牢固树立过紧日子思想，严格控制各部门、各单位的机关运行经费和楼堂馆所等基本建设支出，进一步压缩“三公”经费支出。将财力更多地向基本民生等重点领域倾斜；预算编制工作力求全面完整，讲求绩效。将政府的收入和支出全部纳入预算管理。及时将拉萨市对下转移支付提前告知有关单位，将资金尽可能地落实到具体项目和单位。取消教育、科技、支农投入与其他指标的挂钩机制，据实安排项目支出预算。加大结余结转资金统筹力度。推进预算绩效管理，提高财政资金使用效益。

【经济运行情况】 截至年底，全县公共财政收入完成25109万元，占年初目标任务（24000万元）的104.62%；其中，税收收入完成8112万元，非税收收入完成16997万元。全县财政总支出完成103721万元，其中，教育总支出23562万元，占总支出的22.72%；医疗卫生总支出10030万元，占总支出的9.67%；社会保障就业总支出9645万元，占总支出的9.31%；农林水支出11292万元，占总支出的10.89%；保证了全县职工工资、机构运转、改善民生、促进发展等各项刚性及重点支出需要。

【加强财政宏观调控】 2016年是“十三五”规划的开局之年，全县财政工作在县委、县政府的正确领导下，积极应对严峻复杂的宏观经济形势，解放思想，迎难而上，共克时艰，认真贯彻落实“稳增长、促改革、调结构、惠民生”各项决策部署，全力以赴抓收入，多措并举优支出，确保民生改善和重点建设支出需求，全县财政收入保持了平稳增长态势，有力支持了全县经济社会跨越式发展。大力支持招商引资，增强发展后劲。全年共完成招商引资续建项目22个，协议总资金286.77亿元，实际到位资金16.25亿元；加强收入征管，做到应收尽收。财政局积极与税务部门加强协调配合，完善征管手段、加大稽查力度、挖掘增收潜力、堵塞征收漏洞，保证了税收收入的平稳增长和及时足额入库。与此同时，进一步完善行政事业性收费收入缴入国库工作，非税收入实现了较快增长。截至年底，实现税收收入8112万元。

【不断加大“三农”投入】 按照县委关于巩固和加强农牧业基础地位，全面推进农牧区小康建设的精神，遵循“因地制宜，突出重点，农牧结合，协调发展”的指导方针，继续加大对农牧业的投入，全面推进社会主义新农村建设。加大涉农资金投入，全县农林水事务支出达到11292万元。安排资金7554万元，用于农业发展；安排资金202万元，用于水利发展；安排资金3526万元，用于农开发展，做好扶贫工作，加快贫困群众增收步伐。

【坚持保障和改善民生】 按照以人为本的要求，把保障和改善民生作为推进改革、促进发展、维护稳定的大事。截至年底，社会保障和就业支出达到9654万元。完善城乡社会保险制度。及时足额发放离退休人员养老金，月人均养老金水平达到150元；实现了养老保险制度全覆盖，完善城乡各项保险制度。做足做实职工医疗保险个人账户，在职职工保健经费直接记入本人医疗保险账户；城继续提高标准，保障特困群众基本生活需要。调整了城镇居民最低生活保障标准和农村居民最低生活标准、“五保户”供养标准；落实自然灾害资金，确保受灾群众生活。

【社会事业发展】 2016年，全县教育支出达到23562万元。支持城乡义务教育、薄弱学校改造和校园安全建设，改善办学条件，提高教学能力；进一步提高城乡义务教育保障水平，继续免收城镇义务教育阶段在校生学杂费、作业本费。将城镇困难家庭子女纳入“三包”经费保障范围，进一步提高义务教育阶段“三包”经费保障标准。医疗卫生支出达到10030万元。及时下达鼠疫防控、农村医疗救助、公共卫生项目等专项经费，进一步改善基层卫生室医疗条件。

【完善政法经费保障机制】 按照“稳定压倒一切”原则，2016年，不断加大反分裂斗争和维护稳定工作的投入力度，促进全县社会局势稳定和长治久安。支持民族宗教、治安巡防、流动人口服务与管理、政法部门维护稳定等工作。落实资金1577万元，用于铁路护路补助、通信设备配置、过冬物资储备及表彰。

【推进财政科学化精细化管理】 全面推行国库集中支付制度改革，建立了以国库单一账户为核心的集中支付体系；有序推进部门预算改革，进一步规范县本级及各乡（镇）、部门预算编制。进一步推进乡财县管改革；进一步规范了国有资产收入管理；加强公务车辆管理；不断规范政府采购行为；不断完善财政监督机制，确保基本建设、社会保障、涉农等专项资金专款专用；开展了财政专户清理整顿工作；加强对中央财政草原生态效益补偿资金、涉农专项资金、工程建设资金等使用情况监督检查，提高资金使用效率；深入开展了“小金库”专项治理工作。

（韩　陆）

【领导名录】

局　　长　泽仁顿珠（藏族）

副主任科员　洛桑坚材（藏族）

当雄县国土资源规划局

【概况】 2016年，当雄县国土资源规划局以科学发展观统揽全局，认真贯彻落实全县党建、经济工作会议精神，紧紧围绕县年初确定的各项目标任务，积极应对各项困难和挑战，抓住机遇，开拓创新，扎实苦干，履职尽责，扎实有效地开展国土资源管理工作。

【土地资源概况】 截至年底，农用地面积760632.61公顷，建设用地2385.52公顷，其他土地259879.23公顷。高山草甸土是分布最广、面积最大、最主要的土壤类型，占当雄土壤总面积的51.85%。当雄自然资源丰富，境内草场广阔，天然草场总面积693171.3公顷，林地6661.2公顷，年鲜草可利用量为62667.1吨。天然草场分为4个草场类，6个草场亚类，15个草场组，33个草场型。优良草场占全县可利用草场的68%，质量中等的占29%。

【土地登记管理】 办理划拨土地16宗，面积139144.99平方米；挂牌13宗，挂牌成交价款2761.94元。办理土地抵押登记4宗；办理土地变更登记23宗，其中：转让11宗。

针对乡镇土地管理长期处于失控状态的实际，在六乡镇分别设立土地管理员（由副科级干部担任）和土地管理助理员，确保了县局与乡镇在土地管理工作上的有效链接。

【矿产资源】 当雄县行政区域内设有探矿权10个，分别是西藏地勘局下属两家单位有4个探矿权，现已按照勘探设计方案完成勘查并申请探矿权保留；西藏隆兴矿业有限公司1个，已按照详查方案完成详查，西藏华钰矿业开发有限公司正在勘查外，其余4家企业都因种种原因未能开展勘查工作。采矿权5个，经查，全县5家采矿企业均有开展开采工作。

2016年国土局下乡专项检查矿山企业7次，与县安监局一同检查矿山2次，开展当雄县矿产资源领域专项整治、当雄县矿山和水电工地地质灾害专项整治、当雄县矿产资源专项整治规范工作等。通过检查发现乌玛石膏矿2015年未按规定时间年检，根据《拉萨市矿产资源勘查开发利用年度检查违规处罚细则》第五条第四款规定，对当雄县乌玛塘石膏矿处以30000元人民币处罚，并补办年检手续，收取2015年矿产资源补偿费55.38万元。对2016年7月21日采矿证过期后仍在开采的行为，依据《中华人民共和国矿产资源法》第三十九条的规定，处以20000元罚款，要求该矿在未依法取得采矿证延续手续前不得复工开采。

【矿产建设管理】 加强矿产储量动态监察力度，国土局为切实准确掌握全县矿产储量动态监察工作，在市局矿管科的指导下，向全县各矿业公司下发了矿产储量统计报表，截至年底，尚在统计上报中；建立完善矿产管理档案管理工作。由于国土局矿产资源管理工作起步晚，档案不健全的问题较为突出，针对该情况从8月开始便着手按照一矿一档的要求，对全县9个矿业公司的矿业开发的档案正在逐一进行建档管理。

【地质灾害防治】 根据2016年当雄县汛期情况，国土局在地质灾害防治工作中着重开展了四项工作。在6月初，国土局对地质灾害防治应急工作领导小组做了进一步调整和充实，为应急防治工作提供了有力的组织保障；及时下发《当雄县2016年地质灾害防治工作方案》和《当雄县2016年地质灾害防治应急预案》，并向六乡两镇下发《地质灾害防治明白卡》，要求地质灾害隐患点的群众住户填写明白卡，对防治、避险做到心中有数，有条不紊，有备无患；对县域内的地质灾害隐患点进行排查，5月底6月初，结合当雄县汛期即将到来的实际，国土局对全县地质灾害隐患点进行了一次排查，共排查出地质灾害隐患点19个，已下发相关乡（镇），并且在地质灾害隐患点设立了7名监测员，全部为建档立卡贫困户，对灾情隐患点合理安排避险路线，确保群众生命财产安全；在汛期来临之际，迅速启动了由局领导带班的24小时汛期值班制度，建立健全了地质灾害防治工作的有关制度。

【土地卫片执法检查】 2016年国土部下发的土地卫片图斑320个，涉及当雄县各乡镇，经国土局实地核查，土地卫片中有187个违法图斑（已组织了农用地转为建设用报件正在审批中）矿产图斑全部为伪变化，不需要整改。

【矿产卫片执法检查】 国土资源部下发的2016年度矿产卫片执法图斑9个，涉及华钰矿业、隆兴矿业、羊八井火山灰矿，经国土局工作人员实地核查，所有图斑均为误判，并将相关情况通过国土部卫片执法检查系统逐级上报至国土资源部审核。

【“一书三证”审批情况】 国土局严格按照西藏自治区城乡规划“一书三证”管理办法的要求，简化审批程序，精简申请办理“一书三证”所需提供的材料，为办理“一书三证”的单位和个人提供所需资料清单。2016年，国土局共办理建设项目选址意见书14份，建设用地规划许可证12个，建设工程规划许可证8个，乡村规划许可证73本。

2016年，为进一步强化安全生产责任制，切实做好全县城乡规划安全生产，国土局先后3次对县城周边的12个再建工地进行检查，主要检查是否属于违法建设；是否符合规划要求建设；是否为未批先建或未按《建设工程规划许可证》要求进行施工。经过几次的检查与抽查，并未发现有违法违规建设的现象，施工单位能够按照《建设工程规划许可证》要求进行施工。

【违规建设项目用地整改报批】 2015年国土局共完成了2014年以12月31之前农村宅基地违规建设27户，面积42.78亩；100亩以下违规建设用地83宗，面积685.13亩；100亩以上违规建设用地4宗，面积2531.48亩的整改报批手续。

【农村宅基地确权、登记、发证】 当雄县农村宅基地确权、登记、发证工作于2011年8月全面启动，并于2012年底完成了外业测量，当雄县共测量土地7727宗，测量面积29.14平方公里。截至年底，当雄县已完成全县八个乡（镇）宅基地发证工作，累计发证6151本。另外对2012年以后新建、改建漏测房屋补测外业测量工作已完成，全县共计补测610户，已将测量成果发至各乡（镇），由牧户和乡（镇）、村、组签字确认，现正在进行制证工作。

【征地拆迁】 2016年，国土局《制订京藏高速（当雄段）拆迁安置补偿政策》并提交县长办公会议和县委常委会议讨论通过，完成三个区域的征地拆迁工作，城东拟建公园的用地拆迁，涉及牧民9户已完成9户的拆迁工作，兑现资金305万元。截至年底，以全部完成；通站路拆迁涉及牧民9户，兑现资金667.53万元；青藏铁路扩能改造项目羊八井镇8户房屋拆迁工作，兑现资金248.87万元，因自治区支铁办还未出台土地补偿标准，所以采用先用后征的方式供地。

【不动产统一登记】 2016年，国土局完成不动产登记局和登记中心办公场所的设置、办公设备的采购、登记窗口设置并与当雄县电信局签订了专网租用合同，专网已与拉萨市国土资源联通，正等待市局统一分配ID号码，下发不动产统一登记信息系统。在2016年12月15日底颁发当雄县第一本不动产登记证书。

规划区内权籍调查工作于2016年9月5日启动由拉萨天测测绘技术咨询公司负责，截至年底，已完成全部外业测量工作，总户数678户，面积1486167.73平方米。

【信访工作】 年内，成立信访工作领导小组，制订工作方案等9项信访工作制度。

【普法宣传】 年内，利用“4·22”地球日、“6·25”土地日，已发放传单、设咨询台灯方式，开展相关土地法律、法规宣传活动，为群众答案疑难，发放宣传资料1391份。

（斯朗次措）

【领导名录】

局　长　嘎松达吉（藏族）

副局长　吕海滨（12月任）

国土资源规划局不动产登记局局长

尼玛卓嘎（女，藏族，12月任）

当雄县统计局

【概况】 根据当雄县编办下发文件〔2015〕1号文件精神，当雄县统计局由原当雄县发展和改革委员会管理的统计局（副科级）调整为县政府工作部门（正科级）并加挂社会经济调查队牌子。截至年底，共有编制5人，行政编制4人；事业编制1人。正科级1人，4名统计工作人员。

【基本职能】 贯彻执行统计法律、法规、规章、基本统计制度和统计标准，组织协调全县统计工作，确保统计数据真实、准确、及时。会同有关部门组织全县重大国情国力普查，组织协调全县国民经济和社会发展的各项典型和专项调查。组织各乡镇、各部门进行经济、社会统计调查；负责全县统计报表的管理工作，按规定的时间上报月报、季报、年报；建立健全统计数据质量审核、监控和评估制度，开展对重要统计数据的审核、监控和评估；统一核定、管理、公布全县性基本统计资料，定期发布全县国民经济和社会发展情况的统计信息；向县委、县政府及有关部门提供统计信息和咨询建议。做好全县统计专业基础工作，加强基层统计业务基础建设。

【加强内部管理】 当雄县统计局紧紧围绕全县中心工作和经济社会事业发展的各项目标，认真落实区、市统计局的各项工作部署，以“提升统计能力，服务经济发展”为中心，全力打造现代化服务型统计。翻译成藏语版的畜牧业季报、年报、国民经济统计等报表进一步提高了基层统计数据质量；为推动全县经济发展，当雄县统计局充分认识新形势下做好统计工作的重要性，努力发挥统计工作在经济社会发展和宏观决策中的信息、咨询、督查作用，加强对统计报表的分析，做好每个季度全县国民经济运行分析工作；2016年3月份以来，当雄县统计局收集整理了从2000年以来的县域经济数据，并编辑整理印制了《2015年当雄县统计年鉴》。每季围绕全县主要经济发展指标，特别是考核指标，加强分析，及时预警预测，撰写经济运行分析报告，统计服务水平进一步提高。较好地完成了畜牧业、工业、固定资产投资等各专业的2016年报表报送工作；统计数据的完整性、时效性和准确性进一步提高，全面反映了全县发展实际。

【经济总量】 2016年，地区生产总值完成15.56亿元，同比增长16.4%（可比价），完成目标任务（14.4亿元）的108%。

【全社会固定资产】 固定资产投资力度不断加大，2016年全县完成固定资产投资29.51亿元，与2015年同期相比增长18.9%，完成目标任务（29.28亿元）的100%。

【收入】 在一系列支农惠农政策的支持下，农牧民收入继续保持稳定增长态势，全年完成农牧民人均可支配收入12626元，同比增长10.3%，完成目标任务（13161.84元）的96%。

【消费】 2016年，完成社会消费品零售总额1.67亿元，同比增长13.1%，完成目标任务（1.7亿元）的101%。

【财政收入】 财政收支稳步增长，全年完成地方财政一般预算收入2.5亿元，同比增长25.45%，完成目标任务（2.4亿元）的104%。

【工业】工业经济健康发展，全年实现规模以上工业增加值3.17亿元，同比增长27.5%，完成目标任务（2.66亿元）的119%。

【培训情况】年内，当雄县统计局进一步加大了对新增企业及乡镇统计人员的培训力度，先后5次通过以岗代训、以会代训等方式强化业务培训，参加人数达300余人次，进一步提高了统计人员业务素质；先后组织15人次积极参加国家、区、市局组织的各项专业培训，强化各专业人员的业务交流，大大提升了业务能力素质。

【依法统计建设】以权责清单工作为平台，进一步理清统计局权利与责任，借机梳理统计执法程序及思路，共梳理出8项、4大类清单；同时，在日常工作中注重加强统计法律法规的宣传教育，使统计用户、调查对象和统计人员牢固树立统计法治思维、法治理念，为建设法治统计营造良好的社会氛围。

【全国第三次农业普查】农业普查是全面了解“三农”发展变化情况的重大国情国力调查。普查将查清全县农业、农村、农民基本情况，掌握农村土地流转、农业生产、新型农业经营主体、农业规模化和产业化等新情况，反映农村发展新面貌和农牧民生活新变化，这对科学制定“三农”政策、具有十分重要的意义。因此，当雄县统计局严格按照区、市统计局的统一部署，做好五大普查表格850个指标关系培训讲解，动员全县72名农业普查指导员和普查员，从11月份全面开展全国第三次农业普查前期摸底工作。

【党风廉政建设】年内，根据县委、县政府要求，统计局始终坚持以加强思想政治工作和增强学习的自觉性为先导，组织学习和照抄了《党章》《习近平总书记在建党95周年上的讲话》等，及时传达学习中央及区市县纪委会议精神，并要求每人撰写心得体会。积极引导党员干部尤其是领导干部自觉加强党性修养，加强和改进思想作风、学风、工作作风、领导作风和生活作风，把全面从严治党各项要求真正落到实处。

【精准扶贫】年内，当雄县统计局紧紧围绕县委、县政府对精准扶贫工作要求，充分了解结对户的基本情况、致贫原因和户主对脱贫措施方面的具体愿望，先后组织干部对结对帮扶户进行3次入户。

（魏 英）

【领导名录】

局 长 索 央（女，藏族）

当雄县商务局（工业和信息化局）

【概况】当雄县商务局（工业和信息化局）属当雄县政府的一个正科行政单位，主要执行国家、自治区、拉萨市有关工业和信息化工作、内外贸易和经济合作方针政策和法律法规，拟定当雄工业和信息化、内外贸易和经济合作的发展规划并组织实施。2010年9月19日正式挂牌成立以来，配备了人员编制4名，其中科级领导职数2名，现有干部职工9人，其中男干部职工3人，女干部职工6人。民族成分为：藏族6人，汉族3人。学历结构为：本科6人，大专1人，高中及以下2人。年龄结构为：35岁以下6人，35至40岁2人，41至45岁1人。领导职数3人，局长1人，副局长1人，主任科员1人。

【社会消费品零售总额】2016年，实现社会消费品零售总额1.67亿元，同比增长13.1%，完成目标任务（1.7亿元）的101%。

【商务信息报送】2016年，报送各类商务信息71条。

【碘盐推广】2016年，完成8个乡（镇）共配送碘盐265.815吨的目标任务，碘盐配送、覆盖率都达到100%。

【采取有效措施、搞活牧区市场】 2016年，开展各项工作坚持“以新的思路调结构、以综合措施促增收”为主题，以增加财政收入和牧民收入为目标，突出解决牧民增收和转移牧区剩余劳动力，求真务实，开拓进取，真抓实干，推动当雄县商务经济的持续、快速、健康发展，呈现出消费品市场商品供应充足、市场繁荣的良好态势。

【切实提高碘盐覆盖率】 为认真做好2016年全县8个乡（镇）碘盐配送工作任务，确保各项工作预先完成，按照区、市有关碘盐工作配送任务的要求，分赴各个碘盐销售点和碘盐市场进行详细的调查研究，制定了当雄县盐务市场秩序整顿实施方案，同时，各个成员单位按照实施细分的工作职责和具体要求，利用发传单、广播宣传等传播渠道，进行碘盐宣传，并对碘盐发放的群众进行碘盐健康教育问卷调查；各乡（镇）对自己所在的盐业市场进行了一次全面清理、整顿，从多方面入手来保证碘盐配售工作的顺利进行。

【开展全县生活必需品市场监测】 年内，加大商务执法力度，经常性地对食品、肉品、酒类、成品油等重点行业、重点区域进行监管和整治；加大节假日市场检查整治力度，努力在全社会营造自觉维护市场经济秩序的良好环境；切实抓好商品流通和市场供应工作，确保市场供应稳定繁荣。

【加大商务领域监管力度】 按照市、县关于3月份进一步加强维稳工作的指示精神，切实加强商贸领域安全生产工作的检查力度。多次联合安监、工商、公安等相关单位，对全县各沿街商户、加油站、宾馆等经营场所的电器设备、消防设施、存放易燃易爆危险物品及其他设施进行了安全生产隐患全面排查，并对排查出有安全隐患的几家店提出了另行整改措施及要求，把安全隐患点降为初期萌芽的状态。通过不断加大商务领域的监管力度，使进一步牢固树立安全生产意识，健全各项规章制度，严格落实相关工作机制。

【成品油流通市场安全平稳】 年内，为认真做好县域成品油市场的安全管理工作。加强与市商务局及市级成品油企业的联系，争取他们的扶持，确保油源；实行供应日报制度，要求油站及时反馈情况，确保信息准确；实行供应审批制度，防止囤积乱价，确保供应秩序；与各个加油站签订了安全生产目标管理责任书，确保了全县加油站的生产安全。

【商务执法】 年内，8个乡（镇）各配备了一名商务人员，并成立由5名工作人员组成的商业执法队，对当雄县的食盐和成品油市场、酒类流通和各超市进行了不少于15次检查，确保了各类市场有序、规范动作。

【工业企业情况】 2016年，全县共有21家工业企业，其中，规上企业8家（西藏冰川矿泉水有限公司、华钰矿业股份有限公司拉屋分公司、龙源西藏新能源有限公司羊八井镇光伏电站、西藏纳木错实业有限公司、国网西藏电力有限公司羊八井地热发电公司、富民国有矿业有限公司、西藏嘉天新能源投资开发有限公司和西藏当雄羊易地热电站有限公司）。现5100冰川矿泉水有限公司、华钰矿业公司拉屋分公司和龙源西藏新能源有限公司已成为当雄县重点“龙头”工业企业，为全县工业经济的发展起到积极的推动作用。

【工业企业指标数据完成情况】 当雄县全年实现工业销售产值7.075亿元，同比增长45.6%，完成目标任务的161.06%；实现规模以上工业增加值3.17亿元，同比增长27.5%，完成目标任务的119%；完成上缴税金0.47亿元，同比增长38.2%，完成目标任务的120.5%；完成工业投入12.37亿元，同比增长37%，完成目标任务的114.7%。

【领导对工业企业重视情况】 工业企业是当雄县经济发展的重要推动力量。在强大的市场竞争中，必须大力发展工业企业，只有工业企业得到了发展，才能促进县域经济健康快速发展。为此，当雄县特别明确了工业企业经济监测运行领导小组，组长由主管工信局的旺堆罗布副县长担任；副组长由工信局宗吉局长担任，下设办公室，办公室设在当雄县工信局。为了能让工业企业在当雄县得到很好的发展，领导小组成员经常召开专题会议，同时还深入到各工业企业指导检查，帮助企业及时解决实际困难问题，协调与村组的关系；还通过从上级各部门争取扶持资金，使各工业企业做大做强。

【加大统计力度】 当雄县工信局专人负责全县工业统计工作，工业统计工作严格按照《国家统计法》执行，统计数字决不弄虚作假、瞒报和谎报，并在每月10日前按上级部门要求及时准确地上报有关数据和工业企业经济运行分析材料。2016年，向上级各单位和县相关部门已报送32期简报，12期工业企业统计报表、工业经济运行分析材料。

【加强防范措施】 安全生产工作，关系到国家和人民生命财产的安全，关系到社会稳定和经济健康发展，是各级政府、企事业单位的日常工作中一项长期而又十分重要的工作。2016年，当雄县工信局和县安监局经常性地深入采矿区、运输行业中进行安全生产的大检查，通过对各矿山企业生产组织的情况、人员的安排、具体的安全操作和相关制度以及车辆运输秩序等进行全面详细的检查，对发现的安全隐患全部制定了整改计划，落实了整改措施、期限、责任单位和责任人。同时也通过宣传和教育的形势，让干部职工及参与采矿业的牧民群众进一步提高对安全生产工作的重视，加强对安全生产的防范意识，建立健全了领导责任制，切实做到了防患于未然。

【履行部门职能职责】 2016年，按照区、市节能减排工作的总体部署和要求，当雄县工信局在完成节能减排目标任务过程中，认真履行部门职能职责，在全县企业中推行以“低消耗、低排放、高效率”为核心内容的清洁生产和循环经济模式，切实推进县域经济增长方式转变，极力应对节能减排的新形势、新挑战。在新形势下，企业积极采取各种措施降低单位产品能耗，同时加大了对生产设备的技改力度来降低能耗。当雄县工信局充分利用各类扶持政策，积极为企业争取扶持资金，确保了节能降耗任务的顺利完成。

【招商引资指标数据完成情况】 2016年，全县招商引资合同引进项目22个，协议资金286.77亿元，到位资金16.25亿元，同比增长15%，完成目标任务（15.5亿元）的104.5%。其中，新建项目13个，协议资金253.5亿元，到位资金6.22亿元；续建项目9个，协议资金33.27亿元，到位资金10.03亿元。

【组织领导】 领导重视是招商引资工作的重要前提，县委、县政府始终把招商引资工作放在各项工作的重中之重来抓。年初，为确保招商引资工作的顺利推进，补充完善了招商引资领导小组组成人员和具体工作职责，重新成立了当雄县招商引资工作领导小组，明确了小组成员单位的职责和具体实施细则，要求深入企业，了解企业发展中存在的困难问题，并联系有关领导及相关业务部门协调解决，为外来客商营造良好的投资环境。

【项目库建立】 为深入开展2016年招商引资项目宣传推介、吸引投资商工作，年初召开专题会，研究确定了2016年招商引资项目库的补充完善和2017年招商引资项目库的建立工作，并根据当雄县的资源优势，一一筛选了2016年招商引资重点推介项目9个，协议资金27亿元，其中，4个项目已完成了可行性研究报告。

【统计报表】 年内，按月度向拉萨市招商引资局报送报表。截至年底，已报送了十二期季度报表。

【招商信息报送】 2016年，当雄县报送招商信息共28条。

【招商引资培训】 为加强对招商引资工作的领

导，县招商引资局年初明确了招商引资培训工作领导机制，制定单位业务技能培训计划，研究招商引资培训工作内容，提供培训资料，督促培训工作进展情况及协调工作，并开展招商引资培训工作取得了显著的成果。2016年当雄县通过自主培训方式，共举办了招商引资工作人员培训、招商引资主要业务知识培训等五期培训。

【继续开展招商活动】 积极参加2016年拉萨市“走出去”“请进来”招商引资活动，组织开展招商活动达10余次，重点抓好大小分队外出招商活动。县招商局工作人员参加国内大型招商引资活动，第四届中国（北京）国际服务贸易交易会、第四届中国—南亚博览会暨第24届中国昆明进出口商品交易会、国际高端饮用水产业博览会等多种推介会及展览会，同时由县长亲自带队，分管招商副县长及县招商局、发改委、国土局、畜牧局等单位组织开展大部分对前往京津冀、西南片区考察项目并带着项目去招商，取得较好的成效。在“跑”字上下功夫，主动寻找商机，寻找好的项目和合作伙伴，通过积极参加平台对外推介活动，全面宣传当雄投资环境，展示当雄发展魅力，推介当雄县净土健康产业招商引资项目和净土健康产品，积极高效与应邀区内外知名企业集团对接洽谈，加强交流与合作，拓宽产品销售渠道，推进全县经济健康快速发展。

全县围绕当雄经济发展的方向，依托2016年“雪顿节招商引资项目推介会及集中签约活动”“第三届藏博会”之契机，参加重点项目集中签约活动，其中签约项目3个，总投资达4.2亿元，含山泉饮用水、新型建筑材料以及农业生态园项目，均为正式签约项目；成果项目2个，地热供暖项目和新能源光伏项目，总投资达15.6亿元。充分发挥2016年“当吉仁”赛马节的平台和窗口作用，县政府分别与上海中肇科技发展有限公司、重庆友豪投资发展有限公司、华元绿洲新能源开发有限公司、当雄县圣湖新能源有限公司等签订正式协议。

【提升企业发展数量和质量】 2016年，以“质量和安全年”为立足点，把质量和服务作为着重点。一方面在要求企业不断提高质量管理水平的基础上，树立“以质取胜”“诚信经营”的理念，及时了解企业的经营管理，发现问题及时指出，督促企业抓紧整改。另一方面通过不定期的访问、调研，加强与企业的联系沟通，深入开展服务工作，不断提升服务水平，在监督中体现服务，在管理中优质服务，在帮助中热情服务，在促进中真诚服务。

【维护地方经济秩序】 深入开展农资、建材专项打假。按照市委、市政府关于整治市场经济秩序精神及区、市局关于农资产品打假工作安排，组织执法人员，深入全县的商品集散地、集贸批发市场等区域，重点从饲料、农药等与牧民切身利益相关的农资销售环节入手，进行了认真检查。出动执法人员30余次对全县的农资经销点经营的农资产品进行了监督检查，抽查合格率100%，维护了广大牧群众民的利益。同时还开展了建筑工地使用的建材专项打假活动。出动执法人员20余次对建筑用钢材、水泥、铝材、砖瓦等建材生产使用点进行了抽查。

【开展“质量安月”活动】 认真抓好两大安全工作，全县未发现食品安全及特种设备安全事故，企业业主质量安全意识进一步加强，特别是做好节日期间食品、特种设备安全专项检查工作，确保全县两大安全不出问题。根据县安委会、食品安全领导小组工作布置，立足县情，组织人员对学校、车站、宾馆、商场及公共场所的特种设备及食品生产（加工）小作坊进行认真细致的排查，对发现的问题都下达整改通知书。节假日，重要时期派专人对重点场所设备进行值守，实现了全县节假日旅游“安全、秩序、和谐”目标。

（拉巴旦达）

【领导名录】

局 长 宗 吉（女，藏族）

副局长 德西措（女，藏族）

当雄县安全生产监督管理局

【概况】 当雄县安全生产监督管理局编制4人（党员6人、正科1人）局长巴桑云旦、副局长扎西罗布。综合管理和宏观指导安全生产工作，对安全生产行使国家监督职能；拟定安全生产考核目标，并实施监督和考核工作；负责组织安全生产大检查，开展安全生产执法活动；指导、协调有关部门承担的专项安全监察，监督工作；负责伤亡事故统计分析，组织协调重大事故的调查处理，负责安全事故的批复结案；组织重大危险源、重大事故隐患评估，监督重大事故隐患治理；负责新、改、扩建和技术改造项目（工程）安全设施的评价、设计审查和竣工验收；开展安全生产宣传教育工作，组织指导安全生产新技术的推广工作；监督管理劳动防护用品；组织、督促各企业法人、负责人及安全管理员，参加安全生产相关培训及考取相应的资格证书；承办上级交办的其他事项。

【安全生产】 严格落实局长总责，副局长带领成员具体抓的"一岗双责"责任制。县级各行业主管部门依法履行行业监管职责，坚持"谁主管、谁负责、"谁审批、谁负责""谁签字、谁负责"和"属地管理"原则，加强了对主管行业的安全监管，确保了全县安全生产形势稳定。

年初，县政府与负有安全生产监管职责的县级部门、各乡（镇）和各企业单位，签订了2016年安全生产目标责任书，共签订32份。按照区、市要求，年初当雄县安全生产监督管理局组织召开了"安全生产工作会"，认真落实《西藏自治区安委会办公室关于进一步加强道路交通安全的通知》《"安全生产月"和安全生产西藏行》《开展关于加强当雄县道路交通安全工作》《加强全市建筑施工塔吊、高空作业坍塌安全监管工作》《全县运输危险化学品槽罐（油罐）特种车辆专项整治工作》《开展全县"打非治违"专项行动》《做好企业复产、复工前后安全生产工作》《工作场所职业病卫生监督执法年》《加强建筑施工、高空作业安全监督》《当雄县"六打六治"打非治违专项行动工作》《当雄县烟花爆竹（零售）安全专项整治工作方案》《关于加强全县汽油等易燃易爆物品和危险化学品领域检查》《全县安全生产大检查大排查大整治专项行动》《全县加强雪顿节期间安全生产大检查》《全国"两会"和藏历新年之前检查及隐患排查工作》；充实了《关于成立当雄县安全生产委员会领导小组的通知》等工作。全年认真学习和贯彻落实了"党的群众路线教育实践活动"相关安排；当雄县安全生产监督管理局按照文件指示精神从2016年元月至2016年12月，以县安监局牵头组织县公安、消防、住建、工商、文化等部门配合成立了当雄县安全生产检查领导小组。领导小组办公室设在安全生产监督管理局办公室，由巴桑云旦任办公室主任。

【安全生产检查实施情况】 2016年，结合区、市、县文件指示精神，由县安委会办公室牵头，成立多个领导小组，由主管领导、局长带队，对全县重点行业、重要场所和企业单位进行执法行动。县安监局、公安局、住建局、和消防大队、工商局等部门和各乡（镇）重点打击道路交通、非煤矿山、危险化学品、烟花爆竹、建筑施工、人员密集场所等重点行业领域安全生产违法违规生产经营行为。各部门始终按照"全覆盖、零容忍、严执法、重实效"安全生产工作总要求，及时制定了各项检查方案，确定了工作目标、阶段任务，形成了县、乡、村三级联动摸底调查机制，采取突击检查、日常督查等方式，对全县4家矿山、选矿企业资质证照、落实安全生产主体责任、防范自然灾害、雨季防汛等措施、民爆物品管理及使用、安全生产及安全管理等情况进行检查，在各检查过程中在全县范围内共检查87次、下发行政执法文书（责令改正指令书）45份、整改项有230处，整改率达到97.13%。

通过全县安全生产行业主管部门的共同努力，安全生产检查切实消除了一大批安全隐患排查治理体系的建立奠定了坚实基础。

（仁增旺姆）

【领导名录】

局 长 巴桑云旦（藏族）

副局长 扎西罗布（藏族）

当雄县国家税务局

【概况】 2016年，是全面深化改革的关键之年，是全面推进依法治县的重要一年，也是全面推进“十三五”规划的开局之年，做好税收工作意义重大。当雄县国税局主动对接上级的决策部署和工作要求，始终把握实现税收现代化的方向，充分发挥税收在地方经济建设中的重要职能，从提升组织收入质量、依法治税水平、税收征管质效、纳税服务品质、干部队伍素质等方面入手，全面深入做好2016年税收工作。

【税收收入】 2016年，累计完成各项税收入179045113.89元，同比增收111666198.27元，增长165%。

【推行“营改增”】 全面推开营改增试点是党中央、国务院在中国经济发展新常态下做出的一项重大战略决策，不仅是税制改革的重大举措，也是2016年改革的重头戏，对服务五大发展理念、助力供给侧机构性改革、推动产业结构转型升级和进一步减轻纳税人负担都具有重要作用。

此轮营改增覆盖建筑业、房地产业、金融业和生活服务业，关系国计民生。与以往的营改增试点相比，时间更紧迫，情况更复杂，任务更艰巨，各方期待更高。当雄县国税局积极响应上级税务机关及总局的号召，国税局税务干部以此为契机，进一步学习钻研营改增业务，以精益求精的工匠精神，把业务学精、把政策学懂、把操作学灵，更加出色地承担好改革重任。同时，国税局进一步做好对纳税人的培训，确保了培训的全面性，提高培训的针对性，加大了分行业、分类别的培训力度，确保了培训的质量和效果。推行营改增以来，各行各业的实际税率均有所降低，给纳税人带来了极大的红利。

【依法治税信息管税】 年内，加强对重点税源的监控，进一步推进增值税发票升级版管理工作，同时强化“以票控税”，通过对税控数据的比对，进一步规范税收管理。落实“三证合一、一照一码”登记制度。开展“三证合一、一照一码”登记改革后税源管理、纳税人“活跃度”相关情况调查分析工作，按月统计报送相关情况，为上级部门了解基层税户提供信息。

【互联网+纳税服务】 大力推行“一窗式”纳税服务模式，在办税服务厅、门户网站、微博、微信等多种渠道对办税事项“二维码”一次性告知工作的宣传，在办税服务大厅摆放供纳税人使用的二维码宣传栏。

为纳税信用为A级的纳税人、老弱病残孕和因税务机关的工作失误需再次办理涉税业务的纳税人在办税服务厅开设“绿色通道”，提供优先受理、优先办结各项涉税事宜的服务。持续推行《全国税务机关纳税服务规范》，有效落实《拉萨市国税局实施纳税服务规范工作方案》。持续开展“税沐春风.情暖圣城”活动，简化和规范办税流程，提高办税效率。

【干部队伍建设】 强化党风廉政建设，不定期开展干部交流谈心活动，时刻关注年轻干部所思所盼，有效落实党风廉政建设班子主体责任和纪检员监督责任。切实抓好干部“每周一题”“每季一测”“每年一考”各项学习活动的落实，严肃各项教育培训纪律，不断提升干部队伍整体素质，提升税务干部的工作能力、业务水平、服务态度，更好地为纳税人服务。

（陈华冲）

【领导名录】

局 长 扎西次仁（藏族，9月免）

张 国 军（9月任）

纪检组长 格桑达娃（藏族，11月任）
副 局 长 拉　　贵（藏族）

当雄县工商行政管理局

【概况】2016年，当雄县工商行政管理局紧紧围绕全市工商行政管理二作目标，主动担当、扎实履职，抓改革促发展、抓监管保稳定、抓维权惠民生、抓依法促规范，为推进当地经济社会长足发展和长治久安做出了贡献。

【全力推进商事制度改革】 随着商事制度改革的深入推进，不断激发创业热情和市场活力，改革成效逐步得到显现，2016年当雄县各类市场主体的发展数量、质量都有新突破。截至10月底，各类市场主体1934户（2015年1372户）注册资金190187.628万元（2015年106349.378万元），同比增长40.96%、78.83%。其中2016年1—10月，当雄县新登记的各市场主体为425户（2015年271户），注册资金39946.31万元（2015年25581.438万元），同比增长56.83%、56.15%。注册资金上亿的企业共2户，同时在开展精准扶贫工作中，当雄县工商局主动作为，积极联系致富能手，为带动贫困户脱贫，2016年共办理农牧民专业合作社25户。

【注册资金实缴制改为认缴制】 自实施商事制度改革后，注册资金实缴制改为认缴制，降低创业门槛和创业成本，实现“零首付”注册，进一步营造宽松的准入环境，2016年1—10月份，新增企业33户，注册资金33400万元，同比增长94.12%、57.19%，企业发展呈现了井喷式。

【实行“先照后证”改革】 全面落实《自治区人民政府贯彻〈国务院关于“先照后证”改革后加强事中事后监管的意见〉的实施意见》，严格执行工商登记前置审批目录（共37项），做到不涉及前置审批的一律不予收取。从制度上保障市场主体“宽进”，并切实履行“双告知”职责，发出后置审批告知函32份。

【全面推行“五证合一、一照一码”】 根据上级单位的统一安排部署，全面推行“一照一码”工作，便利市场准入，简化手续、缩短时限。截至2016年9月底，全县办理“三证合一、一照一码”87户，注册资金1164万元，企业换照率达90.9%。同时10月1日起与全国同步实施“五证合一、一照一码”改革工作。

【全面推行网上注册】 当雄县工商局逐步推行了企业名称、设立在网上申请、受理、核准，使得工商注册更加便利、快捷。截至10月底，共办理5户。商事制度改革深入推进，提高市场准入便利化程度，优化营商环境，激发社会投资创业活力，促进市场主体加快发展。

【稳步推进企业年报公示】 为更好地宣传和实施《农民专业合作社年报暂行办法》《个体工商户年度报告暂行办法》等推进信息公示工作开展。工商局把年报工作作为上半年工作的重中之重，全力以赴，多渠道、多方式，认真实施。认真学习年报和信息公示的相关业务知识，做到人人都能熟练动手操作；结合辖区实际，积极加大宣传力度，提高农民专业合作社和个体工商户对年度报告公示制度便利性和重要性的认识，发放《企业信用信息公示网站操作指南》和《企业信息公示暂行条例》等相关资料共发放宣传材料400余份；以此次年度报告工作为契机，及时换发新版《营业执照》，对于需要变更《营业执照》的，及时办理相关手续，注册窗口工作人员耐心解答群众咨询的各种问题；辖区内农专和个体户80%以上不会上网申报，工作人员在开展市场巡查的同时，还积极帮助、指导农专、个体户进行申报，提供上门服务。2016年应年报市场主体1489户，年报率100%。其中个体户自主年报率达到31.84%，年报申报率远远超过改革前的年检验照率。

【信息公示工作初见成效】 通过对企业及时信息

公示、年报公示、市场监管公示，逐渐实现“以信用促监管、以信息强监管”，转变监管方式，提高监管效能，促进社会诚信体系建设。随机抽查2015年已申报年报的企业4户，抽查率达到规定的3%，其中3户企业因公示信息隐瞒真实情况、弄虚作假以及通过登记的住所无法联系，已列入异常名录中，使得年报中虚假申报信用体系建设渐入人心，已显成效；加强案件公示，提高监管的透明度。努力实现“一处违法、处处受限”的全方位监管体系；通过实施信息共享工程，市场主体主动申请注销明显增多，2016年1—10月，工商局共注销118户。

【推进信息归集共享】 利用西藏企业信用信息公示系统，构建工商、税务、质监等相关部门信息共享体系，工商局加强与县税务局及县食药局的沟通联系，重点强化证照管理的有效衔接。

【不断提高商标品牌意识】 根据《拉萨市工商行政管理局2016年实施质量商标品牌提升实施细则》要求，当雄县工商局指定专人负责商标品牌指导工作。大力引导培育本土商标，把实施商标广告战略作为提升市场核心竞争力、打造高原特色品牌的重要抓手，促进商标广告战略与经济发展深度融合。建立了商标注册库，截至年底，辖区内共有注册商标5件，其中1件为中国驰名商标（5100），有1件（纳错琼母）为第九批获得自治区著名商标。地理标志商标2件（曲玛弄、当雄牦牛）；加强商标广告的检查指导工作，工商局针对“5100”矿泉水外包装上使用“荣获第十届世界瓶装水最佳矿泉水”字样，按照《中华人民共和国广告法》第九条第三款规定，下发提醒通知书，限期纠正违法行为；当雄县5100企业，参加了2016年中国国际商标节，促使企业走出全国，面向国际。

【切实保障消费者权益】 年内，围绕消费热点问题，进一步加大消费维权力度，不断改善消费环境，释放消费潜力，发挥消费对经济的拉动作用。积极完善12315维权体系建设，全县建立7个消费维权联络点，确定联络员；切实加强消费维权。着眼于推进消费维权常态化，扎实做好消费投诉举报调处和案件查办工作。2016年1月至10月，共受理消费者咨询、投诉、举报8件，办结7件；总案值1.2万元，为消费者挽回经济损失1万元。当雄县为旅游大县，受理的投诉举报案件80%以上旅游业为主，投诉举报案均集中5—10月旅游旺季；加强宣传，在“3·15”设立宣传点，宣传《无照经营查处取缔办法》《商标法》《广告法》等相关法律法规，并在3月15日集中销毁过期变质食品价值5000余元。

【加大事中事后监管】 市场监管是工商的第一职责，自商事制度改革后不断转变观念，更新监管理念，主动作为，积极营造良好市场秩序。2016年，查处各类案件4件，案件总值2.5万元，罚没金额1.15万元。

【抓好食品安全整治】 先后开展了元旦、春节藏历年等各类节日食品市场整治，农村食品市场整治、校园周边食品安全专项整治，共出动执法人员25人次，检查市场主体350余户，没收过期变质食品16个品种，折合人民币3000余元；立案查处食品类违法案件1起，罚款500元。

【旅游市场监管】 2016年，共出动执法人员56人次，车辆30余台次，检查经营户数230余户，同时，旅游餐馆厨房卫生脏乱差1家商户，发放整改通知书，处理消费投诉5件，调解率100%。工商局还针对纳木错景区无照经营情况向县委县政府以及市局汇报了情况。

【开展无证无照取缔】 年内，当雄县工商局利用验照工作时机，严格查看市场主体持有的各类证照，同时，开展了专项整治工作2次，共出动执法人员12人次，1—10月发放提醒通知书15份，共办理3起无照经营案，罚没款1.1万元。

【继续巩固打击传销成果】 年内，发放打击传销、消费者权益保护法等宣传资料300余份。对辖区内曾经参与过传销的人员（21名）名单登记造册，做到准确掌握基本信息，并加强当地党政、辖区派出所的联络，做到及时掌握他们的社会动态。累计创建“无传销社区、乡镇、学校”4个，签订责任书7份。

【有序开展“当吉仁”赛马节物资交流会】 8月15—29日，当雄县工商局投入全部人力、物力，负责整个市场组的规划、商户安排入住、市场监管、消费维权等工作，工商局5名干部凝成一股力，加班加点对区内外600余户商户划分地皮安排摊位，同时在节日期间市场巡查和专项检查相结合开展市场监管工作，通过全体职工的不懈努力，做到了零投诉，商品供应充足，市场繁荣稳定，秩序井然有序。

【安全生产整治】 年内，以安全生产无小事的工作理念，定期不定期和重要节点开展整治工作，查看各类证照其否齐全有效，辖区内共有5户重点安全防范单位，其各类证照进行了备案登记；查看是否存在安全隐患等，做到辖区安全生产万无一失。

【开展“两学一做”】 年内，严格按照拉萨市工商局“两学一做”学习教育活动的工作部署，深入学习党章党规及习近平总书记系列重要讲话，重在加强理论武装、统一思想行动。“做”，就是做合格的共产党员，坚定信仰信念、强化政治意识、树立清风正气、勇于担当作为，加强党性修养，始终保持共产党员本色，更加主动地立足岗位做贡献，充分发挥先锋模范作用，做讲政治、有信念，讲规矩、有纪律，讲道德、有品行，讲奉献、有作为的合格党员。工商局以自学和集中学习方式开展学教活动，组织党员干部中开展“学党章党规、学系列讲话，做合格党员”学习教育，认真学习、深入领会，做笔记、写心得、开展组织生活会等一系列举措，边学边改，端正党风、转变政风、重塑民风。2016年10月，商户曲朗给洛桑拿布和德吉每人送1500元现金，共计3000元，工商局干部当场退还，但因对方拒收，两名干部将此款项及时上缴单位。这种清正廉洁的作风，值得发扬和学习，也落实了“两学一做”，基础在“学”，关键在“做”的精神实质。

（德　吉）

【领导名录】

局　长　贡　　桑（藏族，11月免）
副局长　德　　吉（女，藏族）
羊八井工商所所长
　　　　米玛次仁（藏族）

当雄县旅游局

【概况】 当雄县旅游管理局为全县行政管理部门，行政编制5人、公益性岗位1名。正科级建制，其中副局长1名，具体职能为负责当雄县辖区的旅游规划、管理和监督工作。

【经济发展】 2016年，纳木错景区共接待游客64万人次，旅游门票收入6798万元。

【乡村旅游推介】 把当雄（乡村景区点）推介给各大旅行社及广大游客，为牧民群众拓宽致富渠道，推动当雄县乡村旅游发展，旅游局特此参加市旅游局举办的“2016拉萨最美乡村”旅游推介会。此次的推介会，主要还是把当雄县的旅游景点推介出去，让更多的游客认识当雄的旅游景点，全面欣赏牧区的美丽，净化自己的心灵，享受牧区的美食，而且当雄县通过对旅游的开发，使更多的当地群众投入到旅游服务行业中来，有效改善他们的生产生活条件从而让牧民群众吃上旅游饭。为实现旅游产业的第二次创业，挖掘旅游新亮点，促进文化旅游深度融合发展，5月28日当雄县举办“相约纳木湖畔·寻觅虫草之旅”活动。为积极响应精准帮扶贫工作，借着“相约纳木湖畔·寻觅虫草之旅”活动的平台，旅游局从贫困户中选出76名牧民群众为此次的活动担任向导员，并给予每人向导费200元。

【景区内牵牛拉马及牵狗整治】 年内，对扎西岛牵牛拉马管理人员进行统一着装，并给牵牛拉马商户办理了工作证，现已采取凭证上岗；成立把纳木人惠民旅游服务专业合作社专门负责管理牵牛拉马；牵牛拉马制定了专用门票2万张并已在运用中；针对售票处牵狗管理工作，旅游局已对牵狗人员进行登记造册并办理了牵狗证，已持证上岗；打击旅游市场暴力抗法、妨碍执行公务的违法犯罪行为；打击旅游市场中阻拦、尾随强行拉客，机动车道非法拦车拉客、违章停车等扰乱旅游市场秩序的行为，预防和减少旅游交通事故。严厉查处导游司机擅自增加自费项目和购物次数，谩骂、殴打游客等恶劣行为；旅游局不定期的在二号桥打击旅游市场“黑导、黑车、黑社”涉及违法犯罪行为，并在节假日期间派工作人员在二号桥进行执法工作。

【旅游旺季景区安全生产大检查】 为迎接旅游高峰期，优化旅游服务环境，提升旅游服务品质，推进旅游标准化建设，助推旅游服务行业规范化建设，4月28日由王晓宾副县长召集各乡镇各部门召开旅游整治会议；加强旅游安全监管工作。在春节、清明节、“五一”小长假“萨嘎达瓦”等节假日来临之前，县公安局牵头、县旅游局、安监局、工商局等8家单位组成联合检查组，对景区内联合开展社会安全隐患大排查工作。

【规范旅游市场秩序整治】 5月5日，副县长旺堆罗布前往念青唐古山、纳木错景区售票处分别召开旅游整治协调会议。有关单位的负责人参加会议，要求全面负责念青唐古拉景点及售票处进行专项整治。对念青唐古拉山景点所有摊位进行了重新规划；对念青唐古拉山景点划出了指定区域，用网围栏把供游客参观的牦牛进行集中管理；在念青唐古拉山景点设立了标示牌，并在牌子上注明举报电话，方便游客有情况及时向有关单位反映；认真开展念青唐古拉山景点所有商铺的思想教育工作，同时组织乡派出所依法严厉打击景区违法行为，杜绝强买强卖现象，确保公平买卖，切实维护景点良好形象；每日派出一名派出所干警及村委会干部在景区蹲点整治；厕所卫生方面，因旅游旺季到来对旅游沿线的卫生要高度重视，按照属地管理原则在念青唐古拉山的厕所由宁中乡安排专人负责，进行清理工作，以便游客使用；由布达拉旅游文化集团有限公司负责把告示牌落实到实处，并且把投诉电话告示清楚方便游客知晓；由拉根村村委会对牵狗牧民群众进行思想教育工作，将存在强拉强照现象遏制在萌芽状态；如出现违反者将交由公塘乡派出所处理解决。

10月29日，由公安局负责临时组建联合执法小队，从公安局、旅游局、文化执法大队、工商局、文广局、食药局、交通局、民政局、民宗局、纳木湖乡、羊八井镇、宁中乡、公塘乡、当曲卡镇、乌玛塘乡各抽调一名工作人员共计14人，在重点旅游观光点（羊八井镇景点、念青唐古拉景点、纳木错扎西半岛、拉根山观景台、藏北八塔）等进行不定期巡逻，集中开展旅游联合执法，确保各景点秩序井然，并形成长效机制。

【旅游环境及交通整治】 年内，对本县区域的109国道和当那公路的旅游沿线卫生进行一次彻底的整治；每个乡（镇）按照属地管理原则，每天对本管辖的沿线环境卫生进行清理，并定期进行检查、监督等工作；乡派出所安排两名民警，在羊八井综合检查站旁，沿线厕所前停放车辆造成交通安全隐患的问题进行每周一次整治；羊八井检查站配合旅游局的工作检查绿色通行证；组织乡干部职工将拉根拉观景台处的龙达旗（风马旗）全部整理，并安排乡干部每周一对拉根五组至拉根山顶沿线进行卫生整治。

【加强景区内的整顿和规范力度】 年内，不定期在景区内进行检查，有无私搭乱建情况、强买强卖、欺客载客现象、有无违规经营商户、景区环境干净、整洁情况及私搭乱建。

【售票、检票监督】 旅游局内轮流排班，派2名工作人员每天在二号桥处进行旅游执法，监督布达拉旅游公司工作人员售票（补票）、检票情况，同时检查黑车、黑寻及有无车辆闯关。并按照规定每天引导旅游大巴下午2点前必须去扎西岛，2点之后二号桥观景台与扎西岛随意选择。

【乡村带头人员培训】 年内，为进一步深入贯彻《中华人民共和国旅游法》，提高旅游服务水平，推动当雄县旅游业又好又快发展，3名人员到江苏开展旅游系统人员培训，积极选派业务精干、特色旅游乡村致富人及一线旅游从业人员参加此次培训。

（白玛措姆）

【领导名录】

局　　长　多吉平措（藏族，12月免）

主持科员、副局长

白玛措姆（女，藏族，3月主持工作）

当雄县气象局

【概况】 当雄县气象局机构规格为正科级，下有4个区域无人自动站，1个交通气象站。国家正式编制7人，在岗人数为6人。学历结构：本科5人，大专1人。

【气候概况】 2016年平均气温为3.3℃，较历年同期平均值偏高3.1℃。年极端最高气温21.1℃，出现在7月，极端最低气温-18℃，出现在1月，年降水量为450.0毫米，较历年偏少10.5毫米。一日最大的降水量为40.8毫米，出现在6月。

【抗旱及汛期气象服务】 气象服务紧紧围绕气象工作面向民生、面向生产、面向决策的要求，加强为农气象服务“两个体系”建设，健全服务机制，完善服务流程，认真做好气象服务工作。2016年气象局通过手机短信平台，为县、乡（镇），住寺和农村气象信息员发布每天的天气预报。共发布手机短消息400余条，2016年气象局还向县委、县政府和发改、民政、水利、畜牧、旅游等单位共发布气象服务信息51期，发布当雄气象快讯（信息）28期。

【气象现代化建设】 根据加快建设气象现代化建设要求，气象局扩建了气象局业务用房及周转房，扩建面积为4627.7平方米。此项目已于2016年正式竣工，计划于2017年正式成立县级气象台和防灾减灾办公室。各乡镇建立气象服务平台，培养乡镇气象信息员，推动气象“三农”服务。

【党建、党风廉政建设】 气象局重视基层党组织的建设工作，通过常规性的政治理论学习、民主生活会及主题活动的开展，提高了党员的政治修养，增强党员的自我约束能力和党小组的凝聚力，发挥党员干部的先锋模范作用。截至年底，气象局共有4名中共党员，1名预备党员。

（王妮娜）

【领导名录】

局　长　扎西达瓦（藏族，4月免）

　　　　尼　　玛（藏族，11月任）

当雄县净土产业投资开发有限公司

【概况】 当雄县净土产业投资开发有限公司成立于2015年4月2日，在当雄县注册成立，注册资金8000万元，属于国有独资企业，公司法人代表洛珠，共有10名职员，其中公司管理层4名。下辖三个子公司：当雄县净土农畜产品投资开发有限公司、当雄县净土天然饮用水开发有限公司、当雄县羌塘旅游文化发展有限责任公司。

【公司经营范围】 承担授权范围内高效生态畜牧产业重大项目、畜牧业综合开发项目、净土健康牧业示范基地的建设项目投融资与运营管理，范围内畜牧业及相关项目投资，畜产品市场推广、畜牧业会展、畜牧业对外合作，畜牧业招商引资、范围内旅游开发项目、新能源（风、光等）项目、水资源项目（矿泉水、饮用水等）招商引资及开发等净土健康产业发展项目。

【净土健康产业发展】 净土健康产业发展是市委、市政府放眼全球、纵观国内、立足拉萨、着眼未来做出的重大决策部署，是可持续发展的低碳产业，是前景不可估量的朝阳产业。自市委做出发展净土健康产业的重大决策部署以来，当雄县作为全市唯一的纯牧业县，始终坚持夯实“一个基础”（畜牧业生产基础），打造“两个基地”（水业基地、新能源基地），实现三次产业互动融合发展奋斗目标的工作思路，充分发挥自身资源优势，重点围绕畜牧业、旅游业、天然饮用水、新能源四大支柱产业强力推进，错位发展，开创了独具当雄县特色的净土健康产业发展之路。

【业务开展】 探索传统牧业转型升级，推出有“身份证”的牦牛肉。2016年投入资金2900余万元收购3840头当雄牦牛，推出有“身份证”的牦牛肉，深受拉萨市民的欢迎，取得了良好的社会效益和经济效益。与当雄润祥绿色食品有限责任公司达成合作协议，作为当雄牦牛冷鲜肉全国总代理，开辟内地高端市场。现已在成都环球中心N3入口20楼18号设立300余平方米的当雄牦牛肉旗舰体验店，并在北京、成都、广东、西安设立了一级代理商，正以成都、北京为中心，辐射带动全国市场。截至年底，当雄牦牛肉在北京主供赛特、新空间、华联等商场超市，部分中央部委食堂、五星级酒店和私人会所。为进一步宣传当雄有“身份证”的牦牛肉，与中央电视台合作拍摄10—15分钟的宣传片，将在中央电视台发现之旅追溯好食品栏目中播出。截至年底，已销售2749头牦牛，共计78万斤，销售收入2507万元，平均每户增收7000元，实现就业300多人。

为更好的拓展当雄有“身份证”牦牛肉的品牌价值，公司投入292万元，实行牲畜电子耳标（芯片）植入，可通过扫描显示牲畜户主基本情况、牲畜健康状况、免疫情况、接种疫苗、出栏情况等信息。同时，选派工作人员在四川阿坝若尔盖、云南香格里拉等地进行实地考察，学习国内领先的牲畜屠宰、排酸、处理等技术。新建一座净土农畜产品农贸交易市场，投资1500万元，工程已竣工并投入使用。

【探索旅游产业提质增效】 为加快推进纳木错景区的保护与开发，与西安华堰同泰影视文化传媒有限公司合作拍摄《天缘—纳木错》电影。制作《逐梦当雄》首张音乐原创专辑。聘请四川大学规划设计院负责完成纳木湖乡特色小城镇规划，打造新的旅游亮点。

2016年，当雄县相继开展“当吉仁”赛马节、“相约纳木湖畔·寻觅虫草之旅”等以体验、购物为主题的特色旅游文化活动，实现收入100余万元。

新建一座当雄净土生态园（旅游综合服务区），投资1500万元，工程已竣工并2016年4月投入使用。接待游客20万人次，收入30余万元。

【探索水产业做大做强】 进一步加强同纳木错实业有限公司的合作，在保持原有在保持原有纳错琼姆商标、纳木错圣水品牌不变的前提下，公司以51%的控股率与纳木错实业有限公司正式签订增资控股协议，并完成了工商股东更改手续和税务登记更改手续工作。经与相关部门协商就扩建原有厂房事宜达成一致，该项目总投资1.2亿元，其中厂房扩建投资2860万元，二条生产线投资6212万元。将31亩厂房用地合并注入公司旗下并办理了相关手续。公司先后同北京安氏集团和当雄圣地生物水发展有限公司签订4万吨及5万桶装水销售合同。截至年底，纳木错圣水2016年的水产量达到12000吨，其中销量达到11000吨，实现产值4955万元，销售收入4227万元；公司与西藏象雄饮用水有限公司已完成资源合作对接，该公司投资为1.85亿元，在保持原有公司品牌规模的前提下，开发当雄县饮用水资源，其中公司占10%的股权。项目总占地面积为30亩，选址工作已完成；加强与当雄圣地生物发展有限公司合作衔接工作，进一步推进项目建设选址工作，通过双方的努力和沟通，选址工作已基本完成，水质检验工作正逐步开展，为下一步迁址工作奠定了良好的基础，项目投入使用后公司控股51%；在康马温泉度假村原有土地面积40.88亩的基础上，再从周边征地50.61亩，正式启动“岭.格萨杰布药泉酒店”度假村改扩建项目。项目启动资金为1.2亿元，其融资渠道分别为，自治区投资2000万元，拉萨市投资800万元，当雄县投资1200万元，从银行贷款8000万元。

【探索新能源产业实现突破】 2016年“羊八井—格达乡”新能源产业园区内新建10个新能源光伏产业项目，协议总资金达到250.3亿元。西藏嘉天新能源投资开发有限公司计划投资9亿元的60兆瓦光伏电站项目，截至年底，已完成投入7.62亿元，完成一期30兆瓦并网发电，羊易16兆瓦地热电站一期于6月完成并网发电。

（扎西次仁）

【领导名录】

董事长、总经理　洛　　珠（藏族）
畜产品公司经理　次仁旺堆（藏族）
旅游公司经理　普　　琼（藏族）
水资源公司经理　次旺贡布（藏族）

社会事业

当雄县民政局

【概况】 当雄县民政局担负着全县救灾救济、社会救济、老龄事业、优抚、堪界、换届选举、双拥、婚姻登记、医疗救助等行政管理工作。分管当雄县老年活动中心、当雄县敬老院和各乡镇民政助理员。2016年民政局有行政人员6人，事业编制3人，工人4人，公益性岗位1人。年内，全县民政工作坚持以邓小平理论和“三个代表”重要思想为指导，民政局以党的十八届三中、四中、五中全会精神和科学发展观为指导，以党的群众路线教育实践活动为载体，认真贯彻落实全国、全区、全市民政工作会议精神，坚持“以民为本、为民解困、为民服务”为宗旨，紧紧围绕全市中心任务和“六大战略”目标，以提高困难群体、优抚群体、孤老孤残孤儿等特殊群体生活保障水平、加速民政公共服务设施建设、发挥民政在构建平安西藏、幸福拉萨中的基础性作用为着力点，为促进“保发展、保民生、保稳定”的贯彻落实党的惠民政策，为构建社会主义和谐社会做出应有的努力。

【城乡低保】 年内，为实现城乡低保动态管理，民政局不定时开展低保核查调整工作，实现应保尽保，应退则退的工作目标；为更好地对当雄县城低保家庭的收入核查准确性和增加组织部门协调成立当雄县城乡居民收入核心中心，机构和人员编制得到有效的落实。健全低收入家庭收入核查机制，倡导诚信求助，做到公平施保，应保尽保，应退则退的工作目标。

截至年底，全县城镇低保户数为401户695人，2016年共发放城镇低保资金634.3万元。全县农村低保户数为1193户4513人，2016年，共发放农村低保资金1412.3万元。

【医疗救助】 截至年底，按照上级民政部门的工作要求当雄县医疗救助421人次，297.83万元。其中农村医疗救助396人286.42万元。城镇医疗救助25人，11.41万元。当雄县城乡医疗救助“一站式”即时结算工作有序开展，年内，共计结算“一站式”医疗救助资金20万元。参保、参合实现应救尽救。

【农村“五保”供养】 年内，在各级政府支持和重视下民政局认真完成区、市党委政府提出的“五保”集中供养目标。当雄县与堆龙德庆县、尼木县三线敬老院合并工作有序开展，完成上级业务部门工作要求及进度。当雄县敬老院没有出现福利机构的食品、消防等安全工作安全事故，内部管理规范，制度完善，机构管理和工作人员业务素质和服务质量明显提高。

当雄县共有“五保”供养对象96人，其中集中供养76人，分散供养20人。集中供养入住率为90%。

【临时救助】民政局切实解决当雄县低收入群体因临时性、突发性导致生活困难的，得到及时救助，同时按照上级业务部门要求做到临时救助资金救助专户储存、专账管理、专款专用。年内，共救助75人次，发放救助资金34230万元。

【救灾救济】年内，当雄县委、县政府高度重视救灾和防抗灾工作，并将其列入重要议事日程，为及时、高效、有序地组织开展自然灾害救助工作，提高救灾工作整体水平，最大限度地减轻灾害造成的损失，确保当雄县救灾工作的有效提高，建立健全救灾体系建设，通过政府例会研究和修改，制定了当雄县防抗灾害应急预案。根据人员变化情况，调整和充实防抗灾工作领导小组，为进一步提高当雄县的防抗灾工作，切实提高救灾物资储备能力，2016年，当雄县加大县、乡、村三级救灾物资储备力度，将救灾资金列入县级财政预算，2016年当雄县救灾救济预算为400万元（民政局200万元、畜牧局200万元），救灾救济资金严格执行专户管理、专款专用，无挤占、挪用、拖欠救灾资金、基金现象。2016年采购储备救灾物资，共支出195万元用来购买救灾储备物资，当雄县县、乡、村三级救灾物资品种齐全、数量充足。同时民政局加强救灾储备物资的管理。建立健全和严格遵守救灾物资管理使用制度，做到制度上墙入脑，严格执行救灾储备物资出、入库登记制度，做到账目清楚、账务相符。

当雄县格达乡救灾储备库建设2016年完成并投入使用。当雄县明确县、乡、村三级再请信息员，指定专人，为做到灾情报送及时、数据准确、口径统一、不瞒报、不虚报、不迟报工作要求奠定坚实基础，同时制定工作责任制和基层灾情信息制度。

为了能防抗灾意识深入每个牧民心里，民政局以“5·12防灾减灾日”宣传活动为重点，积极组织开展救灾宣传活动，共发放防灾知识宣传单1500余份。

【村务监督】年内，当雄县认真开展村务公开民主管理工作，村（居）民监督委员会在明确自身职责同时，加大对村务公开监督力度，当雄县共有28村（居）民监督委员会，监督委员102人。

【双拥优抚安置】在县委、县政府及拉萨市双方领导小组高度重视和大力支持下，当雄县的双拥工作取得显著成效，为切实开展好当雄县双拥工作，结合当雄县实际，调整充实当雄县双拥领导小组成员，制定双拥创建工作实施方案，县双拥办密切配合各驻军部队，2016年，“八一”建军节举办庆“八一”军地文艺汇演活动，创新双拥工作载体，丰富双拥活动内容。同时每逢重大节日民政局组织进行走访慰问部队活动内容。同时每逢重大节日民政局组织进行走访慰问部队活动，2016年，共支出4.3万元用来慰问活动。当雄县军地双方广泛开展双拥创建活动通力合作，形成合力，当雄县双拥工作打开新局面。

【儿童福利】截至年底，当雄县共有孤儿79名，根据上级部门工作要求已有61名孤儿移送上级福利院进行集中供养，18名孤儿进行分散供养。当雄县孤儿信息档案建立健全，同时已及时、足额落实孤儿生活保障金27.4万元。

【老龄工作】2016年，当雄县共有60岁以上老人3415人，其中60—69岁1665人；70—79岁1228人；80—89岁445人；90—99岁47人；100岁以上1人。

【行政区划】为做好县级行政区域界线联合检查工作及界线管理工作，民政局进一步对相邻的那曲地区班嘎县、那曲县之间边界纠纷协调工作，积极争取区、市民政部门协调解决历史遗留的边界纠纷问题。截至年底，当雄县2016年的界线联合检查任务中当雄县与曲水县、那曲地区那曲县、班嘎县行政区域界线联检，与曲水县行政区域界线联检已全部完成。截至年底，正在积极协调联系班嘎县、那曲县进行界线联检。

【地名管理】当雄县作为全区地名普查工作中

拉萨市唯一试点县，民政局根据上级业务部门的工作安排及要求地名普查工作正在有条不紊地开展，截至年底，当雄县地名普查工作已全部完成，并通过自治区地名普查办验收。

【其他社会事务】 在上级业务部门的指导与帮助下，民政局婚姻登记工作逐步实现规范化，同时不断提高婚姻登记质量，健全服务管理制度，2016年共办理结婚登记89对；离婚登记82对；补办50对。根据上级部门工作安排，民政局及时做好天葬台的登记管理工作，当雄县共有天葬台65座，其中正常使用15座，已废弃60座。

【项目建设】 2016年，当雄县建设完成当雄县格达乡救灾物资储备仓库项目并投入使用；已完成烈士陵园搬迁建设工作并投入使用。

【政务公开】 年内，做到政策规定、服务内容、办理程序、办理结果公开透明、公正公平。

【民政党风廉政建设】 根据《2012年—2015年拉萨市民政系统党风廉政建设责任书》要求，民政局切实加强反腐倡廉公正，做到年初有工作计划，年中有小结，年底有总结，及时上报了党风廉政建设方面的信息，形成党风廉政建设材料15份。

【财务管理】 日常工作中民政局加强与县财政的沟通，及时核对各类经费指标文件，会计科目按要求进行会计核算，同时每季度向市民政局财务科报送专项经费落实情况和财务报表；各项专项经费按要求及时足额落实到了民政对象手中；统计月报、季报、台账、年报等尽力按规定时间准确、及时上报，统计数据与相关科室报送数据一致。

【基层民政力量建设】 为加大民政助理员及干部学习培训力度，2016年民政局积极参加市民政局举办的各类业务培训，为提高当雄县民政队伍的业务水平及综合协调和处理解决问题的能力，2016年，开展8人次业务培训。

【民政宣传】 每逢各种宣传日民政局借机对民政政策法规、重点工作和重大活动进行及时有效宣传。同时根据政府例会工作安排民政局2次对县、乡（镇）、村三级负责人及乡镇民政助理进行相关民政惠民政策及业务工作积极推动全县范围内对民政政策法规、重点工作和重点活动知晓率。对民政助理员熟悉掌握民政工作政策，民政对象了解民政起到很好的作用。

【信息调研】 民政局根据上级部门上报信息要求，上报有价值、有质量的综合信息、调研信息、专题信息，信息报送及时准确、无漏报、错报、瞒报、虚报现象，2016年共上报信息82期；同时积极开展综合调研工作，上报当雄县60岁以上老人生活状况调研报告1份。

【信访工作】 年内，为积极开展矛盾纠纷排查调处工作，及时、有效、稳妥处理来信来访，不发生群体性上访事件，民政局建立健全信访工作台账，制定矛盾纠纷排查调查表，做到及时登记，限时解决的工作机制。

（丹增旺久）

【领导名录】

局　长　巴桑加措（藏族，5月免）
　　　　拉巴旦增（藏族，5月任—12月免）
　　　　次仁曲珍（女，藏族，12月任）
副局长　次仁曲珍（女，藏族，12月免）

当雄县人力资源和社会保障局

【概况】 2016年是“十三五”规划开局之年，当雄县人社局在县委县政府的坚强领导下，在上级业务部门的正确指导下，紧紧围绕“党建统揽，民生为本，人才优先”的工作主线，理清工作思路，创新工作机制，认真履行部门职能，不断深化人力资源管理工作，努力强化社会保障服务工作，有序推进就业、创业、培训工作，有效开展劳动关系各项工作。为顺利完成年初确定的目标任务，实现“十三五”期间各项事业的良好开端奠定了基础。

【人事管理】 2016年，当雄县人社局辖管公职人员共有1788人：其中政府系统在职公务员544人，专业技术人员797人、合同工99人、固定工52人；公益性岗位人员200人；政府购买服务人员76人；基层服务平台工作人员20人。2016年，当雄县人社局重点加强队伍建设、作风建设、效能建设和体制建设，有效推进了人事管理工作规范化，科学化发展。开展了全县政府系统干部、专技人员、工人档案专项核查整顿工作，通过边查边纠、边查边改，使当雄县的人事档案管理更加规范。同时以《西藏自治区公益性岗位人员管理办法》为基础制定《当雄县公益性岗位人员（财政供养临时工）管理办法（试行）》和《当雄县公益性岗位人员（财政供养临时工）绩效方案（试行）》，为加强人员日常管理、严明组织纪律、转变工作作风、提高工作效率打下了坚实的基础。

【职称评定】 年内，根据上级部门安排部署，当雄县的职称制度改革不断完善。认真审核并上报至市局专技科关于当雄县畜牧系列12人的职称评审工作，审核并上报了文广系列3人的职称评审工作。上报了全县职称政治报名考试工作。监督县教体局2016年度职称评审会的各项工作，评审通过小教高级职称14人，中教一级职称14人。及时上报了当雄县8个乡镇兽防所的岗位设置方案和5个乡镇兽防所的岗位认定方案以及县人民医院、县电视台、县艺术团三家事业单位岗位认定工作的请示；工人职称评定工作。2016年报考初级职称2人，中级职称的5人，高级职称1人，评上技师13人。

【人才引进】 为深入实施人才优先发展战略，扎实推进当雄县人才工作迈向新台阶，根据《拉萨市中长期人才发展规划纲要（2011—2020年）》《拉萨市2016年引进急需紧缺专业人才工作方案》的安排部署，当雄县人社局按照“引得来、留得住”的原则，严格制定保障服务措施，共引进当雄县急需的动物科（医）学、水利水电、土木工程等专业技术人才共10人，分别按照引进人才所学的专业分配到各相关单位。为当雄县的长足发展提供了智力保障、人才保障。

【高校毕业生管理】 2016年，当雄县有166名未就业的高校毕业生，其中往届13人、应届153人，2016年为31名当雄县籍未就业的高校毕业生安排了就业见习岗位，发放见习补贴26.04万元。在“高校毕业生就业服务月”活动中共开展就业政策宣传2次，印发政策宣传册300余份；实名登记247人，其中2016应届毕业生198人；提供职业指导44人次，发布岗位信息44条，提供就业推荐44人次；组织专场招聘会2次，提供岗位信息48条，参加就业见习23人，创业培训32人。下一步继续加强高校毕业生登记服务工作，提供更多的就业岗位信息，尽力解决高校毕业生就业问题。

【城乡居民养老保险】 2016，当雄县城乡居民养老保险参保人数29661人，已实现全民参保，参保率达到100%，共征缴城乡居民养老保险金236.77万元（完成目标任务239.4万元的98.90%），待遇领取4721人，已发放养老保险金共计725.30万元。

【职工基本养老保险】 2016，当雄县职工基本养老保险参保人数为2249人（其中机关事业单位干部职工1925人，公益性岗位200人，政府购买人员76人，企业单位38人，退休10人）。征缴职工养老保险555.27万元（完成目标任务228万元的243%）。

【医疗保险】 2016年，当雄县城镇居民医疗保险参保人数2295人（完成目标任务2295人的100%），征缴金额101万元（完成目标任务101万元的100%）。共给52名居民统筹报销医疗保险51.08万元。给当雄县居民办理医保卡170张（其中新增居民医保卡104张，挂失补办居民医保卡66张）；职工基本医疗保险工作。当雄县职工医疗保险参保单位70家，参保人数2138人（完成目标任务2087人的102%），其中在职1863人、退休275人，2016年1月至9月共征缴金额1643.51万元（完成全年目标任务1754万元的93.70%，当雄县每月征缴季度核定）。职工基本医保个人账户清户人数23人，清户金额11.1788万元。给37名参保职工医疗费报销46.98万元，其中统筹报销40.72万元、公务员补助6.26万元。企业职工参加生育保险38人，共征缴生育保险金8110.9元，截至年底，已拨付17名职工报销生育保险共12.87万元。给当雄县职工办理医保卡394张（其中新增职工医保卡97张，挂失补办职工医保卡297张）。

【工伤保险】 年内，当雄县人社局积极与上级业务部门沟通，对当雄县2名前来进行工伤认定、劳动能力鉴定的人员组织鉴定或认定，并支付工伤保险待遇13.08万元。对当雄县电业公司工亡职工达杰支付了本年度工亡抚恤金共计25200元。按照上级部门的要求，每月上报工伤保险月报表及季度报表。共征缴施工工地及企业工伤保险共32.4万元，涉及人数126人。当雄县干部职工工伤保险参保人数2109人，共征缴工伤保险金59.06万元。2016年，当雄县工伤保险共实现参保2235人（实现目标任务1920人的116%），共征缴工伤保险金91.46万元（实现目标任务55万元的166%）。

【失业保险】 当雄县充分发挥失业保险调稳作用。加大力度做好失业保险扩面工作，采取各种措施，继续宣传失业保险政策法规，增强单位和个人失业保险意识，提高参保缴费积极性。积极开展失业保险新增参保的扩面工作。截至年底，当雄县失业保险共参保958人（实现目标任务950人的101%），征缴失业保险基金共计173.2万元（实现目标任务80万元的216%）。

【就业再就业工作】 截至年底，当雄县农牧民劳务输出1.47万人，2.51万人次（完成目标任务1.4万人的105%，完成目标任务2.4万人次的104%），实现新增就业3972人，其中包括以补人员3272人（完成目标任务725人的547%）。开发就业再就业岗位870个（完成目标任务350个的248%），实现就业困难人员就业700人（完成目标任务80个的875%）。职业指导2816人次（完成目标任务550人次的512%），召开招聘会4次，职业介绍1057人次（完成目标任务400人次的264%），职业介绍成功700人（完成目标任务200人的350%）。城镇登记失业人员210人，城镇登记失业率控制在2.2%以内。

【技能培训】 截至年底，当雄县开展就业再就业培训、农牧民转移就业培训、创业培训、引导性培训共17期2083人。就业再就业培训3期共255人，合格率100%，就业率100%（完成目标任务190人的134.21%）；农牧民转移就业培训11期共1196人，合格率100%，就业率96%（完成目标任务530人的225.66%）；创业培训2期共32人，培训合格率100%（完成目标任务25人的128%）；引导性培训1期共600人。

【培训经费使用情况】 2016年培训资金共计341.5万元（其中拉萨市脱贫攻坚指挥部拨付160.5万元、拉萨市人社局拨付农培资金95万元、就业再就业专项资金拨付50万元、“两项补贴”拨付6万元、县政府投入30万元）。拉萨市脱贫攻坚指挥部拨付160.5万元，已使用118.9万元，结余41.6万元；拉萨市人社局拨付农培资金95万元，已使用45.9万元，结余49.1万元；拉萨市就业再就业专项资金50万，已使用22.83万元，结余27.17万元；县政府投入30万元已全部用于精准扶贫对象B升A驾驶培训。2015年“四业工程”培训经费结余51万已用于农牧民B升A驾驶培训。

【青年创业大赛】 年内，当雄县人社局联合团县委举办“拉萨市第二届青年创新创业大赛当雄县选拔赛”。通过对全县7个创新创业项目的产品（服务）、团队协作、商业模式、市场竞争力、运营状况、社会效益、经济效应以及带动就业能力等方面进行综合评定。最终评出创业一等奖、二等奖、三等奖、优胜奖各1名，并由县人社局就业再就业专项资金作为大赛奖金和活动经费。

【宣传工作】 年内，政策法规宣传3000余人，发放各类宣传资料2000余份，电视、广播、报纸、微信平台宣传报道20余次。经拉萨市人社局就促科推荐，西藏电视台、拉萨晚报对当雄县开展精准扶贫对象培训项目和转移就业人员进行采访，并于10月28日在西藏电视台播放，起到了良好的宣传作用。

【基层平台工作】 为大力促进社会保障公共服务向基层延伸、向农村延伸。根据区、市文件精神和安排部署，县人社局通过政策扶持、资金保障严格落实基层平台建设任务。经过岗前培训，2016年年初基层平台20名工作人员和26名基层平台村（居）协理员正式上岗。2016年8月当雄县严格按照市局统一服务场所、办公设施设备、上墙公示工作制度流程的要求，建立8个乡镇基层平台服务所、2个村（居）服务站。已初步形成县、乡、村三级公共服务体系，使基层平台真正成为保障和改善民生的重要着力点。

【精准扶贫转移就业工作】 2016年，精准扶贫对象转移就业530人（完成目标任务439人的120%）。其中拉萨金盾保安公司30人，铁路护路办62人，城关区人力资源和社会保障基层服务平台工作人员4人，当雄县人力资源和社会保障基层服务平台工作人员2人，运输行业59人，当雄县民间兽医36人，专合组织36人，当雄县域内企业招工55人，教育系统临时工52人，公安辅警3人，千里马中式烹饪培训后就业拉萨各餐厅12人，住建局环卫工12人，白玛宾馆2人，政务大厅保安1人，纳木错公家公司6人，5100水厂12人，净土公司7人，阿旺温泉度假村6人，羊易光伏电站27人，其他106人。

精准扶贫对象技能培训1189人。（完成目标任务439人的270%）。其中装挖机一期培训30人、二期培训30人，驾照B升A培训100人，春秋两期疫苗岗位提升培训500人，灭虫灭鼠人工种草岗位提升培训300人，理发培训40人，保安培训57人，保育员培训52人，驾驶B照培训50人，电工维修培训30人。

【工资福利】 开展工资审核和调整工作。从年初开始，开展了当雄县工勤人员的级别工资浮动、事业单位的薪级工资调整晋升级别工作。对涉及调资人员的工作及工资信息进行了重新核实。进一步审核各项补贴的合理发放；2016年上半年，县人社局对全县工勤人员、事业单位工作人员共计534人进行审核发放了十三个月工资补助待遇和各乡镇工作人员的生活补助。并对2015年参加职业资格考试的5名机关事业单位职工发放了职业资格证，工资套改工作正在审批中；审批上报自2016年1月1日以来全县工勤人员以及事业单位工作人员的工资正常晋升及各项工资变动；审核发放全县296名政府购买服务人员（包括公益性岗位、基层平台工作人员）的工资。8月对当雄县新分配的10名人才引进人员完成了工资审核定级，并于11月底发放落实。

【劳动监察】 截至年底，县人社局共收缴全县范围内18家建筑领域施工单位民工工资保证金797.24万元。县劳动监察大队到全县建筑领域及用工单位日常检查19次，专项检查2次，共检查县内18家建筑施工工地，督促12家企业签订劳动合同。共受理登记在案的劳资纠纷案件9起，涉及人数111人、涉及金额88.95万元，结案率100%。另有7起劳务纠纷案件经过当雄县劳动监察大队了解相关情况后，已转交至各相关项目单位解决，截至年底，已全部结案。

【“两学一做”学习教育活动】 年内，结合工作实际，扎实开展“两学一做”学习教育活动，认真制定学习方案和计划，完善学习制度，强化组织领导，成立活动组织机构，召开动员大会广泛宣传发动。积极组织全体党员干部进学习《党章》《中国共产党廉洁自律准则》《习近平总书记系列重要讲话精神》等内容，共组织集中学习

32次，书记讲党课2次，每人每周至少进行5学时的自学，开展手抄党章活动1次，每人撰写心得体会26篇。严格要求全局干部职工在生产、工作、学习和社会生活中，起到党员的先锋模范作用，为党在思想上、政治上、行动上的团结统一夯实基础，为实现“十三五”良好开局提供坚强政治保证和组织保证。

【党支部工作】人社局党支部以夯实基础为重点，坚持党的“五位一体”建设总体布局。紧扣党建工作目标，各项工作稳步推进。加强党员队伍管理，增强党组织凝聚力和党员队伍活力，共组织召开三会一课9次。支部8名党员结对帮扶精准扶贫建档立卡对象16户83人，每人先后3次进村入户摸底了解，进行政策宣讲、帮扶、慰问共计32人次。提供就业岗位9个，发放慰问品折合人民币10880元，并与相关单位沟通协调通过以补、社会兜底、社保、就业等多种帮扶措施，现已基本实现全部脱贫；2016年，人社局党支部以党风廉政六项工作为中心，积极组织学习落实《党内监督条例》《党纪处分条例》《中国共产党廉洁自律条例》等党内条例，加强对党员干部队伍的监督管理，全年无违法违纪情况发生，人社局党建工作和党风廉政建设工作得到了县委、县政府的充分肯定。

【行政权力和责任清单工作】为努力实现简政放权、放管结合、优化服务，深化行政体制改革，切实转变政府职能。人社局严格按照上级部门安排部署，根据市局政策法规科要求，制定行政权力和责任清单84条，相关材料正在审核中。

2016年，当雄县人社局以“两学一做”学习教育活动为契机，紧紧围绕精准扶贫转移就业全面落实各项工作，较好地完成了年初确定的目标任务。但在工作中仍存在一些困难和不足：干部职工日常管理有待加强；社会保险基金需进一步科学化、制度化管理；农牧民就业、创业、技能培训实际效果与预期目标有差距，群众积极性不高；劳动监察无机构编制，给日益繁重的劳动监察执法带来诸多不便的困难；干部职工理论水平、业务能力有待提高；各项政策法规制度宣传力度有待加强。

（诺　珍）

【领导名录】

局　　长　扎西桑珠（藏族，12月免）
　　　　　才　　达（女，藏族，12月任）
副 局 长　普　　琼（藏族，5月免）
主任科员　石达顿珠（藏族，5月任）

当雄县卫生局

【概况】当雄县卫生局是人民政府的工作部门，担负着全县医疗卫生、优生优育、预防保健、卫生行政执法、健康教育等行政管理工作。分管医疗机构：县人民医院、县防疫站、人口与计生委、合管办、七个乡（镇）卫生院、25个村卫生室。现有基层卫生院医技人员107人，村医91名县卫生局现有人员6人（局办公室4人、合管办2人）；全县诊所共6家。

【基层卫生人才队伍建设】年内，全县卫生工作坚持以深化医药体制改革为抓手，坚决落实贯彻区、市及县委、县政府的卫生工作方针与精神，大力实施农牧区公共卫生服务体系和农牧区医疗制度建设，不断加强基层卫生人才队伍建设和卫生基础设施建设，努力提高优生优育、藏医药和卫生监督工作水平。坚持以“三好一满意”活动精神为准则，大力提高全县医务工作者综合服务水平，最终达到群众满意。

【医药卫生体制改革】为认真贯彻落实国家基本药物管理制度，积极稳妥推进基本药品零差率销售工作，保障城乡居民基本用药，减轻群众医药费用负担。积极筹措建立基本药物制度，涉及采购配送、配备使用、零差率销售、农牧区医疗制度报销等多个环节，使各有关部门密切配合，形成合力。截至11月份，全县乡、村二级医疗机构采购药品428.83万元，其中藏药采购78.94万元，进一步缓解了人民群众“看病贵”的问题，取得了很好的社会效益。

【农牧区医疗制度建设】 2016年，当雄县各级合作医疗经费都逐一落实到位。到位资金1743.9万元，县级配套645万元，牧民自筹资金141.4万元，参合率达到100%。2016年全县大病统筹住院人数2680人次，报销金额为1889.88万元，其中县级住院898人次，先住院后结算住院668人，报销金额149.35万元。孕产妇报销415人，报销金额75.51万元；特殊门诊报销15人、报销金额41651元；家庭账户核销103300人次，核销金额505.77万元；市级先住院后结算卡122张、孕产妇绿卡276张，新生儿绿卡102张；保险赔付情况：上报2015年婴儿及孕产妇保险赔付案件137人，截至11月，6名大病患者农牧区住院报销费用超支6万元以上的案件已上报至保险公司，赔付金额为18.77万元。住院病人明显增加，因病致贫、返贫的问题得到缓解，农牧区医疗制度为保障广大牧民群众享有基本医疗卫生服务发挥了重要作用。

【卫生队伍建设】 以注重人才队伍建设为重任，通过形式多样的培训方式培养、开发人才，在继续加大卫生人才队伍建设的同时，卫生系统以“三好一满意”活动为抓手，扎实开展卫生队伍的整体素质培养，通过学先进、争先进的活动，不断提升个人道德修养和职业技能。2016年，参加区内外培训人员共计89人次。累计输送10名医务人员参加藏医三年规范化培训；14名西医专业人员继续参加四川华西医院住院医师培训；不断夯实乡、村医生培训，开展以农牧区医疗制度、妇幼保健、传染病、计划免疫等相关知识培训。累计开展培训3次，受益人达212人次。人才队伍的不断建设，使当雄医疗卫生工作水平得到进一步提升，全县卫生队伍结构也日趋完善。

【基础建设】 投入300万元新建县医院医技中心，该项目现已完工，预计2017年投入使用；为了提高县医院医疗诊治能力，投入69万元购买全自动麻醉机；北京援藏投入资金2131万元，建设标准化乡（镇）卫生院：羊八井镇卫生院及纳木湖乡卫生院，该项目现已完工，2017年投入使用；投入10万元解决公塘乡卫生院生活用水。

【民生项目】 卫生民生共投入1024万元：投入农牧区医疗制度大病报销透支县级补助645万元；投入150万元用于精准扶贫县级救助及全县儿童出生缺陷医疗救治，2016年向3名重特大疾病患者发放县级医疗补助金额19150元，累计向3名重特大疾病患者提前垫支医药费15万元。为了加大政府办医能力，提高医务人员的生活水平，每年县政府对全县医务人员提供伙食补助，县城医务人员每人每月100元的伙食补助，乡镇医务人员每人月150元的伙食补助。2016年，县委、县政府对全县60岁以上，自愿离任或健康原因离任的乡村医生给予一次性的生活补助3万元。2016年共投入69万元，截至年底，有6名符合条件的乡村医生提出了离任申请，投入198.8万元，用于其他卫生各项支出。（农牧区免费医疗办公经费7万元，人口计生专项经费县级配套12万元，流动人口计生服务管理经费县级配套4.2万元、藏医药发展县级配套经费25万元、突发公共卫生事件应急经费20万元、村医县级配套工资68.04万元、公立医院24小时值班补助52.56万元、基层医疗卫生机构传染病监测经费13万元）；北京市海淀区卫计委对县人民医院捐赠20万元现金及价值2万元的医学各类书籍。

【开展精准扶贫、精准脱贫】 2016年，按照县委、县政府扎实推进全县精准扶贫工作的要求，以及区、市卫生主管部门的业务指导，当雄县医疗卫生精准扶贫工作取得初步成效。全县建档立卡贫困户为1835户，7809人，以助组因病返贫人员共221人，191户；按照“两年脱贫，三年巩固”的总体目标，2016年因病致贫患者脱贫219人，剩余2人计划于2017年实现脱贫。并于8月份在县医院对以助组因病返贫的221名患者进行进一步体检，对每名患者建立健康体检档案及“一户一表”，并进行疾病分析；截至11月以助组患者住院共38人次，总住院费用622788.03元，新农合报销431712.99元，民政救助119762.5，个人自付71031.66元；对以助组住院及门诊患者（家庭账户资金余额不足）进行县级救助，救助门诊患者9人，共计28331.46元；将对以助组221名因病返贫的贫困户患者产生的住院费用由新农合报销70%，年封顶线6万元，剩余的30%由县民政部门予以救助，每人每年救助封顶线为10万元，超出部分由大病保险予以赔付，每人每年最高限定可赔付7万元整，超出这23万元的剩余费用将全额申请县级救助。

【民生项目建设】 2016年，当雄县全民免费健康体检，应体检人数为48131人、实体检人数为47989人，体检率99.7%，僧尼体检221人，体检率100%；妇女病检查应体检：12305人、实体检12285人、体检率99.8%；儿童先天性心脏病应筛查15441人、实筛查15354，筛查率为99.43%。其中疑似先心病3例；为农村妇女检查“两癌”，宫颈癌实检查1245例。乳腺癌检查1253例。实施免费白内障手术17例。2016年，县人口计生委继续巩固和落实农牧区“一孩、双女”补助政策，并将“2015年计划生育特别扶助金”“一孩双女”资金及时划拨至银行卡中。2015年享受“一孩双女”特别扶助资金对象394人，发放扶助资金378240元，计划生育特别扶助金政策的人有231人，共计金额485640元；

【基层疾病防控】 2016年，全县疾病防控工作在区、市业务部门的指导下，正有条不紊地开展，疾控队伍通过采取多种措施，加大了对鼠疫、艾滋病、结核病、手足口病等传染病的监测和防治。在铁路沿线、旅游沿线建立了鼠防固定与流动监测点，鼠防与结防工作科学有效，疫情监测和网络直报正常运行，结核病发现率及治疗率均达到国家要求。重点加强对碘缺乏病、饮茶型氟中毒及寄生虫病和步病等防治与监测工作；大力实施计划免疫和国家扩大免疫规划项目。年内，全县出生人口920人，常住儿童应建卡920人，实建卡920人，建卡率100%。

【妇幼卫生工作】 2016年，以提高住院分娩补助补服叶酸、降消项目等重大妇幼卫生项目为载体，不断提高住院分娩率，降低婴幼儿死亡率。免费为广大孕产妇及儿童进行健康体检，提高自我保健意识。全年孕产妇总数1464人，其中产妇数942人，建卡942人，建卡率100%，分娩总数947人，总住院分娩908人，住院率96.8%。积极开展妇幼专干培训，进一步完善妇幼三网监测体系，加强对孕产妇的孕早期、中期、晚期及新生儿管理，指导育龄妇女投服叶酸，继续实施孕产妇及新生儿住院免费报销政策及孕产妇住院分娩奖励制度，使全县妇女儿童健康水平逐年提高。

【人口、计生工作】 2016年，人口与计生工作坚持以“优生优育”工作为重点，努力提高全县计生工作水平，大力培养计生专干的综合服务水平，开展育龄妇女和流动育龄妇女开展国家免费孕前优生健康检查项目对全县8个乡（镇）550对农牧区育龄夫妇（即1100人）做了免费孕检，孕检率为100%；开展出生缺陷干预检查，应检查200对（即400人），截至年底，实检查137对，检查率68.5%；开展城镇居民孕前优生健康检查，应检查193对（即386人），由于当雄县城镇居民夫妻两地分居的占多数，故实体检为56对；对全县流动人口育龄妇女进行了免费的健康体检等检查，并为每一参检人员建立了健康档案，共计为95名妇女进行了免费检查。在开展免费检查的同时，对患有妇科疾病的妇女进行免费的一个疗程治疗；利用协会会员日向纳木湖乡、格达乡3位贫困母亲送去了价值2000元的慰问品，并在会员日向流动人口群众送去了价值3000余元的药品及日用品；在出生缺陷预防日向全县8个乡镇24名家庭困难，身体残疾的儿童进行慰问活动，送去了价值1万余元的慰问品，对各乡镇牧民群众及残疾儿童家庭进行针对性的预防出生缺陷知识宣传；7月23日，联合嘎洛寺管委会，邀请拉萨市专家进行妇女保健知识讲座及普查普治活动。并对每一位尼姑进行了基础检查，免费送去了价值3000余元的药品。

【基本公共卫生服务】 2016年，基本公共卫生服务项目稳步推进。加强高血压、Ⅱ型糖尿病等慢性非传染性疾病防治工作。高血压患者管理已规范化管理1487人。Ⅱ型糖尿病患者已规范化管理19人。重性精神疾病患者管理已登记管理6人。向居民提供健康教育和健康咨询服务，积极参与了突发公共卫生事件应急处置，及时报告了突发公共卫生事件信息，认真做好突发公共卫生事件风险评估和风险排查；按照上级业务部门的要求，全县81名村医对各辖区内的慢性病患者、孕产妇、婴儿签订了家庭医生签约服务，共签订6352份，签约率达86.3%。

（格桑拉姆）

【领导名录】

局　长　达娃卓嘎（女，藏族，12月免）
　　　　巴　桑（藏族，12月任）
副局长　曲　扎（藏族）
　　　　格桑拉姆（女，藏族）
　　　　加　措（藏族，12月任）

当雄县食品药品监督管理局

【概况】 当雄县食品药品监督管理局2016年5月正式成立，有干部职工4名，其中男干部职工2名，女干部职工2名。民族成分为：藏族3人，汉族1人。学历结构为：本科3人，大专1人。平均年龄为28岁。领导职数1人。全县有药店2家，私人诊所6家，公立便民门诊2家，乡（镇）级以上医疗机构9家，学校医务室2家，村级卫生室25家；截至年底，餐饮单位共有810余家：其中中等餐饮店430余家，小茶馆及小饭馆约301家、县机关食堂1个、乡（镇）政府机关食堂7个、学校食堂12个，酸奶作坊点39家，酸奶合作社4家，蛋糕店6家，快餐店3家，烧烤店7家。餐饮从业人员共计1330余人。保健品经营店4家；化妆品经营店5家。商店共计520家。当雄县食品药品监督管理局紧紧围绕县委县政府的中心工作，以“依法行政、执政为民”为原则，积极发挥协调、督促作用，加大食品安全日常监管力度，着力规范食品餐饮服务行为，大力整顿药品生产经营秩序、农牧区，监管效能逐步提升，整体食药品安全监管稳中趋好。

【食品监管】 组织食安办各成员单位从食品种养殖、生产加工、流通、消费四个关键环节入手，以粮、油、肉（禽类）、蛋、奶制品、蔬菜、水果、豆制品、水产品等老百姓日常食品为重点，不定期开展辖区内各类食品批发市场、集贸市场、加工小作坊、餐饮店、小茶馆的检查整治，同时加大力度严查无证无照生产经营行为，规范食品市场生产经营秩序，提升食品安全保障水平。加大纳木错旅游景区和旅游沿线的检查，根据创建国家食品安全城市试点要求进行了重点检查，引导规范经营；对餐饮业（小茶馆）、学校食堂严格实行量化分级管理，要求餐饮单位购进食品原料必须执行索证索票，建立台账，实现了食品原料来源清楚，有据可查；严格落实上级部门文件精神和要求及时有效开展火锅市场、不明冻肉制品、保健酒、配制酒、不合格粮油产品排查等各类专项治理工作，及时消除食品安全隐患。

【完成各项重大活动期间食品安全保障】 按照全县2016年食品安全整顿工作方案的总体安排，在“三大”节日、“五一”、雪顿节、藏博会、中秋、国庆以及中、小考期间，为进一步加强学校食堂、个体餐饮店及矿区食堂等餐饮服务机构的食品安全监管，确保各节日及重要活动期间餐饮服务机构和学校食堂食品安全零隐患。食药局及时协调联合相关部门，在全县辖区内进行各类食品安全联合大检查，及时消除各类食品安全隐患，为人民群众营造了一个良好安全的饮食环境。为阻止病死猪肉、未经检验检疫猪肉流向老百姓的餐桌，保障人民群众饮食安全，按照上级业务部门的相关文件要求，以县城及周边区域作为重点检查区域，于5月

27日上午组织开展全县猪肉及猪肉制品专项监督检查行动，重点对区域内的超市、蔬菜店、卤菜（凉菜）店进行了检查，主要以两个方面为重点：各猪肉销售点猪肉来源是否正规，是否有检验检疫标识和检疫票据；各腌腊卤肉制品经营单位的猪肉制品来源是否正规。

【行政许可申请审批按时办理】 2016年，共向辖区内餐饮、食品流通商户办理餐饮服务许可证和食品经营许可证共144份。无投诉举报情况，群众满意度达100%。

【药品、药械日常监管】 在元旦春节、“五一”、国庆中秋等传统节日期间开展药品、医疗器械检查，维护节日市场秩序稳定；深入开展医疗机构药品、医疗器械安全整治活动，积极与卫生部门沟通协调，重点对各医疗机构基本药物和医疗器械采购、验收、养护、储存、调配、使用行为进行了全面检查，切实提高各医疗机构正确使用药品、医疗器械的水平；为规范当雄县辖区药店、诊所的经营秩序，加强药品监督管理，堵塞假药、劣质药品销售渠道，食药局联合当曲卡镇派出所及警务站开展了辖区内各诊所、药店药品安全检查，重点对辖区诊所、药店进行全面摸排，重新核查各药店、诊所的经营范围、法人代表、进药渠道等基础信息，详细查阅了各药店、诊所的药品购销台账，要求负责人对药品尤其是处方药品的进货、销售过程进行全程登记。

【化妆品流通市场监管】 年内，加大药品、医疗器械和化妆品经营企业、使用单位监督检查覆盖面，加大检查频次，强化主体责任意识。加大检查力度，对问题经营企业采取重点检查和风险排查，规范药品市场经营行为。

【案件办理】 年内，按照《中华人民共和国食品法》相关规定，分别食品抽检超标餐饮店进行行政处罚，共处罚金5000元，对食品经营户起到很好的震慑作用。

【学习培训】 年内，组织当雄县辖内各乡镇政府食药专干、乡镇卫生院医护人员集中培训1次，重点就如何开展好基层食品药品监管工作做了相关讲解。食药局加强队伍业务综合水平，采取了到市局跟班学习、参加援藏支援的业务综合培训班、到四川参加西部地区食品药品监管干部提升能力学习班等形式。全年共派出8人次，参加各种培训8次。通过各类学习培训，使当雄县初步组建的食品药品监管队伍的业务综合水平得到提升和规范。

【普法宣传】 借助“综治宣传月”“食品安全宣传周”“当吉仁赛马节”“民族团结月”以及“五下乡”宣传活动，以发放宣传册、设立展板、悬挂横幅等多种形式向牧民群众和学生深入宣传食品安全知识，不断提高公众对食品安全的责任意识和自我保护意识。2016年，食药局共参加各类宣传活动6次，发放宣传资料12400余份。

（旦增曲珍）

【领导名录】

局　长　曲　扎（藏族）

当雄县人民医院

【概况】 2016年，当雄县人民医院在各级党委、政府的正确领导和全院干部职工的艰苦奋斗和齐心协力下，高举邓小平理论和“三个代表”重要思想和科学发展观伟大旗帜，深入贯彻落实党的十八届三中、四中、五中、六中全会精神，牢固树立以病人为中心的意识，开拓创新，扎实工作，努力提高服务质量和服务水平，使医院的各项工作有了较大的提高。

【思想政治工作】 年内，当雄县人民医院职工组织学习党的十八届三、四中、五中、六中全会精神和中央“八项规定”、自治区“十项要求”等精神；全院党员积极参加“两学一做”学习教育活动和其他各项组织活动，并组织全院职工学习了党中央、区、市、县党委下发的各类文件精神。组织全院职工学习了《中华人民共和国执业医师法》和《中华人民共和国护士管理法》《处方管理条例》等为主的有关法律法规，2016年按照县委鉴订的《党风廉政责任书》和有关会议文件要求，认真开展了医药购销领域中商业贿赂情况的自查自纠工作，严格执行各项医疗服务收费标准，杜绝了医疗服务中的乱收费现象和商业贿赂问题。

【业务学习】 年内，为提高全体干部职工的专业技术水平，更好地满足医疗服务要求，医院年初制订人才培养规划，并且以“三基”训练为基础，以自学、讲课和考核等方式经常组织不同形式的业务学习，平均每月业务学习2次以上，2016年举行三基训练考核2次，考核合格率96%。医院在人员缺、工作量大的情况下，选送达到条件的5名医师参加国家规范化医师培训，其他8名专业技术人员到拉萨市人民医院和北京市等进修学习。

2016年，县医院积极选送上级医疗部门进修的同时还抓住援藏医生和基层帮带专家等的优势，在院内经常组织业务学习活动，在年初和年底举行了交通事故医疗救治和高原反应医疗救治等常见疾病为内容的急救演练活动，提高了医院医务人员的理论和技术水平。护理部在妇产科病区开展“优质护理科室”活动；并在“5·12”护士节期间组织全院护理人员举行“护理操作表演赛”，提高全院护理人员操作技能。全院护理人员轮流讲座一次；获取护士执业资格证书率明显增多，各项护理技能操作得到进一步提高，护理三级查房、护理文书书写等得到进一步规范，护理差错为零。

【医疗服务质量】 2016年，全院门诊病人总数42356人次（其中西医门诊33506人次、藏医门诊8850人次），平均日门诊量为116人次，入院病人898人次（其中西医住院848人次、藏医住院50人次，住院分娩460人次），出院病人888人次，转院病人216人次，病床使用率93%，治愈率76.6%，好转率23.4%，死亡率0%，病床周转率29次/月，外科手术239例（其中囊尾切除术219例，骨科手术5例、肛周脓肿术15例），更换皮下埋植63例、上皮埋230例，取皮埋216例，常规化验7021人次，生化全套912人次，电解质检查109人次，心电图检查1813人次，B超检查5599人次，拍片6504人次，五官诊治1112人次，门诊诊断与住院诊断符合率94%，入院诊断与出院诊断符合率94%，手术前后诊断符合率100%，住院病人及住院孕产妇死亡率为零，门诊处方书写合格率98%，无菌手术切口感染率为零，传染病登记报告漏报率为零，病例讨论16次，医疗质量检查4次。

年内，做好各项日常工作的同时，根据自治区卫生厅和市卫生局的安排完成了全县牧民群众和城镇居民全民体检和僧尼免费体检；共全民体检47989人，体检率为99.7%；僧尼体检221人，体检率为100%；国家免费孕前检查550名。

【藏医药工作】 藏医药深受牧民群众的喜欢和广泛关注，为更好地发展具有牧民特色的藏医药事业，坚持每季度召开一次藏医药工作会议，研究藏医药的发展，使藏医工作也有了较大发展，藏医门诊病人也比往年增加了很多。藏医住院病人达到了50人次，门诊8850人次，藏医理疗82人次。拔罐67人次、针灸91人次、放血56人次，热盐敷35人次，TDP理疗108人次，金针36人次，推拿、擦涂46人次，药浴12人次。2016年，在自治区和拉萨市藏医药部门的大力支持下医院继续推行藏医药适宜技术项目，在，医院原有的基础上建立了视频会议室，藏医药文化室，完善了藏医药卡擦室，药治室，理疗室等。同时，为了进一步加强医院和基层藏医人员的药材识别水平，按照传统习惯，2016年8月底医院组织藏医科和基层藏医人员到当雄县藏药材相对丰富的境内进行了为期一周的藏药材识别和标本采集活动，共采药158余种，并举办了藏医药材识别知识竞赛，参加人员16人，前三名选手发放了荣誉证书和奖金，从而藏医技术人员对当雄县藏药材的分布、种类和自然分布等有了新的了解和认识，提高了识别药材能力。

【基础设施建设】 县政府投资300万元的医技楼项目已建成投入使用。

（巴 桑）

【领导名录】

县政协副主席、卫生局局长、代理院长

巴　桑（藏族，12月免院长）

副院长 扎西次仁（藏族）

索朗多吉（藏族）

杜锦权（北京援藏，12月任）

董　馨（女，北京援藏，12月任）

当雄县文化广播影视（新闻出版、文物）局

【概况】 2016年，当雄县文化广播影视（新闻出版、文物）局（以下简称文广局）认真贯彻落实区市《关于推动文化大发展大繁荣的决定》及广播电视各项工作指示精神和部署，以推动当雄县文化事业建设和大力实施广播电视惠民工程为重要任务，以提升广大牧民群众精神文化水平为长远目标，紧紧围绕县委、县政府的中心工作，紧扣当雄县文化、广播电视事业发展需要，通过全系统干部职工共同努力、多措并举，有效推动当雄县文化、广播电视建设事业健康稳步发展。

【文物、非物质文化遗产保护】 当雄县有国家级非物质文化遗产1项（当吉仁赛马会）；市级非物质文化遗产黑色帐篷传承人1人，县级非物质文化遗产1项（格萨尔王传说唱艺术），区级文物保护点有2个，区级文物保护单位7个（多吉林寺、羊井寺、嘎洛寺、康玛寺、江热寺、扎西岛寺、色德寺）和不可移动文物点61处。同时，联合相关单位在日常开展文物保护工作的基础上，还加强特殊时期的排查以及消防安全工作，2016年初与各文物保护单位签订2016年文物安全责任书，定期、不定期深入文物保护单位开展文物安全检查，共检查29次，文物检查常态化达100%，未发生任何文物安全事故；全面完成当雄县第一次可移动文物普查录入鉴定工作，共鉴定各类各级637件文物；全面完成当雄县第三次全国不可移动文物新发现点立碑工作，共立52处文物保护碑；全面完成扎西岛岩画、康玛寺千佛石刻殿、藏北八塔申报国家级、区级文物保护单位名录；挖掘保护羊八井兽用藏药传统医药技术和羊八井寺跳神非物质文化遗产资源，2016年8月20日开展了国家级非物质文化遗产“当吉仁”赛马节。

【基层文化设施建设】 基层公共文化设施建设工程系国家和自治区实施的重大文化惠民工程，是深入贯彻落实科学发展观的具体体现，也是推进文化大发展大繁荣的一项重要举措。当雄县全面建成8个乡镇文化综合文化站，1个县级综合文化中心（内设非物质文化遗产陈列室、文化资源信息共享工程中心、图书室、娱乐活动室等），28个牧家书屋、22个寺庙书屋，1个县级新华书店，1个民间艺术团排练场，工程完成率达100%，实现了全覆盖。当雄县综合文化活动中心每年免费开放经费16万元，5乡镇综合文化站每年免费开放经费4万元，基本形成了县级文化活动中心为重点、乡镇综合文化站为基础，县、乡、村三级文化服务设施网络体系和文化阵地，覆盖率及免费开放率达100%，最大限度为广大牧民群众和僧尼群众创造了精神文化生活园地，提供了良好的硬件设施环境，有效提升全县公共文化服务的辐射力。

【打造特色文艺品牌】 当雄县民间艺术团始建于1975年，共有30名演职人员。艺术团积极开展“五下乡”及春节、藏历年、“三八”妇女节、“八一”建军节、民族团结月、“当吉仁”赛马节、“十一”国庆等活动，为各乡镇（村、组）、部队、学校、对外交流等累计出场场次达78场，观众人数达6万余人，艺术团演职人员从2016年初到现在一直参与当雄县“四季牧歌”项目的排练工作，排练、录像合成工作已完成。为促进文化旅游深度融合发展，2016年5—6月联合举办“相约纳木湖畔·寻觅虫草之旅”活动；为进一步激发广大干部职工和农牧民群众阅读的积

极性，营造全民阅读的良好氛围，11月，文广局参加“扶贫攻坚”全区民间艺术团优秀节目巡演活动。

【文化市场健康有序发展】 年内，当雄县文化执法大队联合县公安、消防、工商等部门，对全县范围内娱乐场所、音响店、网吧、小耳朵出售点，尤其是校园周边场所等开展整治行动。年内，共进行联合检查13次，出动执法人员93余人次，检查各类文化经营场所40家，警告4家，尤其是加强了3月敏感期、“萨嘎达瓦”宗教活动期间以及重要节庆日期间政治性非法出版物和影射性反动音像制品的检查监控力度，进而保证了当雄县文化市场环境的绝对安全，文化市场管理得到进一步规范。

【广电惠民工程】 年内，文广局将广播电视惠民工程纳入重要工作日程，开展广播电视“村村通”“户户通”“舍舍通”惠民工程建设工作。当雄县广播电视“村村通”单收站和收转站共132座，其中收转站有22座，当雄县广播电视“户户通”用户增加到10972户，321“舍舍通”用户，全县广播电视覆盖率分别达到99.5%和99.5%，综合覆盖率有稳步提升。年内，高频头700余个、高频头卡子1000余个、遥控器200余个、信源线300余圈、更换维修接收机400余台、调试信号500余处、升级机顶盒3000余台，在区、市广电部门的大力支持下为当雄县解决了6400台二代加密插卡式广播电视直播卫星接收机。文广局按照区市广电下发的有关文件精神，及时成立了由县委常委、宣传部长为组长的领导小组，在第一时间深入牧区对清流机进行了置换。截至年底已全部完成清流置换项目工作，共计置换广播电视接收机6400台。

【广播电视转播台】 广播电视无线发射作为牧区广播电视覆盖的一项重要手段，当雄县转播台共转播三套电视节目（分别为：中央1套、中央7套、西藏藏语频道），四套广播节目（中国之声、西藏藏语广播、西藏汉语广播、拉萨广播）；无线数字覆盖、高山台建设项目：高山台建设项目总投资199.6万元。新建70米铁塔及天馈系统改造；更新台站电力供电设施线路；新建台站安全保卫视频监控系统；配备冷暖设备；改造发射台站防雷接地系统。已完成项目前期实地勘测及调研工作。无线数字覆盖项目总投资为140万元。县级台站新增2台1KW数字电视广播发射系统；5个乡镇改建无线数字电视广播发射系统，两项目已完成项目前期实地勘测及调研工作。

【安全播出】 安全播出作为广播电视行业的生命线。当雄县电视台始终将当雄县广播电视安全播出工作作为首要的政治任务工作来抓。为确保安全播出做到“不间断、高质量、既经济、又安全”，在广播电视安全播出日常管理工作中，始终坚持“一级抓一级，层层抓落实”的原则做好安全播出的指挥调度工作。为保证当雄县广播电视安全播出，电视台狠抓日常管理，规范安全播出工作；人员安排到位，确保安全播出；实行安全播出问责制；切实做好安全检查，落实各项措施；建立健全安全播出制度，用制度规范安全播出工作。在日常管理中，电视台严格根据有关规定，完善单位的各项规定和管理制度：《安全播出管理制度》《机房值班制度》《门卫值班制度》等，并按要求执行落实。在各重要保障期间，为确保当雄县广播电视安全播出做到“零报告”制，在县委、县政府的高度重视下，文广局积极制定各项规章制度，并与各级领导和值班人员签订责任书，实行双人双岗制，全力以赴，严防死守，认真做好门卫、机房值班记录及各项工作，做好电视台院内安全保卫工作及机房值班工作，确保广播电视安全、有效地运行，圆满完成了几个重要保障期间的广播电视安全播出工作。

【完善新闻宣传报道工作机制】 当雄县电视台新闻报道工作紧紧围绕县委、政府工作大局，宣传报道县委、县政府的重大会议、重点工作、重点工程及重大活动和日常活动报道。以提升新闻报道工作的质量和效率为重点，认真总结经验教训，及时调整新闻宣传工作思路，充实力量，精心组织重大活动宣传报道，营造稳定和谐的舆论氛围，最大限度地增进大众的认知共识，为全县经济社会又好又快发展营造良好的舆论氛围，同时通过多角度、全方位对当雄县经济发展、社会稳定、资源特色等进行报道。截至年底，上传视频新闻120余条，给报社供稿64篇。

【电影放映】 2016年，当雄县共有122个放映点；2个室内放映点；有胶片放映机14套；数字放映机4套；流动电影放映车4辆，放映队伍3个。当雄县电影管理站充分利用现有设备，一直面向乡镇、村、组，面向牧民群众进行巡回放映，积极推进农村电影放映工程建设，让电影走进牧区，走进学校，走进部队，走进各单位，让更多的人享受到电影文化艺术生活，完成放映场次986场次，25084人次。县城数字影院建设情况：根据拉萨市广电局的指示精神，为顺利推进县城数字影院的建设工作。在文广局的多方协调和各有关部门的大力支持下，县城数字影院项目在3月份得以开工。

（格桑曲珍）

【领导名录】

局　长　次仁平措（藏族）

副局长　扎西次仁（藏族）

当雄县畜牧局

【概况】 2016年，当雄县牲畜存栏571754头（只、匹），牦牛284631头、羊211968只、山羊70981只、马4174匹。仔畜出生86442头（只、匹），成活率98.58%。农牧民人均可支配收入达12626元（具体数据请与县统计局核实）。

【农畜产品安全检查】 截至年底，当雄县动植物检疫站对当雄县相关商铺进行了24次的突击检查，对过期食品产品2起并进行无害化处理，确保了农畜产品及食品的安全。同时自春防工作结束后，当雄县动检站组织工作组分别在北大门及羊八井镇设卡，监督检查来往运输牲畜的车辆。截至年底，共运输执法检查33次、出动执法人员66人次、检查活畜7523头（只）。并对群众举报发现的死亡牲畜进行无害化处理。

【春季防疫】 年内，县委、县政府高度重视当雄县疫病防控工作，为确保当雄县畜牧业健康发展和公共卫生安全，根据区、市对春季重大动物疫病防控工作的总体要求和工作部署，当雄县于4月13日召开2016年当雄县春季动物疫病防控工作专题大会。并于4月14日起各乡（镇）陆续展开了春季防疫注射工作，4月28日顺利完成了全县春季防疫注射工作，免疫率100%。据统计，此次春防工作，当雄县注射累计牲畜509931头、只（其中牦牛258352头、黄牛5950头、绵羊173195只、山羊72434只）。

【秋季防疫】 10月20日，当雄县2016年秋季重大动物疫病防疫注射工作全面开始。为做好秋季重大动物疫病防控工作，保障全县畜牧业健康发展，成立了当雄县秋季动物防疫领导小组，层层落实，各乡（镇）按照工作方案，明晰责任，落实措施，切实推进“秋防”工作顺利进行。截至年底，当雄县八个乡（镇）已完成注射工作，注射牲畜共计585788头（只），其中牦牛283584头、黄牛7536头、绵羊211726只、山羊82942只。通过全县动物防疫人员的共同努力，当雄县2016年秋季动物防疫注射工作已全面完成，取得阶段性胜利，为当雄县畜牧业健康有序稳定发展打下了坚实的基础。

【农牧民技能培训】 为提高当雄县兽防专技的理论知识及实际操作技能，加强当雄县兽防队伍的科技力量，截至年底，畜牧局已举办3期兽防专技培训，1期生态岗位培训，聘请了市兽防总站3名专家为全县55名专技人员、342名村级兽防人员、500名生态岗位人员进行了新型连续注射器使用、常见牲畜疫病防控、岗前业务等方面的培训，培训人次达910人次。

【虫草采集】 5月14日，当雄县召开虫草采集管理工作安排部署会，对2016年虫草采集管理工作进行了安排部署。2016年全县有虫草采集涉及乡（镇）有4个，即龙仁乡、乌玛塘乡、当曲卡镇、公塘乡，采集点有34个，工作组有15个，工作组人数有64人，采集人数达7793人次，产量达587.5斤，按照市场价格每斤7.5万元计算，群众现金收入为4406.25万元。

【野生动物肇事补偿资金】 2016年，野生动物疫源疫病检测员兑现补助资金3.15万元。

【中央森林生态效益补偿基金管护费】 全县公益林126万亩，国家每亩补贴3元，421名管护人员，平均每月管护补贴750元，（具体补贴情况按照实有公益林面积的大小来决定的）共计379.35万元。

【草原生态保护补助奖励机制资金】 全县草原总面积为1036万亩，其中可利用面积为937.25万亩，实施草畜平衡面积为732.19万亩，禁牧面积为205万亩。牧草良种补贴4 8万亩；牧民生产资料综合补贴每户500元。

当雄县为保护草原生态环境，认真落实草原生态保护补助奖励机制工作，结合实际制订《当雄县草原生态保护补助奖励机制实施方案》，为牧民群众兑现了2015年牧草良种补贴48万元、2015年度生产资料综合补贴435.45万元（县级配套13.6万元），2015年度草场监督员补助940.98万元（县级配套29.7万元）共计1424.13万元，剩余资金正在发放中，2015年度当雄县建立草原生态保护补助奖励机制工作顺利通过了区市验收。

【农机具购置补贴项目】 2015年第一批当雄县农机购置项目总投资为补贴300万元，其中实施完成49.124万元，县畜牧局结合实际情况，将政策及时惠及全县8个乡（镇），购置农业机械185台，受益户124户及一家专业合作社。已完成市级验收。2015年第二批当雄县农机具购置项目总投资为32.47万元，县畜牧局结合实际情况，将政策及时惠及全县8个乡（镇），购置机具132台，截至年底，已完成购置、发放工作。

【科技特派员补贴】 2016年，全县共有科技特派员94人，其中自治区级62人，市级32人，每人每年生活补贴区级的6000元、市级的5000元（其中县级配套70%）。截至年底，2015年的两级科技特派员生活补助已完成兑现。

【专合组织】 截至年底，在当雄县畜牧局备案登记的各类牧民专合作组织共有99个（2007年1个、2008年3个、2010年10个、2011年2个、2012年7个、2013年16个、2014年21个、2015年15个、2016年24个）。按经营内容分类：育肥合作组织类7家，畜产品加工与销售、收购类有26家，建筑施工、机械租赁类的有25家，采砂、水泥预制类有19家，运输类专业合作社有5家，民族服装制作、缝纫类有5家，度假村、农家乐类5家，养殖类4家，手工艺品类2家，说唱、舞蹈类1家。

【人工种草项目】 项目总投资450万元：草补绩效奖励资金人工种草项目在宁中乡堆萨村实施2000亩人工饲草地建设项目，国家投资300万元，截至年底，已完成水渠建设、客土改良等工作，预计2017年5月可开展种植工作；草牧业试点人工种草项目，国家投资150万元，在羊八井镇桑巴萨村开展人工种草1000亩建设项目，已完成开展客土改良工作，预计明年5月开展人工种草工作

【高寒牲畜棚圈项目】 国家投资8995.2万元，涉及7个乡（镇），新建7496栋牲畜棚圈，受益户7496户，群众折资投劳每栋0.6万元，该项目正在建设中。

【兽用藏药加工坊】 实施主要内容是通过采集当雄县现有的药草和购置所需外地药草、加工设备来生产车载香囊、防止疾病香粉，该项目实施点在格达乡兽医站。

【农业技术推广体系改革与建设补助项目】 农业

技术推广体系改革与建设补助项目，国家投资640万元的在全县六乡两镇建设基层农技推广服务中心项目正在实施中，完成工程进度的70%，预计2017年6月完工。

【防抗灾工作】 县委、县政府高度重视防抗灾工作，2015年县级配套300万元资金购置了防抗灾饲料1135吨，其中已为7个乡（镇）发放了麸皮275吨、精饲料275吨，共计饲料550吨，截至年底，县级储备585吨抗灾饲料。市农牧局为当雄县拨付50万元用于购置防抗灾饲料，购置187吨饲料，其中麸皮87吨、牛羊抗灾饲料100吨。

当雄县兽医站储备了35万元的牲畜常见病的兽用药品，8个乡镇兽防所储备了100万元的牲畜常见病的兽用药品；并组织易灾区乡（镇）兽防所工作人员成立了医疗服务队，保障牲畜医疗安全；检疫站加强易灾区的牲畜出栏检疫工作，保证安全出栏，配合兽医站做好灾区牲畜疫病的防控工作。同时县畜牧局向各乡（镇）发放了关于提前做好防抗灾物资储备的通知，要求各乡（镇）督促牧户做好燃料、饲草料、粮食等的储备工作，同时在入冬前做好牲畜转移草场的安排工作。

【精准扶贫】 当雄县产业脱贫工作紧紧围绕“产业发展、牧民增收”的思路，以强化养殖业、畜产品加工业、旅游业、温泉等产业基地建设，全面提高特色产业经营效益为目标，制定了“十三五”期间产业脱贫项目。“十三五”期间，当雄县通过实施12个产业脱贫项目，计划脱贫建档立卡户2127人，其中通过2016年6个产业项目脱贫建档立卡户1314人。2016年当雄县6个产业项目，截至年底，已开工的有3个项目，即现代牧业示范园区（子项目）、天湖“四季牧歌”大型文化产业项目、康玛温泉度假村开发项目。其中四季牧歌文化产业项目和康玛度假村开发项目因在后期项目投资及规模内容都有所变动，因此需要同其余项目重新办理前期手续，11月底完成项目前期手续办理工作。

【配套资金】 第一批产业资金3536万元其中自治区1768万元、市级707万元、县级1061万元，截至年底，资金已全部到位。第二批产业项目资金共计7610.74万元，其中自治区配套3805.37万元、市级配套1522.15万元、县级配套2283.22万元，其中市级配套1522.15万元已到位。

【落实金融资金】 2016年，当雄县项目总投资为5.35亿元，其中金融贷款3.14亿元。当雄县前期已多次与中国农业银行当雄支行、拉萨市邮政储蓄银行经过积极协商洽谈，但由于还款年限、还款利率等原因一直未能谈妥。截至年底，当雄县通过市级安排正在积极与各银行对接中。

【以补脱贫】 当雄县第一批生态岗位1272人，其中草补监督员1118名、护林员126名，环保监督员28名。截至年底，已全部完成名额分配及信息录入工作，并聘请专家进行了相应的岗位培训，为制作上岗证完成收集照片工作。第二批以补转移就业新增岗位共计2068人，其乡村保洁员28人；水资源、水土保持监督员70人；山洪灾害涉水管护员35人；公路养护92人，地质灾害群测群防联络员7人；草监员539人；野生动物疫病监测员229人；湿地生态保护管理员263人；沙化土地封禁员170人；护林员645人。截至年底，已完成名额分配及信息录入工作。截至年底，已调整、新增的生态岗位的工资的85%已按照区、市规定进行了兑现，截至年底，工资已兑现完成。

【林业绿化】 2016年，县级配套200万元用于的林业绿化工作。2016年主要林业绿化工作为新栽和补栽。补栽地点主要在109国道县城段两侧、县政府大院，旅游沿线公路两侧（公塘乡至纳木错售票处）、109国道沿线（当雄检查站至“当雄欢迎您”欢迎牌），新栽地点在县公园内。此次种植的树种由云杉（大、小）、刺柏、青皮柳、侧柏，种植共计约6981株。

【2016年周边防护林建设项目】 2015年，拉萨周

边防护林工程总投资43.6万元，其人工造林27.79万元，封山育林13.93万元；工程间接费1.88万元。人工造林主要实施地点在当雄县羊八井镇桑巴桑村100.8亩；封山育林在当雄县公塘乡巴嘎当村2800亩。由于当雄县海拔高、土壤解冻期长，每年栽树时间为4月中旬，为期十余天。2016年由于市级配套资金到位较晚，加之9月份当雄县天气已经逐渐变冷，已进入寒冷季节，苗木无法生长，为更好地提高苗木成活率，当雄县拟计划将2015年拉萨周边防护林工程项目延期至2017年4月实施，已向市林业局申请。

【科技工作】 根据市科技局要求，于2016年1月增加10名自治区级科技特派员，截至年底，当雄县共有62名区级特派员。2016年年底当雄县“科普惠农”计划申报工作完成，当雄县达布村尼琼科技特派员获得国家级科普带头人、当曲村格桑多布杰获得自治区级科普带头称号。青少年科技教育活动，于2016年3月份自治区科协在当雄县中学农村中学科技馆增加3D打印机等科普设备。市级科普活动站的建设，根据《拉萨市科协关于推广市级农村科普示范基地推荐的通知》拉科协发〔2015〕3号文件内容，当雄县科技局结合当雄县科普活动站的数量、分布，于2015年10月申报的色德村科普活动站于2016年4月通过市科技局审核，10月购置设备并顺利开馆。开展特派员培训，当雄县科技培训第一期于2016年2月当雄县科技特派员开展科学防疫培训会，培训会邀请自治区畜科所次仁多吉专家。第二期科技培训于2016年4月28日同兽医在当雄县城开展防疫培训。第三期科技培训于2016年10月同兽医在畜牧局会议室开展防疫培训。第四期于2016年12月27日在当雄县畜牧局开展。2016年根据拉萨市科技局的工作要求，当雄县累计32名农牧民科技特派员于2016年4月至6月在拉萨市第一职业技术学校共参加了三次拉萨市特派员技术培训会。

（鲍永秀）

【领导名录】

局　长　索朗次仁（藏族）

副局长　边巴仓决（女，藏族）

当雄县牦牛冻精站

【概况】 当雄县牦牛冻精站地处藏北羌塘草原南部，距拉萨180公里的当雄县境内，海拔4300多米，年平均气温1℃，紧靠交通大动脉青藏线。西藏当雄县牦牛冻精站始建于1963年，最早为马场，1976年改为种畜场，1988年7月正式筹建为冻精站。1999年7月由农业部颁发西藏自治区拉萨市当雄县牦牛种公牛站经营许可证，是西藏自治区牦牛改良繁育体系的重点单位，也是全国唯一的一座牦牛冻精站。主要任务是：生产、推广、供应优良品系牦牛的细管冻精，同时进行牦牛繁育技术咨询、人工授精及胚胎移植等相关方面的技术培训。

西藏当雄县牦牛冻精站占地约9.2公顷，建筑面积4200平方米，总投资930万元。分为冻精生产科研区和职工生活区。建成综合实验室，现代化种公牛舍，饲料贮藏室；拥有无塔供水器，冻精生产设备是从法国IMV公司引进的细管冻精全套设备。

【品种改良】 2016年，当雄县牦牛冻精站现饲养6个良种品系（帕里、斯布、半血野牦牛、嘉黎娘亚、青海大同、当雄县）45头牦种公牛，其中采精种公牛35头，后备种公牛10头；繁殖母牛20头，后备母牛7头。有围栏草场70公顷，天然牧草地725公顷。具有独立的畜种场所。现有员工25人，其中畜牧师1人，助理畜牧师2人，经验丰富的技术人员6人，牧工18人。建站以来，累计向社会提供优良牦牛冻精50多万粒/剂，产生了广泛的社会效益和经济效益，为西藏牦牛的品种改良工作做出重大贡献。

近年来，在牦牛品种改良及繁育技术研究上取得了丰硕的科研成果：1989年12月“牦牛冷冻精液研制”获得西藏自治区科技进步三等奖；1993年9月“牦牛冷冻精液研制”获得拉萨市科技进步二等奖；1995年10月当雄县牦牛冻精站牦牛冻精荣获第二届中国农业博览会金奖、银奖；2000年生产了第一批牦牛细管冷冻精液；冻精站与西藏自治区畜牧科学研究所合作进行牦牛胚胎移植研究工作，于2006年9月成功获得4头胚胎移植牦犊牛，这标志着西藏自治区牦牛胚胎移植繁育成功，填补了此项科研的空白，该项目2008年底冻精站荣获西藏自治区科学技术一等奖；在2006年～2007年实施的《拉萨市当雄县优质乳用品种牛引进及推广》项目，成功获得了牦牛与娟姗牛的杂一代犏牛。从2008年开始到2010年，一直实施科技厅项目《当雄牦牛本品种选育》；取得了良好的成绩。2012年年底国家农业部颁发《种畜禽经营生产许可证》。

【冻精生产】 年内，继续加强种公牛的饲养管理，有专人对种公牛进行驯化，根据季节的不同和种公牛的营养标准，制定出不同的补饲标准，保证牦种公牛的健壮和顺利采精。加大牦牛细管冻精生产力度，争取保质保量地生产出15000份优质细管冻精。

【完成农业部年检准备工作】 当雄县牦牛冻精站的种畜禽生产经营许可证2015年底已到期，为迎接国家农业部年检工作，三月份开始加强全部技术人员专业知识和技术学习，对贮存冻精进行检查。组织人员做好系谱及所有材料的准备工作，请西藏自治区质检厅等有关单位人员做好所有仪器设备的校正和质检工作，四月份材料上报西藏自治区农牧厅，2016年8月15日颁发种畜禽生产经营许可证。

【家畜遗传物质制作项目】 当雄县牦牛冻精站已和全国畜牧总站签订《家畜遗传物质制作保存协议》，按照协议，六月份当雄县牦牛冻精站由专人准备牛羊系谱，购进优良种公羊10只，母羊20只，并做好所有设置的准备工作。6月至7月全力配合全国畜牧总站技术人员进行羊冷冻精液和胚胎制作工作。完成了项目要求

【人工授精推广】 8月，到龙仁牧场，严格按操作规程，对冻精站20头应繁牦牛，进行同期发情处理，发情的全部用青海牦牛冻精进行人工授精。

【抓好家畜防治】 4月春秋两次抓好牛羊的驱虫和疫苗注射工作，争取防治率达到100%。有专人对牛羊进行疫病防治，经常定期对牛羊进行检查，有病或异常的及早查出原因及时防治，保证全站牛羊健壮。

【冬季贮备】 11月前贮备草3万斤、精料2万斤、盐巴2万斤，确保草料充足，牛羊安全过冬。

（四郎卓玛）

【领导名录】

站　长　罗布桑珠（藏族）

当雄县畜牧业综合开发办公室

【概况】 2016年，当雄县扶贫办共计实施扶贫项目6项，已经动工建设的有5项：现代牧业示范园区、天湖“四季牧歌”文化产业园、康玛温泉度假村、阿热湿地公园和当雄净土公司与纳木湖实业有限公司合作开发项目；乌玛塘扶贫商品房项目正在进行前期设计。2016年，县本级财政投入扶贫专项资金3600万元（占县财政收入15%），区市第一批产业配套资金3536万元，第二批产业配套资金7610.74万元，用于产业项目建设；县农行核发334户贫困户小额贷款1102.7万元；产业贷款融资初步达成2.2亿元。

【基本情况】 当雄县域国土面积1.23万平方公里，平均海拔4300米，是拉萨市唯一一个纯牧业县。下辖6乡2镇，28个行政村（均为贫困村，其中重点贫困村17个），172个村民小组，全县总人口11687户55145人（牧业人口9394户46871人），其中：建档立卡贫困户1835户7809人，贫困户占牧业户数的19.53%，贫困人口占牧业人口的16.66%。2015年底，全县地区生产总值实现12.86亿元，地方财政一般预算收入2亿元，固定资产投资完成24.81亿元，农牧民人均可支配收入

12626元。

截至年底，全县拟脱贫人口达1811户7716人（“六脱”措施带动为：以业脱贫2096人，以迁脱贫3536人，以补脱贫3532人，以教脱贫1850人，以保脱贫442人，以助脱贫221人），占脱贫总数的99%（仅剩纳木湖乡24户93人未达到3345元脱贫线）。制定完善当雄县“十三五”时期脱贫攻坚规划、当雄县“十三五”时期产业扶贫发展、生态补偿、转移就业、易地搬迁、政策兜底六项规划。县本级财政累计投入扶贫资金8810万元（县本级配套3600万元，四季牧歌1750万元，村集体经济560万元，有“身份证”的牦牛肉2900万元）。

【高度重视、健全组织、强化宣传】 精准扶贫精准脱贫是“十三五”时期我党一项重要的民生工程，是带领贫困群众如期实现小康社会的重要环节。为准确掌握全县贫困底数，保证数据真实有效，公平、公正，当雄县专门抽调340名精干教师队伍，翻雪山、趟河流，早出晚归、不辞辛苦，历时7天走村入户，对全县9394户群众进行摸底走访，调查民情、掌握民意、收集信息，集中宣传国家脱贫相关政策、法规百余次，填写各类表格1万余份，归纳征求意见172份，精准识别出建档立卡贫困户1835户7809人。（如：羊八井镇组织全镇机关干部职工、下沉干部、驻村工作队，联合教师队伍，由镇主要领导担任组长，分成6个组，历时7天，早出晚归，风餐露宿，进行排查摸底）

全县干部深入贫困户家中宣传党的扶贫惠民政策和帮扶措施，采取多种方式教育引导贫困群众“由要我脱贫，变我要脱贫”。制作精准扶贫广告牌36个、宣传标语128条和横幅30条；通过报刊、电视、微信公众号跟踪宣传扶贫做法131篇（次）；利用“10・17”全国扶贫日，组织宣讲队在县人流相对集中的农行附近，现场宣讲扶贫政策，解答群众提问，并发放宣传册400余份。通过各种形式宣传扶贫政策，营造脱贫攻坚浓厚氛围。（如：利用全县干部结对认亲时机，大力宣传当雄县扶贫帮扶政策和扶贫先进典型，激励贫困群众积极参与脱贫攻坚队伍中）

【项目有着落】 “十三五”时期，申报精准扶贫产业项目27个，总投资约19.893亿元，其中养殖业项目2个，旅游业项目9个，其他项目16个。2016年计划实施6个项目，已经动工建设的有5个：现代牧业示范园区、天湖“四季牧歌”文化产业园、康玛温泉度假村、阿热湿地公园和当雄县净土公司与纳木湖实业有限公司合作开发项目；乌玛塘扶贫商品房项目正在进行前期设计。2017年计划实施5个项目。27个产业项目建成后，可提供长期就业岗位1171个，短期就业岗位1200余人次，人均月工资2300元，带动2127人脱贫，通过贫困户入股分红形式人均年分红约3000元。

【就业有保障】 为精准扶贫对象组织技能培训11期，1290人。通过转移就业547人，带动244户902人脱贫。

【社会有参与】 动员社会力量参与精准扶贫，建立“政府+合作社+贫困户”模式，与23家专合组织建立扶贫帮扶机制，为470户贫困群众发放分红资金132.25万元和价值12.2万元的物资；县农行拿出218万元为198户贫困户发放198套家具。（如：羊八井镇鲁登罗桑运输专业合作社，为羊八井镇20户贫困群众每户发放分红资金3000元，共计发放6万元。羊八井镇鲁登洛桑农牧民专业合作社混泥土搅拌站运营后，按照纯利润的30%用于分红，带动羊八井镇180户贫困户受益，解决20名贫困户就业，月工资不低于4500元。其中2016年带动扶持50户，户均分红3000元，共计发放15万元）

【发展净土健康产业带动脱贫】 诚信推出当雄有“身份证”的牦牛肉畜产品。以“走高端-正品牌-拓市场-增收入”的发展定位，以政府主推，企业实施，最终实现群众受益为目的。县净土公司以高于市场价优先从牧户家中购买5840头牦牛（均有耳标芯片档案），每头牦牛增收约1500元，既解决群众销售难题，又增加收入。截至年底，当雄县有“身份证”的牦牛肉已经通过国家质检总局产品申报地理标志产品保护和国家食品药品监督管理局的QS认证，在成都环球中心建立当雄有“身份证”牦牛肉旗舰体验店，在北京、成都、广东、西安设立了一级代理商，正在进入北京赛特、新空间、华联等生鲜市场。有“身份证”的牦牛肉不仅走进内地高端市场，更让全县老百姓得到实惠、增加收入，为全县“脱贫、巩固”奠定基础。

【开展旅游体验活动】 开展“相约纳木湖畔，寻觅虫草之旅”旅游体验活动。让游客亲身体验挖虫草、采蘑菇、爬雪山的乐趣，经济收入达100余万元，为15名贫困群众提供短期就业，人均增收1500元；8月份组织开展当雄县“当吉仁”赛马节，期间举行千人舞蹈表演、服装表演、赛马、抱石头、拔河等多种形式的比赛活动，吸引大批游客到当雄旅游观光，共同见证当雄古老而神秘的赛马传说。赛马节期间120余家企业、商铺前来经商，经济收入达380余万元，为贫困群众提供短期就业岗位64个，人均增收1000元。

【发展新能源产业带动脱贫】 利用当雄县得天独厚的地理资源优势，抓住全区“十三五”期间光伏产业规划指标的二分之一落户当雄的机遇，全面启动“当雄羊八井—格达新能源产业园区”建设，以羊八井地热电站和羊易地热电站为轴，光伏与风能产业连线成片发展，形成以光伏产业、地热综合开发利用、风能开发利用为主的新能源产业园区。2016年，当雄县投资洽谈并签订光伏框架协议的有13家，协议资金达284.1亿元。截至年底，在自治区发改委备案、拿到自治区发改委批复路条、国土项目选址等前期置办相关手续的共有10家光伏企业，项目总投资34.9亿元，总兆瓦360兆瓦。园区建成后，将提供130个就业岗位，月工资2500元。

【发展援藏项目带动脱贫】 “十三五”时期，援助资金达5.2亿元，其中规划内资金2.7亿元，规划外资金2.5亿元。按照上级整合援藏资金用于精准扶贫的指示，当雄县拟投入援藏资金3亿元，用于扶贫产业建设，主要投入到高原现代化畜牧业产业化示范园区、游牧文化旅游产业示范园、药泉产业化扶贫示范带动、纳木错特色牧家乐旅游扶贫等援藏扶贫项目建设，项目建成后，将实现946户3999人收益，创造就业岗位398个。2016年投入19063.07万元到游牧文化旅游产业示范园和药泉产业化扶贫示范园。

【大力扶持村集体经济带动脱贫】 县财政投入村集体经济扶持资金560万元，全面扶持28个村发展村集体经济，实现了“一村一品”，带动了贫困户就业和分红收入。收入1万元以上的达96%。村集体经济收入增速达10%以上的有16家。（如：乌玛塘乡纳龙村石膏矿，为该村21户93名贫困群众发放分红资金6.3万元；龙仁乡郭庆村牦牛育肥合作社，为该村46户216名贫困群众每人发放分红扶持资金925元，发放资金达19.98万元）

【实现以迁脱贫】 当雄县平均海拔在4300米，偏远地方交通不便、信息闭塞、水电资源匮乏，不适合人类居住。拉萨搬迁。计划搬迁至拉萨750户3071人，其中，搬迁到经开区200户，堆龙德庆区550户。截至年底，正按需求统一采购家具、家电等家用设备，制订搬迁人员的技能培训方案，积极与当地企业沟通协调就业岗位，计划于明年7月全部入住；县域搬迁。结合当雄旅游文化和净土健康产业发展规划，县域内修建5处100户465人的搬迁安置点，并通过游牧民生活体验馆、康玛温泉度假村、天然饮用水公司、5100矿泉水厂、专合组织等产业支撑提供就业岗位，增加收入，消除搬迁群众后顾之忧。按照就业群众学历、爱好、特长等条件制定培训就业计划，为群众搭建就业平台；截至年底，正在研究制定“合作社代管”方案，通过合作社流转草场、牲畜寄养等方式盘活草场增加收益，实现“三权分置”，使搬迁群众实现长远收益，确保“搬得出、住得稳、有收入、能致富”。

【实施以补脱贫】 “十三五”时期，当雄县将3532个生态补偿岗位向有条件、有劳动能力的建档立卡贫困户倾斜，实现年人均增收3000元，其中，草监员1657人，护林员891人，环保监督员28人，乡村保洁员28人，水资源、水土保持监督员70人，山洪灾害涉水管理员35人，公路养护员92人，地质灾害群策群防联络员7人，野生动物疫病监测员229人，湿地生态保护管理员263人，沙化土地封禁员170人，铁路护路员62人。截至年底，兑现工资9482700元（工资的92.045%）。

【确保以教脱贫】 习近平总书记多次强调“治贫先治愚，扶贫先扶智”，要想从根本上改变观念，必须从学生抓起，为使每名大学生能够顺利完成学业，为国家培养更多人才，从本级财政拿出827万元，为1242名大学生发放全额资助金，其中贫困大学生91名，发放资助金695150元。资助金包括：全额学费，生活补助每年区内3000元、区外5000元，往返学校路费。

【实现以助脱贫】 2016年确定了全县221名因病致贫贫困群众，建立健康档案，制订当雄县健康扶贫工程保障方案，完善定期回访、全程跟踪服务，保证患者治病有保障。并由县财政出资350万元，设立群众重大变故救助基金和大病救助金。截至年底，221名建档立卡患者有38人（次）住院治疗，产生住院费用622788.03元，合作医疗报销431712.99元，民政救助119762.2元，门诊患者66人，报销金额33672.94元；县级救助9人，救助金额28331.46元（对住院门诊患者家庭及账号资金不足者进行现金救助）。

【实现以保脱贫】 年内，按照“按标施保、应保尽保、动态管理”的原则，大力实施城乡最低生活保障，结合拉萨市脱贫标准线，完成442人兜底政策。截至年底，对贫困户实施救助达298人次，救助资金约116.66万元。全县76名有意愿集中供养的“五保”老人全部入住“三县”社会福利院，确保“老有所养”。

【抓党建、促脱贫】 年内，当雄县党政领导严格落实“不摘帽不脱责、不脱贫不脱钩、不小康不松劲”的指示精神，立足岗位、以身作则，谋脱贫策、抓脱贫事，身先士卒、率先垂范，把贫困户当亲人待、把脱贫事当事业干，带领全县干部冲在脱贫第一线；充实基层干部力量。确保了每个村有第一书记、村民服务中心主任、下沉干部、驻村工作队、大学生村官、村干部等力量，平均干部力量达10人以上，保证扶贫工作的有序开展；举办村级党组织人员培训。由组织部联合扶贫办等单位，组织党支部（副）书记、村民服务中心（副）主任、党员致富带头人、村集体经济负责人等人员进行了两期专题培训，共计196人参加培训（第一期112人，第二期84人），为村（居）脱贫攻坚工作提供重要组织支撑。

【抓稳定、促脱贫】 始终坚持“旗帜鲜明、针锋相对、掌握主动、争取人心、强基固本”的工作方针，结合“网格化”和“双联户”管理模式，以亲情、地域相联的要求，划分网格和联户单位，努力营造联户平安、联户小康的氛围。把全县脱贫增收作为精准脱贫工作的重要内容和关键环节，加强谋生技能培训，积极协调安排就业，把贫困群众安排在不同的工作岗位上教育管理，引导和帮助他们顺利回归社会，取得了明显的成效。

【强化督导、严格考核】 强化督促落实。当雄县成立了两个督导组，全方位、立体化、全时空跟踪督查精准扶贫精准脱贫工作，累计督导45次，走村入户，听汇报、查资料、算收入、核程序，及时指出工作中存在的问题，并责令及时整改。县级领导干部亲自到各自联系乡（镇）督促检查258人次，检查指导联系乡（镇）开展精准扶贫精准脱贫工作；严格“脱贫摘帽”考核验收程序。根据区、市脱贫攻坚验收部署，成立当雄县脱贫考核验收组，严格遵循程序公开、全程透明、结果公正、数据准确、档案完整的原则，按照“一申请、一评议、二审核、一评估、三公示、一审定”的程序，于11月21日至26日对全县拟脱贫贫困户进行考核验收；

完成区市脱贫考核。按照区市考核内容、标准、程序，精心组织考核准备工作。

（马尚学）

【领导名录】

主　任　旺丹次仁（藏族，12月免）

　　　　扎西桑珠（藏族，12月任）

当雄县水利局

【概况】 当雄县水利局为行政管理部门，行政编制8人，工人2人，事业编制2人，正科级3人，局长1名，副局长1名，主任科员1名。

【解决好饮水安全】 党的十八大报告明确提出出多谋民生之利，多解民生之忧，解决好人民最关心、最直接、最现实的利益问题。而解决好饮水安全问题，是保障广大人民群众的身体健康，改善牧区人居环境，促进农村经济发展的重要内容，也是全面建设小康社会的客观要求。

【防汛抗旱】 入汛以来，按照县委、县政府的指示，水利局高度重视，及时充实了当雄县2016年防汛抗旱领导小组成员，并与各乡镇签订了防汛抗旱目标责任书，明确了各部门防汛抗旱行政责任人，制定严格应急值班制度，做到分工明确、责任到人，防患于未然。

2016年，县财政预算的80万元防汛资金用在了患处，讳疾忌医保证了汛期的安全度汛。截至年底，已投入防汛抗旱资金79.988万元，购买铅丝笼、编织袋、铁丝圈等防汛物资，并及时发放于各乡镇。相继完成了羊八井镇拉多村一组防洪堤不足资金的追加、当曲河县城段河道垃圾治理工程、宁中乡巴灵村9组的疏浚排涝加固工作、宁中乡堆灵村5组和麦灵村4组河道疏浚排涝加固工作、羊八井镇桑巴萨村2组古仁曲及拉多村6、7组雪曲河道疏浚排涝加固工作、宁中乡堆灵1组、5组、12组和麦灵4组河道疏浚除险加固工作、格达乡甲多村1组河道清淤、疏浚、除险加固工作、羊八井镇恰玛村7组河道清淤、疏浚、除险加固工作、宁中乡堆林村5组河道清淤除险加固工作。

水利局于2016年6月组织110余人干部职工和群众在公塘乡拉根村进行了群防群测演练，通过实战演练，为日后应对山洪灾害积累经验，同时检查县、乡、村三级预案和应急响应的可行性，查找预案存在的不足，并对预案进行完善。

【冲嘎村草场灌溉防抗旱工程】 项目总投资为63万元，完成冲嘎村草场灌溉防抗旱工程。建设规模及内容：新建机井1座及配套蓄水池、管道，项目已完工并投入使用。项目效益：改善草场灌溉面积3000亩草场灌溉，增强了工程灌水能力，可有效改善该村，牧业生产条件，提高抗旱能力，增加群众收入，同时对改善生态环境，促进水土保持创造了有利的条件。

【牧区小型水利工程建设】 继续推进2015年牧区水利重点县项目。2015年牧区水利重点县总投资为1208.75万元（国家投资1000万元，群众义务投劳208.75万元）。该项目于十月完工并通过市级验收，项目的实施可有效改善4705亩草场灌溉条件，增强了工程灌水能力，提高了渠系水利用系数，改善和缓解了灌区工程性缺水问题，为羊易、拉多、甲根三村牧业生产和人民群众生活提供较充足的水源，为当地牧业增产、牧民增收起到保障作用。

【牧区水利专项县项目】 新建2016—2017年牧区水利专项县项目。2016—2017年新建渠道总长度43813米，经市财政投资评审总投资19984590.68元（自治区投资），现已完成项目总工程量的90%以上。该项目大大提高了当雄县土地及草场灌溉效益，可改善46400.9亩人工草场的灌溉条件，增强了工程灌水能力，提高了渠系水利用系数，缓解了灌区工程性缺水问题。

【农村安全饮水工程】 2016年结合本县部分农饮的现状，县政府投入50万元，用于农饮维修。截至年底，从农饮维修经费中已支出499503.3万元。投入9.2万元分别为羊八井镇兽防所、公塘乡卫生院、当曲卡镇当曲村4组新建一口大口井；投入资金166690.6元，维修了当曲卡镇当曲村3、5组管道引水工程；投入资金5.18万元，维修公塘乡拉根村1组管道饮水工程；投入农饮资金4.144万元，更换了全县7个点的机井水泵，保障了群众的正常饮水；投入资金82645.05元，维修了龙仁乡曲登羊阁村5组管道饮水工程；投入资金64926.6元，维修了龙仁乡郭庆村3组和郭庆嘎巴管道饮水工程。

【当曲村1组管道引水工程】 总投资28万元，完成了当曲卡镇当曲村1组和龙仁乡曲登村4组管道引水维修工程，有效解决了周边45户，226人饮水问题。

【郭庆村5处抗旱水源工程】 总投资18万元，完成了龙仁乡郭庆村5（新建大口井）处抗旱水源工程。该项目的实施，有效地缓解了1000亩人工草场水源补给问题，带动了当地牧民开发和种植人工草场的积极性。

【拉多村1组防洪堤工程】 总投资25.73万元，完成了羊八井镇拉多村1组防洪堤工程，该项目新建防洪堤总长620米，堤高1.5米。

（张卫东）

【领导名录】

局　长　索朗多吉（藏族）

副局长　刘　　军

当雄县教育（体育）局

【概况】 2016年，当雄县共有义务教育阶段学校10所，其中初级中学1所、中心（完全）小学9所。全县现有义务教育学校10所，其中初级中学1所、中心（完全）小学9所。设立职教中心1所，中心幼儿园1所。现有小学在校生5259人，小学适龄儿童入学率为99.68%，巩固率为99.16%；初中在校生2111人，初中入学率为98.70%，巩固率98.53%。现有专任教师490人，专任教师学历合格率为100%。

【加快教育改革和发展】 抓教育资源配置。新配备计算机教室3间，多媒体教室3间；抓项目建设。2016年投入资金1749万元。同时，完成了9所学校运动场地塑胶化改造项目，塑胶化率达90%。投入资金3595.78万元，实施了加固、维修项目10个。

【理顺体制、优化管理】 年内，当雄县基本形成政府负责、分级管理、以县为主的义务教育管理体制。抓防流控辍。健全控辍机制，大力实施以县级干部包乡（镇）——乡（镇）干部包村——村干部包组——组干部包户的行政线和教体局干部包校——学校校长包年级——班主任和任课教师包班级的教育线的“双线控辍”制度，巩固“两基”成果实效显著；同时，强化县、乡、校三级教育办公室工作，采取“四书”措施，建立“校长联席会议”和“学生家访工作”制度。出台了《学校管理规范化制度》《教育教学质量奖惩暂行办法》《中学规范化管理实施办法》《振兴教育教学三年行动计划》《中小学教学五个环节精细化管理办法》《学校校本教研指导建议》和《学校校本研修指导建议》。

【均衡配置教育资源】 为全面贯彻落实《国务院关于深入推进义务教育均衡发展的意见》和全区义务教育均衡发展工作会议精神，在推进教育均衡发展教育局作以下工作。在县教体局设立基教办，统筹全县基础教育工作。县委、县政府依法落实推进义务教育均衡发展的职责，推进义务教育公共服务均等化。建立和落实教师和校长流动机制。全面落实中小学办学条件标准，实施现代化中小学建设项目，消除学校大班额。建立城乡一体化义务教育发展机制，在财政拨款、学校建设、教师配置等方面向偏远学校倾斜，保障偏远乡村教育发展需求。积极推进学区化管理、学校联盟、优质管理输出、教师特派等办学形式和管理机制的创新试点，扩大优质教育资源覆盖面，促进区域教育协调发展。完善外来务工人员随迁子女接受义务教育的保障体制。

【提高教师待遇】 每年组织全县教职工进行免费体检；每年“六一”“教师节”召开表彰大会对优秀教师进行表彰并由县级领导深入各学校开展慰问活动；抓教职工待遇。提高教职工工作生活条件。2016年，发放教师住房基金补贴336.89万元，落实校长、中层、骨干教师岗位津贴54.26万元，教职工生活补贴287.44万元。

【加大对牧民群众大学生子女资助力度】 自2008年起当雄县每年对全县高中及大学贫困生进行资助，落实2016年当雄县大学生资助金867万元，对全县1242名大中专院校学生进行了资助。

【规范经费使用和管理】 2016年，全县“三包”经费执行标准为2900元每生每年，其中当雄县纳木湖乡中心小学（四类地区）学生“三包”经费标准为3000元每生每年。“三包”经费中90%用于学生生活开支，7.5%用于学生装备采购，2.5%用于学生学习用品采购。落实好营养改善工程，让广大农牧民子女茁壮成长。2016年，聘请注册会计师对本单位项目招投标各环节和财务管理开展财务内部稽查审计1次。接受市、县财务审计2次。教育局财务室每月对学校财务进行内部审计，上级有关部门对教体局经费管理工作给予高度评价。

【职业教育】 面向市场、面向学生需求办学，职教订单生产比例达到11%—20%。截至年底，已开展面向市场、面向学生需求办学，职教订单生产比例达到11%—20%。开展农牧民烹饪培训90人；驾驶培训510人；理发师培训40人；水电工培训28人；家具制作60人；装载机驾驶30人；畜牧饲养30人；建筑施工200人；虫害防疫200人；手工编织50人；保安30人，保洁30人；旅游服务30人；妇女保健30人。

【队伍建设】 年内，以教师岗前培训为抓手，以“名师乡村行”活动为主要途径，以“赛课”为核心内容，以校本培训为实施平台，建立一支能够推进素质教育，承担“三语”教学和信息技术教学，有力支撑教育改革目标的合格师资队伍。截至年底，已选派66人参加国家级培训；选派22人参加市级培训；开展县级培训4次91人；开展骨干教师培训3次41人；开展校本培训90次37800人次。全县师资队伍建设工作得到了自治区师资队伍建设督查组的好评。

【优化教育发展环境】 年内，建立学校、学生、家长、校园周边、民警“五位一体”校园人口管理模式，走访单位、商户53户，与各学校签订责任书84份，召开安全维稳专题会议6次，专项督查6次，组织开展维稳安全教育20余场次，校园周边安全整治6次，交通、消防知识教育24场次。联合县卫生防疫站对全县2000余间校舍进行消毒2次；抓校车管理。联合县交警大队召开全县校车安全工作会议，对校车驾驶员开展安全知识培训。截至年底，全县共有校车11辆，按每月4000元工资标准选聘10名驾驶员并签订安全劳动合同。

（旦　增）

【领导名录】

党总支书记、局长
　　仁　青（藏族）
副局长　洛桑卓嘎（女，藏族）
主任科员、副局长
　　钱立坤

当雄县中学

【概况】 当雄县中学始建于1986年，是全县唯一的一所初级中学，2002年学校完成新校址搬迁。新校址位于县城西段，面临青藏铁路和青藏公路，背靠当曲河，占地120000平方米。校舍面积26768平方米，包括教学实验综合大楼一栋，学生宿舍14栋，教职工宿舍9栋，学生餐厅3栋，教工食堂1栋。

【办学规模】 截至年底，当雄县中学已形成七、八、九每个年级14个教学班的规模，其中七年级670人，八年级706人，九年级680人。农牧民子女占99%，寄宿生占98%。2015—2016学年度，全县13—15周岁适龄少年2393人，初中在校生2056人。截至年底，初中阶段入学率为98.04%。建校30年来，学校秉承着“团结、务实”的校训，倡导“有序、和谐”的办学理念，以“办人民满意教育”为奋斗目标，制定出台当雄县中学“三、三”发展规划，让学生进得来，留得住，学得好。

【机构与师资】 2016年，学校设校长办公室、教务处、教研室、德育处、总务处、财务室、群团部、卫生处、图书馆。青少年活动中心。

截至年底，学校有教职工162人，其中专任教师159人，教师平均年龄32岁。学历方面，研究生3人，本科145人，专科11人，学历合格率100%。专任教师中少数民族教师107人，占专任教师总数的71%。党员教师62人，占专任教师总数的39%。高级职称3人，中级职称56人。

【党建工作】 当雄县中学加强和改善党的领导，增强基层党组织的战斗凝聚力。中学以“学习党章党规，学习习近平总书记系列重要讲话精神，做合格党员”活动为契机，结合中学的实际情况，在全校范围内深入开展“两学一做”学习教育活动，使广大党员教师牢固树立正确的教育观和人才观，充分认识到教育在社会经济发展中的先导性、全局性作用，真正做到“党以重教为先”。学校提出把党员教师培养成“师德的楷模、教学的能手、德育的专家、服务的基石、教研的先锋、防控的主力”的目标任务，为学校的各项工作奠定人力基础。严格入党程序和资格审查，把责任心强、业务过硬的教职工吸收到党组织中来，让入党起到调动教师工作积极性、主动性和模范带头作用。继续发挥党员德育课、党员理发室的作用，建立党员爱心基金，党员帮扶机制，组织教职工趣味活动。

【教育科研】 随着管理的规范化和教学中心地位的逐步确立，教研的重要性逐步凸现。学校将教研的主阵地向课堂教学转移，紧紧围绕教材、备课、授课、作业、复习、考试及德育诸环节开展工作，在这些环节中发现问题，利用实践——问题——研讨——反馈这样的教研模式，解决了一些具有学校特点的教育教学问题，提高了老师的教育教学能力和学生的学业水平。着重从六个方面抓好教研工作：问题研讨；教材开发；关注课堂；加强培训；激发兴趣；鼓励学习。

【德育工作】 在学生德育教育过程中，根据学校的实际情况，结合思想道德教育的需要，做好教室、走廊、橱窗等各场所的德育文化布置，充分利用党员德育课，德育展板、德育走廊等德育资源，开展富有教育意义的活动，同时大力宣传学生中的好人好事，为学生树立可亲、可信、可敬、可学的榜样，通过榜样引导学生崇尚先进，学习先进，养成良好的道德行为。建设良好的校园文化氛围。同时结合新颁布的《中小学生日常行为规范》，加强学生日常行为的管理和教育。邀请校外辅导员、法制副校长、家校联动等多种德育教育。加强对孤儿、留守儿童等特殊群体学生的关爱活动。

【后勤管理】 年内，强化后勤常规管理，努力抓好校园管理的各项检查。为确保学校安全、有序地运行，进一步细化《临时工分工种量化考核制度》，管理过程中重视安全、卫生、节水节电等工作的检查，将各项制度真正落到实处。切实抓好校园环境卫生、安全等工作。大力开展美化校园、亮丽校园活动。进一步加强开源节流工作，管好用好学校的财力、物力。本着负责的态度，搞好采购管理工作。重点抓好节水节电工作，强化文印管理工作。为提高后勤人员专业技术水平，2016年10月举办了后勤人员分工种技能大赛。

【中考】 2015—2016学年，在拉萨市教育（体育）局、当雄县委县政府、当雄县教育（体育）局的正确领导下，全体师生奋力拼搏，认真贯彻《当雄县中学量化考评方案》，狠抓教学质量，2016年中考又取得了可喜的成绩。基本情况是：学校575人参加中考，600分以上有6位学生，内地西藏班上线51人，区内高中录取人数233人，区外、区内中职录取人数303人，创学校中考历史新高。

【体育艺术】 体育艺术工作是丰富师生校园生活的重要手段，学生体育达标率90%以上，体育课及格率95%以上。2016年7月组织了教职工球类比赛，10月组织教职工趣味活动。体育组在五月开展学生田径运动会，9月开展学生校级足球联赛。音体美教研组在十一月组织学生美术比赛。藏语文教研组和汉语文教研组十一月份组织学生开展书法比赛等。2016年6月，校学生足球队获得拉萨市学生校园足球联赛初中组第一名。

（黄　明）

【领导名录】

党支部书记　钻　珠（藏族）
校　　　长　拉　布（藏族）
副　校　长　旦增平措（藏族）
　　　　　　邓　浪
　　　　　　刘　明（12月免）

城市建设·环保

当雄县住房和城乡建设局

【概况】 2016年，当雄县住房和城乡建设局根据拉萨市国民经济和社会发展目标，拟订全县城乡建设、建筑业、住房保障的发展战略、中长期规划、政策措施改革方案并组织实施。编制城乡建设、住房保障年度计划并监督实施，负责平衡、调度和监督使用建设资金；承担规范全县住房和城乡建设管理秩序的责任。参与土地利用总体规划纲要的审核。拟订住房和城乡建设的发展规划和经济政策；负责建设项目工程报建、开工许可管理和监督指导招投标工作，综合管理施工企业的资质初审、工程质量、安全监督工作，组织或参与建设工程重大质量、安全事故的调查处理；会同有关部门负责对国家级、自治区级、市级重点风景名胜区、世界自然遗产项目和世界自然与文化双重遗产项目的保护监督管理工作；负责全县房屋产权证审核工作，县城环境卫生管理、整治及供水供暖工作等县人民政府交办其他工作。

【精准扶贫易地搬迁集中安置点建设】 2016年，当雄县住建局以创造和发展全县经济社会发展的载体为己任。将当雄县2016年精准扶贫易地搬迁集中安置点建设、县域乡基础设施建设、市场规划和建设作为工作的重点，高标准建设、高效能管理。

【综治维护】 年内，按照市、县相关要求，为维护当雄县经济社会跨越式发展和长治久安的良好局面，彻底消除各类不稳因素，全面落实人防、物防、技防等安全措施，认真开展维护社会稳定的各项工作。全县年初提出维护稳定工作的各项要求以来，当雄县住建局组织建设系统召开维护稳定工作会并传达市县维护稳定工作会精神，要求建设系统干部职工立即从思想和认识上，高度重视维稳工作，在日常工作中，时刻保持高度警惕性，把上级的相关要求不折不扣的贯彻执行下去，要严格按照当雄县住建局制度的维稳各项工作安排贯彻落实；继续执行建设工程各施工单位值班制度，重点节假日及敏感时期，建立以项目经理带班24小值班制度，确保发生事件和紧急情况的信息上报并及时处理，安排的各值班人员要严格履行职责，认真落实建设工程处来人员带包检查，出入登记的工作，发现可疑人员与物品，要果断处置；针对各项建设项目临近冬季停工建设，各施工单位要尽快建立和完善安全生产各项工作，确保各项工程停工后的安全防范措施。

【党风廉政】 按照区、市建设系统党风廉政建设工作会议精神，以及县委、县政府和县纪委的重要部署，结合住建局工作实际，坚持标本兼治、综合治理、惩防并举、注重预防针方针，着力推进住建系统党风廉政建设各项工作，为当雄县建设事业平稳较快发展提供坚强的纪律保障。结合实际情况，当雄县住建局制订《当雄县住建局2017年度党风廉政建设工作计划》及《当雄县住建局2017年度党风廉政建设责任制及责任追究制度》。

【“两学一做”专题教育活动】 开展“两学一做”专题教育，是中央做出的一项重大决策部署，是党的“三严三实”的延展深化，是持续深入推进党的思想政治建设和作风建设的重要举措，是严肃党内政治生活、严明党的政治纪律和政治规矩的重要抓手。住建局严格按照区、市县党委的统一部署，把开展“两学一做”专题教育作为重要政治任务来抓，坚持问题导向，注重工作实效，把“学”和“做”推进专题教育扎实深入开展。住建局党支部从4月下旬开始，在住建局开展“两学一做”集中学习教育，重点是党员干部学习习近平总书记重要讲话精神和党章、党规，学习县委《当雄县委“两学一做”专题教育学习内容及篇目》内的重要文件，学习县委书记张正在县党委中心组理论学习扩大会上的讲话精神。引导广大党员干部充分认识学习贯彻“两学一做”要求的重大意义，深刻理解“两学一做”要求的丰富内涵，深入学习焦裕禄精神、沈浩精神，推动“两学一做”入脑入心，做到内化于心，外化于行，不断取得作风建设新成效。

【2016年续建项目】 当雄县2014年棚户区改造工程：涉及户数100户，国家投资400万元；截至年底，已完成项目进度的90%；当雄县2015年棚户区改造工程：涉及户数100户，国家投资450万元；该项目已完工，待验收；当雄县2015年乡镇周转房项目：在全县建设396套周转房，概算投资7725.44万元；该工程正在实施，已完成工程进度的90%，主体已完工，正在实施附属工程；当雄县2015年公租房建设项目：新建公租房100套，建筑面积4000平方米及附属设施建设，总投资1280万元；已完成项目进度的95%，正在做收尾工作。

【2016年新建项目】 当雄县机关食堂维修建设项目：扩建食堂及原有食堂铺地暖管道等，总投资196.88万元，项目已完工；当雄县规范化建设村（居）活动场所项目：修建及改建用房业务及配套设施，共28个村委会，总投资2756万元；已开工建设109国道沿线的16个村委会，其余在2017年实施；2016年当雄县精准扶贫易地搬迁集中安置点建设项目：估算总投资为8456.79万元，建设内容主要包括了100套安置房建设和停车位及道路硬化、公厕、综合化粪池、垃圾收集池、给排水、电气工程等附属设施。共建设五个安置点（羊八井镇拉多安置点、宁中乡堆灵安置点、宁中乡曲才安置点、公塘乡冲嘎安置点和公塘乡拉根安置点），除中羊八井镇拉多村安置点正在实施外，其余4个安置点均已建设完工分配入住。

【2016年拟建项目】 当雄县羊八井镇特色小城镇建设项目：根据自治区特镇办的要求，当雄县已上报2016年羊八井特色小城镇计划项目。项目总投资6948.35万元，该项目分为三个部分，分别是道路改造工程、景观整治工程和沿街建筑风貌改造工程，其中：道路改造工程涉及三条道路，分别为新建655.482米长14米宽道路一条；改造669.439米长6米宽道路一条；改造8米宽S304城镇段道路1064.062米，路面面积共计21717平方米。景观整治工程涉及47794.19平方米的人行道铺装及景观整治工程；沿街建筑风貌改造工程涉及改造73栋建筑子项以及新建大门，改造表面积约为12984平方米，以及给排水、公共厕所、垃圾收集池、停车场、绿化、交通标志工程等附属设施。

当雄县农贸市场大门两侧新建门面房项目：项目总投资420.35万元，新建两层框架结构门面房1256.44平方米总体给排水工程、电气工程等附属配套工程，截至年底，正在办理项目前置手续。

乌玛塘乡农贸市场商品房建设项目：项目总投资500万元，建设总面积为860.32平方米，共建50套商品房及其附属设施，截至年底，正在办理项目前置手续。

2017年当雄县当曲卡镇棚户区改造项目：项目总投资1208万元，建筑面积7000平方米，共151套房。截至年底，正在办理前置手续。

拉萨市特色小城镇当雄县羊八井镇棚户区改造项目：总投资1584万元，共264套建筑面积83779平方米。该项目纳入羊八井特色小城镇内整体实施。

【廉租房实物配租及租赁补贴】 2016年，住建局紧紧抓住中央关于“保增长、保民生、保稳定”有利契机，进一步扩大城市低收入群体廉租住房补贴覆盖面，全年共有92户、123人享受廉租住房补贴。

【建筑质量管理】 住建局按照国家规定的工程建设程序实施，及时办理工程建设的相关手续，不把擅自作影响工程质量的变更，在确保工程质量的前提下合理压缩工期，提高对住宅工程通病治理工作的思想认识，履行质量管理的责任和义务；监理单位加强对项目监管，配足相关监理人员；严把质量验收关，加大巡视力度，注重过程监理，严格执行旁站监理制度，发现问题应及时下发监理通知，并督促整改；加大对模板工程、钢筋制作与绑扎、砌筑工程的检查验收力度，尤其应对模板支撑、钢筋保护层厚度、墙体拉结筋的设置以及混凝土的浇筑等易出现质量问题主要环节严格把关；施工单位要求建立健全质量保证体系，配备过硬的专职质量检查员，加强自检力度，加强过程控制，建造师（项目经理）要求驻施工现场并监督项目管理、安全等措施；由建设单位、监理单位对建筑材料的采购、进场验收及使用各环节的管理，严格按照建筑材料检测的要求，检测工作，杜绝不合格的建筑材料用于建设项目。

【成立机构、加强领导】 为加强对工程建设领域突出问题的专项治理工作的组织领导和综合协调，当雄县成立以住建分管副县长任组长，住建局、安监局负责人任副组长，相关职能部门负责人为成员的工作领导小组，领导小组下设办公室，负责专项治理日常工作。为开展专项治理工作提供有力的组织保障。

【制定方案、明确任务】 年内，根据中央、区、市、县开展建设工程建设领域突出问题专项治理工作实施意见的部署安排，结合当雄县工程建设领域的现状，当雄县认真制订《当雄县住建局建设工程建设领域突出问题专项治理工作实施方案》，明确专项治理的工作目标和原则、工作任务和责任单位，提出完成任务的具体措施、工作步骤，保证专项治理工作的有序开展。

【城管执法】 在城管工作方面，严格制定县城的管理方案并加以整治，包括占道经营、私搭乱建和乱挖乱放等不良现象。实行责任分段制度，工作落实到具体每一个人身上，各自分管管辖范围，大幅度提高工作效率。

【环卫工作】 年内，县政府增加环卫人员的招收名额，环卫队员人数增加到33人，工资2300元/月/人，并配备了相关的垃圾处理工具，大大改善了县城的卫生状况。

【自来水管理】 自来水公司是关系到民生的重要服务公司之一，自来水公司经营的好坏和群众受益和政府形象密切相关，当雄县各级领导高度重视饮用水问题。2016年圆满完成县城饮用水供水任务，全年无任何饮用水完全事故，为全县人居生活质量提供了有力保障。

【行政审批登记管理】 住建局派出了业务骨干人员参加各类房屋登记，截至年底，办理的所有房屋买卖过户、继承权过户、初始登记、所有权名变更等共37件，房屋他项权26件，施工许可证13件。

【夯实基础工作】 加强人才培训工作。采取“请进来、送出去”的办法，抓好住房和城乡建设管理人员和专业技术人员“两支队伍”的建设；加强政策法规建设。按照“轻重缓急、急用先立、逐步完善、整体推进”的原则。针对建设领域存在的突出问题，大力开展调研工作，加快法制建设进程。同时加大政策法规的宣传力度，加强行政执法监管，规范执法行为，促进当雄县住房和城乡建设事业科学发展；加强统计信息和档案管理。要着手建立城乡建设档案管理系统，继续深化城乡建设档案管理工作，做到有专门管理人员、设专门档案室（有醒目的标志），档案实行了分区建档、区分管理、专业管理等。

（郭旭彦）

【领导名录】

局　长　左 世 成（水族，5月免）
　　　　熊　　劲（女，5月任—6月免）
　　　　普布扎西（藏族，12月任）
副局长　格桑达瓦（藏族）

当雄县环境保护局

【概况】 2016年，当雄县环境保护局在县委、县政府以及上级业务部门的正确指导和大力支持下，通过当雄县环境保护局全体人员的共同努力，圆满完成了县委、县政府交办的自治区级生态乡（镇）创建、县域环境质量监测、纳木错流域生态环境保护当雄县清洁能源推广工程项目、拉萨河源头重要生态功能保护区保护规划一期建设项目，农村集中式饮用水源地保护工程和自治区级环境保护工作考核等大项工作，不断加大了对辖区企业和各乡（镇）的环境监管力度，继续确保了当雄县的生态环境良好。

【自治区级生态乡（镇）创建】 当雄县环境保护局按照政府要求，大胆创建，积极创新，生态创建工作进展顺利。2016年，当雄县龙仁乡获得“自治区级生态乡（镇）”命名，郭尼村获得“自治区级生态村”命名。截至年底，已完成25个行政村，5个乡（镇）的自治区级生态创建工作，并获得自治区命名，自治区级生态村达到89.3%，自治区级乡（镇）达到62.5%。

【县域环境质量监测】 经区、市环保部门审核批准，当雄县政府投资20万，用于纳木错湖泊、当曲河上下游、羊八井电厂及县城集中饮用水源地等8个点位的环境质量监测工作。截至年底，国家重点生态功能区县域生态环境质量考核数据系统录入工作已完成。

【争取资金、推进生态环境项目】 当雄县环境保护局同自治区环保厅积极沟通，争取资金837.696032万元，在纳木错实施清洁能源推广工程。该项目将为172户牧民群众房屋新建56平方米附加阳光房，以减少牛粪及薪柴的燃烧取暖，达到节能减排目的。截至年底，项目已完工，待验收。

拉萨市环境保护局实施萨河源头重要生态功能区保护区保护规划一期建设项目，在当雄县投资182.33万元，购买了4台垃圾车、44个垃圾箱和200个垃圾筒。截至年底，已全部到位。当雄县环保局争取资金200万元，对当雄县20个农村饮用水水源点进行保护，截至年底，已完成前期工作。生态环境项目推进了当雄县生态环境保护工作，使群众享受了党的惠民政策，获得广大群众的一致好评。

【自治区级环境保护年度考核】 为切实推进当雄县环境保护工作，积极履行环境保护“党政同责”“一岗双责”，结合自身实际印发了《中共当雄县委员会当雄县人民政府关于印发〈当雄县环境保护工作实施方案〉的通知》和《当雄县环境保护考核方案》。成立环境保护工作领导小组、全县环保考核及检查工作领导小组，明确了乡（镇）、部门、企业职责，对各部门任务进行了分解，当雄县环保局联合“两办”督查室、卫生局、住建局等部门对各乡（镇）存在问题每月检查、每季度进行通报，并将通报结果抄送县主要领导，形成了政府属地管理、各部门齐抓共管的工作机制。截至年底，考核组已对当雄县进行现场考核。

【开展环境保护宣教活动】 2016年，当雄县环境保护局围绕“禁白”、生态创建、汛期防汛等工作，先后开展了4次规模较大的环保宣教活动，悬挂横幅20余条、发放宣传资料15000余张，发放“禁白”环保袋60000余个、参与人数达20000余人。通过宣传，进一步增强了群众关心环保、支持环保、参与环保的积极性，同时营造了社会各界共同履行环保责任，呵护环境质量，共建美丽家园的良好氛围。

【环境监管】针对境内4家涉矿企业（乌玛石膏矿、华钰拉屋分公司、羊八井地热电厂、西藏圣峰矿业），2家国、区控重点监管企业（华钰拉屋分公司、羊八井地热电厂）及重点旅游线路、旅游景区、饮用水源地、县域河道、县医疗机构、各建设项目地进行环境监察执法50余次，共出动执法人员120余人次。截至年底，当雄县境内未发生环境安全事故。

（张　伟）

【领导名录】

局　长　平　措（藏族，12月任）

副局长　黄澎涛（4月免）

杰　布（藏族，4月主持工作）

当雄县综治委护路护线工作领导小组办公室

【概况】青藏铁路当雄段总长136.8公里，管段内共有桥梁48座（其中特大桥2座），隧道2座，涵洞308个，机站32个。全县段共有大站2个，无人车站3个。铁路沿线涉及6个乡镇、15个行政村。当雄段下设三个护路大队（羊八井大队、当曲卡大队、乌玛塘大队），现有792名专职护路队员。

2016年，县委、县政府高度重视铁路护路联防工作，年初在县八届六次全委会上对护路工作进行了专门部署，为全县2016年护路工作指明了方向。县委书记张正，人大常委会主任康加贵，县委副书记、县长其美次仁，县委副书记、常务副县长郭春杰，县委常委、政法委书记、公安局局长扎西亚培等主要领导经常性深入铁路沿线实地视察工作开展情况。综治委铁路护路联防工作领导小组全面领导铁路护路护线工作。在各个敏感节点、重点时段，全面安排部署的同时，督导检查工作落实情况，极大地提升了专职护路队伍的责任心、使命感。县护路办每年不断研究完善各项工作方案、预案，细化工作措施，铁路沿线各乡（镇）、各大队护路联防组织分别进一步加强护路工作组织领导，形成了一级抓一级、层层抓落实的工作格局。

【参与综治维稳工作】年内，组织专职铁路护路联防队员积极参与当地社会管理综合治理专项活动，积极配合公安、消防部门和各乡（镇），在重大集会、民俗活动、佛事活动、节日期间抽调人员参与维护城区、街道、活动现场治安秩序，协助完成维稳应急任务。各大队组织巡逻小分队，在重大节点对铁路沿线乡（镇）进行巡逻执勤，累计出动675人次；参与维持群众聚集的佛事及民间活动现场7场，出动专职护路队员440人次；及时上报并协助处理交通事故9次，救助伤员15人次，出动专职护路队员127人次；清理铁路、公路沿线两侧垃圾9.6吨；在铁路沿线种植树木1100余株；降雪较多时，各大队主动清理109国道路面积雪6次，累计出动175人次；帮助群众修缮道路4.6公里，累计出动120人次；当雄县“当吉仁”赛马节期间抽调105名护路队员积极参与到交通管制、治安巡逻、主席台核心区保卫工作中，不仅使护路队员得到了实际的锻炼，还对赛马节期间全县的社会局势稳定起到积极的作用，树立了专职护路队员训练有素、纪律严明、执勤为民的良好形象，受到县委、县政府和群众的一致好评；三个护路大队专职护路队员自觉开展了辅助孤寡老人、资助困难家庭、参与草场救火等活动。

截至年底，护路联防工作领导小组召开护路联防工作研究部署会议9次，安排部署“双节”“两会”“3·14”“3·28”“萨嘎达瓦”“当吉仁”赛马节、雪顿节、G20峰会、藏博会、“十一”国庆、自治区党代会等敏感期间护路联防工作，实地调研铁专职护路队伍正规化建设3次；办公室召开工作部署会议14次，路地联席会议5次。

2016年共投入人员24.68万人次，车辆（含摩托车）2.3万台次进行巡逻督导，总巡线里程达2.16万余公里。在日常巡防守护工作中驱离闲杂人员1960余人次，排查沿线徒步朝佛人员15150余人次，劝离铁路沿线擅停车辆1430余台次，制止牲畜上道480起（16800头、只、匹），联合路地公安组织反恐怖、反破坏演练2次（投入60人）。

【确保敏感期安全】 年内，在敏感时段、敏感节点，沿线各乡（镇）民兵力量，参与到巡防守护工作中，加强重点桥梁、涵洞的守护，充分发挥群防群治的作用，敏感期间，铁路沿线各乡（镇）共投入民兵力量1800人次、双联户2910人次、干部职工810人次、派出所干警460人次，投入车辆230台次，巡线里程13260公里。同时，各乡（镇）建立了护路工作基础台帐，并积极向县护路办反馈工作开展情况，建立完善了群防群治工作机制，形成和巩固了齐抓共管、全民参与护路护线工作的新局面。

【强化基础设施建设】 年内，为积极配合相关单位加快推进青藏铁路格拉段扩能改造羊八井站改扩建工程进度，按照拉萨市铁路建设运营工作领导小组办公室会议纪要〔2016〕01号文件要求，护路办委托第三方完成了对羊八井护路大队营房的造价评估，市支铁办对评估结果进行了实地核对，并与护路办签订了补偿协议。同时护路办与羊八井镇政府沟通协商，做好了修建过渡期间临时活动板房的选址修建工作，并顺利完成半大队搬迁工作。县财政解决资金，统一采购了新建岗亭的桌椅，每个大队新增休息室等附属设施，休息室内部设施齐全，护路队员在轮岗之余可以有一个很好的休闲环境。

【做实常态化护路工作】 当雄县严格按照“定人、定位、定岗、顶责”和24小时不间断、无空白、无缝隙守护要求，认真执行交接班制度，每天坚持定时清道检查、上线巡逻，防止人为破坏和牲畜上道。各乡（镇）按照“属地管理”工作要求，护路办与铁路沿线各乡镇签订铁路护路联防工作责任书，建立目标责任制、领导责任制、成员单位和铁路沿线乡（镇）、村组属地管理责任制。各乡（镇）成立铁路护路联防工作领导小组，设立专门办公室，指定专人负责铁路护路联防日常工作，定期召开会议，成立专门督导组，通过明察、暗访相结合的方式对辖区内铁路段进行全方位、无缝隙、无盲点的督导检查，对护路护线各项措施的落实督促跟进。同时，各乡（镇）建立了护路工作基础台账，并积极向县护路办反馈工作开展情况，建立完善了群防群治工作机制，形成和巩固了齐抓共管、全民参与护路护线工作的新局面。

【队伍建设】 年内，持续实施专职护路队员个人考核制度，从整体考核制度转变成个人考核制度，建立专职队员个人考核档案，每月进行一次考核，考核成绩累计至年底综合考评，为年底评先选优提供公平公正的考核依据。为更加贴切工作实际，护路办从规范队伍执勤、保证队伍出勤率、防止各类案件和事故的发生等方面具体规划、具体考核，明确个人任务职责，客观真实地评价专职护路队员的业务能力，创新队伍正规化建设，强化竞争意识，提高护路联防工作的整体水平。

【加大日常培训】 2016年，按照自治区《专职护路联防队员培训计划》，护路办制订全年培训课程，培训中坚持半军事化、集中化、统一化，在适当阶段邀请县民宗局、司法局、法院、交警大队、安监局、武警中队、消防、县职业技术学校等部门对专职护路队员进行民族团结学习、普法宣传、交通安全教育、安全生产常识学习、军事技能、军事理论、厨师、理发师等，现阶段，办公室组织专职护路队员集中培训3次，三个大队组织专职护路队员培训27次，县中直相关单位组织培训6次，专业的培训既增强了护路队员的个人巡防守护能力，又提高了专职护路队伍的整体素质。

【轮岗支援拉日铁路护路工作】 贯彻落实自治区护路办制定的《青藏铁路专职护路联防队员轮岗参与拉日铁路临时任务守护方案》，当雄县每轮抽调80名护路队员，坚持以老带新，协助拉日铁路护路队员做好日常巡逻守护工作。同时，积极推广当雄县铁路护路联防好的经验做法，开展“传、帮、带”工作。截至年底，增援曲水护路办“以老带新”巡防守护工作5批次（投入400人）。

【有效净化铁路治安环境】 年内，认真开展矛盾纠纷排查调处工作，陆地公安机关全面加强管控，严厉打击盗抢铁路物质和破坏铁路设备、设施案件，严格枪支、弹药和民用爆炸物品管理工作。积极配合公安、工商等部门，加大对铁路沿线废旧金属收购站点的管控力度，开展专项治理4次，与2个收购站点均签订《拒收铁路金属器材责任书》。针对2016年铁路沿线施工单位的出现，与其签订《铁路沿线施工责任书》2份，确保施工期间铁路周边的安全稳定。全县先后13次组织铁路设施隐患排查，排查铁路安全隐患94处（涵洞积水），修复损坏护栏82处（护栏117米，243根），并及时向市护路办、青藏铁路公司、当雄警务区做了通报，消除了隐患。还对全县铁路养护工人遗弃的设施设备进行收集，不定期与中铁十二局进行交接，并建档存底。

【开展护路先进人物事迹宣传】 年内，在县委、县政府的鼓励支持下当曲卡大队大队长土登扎西、乌玛塘大队大队长索朗坚参被评选为县政协委员，乌玛塘大队长索朗坚参被评为全区民族团结先进个人，护路队员普布家庭被评为全国最美家庭，这些荣誉取得不仅极大鼓舞了队员的士气，同时有效宣传了护路工作，提高了护路工作的社会认知度。

【切实加大督导检查力度】 年内，县政府、综治办、护路办、安监局分别与牵头组成专项督查组对青藏铁路当雄段铁路建设运营管理、铁路安全生产、物防技防措施实施以及专职护路队员力量部署、基本生活、工作保障等情况进行督导检查23次。铁路沿线乡（镇）、大队也层层成立督导检查组，采取领导带队督导、大队蹲点检查指导等方式，不间断在铁路沿线开展多层次的复式抽查。全年各级督导检查730次，督导巡线里程25.34万公里。

【开展全民爱路护路宣传教育】 将《铁路安全管理条例》及爱路护路等相关知识用藏汉双文打印，并针对县中小学生制作爱路护路宣传画册，用于开展“知路爱路护路”全民宣传教育活动。在青藏铁路、公路沿线通过设立宣传牌、悬挂横幅、发放宣传资料、邀请西藏电视台现场录制等多种多样的形式，在全县广大干部职工、中小学生、群众及过往人员中广泛开展爱路护路宣传，号召铁路沿线群众遵纪守法。针对重点管控人员，县护路办专门下沉干部到家中宣传教育。2016年，共计发放宣传品2700余份，展示展板36块，悬挂横幅6条。受教育人群达到8500余人，在当雄县营造了良好的爱路护路氛围。

3月28日，羊八井护路大队参加了羊八井镇人民政府举办的百万农奴解放纪念日联谊活动。活动中，专职护路队员与牧民群众载歌载舞一同庆祝百万农奴解放纪念日，同时，县护路办借此机会在活动现场开展爱路护路宣传活动，通过这样喜闻乐见的方式强化了爱路护路宣传教育，又加深了群众对爱路护路的认识度。

7月7日，为喜迎青藏铁路通车十周年，总结旧经验、开创新局面、实现新突破，构建平安铁路县，护路办立足工作实际，超前谋划、积极筹备，扎实开展通车十周年系列庆典活动，大力宣传弘扬“天路”精神，推动“爱路、护路”工作全民参与。

【后勤保障到位】 2016年，县委、县政府安排护路工作预算经费共756万余元，截至年底，县政府已投入使用2344680元，其中用于各大队县级护路队员出勤资金补助706680元，招标采购冬季牛肉365000元、护路队员服装1273000元。在县级财政预算之外，2016年4月7日当雄县政府专题会议解决护路队员在各项工作中的全年奖励机制资金26万余元。县委、县政府关心爱护护路队员为护路队员购买团体意外伤害保险，投入资金36.11万元。

（钟 伟）

【领导名录】

县政法委副书记、护路办主任 洛桑登巴（藏族）

邮政·通讯

当雄县邮政分公司

【概况】 2016年，当雄县邮政分公司邮政加快转型发展的战略部署和工作要求，加快营业投递平台转型，着力打造金融和邮务类两支专业营销团队，集中资源大力推进重点业务和重大营销项目，全局经营发展继续保持较快发展，管理工作和团队建设取得新成效。全年实现邮政业务收入127.76万元。

【业务发展】 年内，在拉萨市邮政局党组的正确领导下，在当雄县邮政分公司全体职工的集体努力下，当雄县邮政分公司各项工作有序开展，但在经营管理、业务发展上也存在着很多不足，截至年底，当雄县邮政分公司累计完成各项业务收入127.76万元，完成全年预算进度的91.11%，同比增长3.86%。2016年上半年，在邮政分公司储蓄余额严重下滑的情况下，在大项目、大企业与当地农行竞争不具备优势的情况下，下半年，邮政分公司积极转变发展思路，调整营销方向，主攻本地小商户，有利扭转了余额下滑的情况，实现余额年增长约395万元。

【队伍建设】 年内，加强内部管理，使当雄县邮政分公司各项工作逐步走上正轨。之前当雄县邮政分公司的各项管理工作比较粗犷、松散，很多环节上存在有章不循，无章可循的现象，职工缺乏凝聚力，思想较为涣散。2016年下半年开始，邮政分公司重点整治内部管理，加强对收寄、分拣、投递等各个环节规范和管理，对羊八井开展专项检查活动，及时整改、纠正存在的问题和不足，同时注重了解职工思想和需求，加强沟通协调，提高了职工的凝聚力和工作积极性，使当雄县邮政分公司各项工作逐步走上正轨。

【管理工作】 从2016年当雄县邮政分公司的生产经营情况来看，在经营管理、业务发展上还存在很多问题，基础管理工作存在很多的不足，需要进一步规范和加强；员工素质和业务素质都有待提高，员工的基础管理意识和责任感有待加强；发展意识过于薄弱，发展思路过于狭窄，发展方式过于单一，在业务发展商需要改进、加强。

【加强学习、转变作风】 年内，在加强内部管理，做好人员管理和业务管理的前提下，提高发展意识，加强营销手段，转变发展思路，改变工作作风，使各项业务得到平稳发展。

【函件业务】 年内，以纳木错景区为主线，充分利用当雄县的旅游资源，加强与集邮函件广告局合作，纳木错景区门票，开发明信片和邮资封片册并做好营销工作。

【包裹业务】 年内，在做好前台收寄服务的同时，注重与旅游公司合作，发展协议大客户。

【报刊业务】 年内，做好集中大收订工作，在保持党报党刊发行稳定的基础上，抓好中直单位和私有企业等重点客户和重点报刊的营销工作，同时深入全县各中小学院校，争取在教辅类业务的发展上实现突破。

【集邮业务】 年内，继续大客户开发，突出发展个性化邮票，充分利用当雄县旅游市场，签订集邮产品代售客户，促进集邮业务发展。

【速递业务】 年内，通过对客户的积极引导，实现业务转型，同时积极发展协议大客户，并继续抓好“思乡月”的专项营销活动和军包收寄活动。

【代理金融业务】 年内，抓好合规经营，已增加储蓄余额未中心任务，以代发代付业务为中心，加大业务宣传力度，在巩固和维护现有的储蓄业务客户的基础上加大发展新的客户，同时不断提高储蓄从业人员的业务素质、工作效力和服务水平。

【农牧区邮政服务】 年内，努力做好邮政普遍服务工作，切实加强乡邮通信工作的基础管理工作，保证农牧区邮件、报刊的正常投递，加强乡邮人员车辆和运行设备的管理，确保乡邮工作正常有序地开展。加强和县发改委的沟通与协作，做好乡镇空白网点的运营工作。

（晋　美）

【领导名录】

经理　晋　美（藏族）

当雄县电信局

【概况】 中国电信集团公司当雄电信局位于当曲河东路4号，于1999年挂牌成立。始终把发展作为第一要务，以拓展的新思路，改革的新面貌，致力于推进战略转型和服务经济社会信息化，着力提升企业核心竞争力和价值创造力。主要服务于当雄县及所辖的6乡2镇28个行政村的电信通信网络经营、建设及维护（含兰西拉一级主干线）。管理合作营业厅两个，乡镇营业厅6个，渠道代理网点5家。当雄县电信局有内部职工6名，传输局驻段人员1名，宽带装维中心4名，合作营业厅人员11名，6个乡镇工作人员16名，维系中心4名，开放渠道代理商4名，移动终端维修人员1名，合计49名。

【精准扶贫】 2016年，按照拉萨市经济工作会议及当雄县经济工作会议安排部署，紧紧抓住发展和维稳两个大事。以“精准扶贫”为重点。针对6乡1镇通过全体员工的努力实现新入网电信移动用户6390户，电信宽带用户376户，运营收入达到1800万元。

【业务发展】 2016年，当雄县电信公司已经拥有1.5万户移动用户，市场份额为38.54%。宽带用户2823户，市场份额为97.8%。为方便群众在公塘、纳木错乡、宁中乡、乌玛乡、龙仁乡、格达乡及开设了室外自助缴费机24小时服务，解决了牧民群众办理业务及缴费难的现象。当雄县电信局以优质的网络，真情的服务，便捷的售后。赢得了广大用户的认可，塑造了企业良好的社会形象。

【网络覆盖】 当雄县电信局不断加快网络建设步伐，优化网络设施。在原有的基础上新增了6个4G基站，为当雄的通信奠定了4G基础，6乡1镇及15行政村开通了IPRUE光网络接入，不但可以访问互联网还可以观看高清电视，为下一步远程教育提供了基础服务。

【创新机制】 当雄县政府办公OA专线，市县财政内网专线，当雄“当吉仁”赛马节提供了现场直播网络平台服务（全世界通过牦牦网观看“当吉仁”赛马节实况）。

当雄县电信局的各项工作都有新的进展，员工的工作主动性，队伍的凝聚力、向心力进一步增加，积极性有了明显的提高。

当雄县电信局以紧紧围绕服务县委、县政府为大局，勇担社会责任，充分发挥综合信息服务主力军的作用和特点，在推动经济社会发展、为构建小康当雄，生态当雄，“逐梦当雄”等方面发挥了积极作用。

（拉吉曲措）

【领导名录】
局　长　谢海涛
副局长　边　琼（藏族）

中国移动通信集团西藏有限公司当雄县分公司

【概况】 当雄县移动分公司，全称中国移动通信集团西藏有限公司当雄县分公司，位于当雄县当曲河东路165号，于2006年5月正式挂牌运营，主要负责当雄县的国家公众移动通信网的经营、建设和维护。当雄县移动分公司现有在职正式员工16人，直销员5人，当雄县移动分公司服务于当曲卡镇、羊八井镇、宁中乡、公塘乡、龙仁乡、纳木湖乡、乌玛塘乡、格达乡等8个乡镇，22个行政村，网络覆盖率95%。在6个乡镇设有服务渠道，管理自办营业厅2个，合作营业厅10个，渠道代理店16家。

【业务发展】 当雄县移动分公司坚持发展速度和质量并重，一方面紧抓区域经济和信息化发展机遇，不断提升“客户、网络、服务、支撑”能力，继续保持行业主导地位；一方面顺应行业发展新常态新形势，通过“产品、销售、管理”转型，推动降本增效，实现价值深耕。总体来说，公司干部员工克服各种困难，通过拓展业务与提升管理，不断推动“保增长、促转型”，用3G网络创造了4G成绩，继续保持了公司中高速发展势头。狠抓份额、坚持主导地位。收入结构逐步改善，客户价值稳步提升，家庭市场初具规模；夯实基础，保持竞争能力。提升网络能力、巩固网络优势，提升服务能力、改善客户感知，提升支撑能力、助力市场发展；全面转型，深耕价值效益，提升产品与销售能力，加快降本增效，优化治理体系，提升企业形象。

【网络覆盖】 2016年，经过全体干部员工的奋勇拼搏，努力奋斗，当雄县移动分公司在网客户数达到22000多户，运营收入突破2700万元，较2015年增涨200余万元。2016年共新建基站个，其中2G基站15个，3G基站5个，4G基站6个，网络信号覆盖8个乡镇，28个行政村。保障了当雄县首届“相约纳木湖畔，寻觅虫草之旅”活动、当雄县当吉仁赛马节、当雄县乌玛塘乡赛马节、当雄县羊八井镇赛马节、军演基地等通信保障，大力提升网络质量，确保了活动期间通信畅通。大力开展家庭宽带资源建设，2016年共新建家庭宽带小区22个，开通小区端口数共计2600多个，家庭宽带资源覆盖县政府、羊八井镇、格达乡、当曲卡镇、羊八井镇、龙仁乡、公塘乡等区域。积极落实工信部提速降费、4G套餐推广等政策，开展“八项举措”，提升网络质量和服务水平，优化资费套餐，降低语音、流量、宽带等业务资费，让老百姓用得起、用得放心。

【创新机制】 自成立以来，当雄县移动分公司秉承中国移动“正德厚生、臻于至善”的企业核心价值观，努力做“有价值、可持续”企业。在追求卓越的发展过程中，坚持物质文明和精神文明“两手抓，两手硬”的方针，快速提升各项经营指标的同时，不断通过完善体制、强化管理、诚信服务、回报社会、全面提升等内强素质、外塑形象的举措，积极推动物质文明、政治文明、精神文明、生态文明四项文明建设，努力为企业的全面、持续和健康发展注入源源不断的思想动力，实现了企业硬实力带动软实力、软实力促进硬实力的良性循环，呈现出文明花开、硕果满园的大好局面，收到了内增凝聚力，外增吸引力，提高向心力，发展生产力的良好效果。

当雄县移动分公司抓住服务、业务、网络、客户不断创新服务模式、提升服务质量，适应广大客户的需求。现如今，当雄县移动分公司已拥有2.2万客户，市场发展稳中求进，当雄县移动分公司以优质的网络、真情的服务、便捷的业务赢得了广大客户的认可，塑造了企业良好的社会形象。

【队伍建设】 当雄县移动分公司在历任经理的坚实有力的领导下，以民主化管理模式和廉洁自律的行动带动并强化全员的向心力，充分发挥全员凝聚力，积极营造一支敢干事、能干事、会干事、干成事的领导班子集体，锻造出一支反应快，能征善战、士气高涨、打得赢的员工队伍，促进全员的团队意识提升，建立起一个廉洁奉公、志在创新，坚定发展信心的领导班子和员工队伍，促使公司发展和精神文明实现了双赢，扎实了文明发展的根基，彰显了移动通信发展的更高水平。

（刘　欣）

【领导名录】

经　理　成　康（1月免）

　　　　张丽娟（女，1月任）

联通当雄县营业部

【概况】 当雄县联通营业部建于2010年3月，现有自办厅1个、合作厅2个、员工6人。在实际工作中，当雄县营业部全体员工一如既往地在拉萨分公司的直接领导下，坚持以发展为中心，积极应对困难和挑战，采取有力措施，加快业务发展步伐；努力抓好集团营销与服务，做好行业信息化和新业务推广，尽可能地提高经营效益；抓好精细化管理，做到管理到位、责任分明；认真搞好服务管理与考核，根据实际情况完善、细化管理办法，制定合理的鼓励措施，改善服务短板，确保服务质量的稳步上升，提高了客户满意度。

【实现产品客户规模增长】 年内，当雄县营业部在拉萨分公司的领导下结合季度业务发展主打产品及重点指标的改善，提升用户规模，鼓励经营单元全面开展促销活动，充分抓住节日营销契机，以指标改善为抓手，促进规模发展与效益提升，实现产品客户规模增长和社会渠道快速拓展的双丰收，2016年营业部共完成主营收入390.6万元。

【市场管理】 年内，当雄县营业部严格按照《中国联通西藏分公司客户资料管理实施细则》要求，在办理用户入网时坚持对用户的有效证件通过拍照、扫描、复印等方式，并对用户个人电子信息进行留存，同时对用户资料的真实性、一致性进行核实。对于用户资料不全、不真实等情况严禁办理入网业务，努力做到无差错、人证匹配。

当雄县营业部工作在省公司的政策指导下，在分公司领导全局统筹、周密规划及各经营部全力推行下，充分利用渠道补贴成本建设，渠道工作取得了可喜的成绩：渠道数量显著增加。

【网络运行维护】 截至年底，当雄县联通网络共覆盖6乡2镇。2017年公司将加大投入对信号覆盖较弱的村镇增加基站。网络公司自7月份无条件预受理岗运行以来，固网装机竣工率均维持在85%以上，全年竣工率平均为85.82%；修障及时率平均达到85.11%；装拆移满意度都为100%，较好地完成了集团下达的任务指标。

【团队建设】 2016年，将加强对营业员的全面管理。进一步梳理和优化工作流程，科学分工，强化服务意识，提升服务质量。对营业员现有分工进一步细化，视工作需要，合理安排工作任务。要求营业员学好业务知识，提高业务推广能力，提高工作效率和质量。将加强财务管理，开源节流，以最小的支出换取最大的收益。

联通营业部强与当地政府及相关方面的协调和沟通，在为地方、为客户服务的同时，取得地方政府及相关方面对联通工作的最大支持，在互惠互利中促进工作任务的圆满及超额完成。

（次仁卓玛）

【领导名录】

经　理　白立成

金 融

中国农业银行股份有限公司当雄县支行

【概况】 中国农业银行股份有限公司当雄县支行作为当地主要的金融机构，现有6个营业网点，10台取款机。服务覆盖面达75%，现有员工38人，员工平均年龄35岁，其中党员16人。农行当雄县支行开办的业务产品涉及贷款业务、结算业务、银行卡、自助银行、网上银行、电话银行、现金管理、消费信贷、代发工资等业务，通过多年不懈的努力，服务范围从传统单一的存贷款、结算业务向种类齐全、功能完备的现代金融业务过渡，通过物理网点、自助设备、网上银行的多元化的服务渠道，共同构成了强大的金融服务体系。截至年底，农行本外币各项存款余额为62847万元，较年初增长14492万元，本外币各项贷款余额为75800万元，较年初增长9318万元，实现中间业务收入150.2万元，较同期余额增加40万元，实现净利润总额3428万元。

【业务开展情况】 年内，农行当雄县支行始终坚持以科学发展观为指导，紧紧围绕自治区经济社会发展战略部署，实施农牧区业务、商业性服务和政策性业务协调并进发展方略，凭借自身网点、网络、资金、产品优势，致力于服务地方的跨越式发展。2016年，全行累计发放各项贷款29728万元，其中累计发放农户贷款25987万元，积极支持了地方基础设施建设和优势骨干企业的发展壮大，努力满足城乡居民的金融需求。特别是坚持面向“三农”，认真贯彻落实上级行的各种优惠金融政策，以“金、银、铜、钻”四卡为载体的农牧户小额信用贷款、安居工程贷款、惠农卡的业务，先后同当雄县98%的农牧户建立了信贷关系，同时以钻石卡卡贷款帮扶贫困户为契约，每年为全县贫困户解决扶贫资金上千万元，通过信贷助推功能，促进农牧民发展生产和脱贫致富，有力地推动了地方农牧民的经济发展，受到了各级部门的高度肯定和广大农牧民的广泛赞誉。

【精准扶贫落实情况】 年内，为积极响应精准扶贫号召，助力当雄县扶贫攻坚。按照当雄县政府关于精准扶贫的相关精神，农行当雄县支行积极开展精准扶贫工作。为早日实现建档立卡贫困户脱贫致富。农行当雄县支行提前谋划，尽早确定建档立卡贫困户名单，深入了解贫困户现状，积极准备精准扶贫贷款相关资料，优化信贷业务流程，倾斜信贷资源配置。截至年底，累计发放精准扶贫贷款2150万元，户数625户，累计发放精准扶贫贷款证727本，覆盖全县8个乡镇，28个行政村。

伴随着西部大开发战略的深入和西藏经济社会的跨越式发展步伐，农行当雄县支行继续深化“三农”金融服务，全面贯彻落实中央赋予的各项“优、特、宽”的金融政策，加大自助银行的建设力度和大力发展电子银行业务，夯实基础管理工作，全面防控各类风险，提高农行核心竞争力，进一步提升农行的形象。

（旦 塔）

【领导名录】

行　长　土登江措（藏族）

副行长　索朗旦增（藏族）

乡（镇）概况

当曲卡镇

【概况】 当曲卡镇位于县城所在地，总面积359平方公里，其中草场面积35.34万亩，可利用草场32.16万亩，平均海拔4300米。全镇辖当曲和曲登2个委会，11个小组（当曲5个小组、曲登6个小组）。全镇共762户，人口3246人。

【经济运行】 2016年，农村经济总收入6866.92万元，其中，第一产业总值4500.3万元，第二产业总值290.22万元，第三产业总值2076.4万元，实现牧民人均收入13866.01元。

【“两学一做”学习教育】 年内，当曲卡镇充分抓住和利用“两学一做”学习教育的有利时机，加强镇党委班子思想建设，制订和完善了镇党委理论中心组学习制度、学习计划。镇党委理论中心组每月集中学习不少于一次，通过学习统一班子思想，提升党委执政能力和工作水平；在广大党员干部中开展了“四个专题”学习，扎实开展书记讲党课活动、“不忘初心跟党走、恪尽职守报党恩”讨论活动、“两学一做”学习教育学习笔记展，兴起宣传“两学一做”学习教育的热潮，营造了“讲党课、强素质、创先进、促发展”的良好氛围；三是建立健全了镇干部每周一工作例会制度、“三会一课”学习制度，在广泛学习讨论的基础上进一步完善了村两委“四议两公开”，重大事项“一事一议“和村民委员会监督等议事规则。

【牧业生产】 当曲卡镇是纯牧业镇，紧紧围绕改善和提高牧民生产生活条件、增加牧民收入为任务发展畜牧业。镇党委、政府因地制宜，切实结合本镇产业特色，把发展畜牧业和畜牧产品加工产业作为牧民增收的重要渠道来抓，充分发挥土地资源丰富优势，引进培育优良牧草草种，积极推动人工草场规模化建设，建成人工草场2000余亩；投资600余万元为牧户新建120座畜圈；落实政策性涉农保险赔付资金共300余万元，有效地加快了畜牧产业的建设步伐。

【劳务输出】 年内，镇政府认真贯彻落实县委、县政府关于推进农村劳动力转移的重大决策部署，建立劳动力情况动态管理机制，按照“一人一表，一户一档，一村一册，一镇一台账”的要求完善台账资料。2016年，全镇就地就近转移农村剩余劳动力5000多人次。

【项目建设】 2016年，充分利用民生项目建设资金50万元，为当曲居委会修建大口井5个，新建曲登村三组至六组宽6米的土路3余公里。

【扶贫开发】 2016年，全镇建档立卡贫困人口148

户、479人，截至年底，脱贫148户479人。大力实施“六脱”，积极组建辖区内11家合作社参与扶贫工作，履行社会扶贫责任，11家合作社累计分红23.96万元，直接使148户贫困户全部受益。与此同时，按照“一人一表，一户一档，一村一册，一镇一台账”的要求完善台账资料。

【社会事业】 2016年，投入40万元专项资金用于贫困大学生经济资助，加强防流控辍工作，大力提升初中、小学、幼儿入学率和巩固率。2016年底，全镇学前入学率70%，小学入学率达99.6%，巩固率达100%；初中入学率达98.65%，巩固率达100%。

卫生工作始终贯彻“人民卫生为人民”，“预防为主，防治结合”的工作方针，强化农村合作医疗工作，切实落实各项规章制度。通过大力宣传，合作医疗得到广大牧民群众的热情拥护和积极配合。截至年底，当曲卡镇合作医疗参加人数实现全员参与，参与率达到100％，五年来国拨资金及群众统筹资金共计179.561362万元，报销资金共计182.816459万元（含利息），报销率达到100％。

【民政工作】 2016年，共有低保家庭79户，享受低保人数233人，比2015年底低保户减少54户，基本实现应保尽保；落实残疾人生活补贴制度，五年来，落实残疾人生活补贴90余万元；落实“五保户”集中供养制度。

【新型农村养老保险】 年内，积极推进农村居民参与新农村养老保险工作，通过宣传教育，新农保工作开展取得了重大进展，全镇农保参与率达100%，年满60周岁农村居民和城镇居民均能按月按时领取170元基本养老保险金。

【民主法制建设】 2016年，在抓好维护稳定工作的基础上，继续广泛开展“讲文明、树新风、除陋习”的群众精神文明建设活动，不断提高广大牧民群众的思想政治素质和道德素质。以“生产发展，生活宽裕，乡风文明，村容整洁，管理民主”社会主义新农村要求搞好安居工程建设，大力推广健康、科学、文明的生活方式。

【社会综合治理】 为营造良好的经济发展环境，当曲卡镇镇党委、政府与村委会、寺庙签订目标责任书，明确村、寺庙的工作责任，为全面维护社会长期稳定打下基础；及时传达市、县相关文件、会议精神，明确工作方向，确保关键环节不出问题；管控有力；切实贯彻落实24小时值班制度等，确保机关安全、人员到位、信息渠道畅通，及时接受和报告信息；保证了铁路交通运输的绝对安全；针对正常的宗教活动，制定出有效工作方案，确保政治形势稳定和社会秩序长治久安；及时开展民兵整组工作，确保民兵队伍战斗力有保障；做好虫草采挖季节稳定维护工作，及时发现和处理因采挖虫草而发生的矛盾纠纷。同时，调整充实了综治委成员，矛盾纠纷排查工作领导小组、创“平安”工作领导小组，建立了综治工作汇报研究会制度和稳定分析会制度。与各责任单位订了综合治理目标责任书，明确了各责任单位在维护社会稳定工作中的工作责任。

【重大活动】 做到重大问题重大行动党政一把手亲自过问、亲自抓，调动各方面积极因素调整、充实、健全了各村组综治工作领导小组，充分发挥了治保会、调委会、司法助理员作用。形成齐抓共管的局面。对旦康和嘎巴的僧尼管理制定各类详细制度，宗教工作制度化和规范化建设进一步提高。

（美拉卓玛）

【领导名录】

党委书记　张 道 顺（5月免）
　　　　　米玛旺堆（藏族，5月任）
人大主席　次　　珠（藏族）
党委副书记、镇长
　　　　　米玛旺堆（藏族，5月免）
　　　　　刘　　源（5月任）
纪委书记　达　　次（藏族，5月任）
统战委员　拉巴次仁（藏族）
组织委员　美拉卓玛（女，藏族，5月任）

宣传委员、人大副主席
边巴旦增（藏族，5月任）
副 镇 长 巴桑拉姆（女，藏族）
田 惠 林（5月任）
查 果（女，藏族，5月任）

羊八井镇

【概况】 羊八井镇位于当雄县西部，念青唐古拉山南麓，中尼公路与青藏公路、青藏铁路交会点。平均海拔高度4300米。距首府拉萨90公里，全镇国土面积1142.67平方公里，其中草原总面积6.07万公顷，可利用草场面积5.52万公顷。全镇共有5个党支部，21个党小组，“两委”班子成员21名。全镇党员共420人，其中镇机关党员48人，牧民党员共372人。辖区有镇直单位6个，驻镇单位17个，企业6家，宗教活动场所4座，镇辖区有两座寺庙，僧尼共有126名（其中羊井寺僧人有45名、嘎洛寺尼姑有81名。）羊八井镇辖2个村委会（甲玛村、拉多村）和1个居委会（桑巴萨居委会）截至年底，全镇纯牧业人口5464人，其中妇女2744人，劳动力1949人。

【各项事业协调稳步推进】 2016年，羊八井镇上下紧紧围绕上级部门的重要决策部署，以深入开展“两学一做”学习活动为契机，以精准扶贫、精准脱贫为工作重点，全面做好各项工作，实现全镇经济平稳发展，社会政治和谐稳定，民生福祉全面提升，各项事业协调稳步推进。

【牧业生产情况】 截至年底，全镇实有牲畜共有63897（头、只、匹），其中牦牛21948头、绵羊20353只、山羊21280只、马316匹。2016年羊八井镇人均收入为15917.6元，年末存栏为3.43万，劳动力转移收入为812.34万，仔畜成活率为97%，成畜死亡率为1%，出栏率为52.04%。

【“两学一做”学习活动】 2016年，全镇上下紧紧围绕“两学一做”学习教育主题，制定《羊八井镇“两学一做”学习教育实施方案》《羊八井镇党员学习计划》，把“两学一做”学习教育作为全镇党员干部教育管理的根本抓手，在全镇机关党员和三个村（居）及21个村民小组牧民党员中深入开展了学习教育。结合党员集中学习、个人自学、专题研讨等多种形式，学习了《中国共产党章程》《中国共产党廉洁自律准则》《中国共产党纪律处分条例》等党章党纪法规，要求全镇机关党支部和村党支部及党小组带头学习，形成每周星期二、四晚上7：00的集中学习的良好氛围。年内，集中学习21次、手抄党章48篇，撰写心得体会48篇，上报简报32篇。

【党委、纪委、人大换届】 2016年，圆满完成羊八井镇第一届党委、纪委换届工作，选举产生了9名党委委员，其中书记1名、副书记3名，纪检书记1名，纪检副书记1名，纪委委员5名，选举产生了出席当雄县第九届一次党员代表大会人员17名；年内，羊八井镇第九届人民代表大会顺利召开，选举产生了新一届政府、人大班子成员，即镇长1名、副镇长3名、人大主席1名、副主席1名。

【文化事业】 2016年，羊八井镇组织机关党员干部和村（居）委员会“两委”、下沉干部开展了“3·28”西藏百万农奴解放57周年文艺演出、“五四运动”97周年运动会、“七一”建党95周年座谈会等纪念活动；“当吉仁”赛马节，羊八井镇各骑手积极参与各项赛马活动，各裁判按照上级指示要求，认真做好了各项目的裁判工作。羊八井镇也获得了组织奖第三名，马竞走第四、五名，男子拔河第二名，女子拔河第三名等好成绩；积极开展送温暖活动。镇党委慰问老党员6名，送去慰问金1800元；慰问退休老干部7名，送去慰问金2800元；慰问三县福利院孤寡老人3名，送去慰问金2100元。

【维稳工作】 2016年，三月份敏感月、“萨嘎达瓦”民俗宗教活动、羊八井赛马节等重要敏感日期间，全镇上下提高认识、统一思想，认真部署各项维稳工作。年内，开展红袖标巡逻10次，铁路护路巡逻42次、2个嘎巴点走访30次，召开综治工作专题会议9次，确保了羊八井镇社会面绝对稳定；为更好地协助羊八井镇辖区的各涉维稳直属单位稳步开展维稳工作，加大了对维稳资金投入力度。即：对派出所投入2万元维稳资金；羊井寺管委会投入8000元维稳资金；嘎洛寺管委会投入7000元维稳资金；三月份羊八井镇慰问铁路护路大队及中队25000元；民间持证僧尼2名，慰问1000元，助力各单位维稳工作的开展。

【纪委工作】 2016年，羊八井镇召开纪委专项会议13次，组织全镇党员干部集中学习《习近平总书记在十八届中央纪委第六次会上的重要讲话精神》《八届自治区纪委第七次全会精神》《八届拉萨市纪委第七次全会精神》等；集中组织党员干部观看专题纪录片3次，如《镜鉴》《作风建设在西藏》、八集专题片《永远在路上》等；镇纪委建立了以羊八井镇党员干部为成员的“羊八井镇党风廉政建设微信群”，对工作中遇到的疑难问题进行讨论的平台，进一步提升了全镇党员干部的政策水平和业务能力，促进了各项工作任务的落实。

【组织人事】 2016年，全镇12名“脱贫攻坚”培训党员积极参加了县组织部组织的三天培训活动；羊八井镇统计核实了6名新增三老人员身份信息。

【畜牧工作】 2016年，羊八井镇完成兑现2014年草原补助奖励机制资金发放工作，共计2781467.96元，其中，禁牧补助747936.78元、草蓄平衡奖励769856.77元、草场监督员补贴1473280元及限高补助220394.41元，966户牧民群众受益。羊八井镇完成了兑现2015年牲畜自然死亡保险补偿资金工作，共计2958900元，705户群众受益。

【民政工作】 2016年，羊八井镇民政办走村入户，进一步认真核实，确立了低保户，即全镇低保户共91户，358人（其中拉多村32户，124人；桑巴萨29户，100人；甲玛村30户，134人）

【教育工作】 2016年，对全镇132名大学生兑现了助学金，共计777897元；召开2016年当雄县农牧民（城镇低保）家庭子女在校大学生资助金发放专题会议，对全镇172名（甲玛村46名、拉多村40名、桑巴萨居委会86名）在校大学生兑现了资助金，共计1115593元。其中9人建档立卡贫困户受益（甲玛村4人、拉多村2人、桑巴萨3人）。

【住建工作】 2016年，完成全镇12名低收入住房困难家庭廉租房租赁补贴申请审核、上报工作；完成了全镇116名当雄县精准扶贫以建档立卡贫困人员（拉多村七组30户集中搬迁，拉萨异地搬迁86户）的就业意愿需求进行了解，为精准扶贫以补脱贫工作开展奠定了基础。

【强基惠民】 2016年，羊八井镇召开强基惠民项目评审会专项会议，从桑巴萨村“唐雪牧家乐客栈”地暖项目、拉多村酸奶加工厂采购项目、甲玛村五组草场管道灌溉项目中，按照优中选优扶持一个项目的要求，拉多村酸奶加工厂采购项目作为全镇短平快扶持项目；羊八井镇本着公平、公正的原则在第五批驻村工作中涌现出来的有影响的先进典型，推荐了吴秀丽为先进驻村工作队员，拉多村驻村工作队为先进驻村工作队。

【卫生工作】 2016年初，羊八井镇联合卫生院开展“因病返贫”调查摸底，对35户牧民群众进行了免费体检；落实“一孩双女”特扶双项扶助制度调查摸底、公示工作。

【人社工作】 截至年底，羊八井镇续保医疗保险人数94人，收取医疗费额2250元；城镇适龄养保人数65人，其中续保人数63人，新参2人，收取缴费额5600元；适龄参保总数2415人，其中新参24人，收取缴费额248500元。为帮扶建档立卡贫困户增加技能，8人扶贫户参加驾驶证B2照培训；9

人扶贫户参加驾驶证B2照升A2照培训；24人扶贫户参加半挂车B2照升A2照培训；1人扶贫户参加烹饪培训；11人扶贫户参加装挖机培训。

【加强领导，高度重视】 脱贫攻坚工作启动以来，羊八井镇立即组织召开了扶贫专项会议，研究成立了以镇党委书记为组长的扶贫攻坚领导小组，明确了镇及三个村（居）共四名扶贫专干。落实每月定期组织召开精准扶贫工作专项会议，及时传达学习精准扶贫“六个脱贫措施”“五个一批”以及区市县扶贫开发工作会议精神，年内召开了19次学习会；利用下沉干部、驻村工作队力量，通过走村入户、村民大会、宣传展板公告、党务村务公开等方式开展大范围宣传。年内召开了专题会议21次，牧民群众中开展宣传6次，群众知晓率达到100%。

【精准识别，建档立卡】 年内，羊八井镇严格落实“六个精准”工作要求：通过一访、二查、三会、四评、五公示的工作方法精准识别贫困户，做到了人有名、户有卡、村有册、镇有薄；把产业项目与牧民意愿相结合，近期脱贫与长远增收相结合，积极申报了鲁登罗桑农牧民专业合作社商品混泥土搅拌站等22项精准扶贫项目，截至年底，已批的项目有鲁登罗桑农牧民专业合作社商品混泥土搅拌站和拉多村游牧民文化生活体验馆；结合党的群众路线教育实践活动和基层组织服务体系建设工作，在县派5个县直单位帮扶羊八井镇（其中包含县级干部6名）的基础上，全镇党员干部、各村居选派干部等一共114名帮扶人员（其中甲玛村帮扶人员21名，桑巴萨居委会56名，拉多村37名）结对帮扶185户、761人的贫困户。年内，114名结对帮扶责任人，按每季度入户一次的要求，深入贫困户家中了解情况，确立帮扶方法，制定帮扶脱贫计划，入户率达到了100%；分析全镇185户，761人的致贫原因，即：46户，201人家庭因缺少劳力致贫；6户，22人因病致贫；5户，29人因学致贫；65户，298人因缺生产资料致贫；58户，192人因缺少技能致贫；1户，2人因分户致贫，4户，17人因其他原因致贫。通过认真分析致贫原因，为帮扶措施到户精准工作奠定了基础。

【精准施策，实现脱贫】 以业脱贫。产业扶持方面：通过当雄县羊八井鲁登罗桑农牧民专业合作社商品混泥土搅拌站扶持180户，737人；通过鲁登罗桑农牧民运输专业合作社扶持20户，88人；通过蓝天温泉度假村扶持10户，39人，确保产业帮扶，实现贫困户脱贫。就业扶持方面：通过落实铁路护路队员20名，镇级环卫员3名，县级环卫工人4名，桑巴萨德央砖厂3名，拉多村酸奶加工厂2名，兽医3名，镇中心小学厨师2名，辅警1名等共计38人实现了就业，给贫困户家庭增加最低每月1200元至最高每月2800元的稳定收入，解决了贫困户的实际困难；以迁脱贫。按照全县总体规划，拉多7组集中搬迁30户，126人，按照拉萨市搬迁方案，易地搬迁至拉萨为86户，336人，确保易地搬迁脱贫一批；以补脱贫。羊八井镇从建档立卡贫困户中选聘以下岗位落实每户每人落实了2550元工资，确保以补岗位，脱贫一批。即：野生动物保护人员30户，30人；草场监督员125户，125人；湿地管理员24户，24人；沙化土地封禁管护员10户，10人；护林员90户，90人；山洪看护员4户，4人；水资源管控员10户，10人；道路养护员10户，10人；环境监测员3户，3人；保洁员3户，3人；以教脱贫。实施中高职以上在读贫困户学生的教育资助扶持制度，帮扶11人，确保实现发展教育脱贫一批；以助脱贫。通过实施大病就医，长期慢性病入院治疗等方式医疗救助帮扶16户，18人，实现医疗救助脱贫一批；以保脱贫。按照相关政策，整治、调整低保对象，截至年底，羊八井镇精准扶贫低保户73户，294人，实现应保尽保，应退尽退动态管理，社保兜底户实现以社保兜底13户，32人，脱贫一批。

【以星级评定做好对贫困户实时监测】 年内，为及时、有效地掌握贫困户脱贫后的生产生活状态，防止脱贫户出现“返贫”现象，羊八井镇对185户，761人贫困户脱贫情况以人均年收入、生活保障、发展潜能三个方面为评定标准，开展了

"星级"评定活动。两星为人均收入3345—6000元贫困户，截至年底，羊八井镇两星共有144户；三星为人均收入6000—8000元贫困户，羊八井镇三星共有20户；四星为人均收入8000—10000元贫困户，截至年底，羊八井镇四星共有16户；五星为人均收入10000元以上的贫困户，羊八井镇五星共有5户。为防止两星的贫困户返贫，羊八井镇将继续做好对贫困户的实时监测工作。

【群策群力，助脱贫】 依托产业助脱贫。2016年鲁登罗桑运输专业合作社、鲁登罗桑商品混泥土搅拌站在县委、县政府的大力扶持下，合作社已经开始了正常的运营。该合作社把不断创新工作思路，带动贫困户共同致富作为理念，致力于帮扶贫困户。9月27日，对贫困户20户发放了分红，每户以3000元标准，发放共计6万元扶持资金；依托村集体经济助脱贫。甲玛机械租赁有限公司作为甲玛村村集体经济收入主要来源，一直致力于壮大集体经济，回馈牧民群众。2016年积极响应上级党委、政府帮助贫困户脱贫摘帽的号召，于10月22日，向甲玛村46户，204人贫困户发放了分红，每户以1000元标准，发放共计46000元扶持资金。

【加强监督，严格考核】 年内，羊八井镇严格按照关于当雄县精准扶贫、精准脱贫验收工作实施方案的通知要求，始终以实现贫困户人口脱贫致富为首要任务，瞄准一年脱贫、两年巩固的目标，按照"六个精准、五个一批"要求，全力实现八个到位，制定了羊八井镇精准扶贫、精准脱贫验收实施方案，成立脱贫考核领导小组并深入185户、761人贫困户家中，严格按照贫困户退出程序，认真开展考核验收工作，结合贫困户发展潜力、生活保障，以3345元为贫困户脱贫摘帽考核的重要依据，截至年底，羊八井镇185户、761人实现了预脱贫。

（次仁桑姆）

【领导名录】

党委书记　洛桑桑旦（藏族）
党委副书记、镇长
　　兰　辉
人大主席　达瓦次仁（藏族）
副书记　扎西曲珍（女，藏族，5月免）
　　巴桑琼达（女，藏族，5月任）
纪检书记　努那比（藏族）
党政办主任　尼玛卓玛（女，藏族，5月任）
人大副主席　巴桑琼达（女，藏族）
　　达　珍（女，藏族，5月任）
副镇长　格桑梅朵（女，藏族）
　　普布扎西（藏族，5月任）
　　杜　阳（女，5月任）
人武部长　贡嘎扎西（藏族）
组宣委员　贺　建（5月任）

纳木湖乡

【概况】 纳木湖乡位于当雄县城以北30公里处，坐落在海拔5100米的拉根山北部山口、著名的旅游景点纳木错东面。与那曲地区班嘎县和那曲县接壤，平均海拔4760米，牧民群众居住分散，具有典型的高原大陆地气候的特点，冬季寒冷干燥，常年大风，降雪量大，天气变化大，自然灾害频繁。

纳木湖乡总面积2715.44平方公里。辖4个村，25个行政小组，1128户5211人。全乡现有干部职工52名，其中行政编制28名、大学生村官3名、事业单位编制11名，工人2名，公益性岗位3名、聘用干部2名，退休干部3名，据统计平均年龄达28岁。纳木湖乡有5个党支部，27个党小组，376名党员（其中妇女党员84名，占19.23%，牧名党员332名，占96.5%）；6个团支部，团员239名，1个民兵连，民兵40名，个体商户176家。

全乡共有寺庙2座（扎西岛寺、色德寺）、嘎巴点2处（达纳嘎巴点、恰嘎嘎巴点），驻寺干部5人，在编僧尼12人，持宗教服务证3人，后清退僧尼21人，区外回流6人，其他涉宗人员10人，外来涉宗人员11人。辖区内传统宗教活动有玛尼仲珠、唐索、次久、习卓、甘珠尔等大型佛事活动。纳木湖乡所辖的四个村有文化室26个，享受村、组文化站（室）服务人员78人，乡村主干道共计161公里（其中维护131公里）。

【经济发展】 2016年，纳木湖乡的经济发展主要依靠畜牧业，全乡可利用草场总面积2630291亩，其中恰嘎村1086000亩、纳措村711443亩、色德村465013亩、达布村367835亩。全乡牲畜总头数100087头（只、匹），其中牦牛36093头、羊58766只、马901匹。截至年底，实现第一产业：7085.4万元，第二产业：66.17万元，第三产业：1596.02万元；经济总收入达8747.59万元，牧民人均纯收入达到13500元。近年来，在全乡干部群众的共同努力下，经济发展方式正由纯牧业发展转变为牧业与旅游业融合发展。

【经济发展优势】 纳木湖乡依托纳木错丰富的旅游资源优势及独特的民俗风情，积极引导经济发展方式转型升级，截至年底，全乡成立专业合作社6个，其中服务旅游业4个（达布夏季牧乐园专业合作社、亚拉嘎布专业合作社、恰嘎酸奶加工专业合作社、达布圣湖机械租赁合作社、色德羌塘酸奶加工专业合作社、纳措阿酷卓巴建筑施工专业合作社），牧家乐项目1个（纳措村牧家乐项目），全乡646名群众投身服务业，第三产实现产值1596.03万元。“十三五”期间将进一步发展壮大旅游产业，建设集中连片牧人生活体验区、打造品牌牲畜产品、发展特色手工艺品，实现由第一产业向第三产业的转型。

其优势也存在着一定的弊端，因纳木湖乡恶劣的气候环境，冬季大降雪，大量牲畜因冻、饥饿等面临着死亡，严重影响了农牧民的生产生活状况，自然环境因素也极大地阻碍了经济的发展；纳木湖乡牧民群众思想较落后、创新意识差、不敢做，固守在自身落后的生产方式。

【教育事业持续推进】 2016年，纳木湖乡共有幼儿园两所、小学一所。扎西岛幼儿园投资28.5万元（乡出资18.5万元、县教育局针对大学生救助资金学费等出资10多万元）现有老师5人，学生76人。恰嘎村幼儿园现有老师（临时工）1人，学生33人。乡完小现有老师24人，在校学生511人。全乡小学入学率100%，小学巩固率100%，中学入学率99.03%，中学巩固率96.75%，2016年新增大学生17人。

纳木湖乡高度重视教育事业，建立扶贫教育基金，帮助贫困大学生及内地中学生解决上学难的问题，部分基金奖励给积极配合乡教育工作的牧民家长，每年出资2万元，充实壮大教育扶贫基金。并将教育入学率和巩固率纳入村规民约管理。入学率和巩固率与贫困户的界定挂钩，对享受农村低保家庭不送子女上学的，第一次罚款，第二次直接取消其享受国家任何扶贫政策。同时，加大扫盲培训力度，开展脱盲人员的巩固培训。纳木湖乡工作组在各村组里开设基本课程（藏文、数学），授课天数为12天，以提高牧民群众的脱盲率。与此同时积极联系县宣传部、妇联办、团委、劳动局、消防等有关部门举办牧民实用技术培训班，各种实用技术培训达10次，切实提高了牧民群众的就业率。

【卫生服务显著提高】 2016年，纳木湖乡卫生院现有医护人员9名，救护车一辆，医疗药品共2类（西药、藏药）380个品种。全乡参合人数5105人，参合率达100%。人口与计划生育方面，以稳定生育水平，提高人口素质为核心，继续加强计生基础工作，树立优先优育风尚，2016年新生婴儿99人，人口自然增长率控制在正常范围内，群众生育观念发生转变，人口素质得到进一步提高。

【基础设施不断完善】 2016年，纳木湖乡不断加大基础设施投入，现乡村主干道达到161公里，解决了恰噶村只色德村公路30公里；村村通广播电视覆盖率达93.66%，户户通工程全乡已实施743户，覆盖率达74.75%；通电户1023户，覆盖率达89%，未通电124户。

【脱贫致富更加精准】 2016年，纳木湖乡根据“六个精准”要求，扎实开展工作，共识别贫困人口248户971人，并针对纳木湖乡扶贫工作开展现状、存在的问题和主要原因进行了深入细致的分析研究，制定了针对性的脱贫措施：申报产业脱贫项目6个（纳措村短期绵羊育肥基地建设、达布村旅游宾馆项目、恰嘎村旅游宾馆项目、色德村装饰公司、恰嘎村机械租赁合作社、达纳牧人惠民旅游服务专业合作社项目），并在资金、技术、用地上给予大力支持；大力实施“贫困人员职业技能培训行动计划”，通过“四业工程”组织54名贫困人员参加培训，实现贫困户“一户一人一技能”；全面推行异地搬迁与新农村建设工作，2017年全乡搬迁至拉萨贫困群众60户240人，将有效改善牧民群众的居住条件和环境；坚持落实草原生态补偿奖励机制、大力实施纳木错生态保护工程，增加环境监督员、环卫工人等公益性岗位8个，提高生态保护对贫困群众的补偿标准；加大教育扶贫力度，协调中职院校招生重点向贫困家庭倾斜，继续实施贫困大学生奖励制度（每名2000元）；继续实施产业带动，投入资金193万元建成纳木湖乡旅游综合服务中心，解决就业岗位6个，扶持精准扶贫户30户。恰嘎村机械租赁合作社项目，投入装载机2台，挖掘机1台，运输车1台，解决就业岗位5个，扶持精准扶贫户20户。

【**精神文明建设**】 年内，以党员远程教育站点建设为契机，进一步加大村级文化活动室建设力度，充实村文化室报刊、书籍，提升村级文化阵地的为民服务能力。以元旦、春节等节庆日为契机，组织牧民开展了集体锅庄、舞蹈等文艺活动，丰富了牧民群众文化生活。以提升对外形象为目标，积极动员广大干部群众参与社会捐助、爱心助残、送温暖献爱心道德实践活动，营造了良好的社会氛围。

【**抓队伍强组织**】 干部队伍：机构5个，编制47人，其中行政编制27人（含政法编），事业编制20人。全乡现有领导12人、行政17人、事业11人、专技5人、工人2人、公益性3人、聘用2人、驻寺特派员4人。组织构成：乡党委现有委员7人，领导班子成员10人，机关支部现有委员5人；纳措村“两委”班子7人，纳措村级综合服务中心下沉干部5人；达布村“两委”班子7人，达布村级综合服务中心下沉干部5人；恰嘎村“两委”班子7人，恰嘎村级综合服务中心下沉干部5人；色德村“两委”班子6人，色德村级综合服务中心下沉干部5人。党员队伍：全乡机关党员41人，牧民党员332人。在党员教育方面，2016年主要开展了“三严三实”“两学一做”专题教育。分别为4—6月学习习近平总书记的重要论述等，6—7月开展5次党课教育，6—11月举办4个专题研讨活动。同时，在职党员到村报到服务、“党员干部进村入户、结对认亲交朋友”、党员远程教育、藏汉双语学习等活动共同推进。

在抓好自身建设的同时，乡政府按照“建一流队伍、创一流业绩、树一流形象”的目标，着力强化干部队伍素质，积极探索新形势下乡干部队伍建设的新路子，取得了明显的成效。政府班子不断强化下属的政治理论学习、努力提高干部的政治思想素质。通过培训教育，使干部丰富了知识，开阔了视野，洗涤了思想，更新了观念，为提高农村工作服务质量奠定了扎实的政治思想基础。突出建强村级班子，开展廉政建设、农村财务管理、信访治安案件排查化解等专题培训5期，提高村干部素质。规范村级工作，理顺两委关系，整改软弱涣散村组织1个。2016年，共举办由牧民党员、新任村干部、大学生“村官”入党积极分子等参加的培训班4期，采取定期谈心、工作交流、帮解难题等手段，做好村干部的教育引导工作，取得了良好成效。

【**维护稳定**】 年内，为保证各大节日和宗教民俗活动等安全顺利，纳木湖乡围绕中心工作，全年组织工作人员开展安全生产大检查活动5次，查处各类生产经营问题87起。特别在旅游高峰期、“萨嘎达瓦”宗教敏感期，纳木湖乡对转岛路线进行巡查，了解地质灾害隐患并提出应急处理措施和防范意见。全年消除各类安全隐患达100次，确保维稳工作安全有序开展。

为切实有效做好刑满释放人员、管教工作，

成立了以纳木湖乡党委书记为组长，各包村领导为成员的管教工作组，以正面教育为主，加强政策引导，及时了解掌握行踪动向、思想动态，关心他们日常生产生活，立足其个人特长，帮助解决就业。

乡维护社会稳定力量共有6支，分别为武装部（民兵连40人）、派出所（民警6人）、4支护村队（120人）。纳木湖乡党委、政府把抓稳定、促民心作为矛盾纠纷排查工作的一项基础性工作，不断加强人民内部矛盾调节，维护牧民群众正常的生产生活，促进乡党委、政府日常工作顺利开展。2016年，共调解各类矛盾纠纷13起，婚姻纠纷9次，草场纠纷4次，司法帮教11人次。

【畜牧业发展】 因受地理位置、气候恶劣的影响，全乡草场质量较差，纳草地（割草地）较少，饲草储备有限、防抗灾形势严峻。需相关部门给予一系列的畜牧业发展措施，帮助解决畜牧业发展问题，包括畜牧业基础设施建设、畜牧业综合开发配套建设等。

【牧区发展】 乡村道路里程长、质量差，给牧民群众生产生活带来了诸多不便，需增加乡村公路维修资金和解决乡村道路，特别是色德村公路现已开通。

【牧民增收】 牧民增收是乡党委、政府重要议事日程工作中重中之重的一项工作，怎么增收、怎么拓宽增收渠道是乡党委、政府一直关注的工作。需因地制宜，创办乡村经济实体（牲畜的育肥基地、特色牧家乐产业、农牧区牲畜集中放牧合作社、推动特色产品等），使牧民群众可持续长期增收，但极力改变这种上级部门直接为牧民群众输血式推动，在各种项目科学方法地带动下，逐步提高其造血功能。

（加 措）

【领导名录】

党委书记 拉巴旦增（藏族，5月免）
赵泽辉（5月任）
党委副书记、乡长
赵泽辉（5月免）
遵追（藏族，5月任）
人大主席 索朗多布拉（藏族，5月免）
普琼（藏族，5月任）
党委副书记 黄翔
纪检书记 益西多吉（藏族）
组宣委员 白玛卓嘎（女，藏族）
统战委员、武装部部长
次仁旺堆（藏族）
政法委员 强巴曲旦（藏族，5月任）
人大副主席 索朗坚参（藏族，5月任）
副乡长 德央（女，藏族）
郭源振（5月任）
小扎西（藏族，5月任）

格达乡

【概况】 格达乡位于当雄县西南部，距当雄县125公里，东与堆龙德庆县相接，西南与尼木县相壤，北与班戈县相望。格达乡交通不便，气候恶劣，发展相对滞后，属当雄县境内自然环境、经济基础最差的乡镇之一。全乡国土面积1834.25平方公里，平均海高拔高度4500米，风力资源丰富，年刮风日多达245天。有丰富的地热资源、药材资源和动物资源。

截至年底，全乡总人口4657人，1013户。辖区有格达乡派出所、格达乡中心小学、格达乡卫生院、格达乡兽防站4个乡直单位，1座寺庙（多吉林寺），格达乡辖4个村委会（甲多村、格达村、央热村、羊易村）。

【实现全乡经济平稳发展】 2016年，全乡上下紧紧围绕上级部门的重要决策部署，以深入开展党的群众路线教育实践活动为契机，全面做好全乡各项工作，实现全乡经济平稳发展，社会政治和谐稳定，民生福祉全面提升，各项事业协调稳步推进。

【牧业生产】 2016年，全乡牲畜共有56273（头、只、匹），其中牦17890头、绵羊26569只、山羊11986只、马258匹。出栏牲畜3.83（头、只、匹），出栏率68%，春秋和秋季防疫苗注射率达到100%。

【维稳工作】 年内，乡党委、政府始终贯彻落实习近平总书记“治国必治边，治边先稳藏”的重要战略思想和俞正声主席“依法治藏、长期建藏”的指示要求，认真领会区、市、县党委召开的维稳工作会议精神，明确工作任务，突出工作重点，扎实做好维护稳定工作，确保格达乡持续、长期、全面稳定。

【党代会工作】 2016年5月，按照上级的有关要求，格达乡圆满完成中国共产党格达乡第一次党员代表大会，这次会议是集中民智、反映民意、实事求是、鼓舞人心的大会，进一步凝聚了人心，激发了热情，为格达乡全面实现“十三五”规划的宏伟目标奠定了坚实的基础。

【基础设施建设】 截至年底，完成全乡危房改造；完成格达乡格达村防洪堤加固设计工作，100%牧户覆盖农村饮用水工程，获批格达村3组至8组和甲多村1组至7组之间修建公路项目。

【教育工作】 年内，强力推进素质教育，巩固“两基”成果，切实提高办学质量和办学效益。中小学入学率分别达到99.48%和99.77%，中小学巩固率分别达到99.15%和99.21%。

【卫生工作】 2016年，格达乡已完成农牧区家庭医疗账户本的全部更新工作。建成使用4个村级卫生室，免费孕检人数达104对，全民健康体检人员参与率100%，孕妇和婴幼儿实现零死亡率，新农合参保率达100%。

【社会民生工程】 年内，开展精准扶贫工作，对辖区贫困户一一走访，制定全乡贫困户一户一策一扶贫方案。沟通驾校，对辖区内愿意技能培训的牧民群众进行免费学习大型机械和半减学费的形式学习驾驶技能。召集有劳动能力的贫困户成员学习砌筑工技能，让他们转移劳动力，拓宽就业渠道。同时依托招商引资项目征地补偿款的60%用作村集体经济发展资金，以此增加集体和牧户的现金收入，实现脱贫良好基础。

【社会保障事业】 年内，格达乡社会保障体系进一步完善，全乡牧民群众生活水平进一步提高，文化广播电视覆盖率达到100%，生态环境得到进一步改善。同时，还认真做好了审计、工商、科技文化、民族宗教、统计、气象、档案等方面工作，促进了社会事业前面发展。

【作风建设】 年内，坚持实事求是，大力倡导求真务实的工作作风，教育广大干部说实话、办实事、鼓干劲、求实效，坚决摒弃官僚主义和形式主义，不搞哗众取宠，不求急功近利，认认真真地抓好各项工作的落实。

【工、青、妇工作】 年内，进一步加大了对贫困妇女儿童、空巢老人、单亲特困母亲家庭、农村留守流动妇女儿童、病残妇女儿童等特殊群体的帮扶关爱力度，先后多次组织开展慰问活动，送去糌粑、面粉、大米等生活必需品；乡妇联组织开展贫困妇女儿童救助及和谐家庭、文明家庭、村（居）“妇女之家”创建活动，在促进妇女儿童发展环境优化、维护妇女儿童合法权益和提升妇女素质等方面有了较大进步。

【人武工作】 年内，乡人武部认真完成了上级下达的征兵任务，乡党委带领全乡干部职工圆满完成军事演习期间牧民群众和牲畜撤离到指定安全地点的重大任务。

【“两学一做”教育实践活动】 年内，全乡紧紧围绕保持党的先进性和纯洁性，以为民务实清廉为主要内容，以“学习共产党党章党规，学习贯彻习近平总书记系列重要讲话精神，做合格党员”为总要求，以落实中央、区、市、县委关于“两学一做”的相关规定为切入点，严格落实总要求，深入开展“两学一做”教育实践活动：将其“作为一项重大政治任务，尽好责、抓到位、见实效”；面向全体党员，深化党内教育的重要实践；巩固拓展党的群众路线教育实践活动和“三严三实”专题教育成果，进一步解决党员队伍在思想、组织、作风、纪律等方面存在的问题，保持发展党的先进性和纯洁性。

（何超飞）

【领导名录】

党委书记 郑　莉（女，5月免）
　　　　 孙　伟（5月任）
党委副书记、人大主席
　　　　 罗布占堆（藏族）
党委副书记、乡长
　　　　 索朗曲旦（藏族）
党委副书记 达　瓦（藏族，5月免）
　　　　 严学理（5月任）
纪委书记 次仁索郎（藏族，5月任）
党委委员、人武部长
　　　　 巴桑次仁（藏族）
党委委员、组织委员
　　　　 刘晓学（5月任）
党委委员 扎拉贡布（藏族）
宣传委员、人大副主席
　　　　 白玛拉姆（女，藏族）
党委委员、派出所所长
　　　　 嘎　桑（藏族）
副乡长 次仁索朗（藏族，5月免）
　　　　 秦天强（5月任）
　　　　 其　美（女，藏族，5月任）

公塘乡

【概况】“公塘”系藏语译音，意为“凹滩”，平均海拔4367米。1960年设公塘乡，1970年改公社，1984年复置乡，位于县境东北部，面积1595平方公里。截至年底，全乡总户数1305户，总人口6126人，其中妇女人口3123人，“低保户”127户，“五保户”28户，各类残疾138人，孤儿13人。全乡现有5个党支部，566名党员（含预备党员），团员220名。截至年底，乡机关干部职工65人，大专及以上学历48人。乡境内寺庙三座（康马寺、江热寺、巴嘎当旦康），僧侣38人。青藏铁路公塘段全长10.8公里，桥梁6座，人畜通道10个，涵洞15个，专职护路68名，沿线78户624人，涉及1村4个组。2016年全乡国民生产总值达到3.28亿元，人均收入达16887元。以牧业为主，牧养山羊、绵羊、黄牛、马，各类牲畜存栏52362（头、只、匹），出栏3209（头、只、匹）。产虫草、贝母、雪莲花等。

【机构编制】2016年，设乡委员会书记1名，乡人民代表大会主席1名，乡长1名，专职副书记1名，副乡长3名，乡人大副主席1名，组织委员1名，宣传委员1名，乡人武部部长1名，纪检书记1名。乡政府设置综合办公室5个，即党群综合办、政务综合办、经济发展和社会事务办、维护稳定和综合治理办、财务所和文化服务中心。为进一步服务群众，乡政府及各村委会设便民服务大厅。

【经济发展】年内，公塘乡以抓好畜牧业为主导，发展壮大优势产业，按照县委、县政府统筹规划，积极开发阿热湿地旅游资源。全乡国民生产总值达到32752.37万元，纯收入达到10344.98万元，人均收入达16887元。第一产业产值达到30618.1万元；第二产业产值达到415.66万元，第三产业产值达到1718.59万元。

【畜牧工作】2016年，公塘乡紧紧围绕“增加牧民收入”这个核心任务，不断加快牧业发展步伐，加大投入力度，实现了产业发展水平的快速提升。全乡畜牧业肉产量达到3264.24吨，奶产量2589.89吨，全乡畜牧业指标全部完成。2016年，冬虫夏草采挖49.29公斤收入591.58万元、贝母582.5公斤收入69.9万元、雪莲花784.33公斤收入11.76万元，其他收入11.27万元。完成春秋两季牲畜重大疫病强制免疫工作，注射各类牲畜98577（头、只、匹），实现“四不漏”。2015年草补历年结转金额共计：9464091.08元，已兑现80%资金，计为7570644元，其中冲嘎村344户，兑现资金为2252856元；拉根村317户，兑现资金为2076033元；甲根村257户，兑现资金为1683093元；巴嘎当村238户，兑现资金为1558662元，剩余资金为验收过后统一兑现。2016年共计兑现野生动物肇事补偿款1065400元。

【民生项目落实情况】 在认真总结“十二五”发展经验和谋划“十三五”纲要的基础上，准确把握未来五年公塘乡发展新格局，结合公塘乡实际努力挖掘项目，以项目为支撑，助推全乡经济发展；项目建设进展顺利。2016年，所有规划项目陆续开工建设并投入使用。其中，巴嘎当村级公路改造项目及新建乡政府办公楼项目现已竣工；冲嘎村人工种草地引水灌溉工程及拉根村人工种草地引水灌溉设施维修项目相继完工并等待上级验收；完成全乡1156栋牲畜棚圈及100栋高寒两用温棚改造工程；完成总长度为1.6公里的拉根三组人畜道路及桥梁建设项目，涉及资金约为30万元。

【大力发展村集体经济】 公塘乡为切实解决好村集体“缺钱办事”的现实困难，因地制宜，以市场需求为导向，积极研究发展壮大村集体经济的途径。2016年，全乡共4个牧民合作社，2个加工厂，1个便民超市；集体收入达到5万元以上的有3个集体，5万元以下的有1个集体。

【统筹合作医疗报销和全民体检制度】 截至11月共报销6次，核销3次；共报销医药费：749955.08元，共计5736人次。其中：村级医疗机构报销447人次，45793.32元；乡级医疗机构报销3980人次，477023.36元；县级医疗机构报销1309人次，227138.4元。其中：核销1007人次，共计58840.86元。；开通各类绿卡31张；实施全民免费健康体检工作，体检率为100%；对279对农牧区夫妇进行了国家免费孕检。

【发展文化事业】 与县民间艺术团、电影放映站联系，为各村（组）累计演出场次达25场，观众人数达2000余人次；积极组织参加2016年“当吉仁”赛马节各项文艺活动与传统体育比赛，公塘乡共有200余人次参加赛马节各项活动；全乡广播电视覆盖率达到100%。

【完善社保工作】 城镇居民医疗保险参保252人，参保率达到100%，其中低保77人；为29名城镇居民统筹报销医疗保险费用14.26万元；城乡居民养老保险参保人数2730人，参保率100%。其中新参保63人，重残疾12人，退保人数47人（24人为到龄退休领取待遇人员退保参加社保、23人为死亡），收缴参保基金28.33万元。

【推进“四业工程”】 2016年，全乡组织4次职业技能培训，对60余人次进行职业技能及实用技能培训，职业介绍成功25人，实现转移就业4862人次。

【开展民政救助工作】 年内，完成全乡32名残疾人机动轮椅燃料补贴统计和信息采集工作；完成了对全乡低保户重新划定工作；完成寿星老人统计，2016年实有寿星老人115人，其中80岁以上有104人，90岁以上的人11人，比2015年新增10人；全乡共有“五保户”老人30人，比2015年新增2人，其中集中供养17人；办理结婚登记52对，办理离婚登记15对。

【开展精准扶贫工作】 2016年，公塘乡乡共有建档立卡贫困户194户881人（其中冲嘎村56户260人，拉根村60户276人，甲根村49户196人，巴嘎当村29户149人），占全乡总户数15%，总人数14%。高度重视，组建机构。通过落实主要负责人扶贫责任，成立脱贫攻坚工作领导小组、精准扶贫工作办公室，同时设立以业脱贫、以迁脱贫、以教脱贫、以补脱贫、以脱保贫、以助脱贫6个专项工作推进小组，全力推进脱贫攻坚各项工作开展。在调研的基础上制定相关方案，做到组织领导、安排部署、时限要求、帮扶措施到户到人；宣传发动，扶志先行。通过加大扶贫攻坚宣传力度，召开乡村两级动员大会，增强紧迫感和责任感，营造了良好的扶贫氛围。2016年，共组织召开宣讲会议4场次2000余人参加，共开展干部职工入户宣讲200余人次，教育引导贫困群众转变观念；充分发挥致富带头人的引领作用，组织宣讲会8场次，共3000余人参加；精准识别，精准建档。入户调查组先后3次深入进行调查摸底，填写建档立卡贫困户调查问卷表1500余份；严格按照程序和标准，精准识别出低保贫困户41户195人和一般贫困户153户686人；明确责任，落实保障。各级干部与贫困户层层签订扶贫脱贫攻坚责任书；成立由乡纪委牵头的扶贫督导检查小组，不定期对全乡精准扶贫工作开展督导检查；明确乡办公经费的20%用于保障精准扶贫工作的有序推进；组织严密，精准帮扶。由乡党委牵头协调和组织辖区内贫困户帮扶责任人按期到帮扶户家中及时了解相关帮扶措施及家庭需求。2016年，在县委、县政府的大力支持下，在县扶贫办的精心指导下，在各帮扶单位及帮扶责任人的努力下，依托“九项脱贫措施”，公塘乡建档立卡贫困户，全部达到人均纯收入3345元以上的脱贫标准，其中人均纯收入3345—4000元的共计69户376人、4000—4800元的33户202人、4800元以上的92户303人，人均收入最高的达到13599.9元。

【做好宅基地确权及登记发证工作】 年内，做好公塘乡宅基地登记造册工作，认真发放宅基地土地使用证书，2016年全乡共发放土地使用证书931本。

【严抓项目环评工作】 2016年，共对8个“先建未批”项目进行完善和补充环评手续，对甲根村和冲嘎村村民服务中心建设项目进行全方位的环评并造册登记。

【统筹协调教育均衡发展】 2016年，全面完成农牧民（城镇低保）家庭子女在校大学生资助发放工作，全年共向225名大学生发放1359241助学资金；巩固提高学前教育水平，配合教育部门和县完小开办巴嘎当、甲根、拉根村村级幼儿园。

【开展农业普查工作】 年内，根据上级安排，公塘乡安排农牧专干人员参加市、县举办的农业普查工作培训会议，组织4个村委会相关工作人员举办培训会，传达上级对普查工作的指示精神，讲解工作流程，培训会结束后乡党委、政府召集各村委会负责人全面部署此项工作，截至年底，普查摸底登记表及相关工作部署完成并着手实施。

【基层党建工作成效显著】 年内，公塘乡坚持以围绕中心抓党建，抓好党建促发展的工作思路，以深入开展“两学一做”学习教育为契机，扎实有效推进党员队伍的思想建设、组织建设、作风建设和制度建设。抓理论学习，加强党性修养建设；抓制度落实，加强长效机制建设；抓基层基础，加强基层组织建设；抓转变作风，加强党风廉政建设。使党员干部的整体素质不断提高，各项工作取得了明显成效。全乡共1个党委、5个党支部，共有党员566名，5个支部运转正常，定期召开“三会一课”。2016年8月完成机关党支部改选，发挥着应有的作用。2016年，在致富带头人、“双联户”、优秀青年中培养入党积极分子47名，其中农牧民群众45名，机关2名；发展党员25名，其中牧民群众21名，机关4名；如期转正党员25名，其中牧民群众18名，机关7名。

【“两学一做”学习教育】 年内，公塘乡始终将干部职工的学习常抓不懈，将每星期四下午定为集中学习日，通过采取集中学习和自学相结合的方式，认真学习党章党规、习近平总书记系列重要讲话精神等，通过学习，全乡党员干部理想信念更加坚定、政治立场毫不动摇、时刻将党的政治纪律和政治规矩挺在前面，坚决反对分裂维护祖国统一维护民族团结。乡党委落实学习教育经费3万余元，购买、汇编、发放各类学习资料1700余册，有力推动了基层党组织学习教育的开展。

2016年，全乡各级党组织共组织集中学习120余场次、参与人数达到4200余人次、记学习笔记700余篇、撰写心得体会100余篇。

【落实基层党建七项重点任务】 开展党组织关系集中排查工作。通过查阅党员人事档案，核实党员身份信息，对所有党员进行清查；对近年来党员组织关系接转的情况进行排查。经排查，公塘乡现有流动党员50名，无失联党员和“口袋”党员；党代表和党员违纪违法未给予相应处理情况排查。通过查阅党员资料、排查组织关系、联系纪委公安等单位查阅违法违纪情况，对公塘乡党代表和党员违法违纪未给予相应处理情况进行集中排查清理。对排查出的1名受到刑事责任追究的党员给予开除党籍处理；对1名受到行政处罚的党员给予党内严重警告处分；开展基层党组织按期换届专项检查。公塘乡分层分类扎实推进基层党组织换届工作。2016年5月全面完成乡党委、人大、政府换届，8月完成机关党支部换届，无延期换届的情况发生；开展党费收缴使用管理工作专项检查。公塘乡确定明确专人负责党费收缴工作。公塘乡党费账面现有5392.5元，其中，2015年结存588元，2016年剩余4804.5元。

【抓党建促脱贫】 年内，公塘乡在推进精准扶贫、精准脱贫工作中，注重发挥党员的先锋模范作用。加强对贫困户中党员的帮扶教育力度。使其在脱贫过程中走在前列、形成榜样；充分发挥各村第一书记的作用。将各村村级组织运行经费和第一书记工作经费向精准扶贫精准脱贫工作中倾斜；充分发挥党员致富带头人作用。每名党员致富带头人结对帮扶本村2—5户贫困户，教育带领贫困群众自力更生，实现自主脱贫；充分发挥普通党员群众在精准扶贫、精准脱贫工作中的积极作用。让党员去带动、去教育、去说服身边的贫困户，但不仅限于贫困户，消除“等、靠、要”的思想，灌输懒惰可耻的观念，鼓励大家积极发展生产、发掘自身潜力、拓宽增收渠道，多方去增加家庭收入，不断提升公塘乡发展后劲。

【增强政治纪律】 年内，坚决落实区、市、县党委维稳工作的决策部署，在思想上、行动上和政治上始终与党中央保持高度一致，与十四世达赖集团划清界限，在维护祖国统一、反对分裂的大是大非面前认识不含糊、行动不动摇，有力维护了民族团结和社会长治久安。

【巩固民族团结】 将民族团结进步宣传作为一项长期工作，全年常抓不懈，利用各宣传节点在乡、村、学校、寺庙（嘎巴）宣传民族团结30余场次，受教育群众达2100余人次。

【强化维稳保障】 2016年年初与各村、学校、寺庙（嘎巴）签订维护稳定工作责任书，明确维稳工作责任主体；强化乡机关和村委会24小时值班带班制度；不断深化矛盾纠纷排查调处工作，将不稳定素消灭在芽牙状态。2016年，共调解各类矛盾纠纷12起，调解成功21起，对冲嘎三组大规模草场纠纷一事进行妥当调解并得到有效的解决；加大敏感节点社会面治安巡逻力度，对街面进行24小时巡逻，发现可疑人员及车辆第一时间排查，积极发挥群防群治体系作用，组织护村队、护院队、护校队及“双联户”开展巡逻工作；加强佛事活动安全防范工作；加大对山南“扎日转山”通行证审批力度；2016年，公塘乡共开展佛事活动6起。

【做好特殊人群管理服务教育工作】 积极做好法会回流人员、刑释解教人员等特殊人群的管理服务教育安置工作，逐级签订管控责任书，实行一对一帮教，加强就业安置工作力度。

【畅通信访渠道】 年内，公塘乡各级、各部门党员干部主动深入基层、深入群众、主动下访，加强信息排查，畅通信访工作渠道。共办理（接待）群众来信来访来电5批27人次，办结5件，办结率达100%。

【开展法制宣传】 年内，公塘乡以“法律七进”“普法宣传”等活动为平台，严格落实“谁执法、谁普法”工作责任制。2016年，共开展各类法治宣传21次，发放各类宣传资料3500余份。

【抓实安全生产】 2016年，全年开展安全生产大检查6次，发现安全隐患4起，立即整改4起。全乡继续保持无安全生产事故发生的良性态势。

（饶　金）

【领导名录】

副县长、党委书记
　　胡小平
党委副书记、人大主席
　　强巴旦增（藏族）
党委副书记、乡长
　　索朗贡布（藏族，5月免）
　　平　措（藏族，5月任）
副书记　洛松泽成（藏族）
纪委书记　达娃卓嘎（女，藏族）
人大副主席　拉巴仓决（女，藏族）
宣传委员　拉巴仓决（女，藏族，5月任）
组织委员　饶　金
人武部部长　年　扎（藏族）
副乡长　普布桑珠（藏族）
　　丁正策（5月任）
　　色玛拉（女，藏族，5月任）

龙仁乡

【概况】 龙仁乡藏语意为“长谷”，1998年当雄县撤区并乡后正式成立，位于当雄县东北部，距县城约20公里，平均海拔4416米。全乡国土面积432平方公里，草场面积373.9平方公里，辖3个行政村（曲登羊阁村、龙仁村、郭庆村），15个村民自然小组，总户数1014户4893人。全乡有基层党组织5个（党委1个、党支部4个），共有党员381人，其中牧民党员346人，妇女党员64人。全乡共有联户代表90人，网格长3人，“三老”人员37人，低保户117户537人，五保户16户16人。龙仁乡境内宗教活动场所3座（热庆日追、2个嘎巴点），在编僧尼3人。青藏铁路龙仁段全长13公里，桥梁3座、无人机站3个、涵洞35个。乡境内资源匮乏，畜牧业是全乡支柱产业。

【经济发展】 2016年，龙仁乡深入贯彻落实党的十八大、十八届三中、四中、五中、六中全会和中央第六次西藏工作座谈会精神，深入贯彻落实习近平总书记系列重要讲话精神，坚持“五位一体”总体布局和“四个全面”战略布局，紧紧围绕改革发展稳定大局，把长足发展和长治久安作为总目标，把维护祖国统一、加强民族团结作为工作的着眼点和着力点，把改善民生、凝聚人心作为经济社会发展的出发点和落脚点，把党要管党、从严治党作为推进工作的重要保障，重点围绕“两学一做”学习教育、乡领导班子换届、精准扶贫精准脱贫、落实基层党建七项重点任务等基层基础工作，攻坚克难补短板、开拓创新求突破，全乡各项事业取得新成绩。截至年底，全乡国民生产总值达15201.7137万元，第一产业9951.2641万元，第二产业2534.4580万元，第三产业2715.9916万元；牧民人均收入达到16396.65元。

【基层党建】 年内，按照全面从严治党新要求，紧紧围绕“党建强基础、党建促发展”工作思路，立足乡情，以激发党建活力为突破，以增强党建工作合力为基础，以提升党建工作水平为关键，科学部署、大胆创新、细化责任、强化措施，基层党组织战斗堡垒作用和党员先锋模范作用进一步凸显。全乡各级党组织认真履行管党治党责任，始终坚持正确方向，党组织书记牢固树立“把抓好党建作为最大政绩”。通过健全党建工作联系点制度，10名班子成员分别与4个支部建立党建联系点，为种好“责任田”、守好“主阵地”，加压施策。以推进“强党、固基、扶村”工作为抓手，大力选派优秀干部下沉驻村，充实基层一线力量。以“选、派、育”为立足点，调整村党支部第一书记2名，选派15名干部民警，到村任便民服务中心主任、党建专干、纪检监督员等职务，直接联系服务群众。“一对一”帮扶培养村级后备干部9名，为2017年村“两委”换届提供力量保证。扎实做好第五批、第六批驻村工作队轮换，保证了各项工作衔接有序、推进有力。大力加强基层组织建设，举全乡之力，统筹推进基层党建七项重点任务，党员组织关系排查、党费收缴专项检查等工作覆盖全体党员。严格按照“控制总量、优化结构、提高质量、发挥作用”的总要求，规范发展党员工作。村集体经济发展势头好，三个村实现全覆盖，村级组织活动场所标准化建设推进有力，党员干部教育培训成效明显。

【学习教育】 开展“两学一做”学习教育，是坚持党要管党从严治党、落实党章关于加强党员教育管理要求、面向全体党员深化党内教育的重要实践，是推动党内教育从“关键少数”向广大党员拓展、从集中性教育向经常性教育延伸的重要举措。全乡各级党组织和党员干部坚持“深学、细查、真做”，积极探索党员干部受教育、群众得实惠的长效机制。自学习教育开展以来，围绕“学党章党规、学系列讲话，做合格党员”，重点做好“四个专题”的学习研讨。学习教育期间，乡党委班子成员召开学习会议20次，各支部召开专题学习讨论会86次，开展正反典型教育10次。以学习教育为契机，集中整顿曲登羊阁村党员队伍发挥作用不明显等问题，对各支部落实“三会一课”等基本制度进行规范，成效明显。

【换届选举】 成功召开中共龙仁乡第一次党员代表大会。班子换届程序清、风气正、效果好，实现了结构换优、能力换强、人心换齐、面貌换新的目标要求。按照《党章》《中国共产党基层组织选举工作暂行条例》等规定，统筹做好了党员代表大会研究部署、代表选举、人事安排、大会选举等5个阶段13个主要环节具体工作。按照选举办法和法定程序，选举产生新一届党委委员10名；纪委委员4名，其中书记1名、副书记1名；选举出席当雄县第九次党代会代表17名。

【党风廉政建设】 年内，紧紧扭住主体责任这个“牛鼻子”，落实党风廉政建设责任制，持续深化“三转”工作，有力推动全面从严治党向基层延伸。通过抓分工，压实责任，明确了党委领导班子抓党风廉政建设的11项主体责任，班子主要负责人的6项责任，班子成员的4项责任，同时压实了纪委的9项监督责任。通过分解任务、传达压力，坐实了主体责任和监督责任。通过抓部署，精心谋划。明确职责定位，聚焦主责主业，将党风廉政建设和反腐败工作摆在重要议事日程，与中心工作同部署、同检查、同考核。通过定期召开专题会议，研究部署具体工作、解决具体问题，形成了“一级抓一级、层层抓落实”的工作格局。通过抓作风，转变观念。大力加强党员干部队伍作风建设，严格落实乡机关日常工作制度，结合实际制定了“三个一”（每日一操、每周一学、每月一会）工作制度，促“三个认清”（认清自我、认清乡情、认清工作），规范日常秩序，转变工作方式，助推基层作风效能建设。先后建立月工作例会、干部职工外出登记、公车备案登记等制度。通过抓督导，正风肃纪。乡人大、纪委先后4次对乡财政所、各村民生资金使用管理、“三资”管理、农牧民合作医疗、养老保险、惠民资金发放等领域开展专项检查，确保资金管理规范有序。换届期间，按照“四必谈、六必签、七必看”的要求，乡党委、纪委主要负责同志与乡领导班子成员、重点岗位工作人员、提名人选、换届工作人员、党员代表及人大代表开展谈心谈话150余次，签订严守换届纪律承诺书150余份，组织党员领导干部观看《镜鉴》警示教育录4场次。通过设置意见箱、开设举报电话，广泛接受社会监督。

【强基惠民】 第五批驻村工作开展以来，全乡3个驻村工作队紧紧围绕区市县党委、政府中心工作和驻村工作七项重点任务，抓抢机遇、攻坚克难，锐意进取、主动作为，驻村工作持续深入推进。各驻村工作队认真落实全面从严治党要求，抓好以村党组织为核心的村级组织建设，形成了坚强的战斗堡垒，夯实了党在基层的执政根基。大力实施村“两委”班子素质提升工程，为班子成员上文化课、政策理论课、党课，切实打造了一支工作扎实、能力突出、作风过硬、群众信赖的“两委”班子。大力实施“三个培养”工程，帮助培养入党积极分子28名，发展新党员12名，把9名致富能手培养成党员，把9名党员培养成致富能手，把9名党员致富能手培养成村组干部，切实推动了共产党员先锋模范作用的发挥。积极帮助村党组织建立健全“三会一课”、民主监督等各项规章制度，推进了基层组织制度化建设。各驻村工作队始终紧绷“稳定压倒一切”这根弦，深入开展“八看、一算账、一揭批、四增强”感党恩主题教育、新旧西藏对比展、惠民政策宣讲等活动，积极引导基层党员干部群众自觉地感党恩、听党话、跟党走。同时，进一步深化“双联户”创建，加大社会矛盾纠纷排查调解力度。紧密结合实际，帮助村级组织理清发展思路、找准发展路子，为打赢脱贫攻坚奠定了坚实基础。

【脱贫攻坚】 年内，紧紧围绕“扶持谁、谁扶持、怎么扶”问题，深入实施“六个精准”“五个一批”“九项措施”，在精准扶贫上出实招、在精准脱贫上下实劲，扎实有效推进全乡扶贫开发各项工作。按照“牧户申请、民主评议、乡村审核、公示公告、县核准”的工作程序，全乡识别认定精准扶贫对象185户801人。精准扶贫精准脱贫贵在精准施策，有方向有目标地解决突出问题，乡党委政府坚持狠抓各项工作的贯彻落实，扶真贫、脱真贫。以业脱贫方面，落实产业扶持脱贫49户234人，转移就业脱贫38户91人；以教脱贫方面，积极推进教育工作，实现教育脱贫93户158人；以补脱贫方面，积极安排贫困人员在自然保护区保护员、草场监督员等岗位，确保贫困人员吃上“生态饭”，共落实以补生态岗位275人；以迁脱贫方面，核实易地搬迁户数为142户614人；以助脱贫方面，完成医疗救助脱贫3户3人；以保脱贫方面，截至年底，完成社保兜底4户，10人脱贫。同时有效利用村级集体经济、牧民专业合作社产业带动、党员干部结对帮扶等措施办法，助推脱贫攻坚。

【重点项目】 年内，把关注民情、解决民生摆在突出位置，深入调研，广泛征求全乡牧民群众意见建议的基础上，结合经济社会发展总体趋势、总体规划，围绕县委、县政府的重点工作，着力解决好牧民群众关注的焦点问题、热点难点问题。积极争取上级财政资金836.37万元，对阿热湿地附近曲登羊阁村一组、二组共43户142人，实施生态搬迁工程，坚持一手做思想工作，一手抓基础建设，为党和政府解决后顾之忧，促进可持续发展。扎实推进村级组织活动场所标准化建设，按照“新建一批、改（扩）建一批、修缮一批”的思路，对全乡3个村活动场所进行新建或改扩建，其中郭庆村、曲登羊阁村新建，项目总建筑面积分别为416.40平方米，龙仁村扩建，项目总建筑面积767.4平方米，截至年底，郭庆、曲登羊阁村已完成地基建设工作。为优化发展环境，健全完善综合服务功能，乡政府大力整治乱搭乱建、卫生死角、食品安全等突出问题，在广泛调查研究、征求意见的基础上，制定了龙仁乡农贸市场项目建设方案，努力改善基层人居环境，加快新农村建设进程。

【综治维稳】 2016年，龙仁乡社会治安综合治理工作始终坚持“以人为本、惩防并举”的方针，着力营造和谐团结的经济社会建设环境，保障全乡各族人民安居乐业局面，突出敏感节点值班带班、矛盾纠纷排查调解、联户保平安、维稳形势宣讲，实施好“五抓五严”（抓目标落实，严肃责任追究；抓情报预警，严密体系建设；抓重点布控，严格监管教育；抓应急处突，严防事态扩展；抓督促指导，严查失职渎职）工作模式，构建党政警民协调作战、乡村组和驻村工作队四级联防联控、联户代表网格式排查调解等“三大维稳体系”。紧扣“促和谐”主题，持续创新社会治理，认真贯彻落实习近平总书记“治国必治边、治边先稳藏”重要战略思想和“依法治藏、富民兴藏、长期建藏、凝聚人心、夯实基础”重要原则。在思想上，坚持把维护社会稳定作为硬任务和第一责任，坚决克服麻痹思想、厌倦情绪和侥幸心理；在措施上，进一步贯彻落实好区党委出台的干部驻村驻寺、网格化管理等十项维稳措施，确保了全乡维护稳定工作没有缝隙、没有盲点、没有空白点；在责任上，严格维稳责任、严明维稳纪律，落实好乡领导班子、党员领导干部包村（组）等机制，建立健全维护稳定的长效机制；在目标上，确保重要时段、敏感节点平安和谐，努力实现了“三无”“三不出”工作目标，努力实现了龙仁乡社会面持续稳定、长期稳定、全面稳定。

【畜牧工作】 年内，把转变牧业发展方式作为主要任务，认真落实各项惠民富民政策，加大投入力度，夯实牧业基础地位，通过实施牦牛短期育肥、人工种草等项目，扎实推动现代牧业发展。牲畜疫苗注射扎实推进，严格按照县委、县政府、县畜牧局关于扎实开展牲畜春秋两季疫苗注射工作的安排部署和总体要求，严格落实乡不漏村、村不漏组、组不漏户、户不漏畜、畜不漏针的指示精神，完成牲畜口蹄疫疫苗免疫注射。惠民资金落实到位，落实草原承包到户面积504764亩。其中，禁牧面积147386亩，草畜平衡面积357378亩，人工种草面积4800亩。兑现2014年度草补资金2457667元。其中禁牧补贴649027.8元、草蓄平衡补贴392758.4元、草原监督员补贴981720元，牧民享受保底政策补助434160.8元。兑现2015年度畜圈项目资金549.5450万元。兑现2014年度陆生野生动物肇事损失补偿资金63.9670万元。

【教育工作】 教育惠民效果明显，适龄儿童入学率、巩固率达100%，全面落实义务教育“三包”政策，普及“双语”教学。乡中心校办学硬件设施和软件设施显著改善，青壮年群众脱盲工作成效明显。乡中心小学现有教职工34人，其中女教职工16人，专科以上学历34人，高级职称1人，中级职称8人，初级职称25人，中共党员16人，团员8人，均为在岗教师，持证率均达100%。乡中心小学现在校生530人，入学率100%。

【社会保障】 年内，社会保障体系进一步完善，全乡牧民群众最低生活保障标准有了新的提高。农牧民合作医疗参保人数实现全覆盖。顺利完成2016年城乡居民养老保险参保缴费工作，全乡共有2290人参加社会养老保险，缴费23.66万元。扎实推进基层劳动就业社会保障公共服务平台标准化建设，按照“基础建设标准化、业务经办规范化、公共服务均等化、服务手段信息化”的要求，以提高服务群众能力为抓手，健全完善了服务机构，明确了基本职责，充实了工作力量，在促进群众就业、协调劳动关系、服务保障民生、构建和谐社会等方面发挥着重要作用。

【文体活动】 以“3·28”“5·4”“7·1”、民族团结宣传月以及“两学一做”学习教育为契机，先后组织全乡广大党员干部群众及学校师生开展党员志愿服务、新旧西藏对比展、庆“七一”趣味活动、“慰问贫困青少年，助力脱贫攻坚”主题活动、“激扬青春，永跟党走”演讲比赛等文化体育活动20余场次，进一步丰富了基层文化生活，切实增强了基层党员干部队伍的凝聚力和集体荣誉感。

（杨立祥）

【领导名录】

党委书记　达瓦次仁（藏族，5月任）

党委副书记、乡长
刘光毅（5月免）
许再兴（5月任）

党委副书记、人大主席
平措（藏族，5月免）
索朗多布拉（藏族，5月任）

党委副书记、组宣委员
黄兴勇（5月免）

党委副书记　韩建聪（5月任）

党委委员、纪委书记
达珍（女，藏族）

党委委员、统战委员、武装部部长
索朗加措（藏族）
党委委员、宣传委员、人大副主席
益　西（女，藏族，5月任）
党委委员、组织委员
拉　卓（女，藏族，5月任）
党委委员、政法委员、派出所所长
拉巴平措（藏族，5月任）
党委委员、郭庆村党支部第一书记
晋　多（藏族）
副乡长　旦增曲珍（女，藏族）
拉　卓（女，藏族，5月免）
副乡长、派出所副所长
邹万明（5月任）

宁中乡

【概况】 宁中乡地处念青唐古拉山主峰脚下，距当雄县城25公里、拉萨130公里，辖区东西宽47公里、南北长54公里，总面积0.17万平方公里，全乡平均海拔4300米左右。下辖4个行政村（堆灵村、巴灵村、麦灵村、曲才村）34个村民小组，共有党员652名，其中机关党员54名。2016年底统计，全乡总人口1773户，共10056人，牲畜90420只（头、匹）。

宁中乡草场面积1938293亩，可利用草场面积1765785亩，其中，禁牧草场面积322524亩，实施草蓄平衡草原面积1443261亩，草场承包面积1765786亩，人工种草面积4800亩。

2016年，全乡经济总收入达272502290.8元，其中第一产业收入147042556.8元，占全乡农村经济总收入53.96%；第二产业收入161000元，占全乡农村经济总收入0.06%；第三产业收入125298734元，占全乡农村经济总收入45.98%；实现牧民人均年收入15658.45元，同比增长15.05%。

【经济发展】 2016年是“十三五”规划的开局之年，在县委、县政府的坚强领导下，宁中乡以邓小平理论、“三个代表”重要思想、科学发展观为指导，深入学习贯彻十八届三中、四中、五中、六中全会及中央第六次西藏工作座谈会精神，紧紧围绕全县重点工作，紧扣全乡工作大局，团结带领全乡广大干部群众，抢抓机遇，真抓实干，圆满完成了年初确定的各项目标任务。

全年实现经济总收入272502290.8元。牧民人均纯收入15658.45元，同比增长15.05%。

【党建工作责任制】 年内，在抓党建工作中，始终明确党委书记即是第一责任人。年初结合宁中乡实际情况，深入全乡各党支部，通过召开党员大会、走访群众等形式进行认真调查研究，认真梳理全乡党建工作基本情况和存在的问题，针对这些情况组织制定切实可行、操作性强的党建工作计划，明确了本乡党建工作重点。与各党支部签订党建工作目标责任书，建立党建工作联系点制度，班子成员每人负责联系一个党支部，明确各班子成员为包村责任人，各党支部书记为具体责任人。截至年底，宁中乡党建工作已形成一级抓一级、层层抓落实，责任明确、分工明确的良好局面。

【党委班子自身建设】 年内，在抓党建工作中，始终坚持把党委班子建设作为党建工作的首要任务来抓。5月26日，宁中乡圆满完成乡党委班子换届工作，选出了结构更优、思想更新、能力更强的新一届乡党委领导班子9名，为进一步加强党的执政能力建设、先进性建设和基层组织建设，推进宁中乡经济发展和社会稳定，顺利实现“十三五”规划、全面建成小康社会提供了有力保障。

【支部建设】 年内，在抓党建工作中，始终把支部建设作为一项基础工作来抓。除了年初与各支部签订了党建工作责任书，明确了党支部的工作目标外，乡党委通过各种方式加强各支部建设的督导检查，特别是加强软弱涣散基层党组织的整治指导，帮助支部理清工作思路，规范支部建设。大力开展“三培养”工作，培养党员致富带头人10人，积极组织村“两委”班子参加学历提升培训，针对各村党支部班子实际现状，在充分调研、多方听取意见的基础上，2016年培养了一批政治素质高、工作能力强、年龄文化合理的党员队伍，建立村级后备干部库45人，并且让他们充分参与村务各项实际工作，让他们在工作实践中得到锻炼成长，为明年村“两委”班子换届提前谋划、做好准备。同时，各支部按照乡党委要求，认真落实“三会一课”“四议两公开”等各项党建规章制度，进一步严肃党内组织生活。

【党员教育】 年内，在抓党建工作中，始终把党员教育作为一项常态工作来抓。认真抓好党员发展工作。认真按照“十六字”方针，严把党员“入口”关，在注重从机关优秀干部中培养发展的基础上，及时将基层群众中致富能力强、技术水平高、带头示范作用发挥好的先进群众纳入到党组织。2016年，全乡共发展党员14名，其中牧民党员13名。着力加强“三培养”工作，全年共将4名致富带头人培养为党员，将4名党员培养为致富带头人，将4党员致富带头人培养为村级后备干部；完善党员管理工作。进一步加强党员管理，认真开展党员组织关系排查，逐一核查党员档案，完善党员花名册，严格党员转入、转出程序，对外出半年以上的党员进行了调查摸底，建立了台账，使流动党员得到有效管理；广泛开展牧民党员设岗定责活动。给17名无职牧民党员明任务、压担子，科学设定思想政治类、经济发展类、工作监督类、公共事务类等各类岗位，择优定岗，责任到人；认真落实基层党建7项重点任务。开展党员组织关系排查，对全乡3个“口袋”党员通过联系各党支部，排查清楚组织关系，流动党员建立完善相关台账，全乡各党员组织关系更加清晰。认真组织排查2008年以来，全乡党员党费缴纳情况，认真组织开展乡党委、人大、政府换届及机关支部换届工作，选出了结构更优、思想更新、能力更强的新一届乡领导班子，为进一步加强党的执政能力建设、先进性建设和基层组织建设，推进宁中乡经济发展和社会稳定，顺利实现“十三五”规划、全面建成小康社会提供了有力保障。始终坚持“三会一课”制度，认真开展党员干部教育工作，党员干部综合素质得到进一步提升。同时还针对各村党支部班子实际现状，在充分调研、多方听取意见的基础上，2016年对4个行政村配备了政治素质高、工作能力强、年龄文化合理的后备干部，并且让他们充分参与村务各项实际工作，让他们在工作实践中得到锻炼成长，为明年村“两委”班子换届提前谋划、做好准备。

【贯彻落实中央精神和区市县党委决策部署】 2016年，全乡上下认真学习贯彻中共十八大、十八届三中、四中、五中、六中全会精神，中央第六次西藏工作座谈会精神，习近平总书记系列重要讲话精神，区市县党委各次全委会精神以及区市县第九次党代会精神，全乡各级各部门切实把思想和行动统一到了中央、区市县党委的各项决策部署上，统一到了习近平总书记的系列重要讲话精神上，团结一心、真抓实干，谱写了宁中经济社会发展新篇章。

【“两学一做”学习教育】 年内，乡党委组织召开“两学一做”学习教育动员大会，制定并下发“两学一做”学习教育实施方案，科学安排学习计划，向各党支部配发了《党章》、新《准则》《条例》《习近平总书记系列重要讲话精神读本》等学习资料。定期组织开展集中学习和讨论，认真撰写学习笔记和心得体会。统筹兼顾，确保成效。机关干部严格遵守学习活动的各项规章制度，合理安排日常工作，妥善处理工学矛盾，抓好任务落实，促进学习工作常态化。同时乡党委强化督查，从严考核。成立专项督查组，组织专人对各支部“两学一做”活动开展情况进行专项督查，督查结果在全乡范围内通报，并对活动开展不实，工作推动不力的进行限期整改，确保活动扎实有序推进。

【优化生态环境】 年内，宁中乡坚持把生态文明建设摆在更加突出的位置，联防联控环境污染，加强对卫生清洁、设施维护的管理，大力整治全乡“脏乱差”现象，全年共开展沿线卫生大整治20次，清理垃圾1600余袋，不断改善了人居环境和旅游环境。加大乡镇管理综合执法力度，规范经营行为、卫生行为、交通行为和建设秩序，坚决制止乱扔垃圾、乱摆摊位、乱挂广告牌、乱停车的现象，切实改善了乡镇面貌。依法严厉打击念青唐古拉景区强买强卖现象，构建了良好的旅游市场秩序。

【精神文明建设】 年内，宁中乡坚持以社会主义核心价值观引领精神文明建设，继承发扬中华优秀传统文化和传统美德，倡导富强、民主、文明、和谐，倡导自由、平等、公平、法治，倡导爱国、敬业、诚信、友善，深入开展道德讲堂活动，夯实了全民思想道德基础。完成了各村牧家书屋网络化建设，不断满足广大牧民群众的精神文化需求。积极配合县文化部门开展“五下乡”活动，取得了良好效果。进一步完善乡文化站基础设施，提高了人员工作水平和文化站的利用率。组织开展“3·28”西藏农奴解放纪念日、新旧西藏对比宣讲、组织“七一”建党95周年等活动，进一步激发了群众感党恩、听党话、跟党走的巨大决心。

【巩固牧业基础】 坚持实施草原生态保护补助奖励机制及草场承包机制，按时发放草补、野生动物肇事损失补偿等各项资金。圆满完成春秋两季动物疫病防治工作，进一步稳固了牧业基础地位。全年牲畜存栏90420头（只、匹），出栏26626头（只、匹），出栏率29.4%；幼畜出生16185头（只、匹），成活率达到99.72%。实施科技宣传推广、科普基础设施建设和实用技能培训，使科技成果惠及了广大牧民群众。

【推进社会事业】 年内，进一步完善牧民社会救助体系，按时发放全乡160户582人最低生活保障对象低保资金30万元。发放37名退伍军人抚恤金16344元。完成全乡合作医疗个人筹集资金的收缴工作，系统管理城居养老保险工作，全乡城居养老保险参保率达到100%。完成全乡54.691吨碘盐发放工作。

【村集体经济】 年内，宁中乡坚持发展“一村一品”特色经济，充分依靠各村自然资源优势，建设特色经济强村，实现农村经济由传统数量型向特色质量型的转变。充分利用县委、县政府关于各村发展村集体经济扶持资金20万元，按照“定一个好规划，找一条好路子，富一方群众，活一方经济”的“四一”发展思路和“一村一品”的经济发展模式，因村制宜，发挥优势，形成各具特色的经济发展路子，使村集体经济发展的路子越走越宽。各村围绕牧业特色优势发展绿色经济、围绕资源优势发展产业经济、围绕精准扶贫发展扶贫经济，分别成立了宁中乡曲才村惠民砖厂合作社、宁中乡巴灵村冷冻储藏室、宁中乡堆灵村助残黑帐篷旅游服务专业合作社、当雄宁中麦灵天然牧场畜产品生产专业合作社等4个村级集体经济，实现了村级集体经济全覆盖。2016年，各村集体经济净收入近80万元。

【基础设施建设】 从硬件设施、办公住宿、服务功能等多方面看，各村村级组织场所均十分简陋，不能满足日常生活、办公需求。2016年，宁中乡严格按照县委、县政府的安排部署，加强村级活动场所标准化建设，全乡4个村级活动场所重新规划，积极组织项目标准化建设，截至年底，各村委会已完成项目地基建设，其中堆灵村已完成主体框架，项目建成后，将进一步完善各村服务功能，提升党支部号召力，增强党支部战斗堡垒作用。

【作风效能建设】 2016年，乡党委、纪委认真履行党风廉政建设主体责任和监督责任，坚持党要管党、从严依规治党，坚决把纪律和规矩挺在前面，始终坚持抓班子、带队伍、谋发展、保稳定，切实做到以身作则，严格要求自己，牢固树立正确的权利观、价值观，坚持廉洁从政，从严治政，坚持重大事项集体研究，民主决策，自觉接受干部群众监督，同时号召全乡广大党员干部同树正气，共谋发展，持续有力地将党风廉政建设和反腐败斗争引向深入，为宁中乡的改革发展稳定提供了坚强的政治和纪律保障。

【精准扶贫】 自精准扶贫工作开展以来，在当雄县委、县政府的坚强领导下，在县脱贫攻坚指挥部和包乡县级领导的正确指导下，在各县直对口部门和驻村工作队的大力协助下，宁中乡党委、政府团结带领全乡干部群众齐心协力、攻坚克难，严格落实中央“六个精准”“五个一批”和自治区“八个到位”要求，大力实施“六脱”措施，脱贫攻坚取得良好成效。

【加强组织领导，层层落实责任】 年内，乡党委、政府始终将精准扶贫精准脱贫工作放在首要位置，结合实际研究制定并下发了《宁中乡精准扶贫精准脱贫工作实施方案》，成立了以包乡县级领导任组长，乡主要领导任副组长，其他班子成员、各科室负责人、各村主要领导为成员的精准扶贫精准脱贫工作领导小组。设立以业脱贫、以迁脱贫、以教脱贫、以补脱贫、以保脱贫、以助脱贫六个专项工作推进组。包乡县级领导、乡党委书记、村党支部第一书记层层落实责任，形成了“包乡领导指导、主要领导亲自抓、各级干部齐心干”“上下联动”的工作格局。

【注重结对帮扶】 年内，宁中乡科学制订结对帮扶方案，县直对口部门、乡各科室、驻村工作队等共316名党员干部结对帮扶宁中乡360户建档立卡贫困户。帮扶过程中坚持遇到贫困群众扩宽视野、解放思想、转变观念，克服“等靠要懒”思想，树立“勤劳致富光荣”的思想。同时，宁中乡充分利用村民大会、座谈会、走村入户为契机，采取与贫困户一对一交谈、一对多座谈的方式，拉家常、认亲戚、出实招、讲政策，以实际行动激发贫困群众积极参与精准扶贫工作的内生动力。贫困牧民群众从原来的“不愿脱贫”，到现在的“自愿脱贫”发生了质的变化。在此期间，涌现出以巴灵村7组村民念扎为代表的“自愿脱贫人”，在脱贫工作中起到模范带头作用。

【精准识别贫困户】 年内，为切实掌握全乡贫困户基本情况，提供可靠的依据，确保扶贫对象精准，宁中乡先后5次组织驻村工作队、“第一书记”、下沉干部、教师等150余人次，按照“三看”（看收支情况、看生活条件、看保障状况）的要求开展入户调查，共走访全乡1738户牧民群众，入户率达100%。按照现行贫困户标准，对贫困人口基础数据、“五个一批”、帮扶意愿等进行详细核查，填写各类表格1850余份。

【严格程序建档立卡】 年内，根据精准扶贫要求和现行标准，按照“牧户申请、民主评议、乡村审核、公示公告、县核准”的工作程序，宁中乡以“两查一核”的方式开展建档立卡工作。村“两委”班子自查。由村“两委”班子碰头，联合村民小组组长、双联户“联户长”，对现有建档立卡贫困户进行逐户核实，对家庭人员变更的重新填写户档资料，审定后由村委会负责人签字确认，交由驻村工作队审核把关。

【驻村工作队复查】 年内，各村驻村工作队按照村“两委”提供的名单，进行再一次核查，确认无误后签字确认，并在村范围内进行7天公示，有力确保了核查工作的实效性和数据的真实性。

【乡政府审核】 各村委会上报后，乡政府召开专题会议，逐一审核各村上报的名单，并在全乡范围内公示7天，无异议后上报县扶贫办。进行数据录入和更新，逐户建立户档资料，共完成了全乡360户1636人的识别和建档立卡工作，实现了扶贫对象精准。

【以业脱贫情况】 2016年，全乡计划以业脱贫360户678人。紧紧围绕脱贫攻坚目标，依托产业园区、度假村改扩建、唐滨湖旅游开发等项目建设，进一步完善扶贫产业体系，规划扶贫产业布局，科学安排就业岗位，带动贫困群众增收；对有意愿的贫困劳动力开展就业技能培训，全年共组织45名扶贫对象参加驾驶资格、驾驶提升、挖掘机、厨师各类培训，实现全就业。

【以迁脱贫情况】 2016年，全乡计划以迁脱贫192户763人，其中拉萨搬迁152户578人、沿线搬迁40户182人。精心设计规划，全力实施曲才、堆灵两个点40户异地扶贫搬迁项目。40套安置房设120平方米、150平方米、180平方米3个标准，于2016年5月2日动工建设，12月31日搬迁入住。同时计划为其35名有意愿的贫困群众解决就业岗位，实现搬迁户搬得出、有就业、能致富；积极落实拉萨市小康安居工程申报工作，截至年底，全乡申报小康安居工程250户，占总户数的14.38%。同时对海拔4500米以上的牧民群众实施全部搬迁，实现生态环境保护和居住条件改善。

【以补脱贫情况】 2016年，全乡计划以补脱贫360户834人。2016年，宁中乡安排草场监管员、护林员、民间兽医、野生动物保护员、沙化保护员、湿地保护员、公路养护员、环保监督员、街道周边保洁员、水资源监管员、地质灾害群测群防员等生态补偿岗位650个，建档立卡贫困户中符合条件、有劳动能力、责任心强的群众已全部纳入以补脱贫。截至年底，已兑现各类生态补助资金165.75万元，涉及311户624人。

【以教脱贫情况】 2016年，全乡计划以教脱贫31户39人。继续实施中小学“三包”政策、当雄县在校大学生全额资助等政策。2016年，县委、县政府共为宁中乡332名在校大学生兑现资助金236.4592万元。

【以助脱贫情况】 2016年，全乡计划以助脱贫27户39人。依托新型合作医疗、当雄县重大疾病救助、“先治疗、后结算”等政策，落实贫困群众基本医疗保障和重特大疾病医疗救助等工作，全年共开展新型合作医疗报销14091人次，报销医疗费用110.7万元，有效避免了“因病致贫、因病返贫”现象发生。

【以保脱贫情况】 2016年，全乡计划以保脱贫32户125人，全部为低保贫困户。宁中乡坚持把推进社会福利保障与精准扶贫开发有效衔接起来，把符合低保政策的贫困户全部纳入了最低生活保障范围，截至年底，共对全乡社会保障兜底125人发放最低生活保障金184422元。

【加强监督、严格考核】 年内，宁中乡定期召开脱贫攻坚工作推进会，及时发现和解决脱贫攻坚工作中存在的问题和困难，一项一项分析、部署、落实，确保工作安排到位、压力传导到位、工作落实到位。严格执行脱贫标准和脱贫程序，挨家挨户回访贫困群众，实地了解收入和支出情况，准确填写相关收支数据，实实在在感受贫困户在享受帮扶政策前后发生的变化，同时进一步规范贫困户档案资料，确保不出现数据错误。

【强化矛盾纠纷排查】 年内，宁中乡坚持排查矛盾、化解纠纷、分析原因、妥善处理、消除隐患等工作措施，努力构建维护社会稳定的坚固防线，切实做到了排查矛盾、化解纠纷、稳定人心、巩固稳定。2016年，共排查各类民事矛盾纠纷11起，调处率100%，成功率99%以上，未发生越级群体性和个别上访事件。

【完善防控体系建设】 年内，全乡加强制度、人防、物防三个层次的防控体系建设，重点强化机关及所属单位的安全保卫工作，有效地提高了安全防范水平。坚持24小时值班带班制度，加强流动人员管理管控力度，发现不安全因素及时报告处理，从思想认识上、工作制度上做到扎实有效，责任到人，杜绝了安全隐患，取得了良好成效。

【不断深化平安建设】 年内，深入开展平安乡（镇）、村（居）、校园、家庭等创建活动，加强对重大节日、重大活动、重点部位的安全保卫工作，以道路交通、危险化学品、重点建设项目等高危行业专项整治为重点，开展安全生产专项整治活动，排查治理安全生产隐患，有效遏制了各类安全生产事故的发生，保证了全乡的安全稳定。

【持续推进“双联户”工作】 年内，不断完善网格化社会面防控体系，形成格内人人参与社会面防控工作新机制。充分发挥“双联户”在维护社会稳定工作中的积极作用，流动人口、刑事解教人员、学经回流人员等各类不同情况、思想动态、行为走向等，对其进行针对性的管理，实现社会管理全覆盖。

（王 胜）

【领导名录】

县人大常委会副主任、党委书记
朗　嘎（藏族）
党委副书记、乡长
孙　伟（5月免）
左世成（5月任）
人大主席　普　琼（藏族）
副书记　鲁永生
纪检书记　肖　伟
组宣委员　拉　琼（藏族，5月免）
组织委员　王　胜（5月任）
武装部部长　普布桑布（藏族）
副乡长、派出所所长
西热桑布（藏族）
宣传委员、人大副主席
巴桑央珍（女，藏族）
副乡长　才登罗布（藏族）
王　胜（5月免）
旦增群培（藏族，5月任）
美拉卓玛（女，藏族，5月免）
邱学彦（5月任）
党群办主任　扎西曲珍（女，藏族，5月任）
政务办主任　米玛卓嘎（女，藏族，5月任）

乌玛塘乡

【概况】 乌玛塘乡位于县城以东30公里处，素有当雄县“东大门”之称，与林周、那曲、嘉黎三县交界，平均海拔4548米，总面积1760平方公里。全乡主要矿产资源有石膏矿、铅锌矿、铜矿等；自然资源主要有虫草、贝母等；旅游资源有历史悠久的藏北八塔、天然矿物质温泉等。乡辖4个村委会，21个行政小组，共有1641户，8909人。乡党委下设5个党支部，其中农村党支部4个，有党员612名，机关42名，牧民党员570名。2016年乌玛塘乡国民生产总值26868.3218万元，其中第一产业23194.8218万元，第二产业2206.5万元，第三产业1467万元。牧民群众人均收入达18300元。

【机构设置】 乡政府设置综合办公室5个，即：党群综合办、政务综合办、经济发展和社会事务办、维护稳定和综合治理办、财务所和文化服务中心。为进一步践行党的群众路线，方便群众、服务群众，乡政府专门设有乌玛塘乡便民服务大厅，为广大牧民群众提供便捷的窗口服务。

【党建工作】 乌玛塘乡以党支部为单位，严格对照七项任务内容清单逐项进行自查。开展党员组织关系集中排查，做到党员基本情况底数清、情况明；开展党代会代表和党员违纪违法排查，给予违纪党员处分；开展基层党组织换届专项检查，确保换届遵守纪律，无违纪现象；各党支部排查每一名党员2008年至2016年党费缴纳情况。2008年以来，全乡党支部共缴纳党费25409.4元。经排查，共有15名党员自愿补缴党费1190元；开展抓党建促脱贫攻坚工作。乡党委、人大、政府换届，换出了结构优、思想新、能力强的新一届领导班子11人；扎实开展“强党、固基、扶村”工作。配齐配优第一书记、村级服务中心主任、纪检监督员等下沉干部23人；大力开展“三培养”工作。把党员培养成致富带头人4人，把致富带头人培养成党员2人，把党员培养成村级后备干部14人，为2017年村“两委”换届打下坚实基础。落实村干部基本报酬和业绩奖励共76.8万元。落实村组织工作经费22万元。四个村委会全部纳入村级组织活动场所标准化建设；认真开展党员精准扶贫精准脱贫结对帮扶活动。乌玛塘乡及县直部门共119名党员干部结对帮扶全乡275户，1299人贫困户；不断壮大村级集体经济。截至年底，全乡有村级集体经济8个，经济净收入达1950.1万元；抓严抓实学习教育。以定期集中学习讨论、书记讲党课、自主学习等形式开展“两学一做”活动，并按照“三会一课”要求，按期召开支部委员会、党小组会、党员大会、上党课活动。

【宣传、文化工作】 开展丰富多彩、健康向上的活动，丰富干部群众文化生活。积极营造良好节日氛围，在主要路段及各村居悬挂国旗，举办升国旗仪式和唱红歌活动；成功举办2016年乌玛塘乡赛马节，弘扬传统民族文化。

【畜牧工作】 2016年，乌玛塘乡草原总面积126.99万亩，其中可利用草原面积116.84万亩，禁牧草场8.6047万亩，草原承包面积80.7万亩，承包总户数1363户。乌玛塘乡严格按照草原生态保护补助奖励机制工作要求，控制牲畜数量，实现畜牧发展与生态保护的动态平衡。2016年，全乡牲畜总头数65364头只匹，继续保持牲畜数量低于保准线；春、秋季疫苗注射前夕，乌玛塘乡党委、政府召开疫苗注射工作动员大会，安排相关工作，与相关单位签订责任书。疫苗注射期间，乡、村两级工作领导小组明确工作责任，督促疫苗注射严格按照实施方案、操作规程进行，确保牲畜应免疫尽免疫，有效避免重大动物疫情事故的发生，为乡畜牧业的发展提供了有力的保障；加强推广牧业生产机械化宣传力度。实现牧民通过国家补贴资金1.4万元，自筹资金10.08万元，购置小四轮、割草机等农机具7台。

【教育工作】 积极开展教育宣传工作，确保入学率。学校开学前期，乌玛塘乡组织开展“义务教育法”“三包”政策宣传工作。做好辖区适龄儿童、学生家长的思想工作，确保入学率。2015年—2016年学年，学前班在校学生169人，小学在校学生1072人，初中在校学生430人，入学率分别达到98.8%、99.1%和98.5%；进一步加大非义务教育阶段学生的扶持力度。乌玛塘乡现有大、中专院校在校学生137人，其中本科85人，大专52人。2013-2016学年，共为137名大、中专院校学生发放非义务教育资助金995045元。做好“防流控辍”工作。乌玛塘乡党委、政府成立“防流控辍”工作领导小组，研究制订《关于进一步做好辖区内“防流控辍”工作的决定》，为“防流控辍”工作建立了一项长效机制。

【合作医疗】 2016年，乌玛塘乡参加合作医疗的人数8451人，参与率100%。通过国家拨款和个人筹资2351669.64元，截至11月，共计支出1066755.46元，现金余额1284914.18元。

【新型农村社会养老保险】 2016年，乌玛塘乡参保农村户口人数3477人，城镇户口人数16人，参保率98%；年满60岁享受养老金9人；征缴2016年养老保险金具有农村户口的共338800元，具有城镇户口的共1600元。

【精准扶贫】 通过入户走访，综合各类信息，确定建档立卡贫困户275户，1299人。乌玛塘乡通过落实“六脱措施”，针对贫困户不同的致贫原因、不同的家庭情况，为每户制定了脱贫计划，并积极协调辖区内外4家合作社、3家公司参与精准扶贫工作，通过分红、发放帮扶资金的形式帮助贫困户脱贫。

【“四业工程”】 乌玛塘乡坚持“民生为本、人才优先”的工作主线，按照“就业保民生、社保安民心”目标要求，狠抓创业促就业，积极构建和谐劳动关系，稳步推进“四业工程”，取得了较好成效。就业、再就业和转移就业1000余人，组织参加招聘200人余次，劳务输出8000余人次，获得收入1000余万元。

【民政工作】 为10名老人发放高龄补贴共计6000元；制定乡、村两级防抗灾预案，加强防抗灾宣传，摸清全乡易发灾区、易受灾点；完成乡贮备库建设，筹备建设村级贮备库；为72户缺粮户发放糌粑2736斤，清油576斤，棉衣棉被100套；对存款超标、有车辆的低保家庭进行清理清查，清理出17户、78人。

【环保工作】 乌玛塘乡重视环境保护工作，加强对公路沿线、居民集居等地的卫生整治。通过定期组织群众开展清洁卫生治理活动，不断改善人居环境和旅游环境；4个村积极开展生态村创建工作。在生态村创建活动中，郭尼村完成生态村创建。

【铁路护路工作】 乌玛塘乡铁路里程25公里，有4个机站、1个无人车站、48个涵洞、16座桥梁。乌玛塘乡党委、政府一直高度重视铁路护路工作，在长期的铁路护路工作中，形成了以专职护路队员为主，乡干部职工和义务党员为辅，敏感时期协同合作的护路模式，确保铁路运输安全。

【维稳工作】 年内，乡党委、政府严格按照县维稳指挥部门的相关要求，结合辖区实际，针对不同时段，制订相应维稳工作方案，将维稳工作落到实处。乡干部落实带班值班制度；按照包村包点的原则进村入户开展维稳工作；“四护队”加强巡逻，排查辖区内的陌生人员、陌生车辆，做到“底数清、情况明”。

【“双联户”工作】 乌玛塘乡146个联户单位积极参与到维稳、政策宣传、环境整治、牲畜防疫等工作中来。2016年，获得村级先进“双联户”的共30个联户单位，获得乡级先进“双联户”的有6个联户单位，获得县级先进“双联户”的2个联户单位，共获得奖金88200元。

（兰　棣）

【领导名录】

党委书记　骆　宁（5月免）
　　　　　拉巴次仁（藏族，5月任）
党委副书记、人大主席
　　　　　尼玛次仁（藏族，5月免）
　　　　　旦增克珠（藏族，5月任）
党委副书记、乡长
　　　　　拉巴次仁（藏族，5月免）
　　　　　兰　棣（5月任）
副书记　兰　棣（5月免）
　　　　　拉　琼（藏族，5月任）
纪委书记　贺　建（5月免）
　　　　　次　曲（女，藏族，5月任）
人大副主席　扎西拉珍（女，藏族）
宣传委员　扎西拉珍（女，藏族，5月任）
副乡长　吉　宗（女，藏族，8月任）
　　　　　谭耀华（8月任）
　　　　　冉　强（5月任）
组织委员　索朗拉姆（女，藏族，5月任）
人武部部长　仁增多吉（藏族）

附　录

受区（县）级以上表彰的先进集体名录

表1

获奖单位	获奖名称	表彰时间	授予单位
共青团当雄县委员会	最佳志愿服务项目	2016年	全国宣传推选志愿服务活动“四个100”先进典型组委会
当雄县宣传部	当雄采风基地	2016年	中国旅行自媒体联盟
公塘乡冲嘎村	西藏自治区双联户先进集体	2016年	自治区党委、自治区政府
当雄县纳木湖乡	2016年度民族团结先进集体模范单位	2016年	自治区统战部 民族宗教管理局
当雄县纳木湖乡	2016年度精准扶贫精准脱贫先进集体单位	2016年	自治区精准扶贫脱贫攻坚办
当雄县宣传部	全区互联网系统先进基层党组织	2016年	自治区互联网工作委员会
武警当雄中队	标兵中队	2016年	武警西藏总队
当雄县护路办	2016年度铁路护路联防工作第二名	2016年	拉萨市委、市政府
当曲卡镇当曲村	民族团结进步模范集体	2016年	拉萨市委、市政府
当曲卡镇当曲村	拉萨市先进驻村工作队	2016年	拉萨市委、市政府
当雄县公安局	2015年纳木错“羊年转湖”民俗宗教服务管理工作先进集体	2016年	拉萨市委、市政府
当雄县环保局	拉萨市2015年度深化全国文明城市创建工作先进单位	2016年	拉萨市委、市政府
当雄县信访局	2015年度信访工作先进县（区）二等奖	2016年	拉萨市委、市政府
共青团当雄县委员会	拉萨市2016年度民族团结进步模范集体	2016年	拉萨市委、市政府
龙仁乡	2016年度先进“双联户”创建活动先进乡	2016年	拉萨市委、市政府

续表1

获奖单位	获奖名称	表彰时间	授予单位
龙仁乡郭庆村	脱贫攻坚先进集体	2016年	拉萨市委、市政府
宁中乡	2016年脱贫攻坚成效先进乡（镇）	2016年	拉萨市委、市政府
乌玛塘乡纳龙村	2016年度脱贫攻坚成效先进村（居）	2016年	拉萨市委、市政府
当雄县宣传部	拉萨市蝉联全国文明城市先进单位	2015年	拉萨市委、市政府
当雄县司法局	2015年纳木错“羊年转湖”民族宗教活动服务管理工作先进集体	2016年	拉萨市委、市政府 那曲地委、那曲行政公署
当雄县检察院	2015年纳木错“羊年转湖”民俗宗教活动服务管理工作先进集体	2016年	拉萨市委
龙仁乡郭庆村	全市先进基层党组织	2016年	拉萨市委
当雄县商务局	2015年度拉萨市招商引资工作“三等奖”	2016年	拉萨市政府
当雄县旅游局	2016年度拉萨市先进单位奖	2016年	拉萨市政府
当雄县检察院	荣获拉萨市民族团结先进集体奖	2016年	共青团拉萨市委员会
当雄县人民医院	五一劳动奖章	2016年	拉萨市总工会
当雄县法院	拉萨法院2016年度民族团结进步先进集体	2016年	拉萨市法院
当雄县畜牧局	“十二五”期间畜牧业生产先进县	2016年	拉萨市农牧局
当雄县中学	2016年度拉萨市学生足球联赛初中组第一名	2016年	拉萨市教体局
当雄县工信局	2015年度质监工作“二等奖”	2016年	拉萨市质监局
当雄县扶贫办	拉萨市“10·17”全国扶贫日电视知识竞赛二等奖	2016年	拉萨市脱贫攻坚指挥部
当雄县组织部	2015年全市组织编制老干部统计工作先进集体奖	2016年	拉萨市组织部
当雄县组织部	2015全市组织编制信息工作先进集体奖	2016年	拉萨市组织部
当雄县宣传部	2015年度全市精神文明创建工作先进集体	2016年	拉萨市宣传部
当雄县宣传部	2015年度全市外宣工作先进集体	2016年	拉萨市宣传部
当雄县组织部	2016年度首届离退休干部文艺展演舞蹈类一等奖	2016年	市委组织部、市委老干局
当雄县组织部	拉萨市首届离退休干部文艺展演优秀组织奖	2016年	市委组织部、市委老干局
当雄县中学	2016年度拉萨市第四节汉字听写大赛优秀组织奖	2016年	拉萨市国家语言文字工作委员会
当雄县畜牧局	2016年度当雄县民族团结进步模范集体奖	2016年	当雄县委、县政府

续表1

获奖单位	获奖名称	表彰时间	授予单位
当雄县商务局	当雄县2015年度目标绩效争先进位考核单位争先三等奖	2016年	当雄县委、县政府
当雄县环保局	当雄县2015年度目标绩效争先进位考核单位争先三等奖	2016年	当雄县委、县政府
公塘乡	2015年度目标绩效考核第三名	2016年	当雄县委、县政府
公塘乡拉根村	当雄县精准扶贫先进集体	2016年	当雄县委、县政府
龙仁乡郭庆村	当雄县创先争优强基础惠民生活动先进驻村（居）工作队	2016年	当雄县委、县政府
龙仁乡曲登羊阁村	当雄县创先争优强基础惠民生活动先进驻村（居）工作队	2016年	当雄县委、县政府
龙仁乡	2016年度县级先进“双联户”创建活动先进乡	2016年	当雄县委、县政府
宁中乡	2015年度目标绩效考核争先第一名	2016年	当雄县委、县政府
宁中乡	2016年先进基层党组织	2016年	当雄县委、县政府
宁中乡	2016年脱贫攻坚成效先进乡（镇）	2016年	当雄县委、县政府
乌玛塘乡	当雄县2016年“当吉仁”赛马节组织奖第一名	2016年	当雄县委、县政府
乌玛塘乡	当雄县2016年“当吉仁”赛马节体育竞赛第二名	2016年	当雄县委、县政府
当雄县组织部	2016当雄县名族团结进步模范集体奖	2016年	当雄县委、县政府
当雄县财政局	基层先进党组织	2016年	当雄县委
龙仁乡郭庆村	先进基层党组织	2016年	当雄县委
当曲卡镇	脱贫攻坚先进集体	2016年	当雄县委

说明：由于各单位资料提供不全，可能有遗漏

受区（县）级以上表彰的先进个人名录

表2

姓　　名	性别	民族	工作单位	获奖名称	表彰时间	授予单位
拉　　布	男	藏	当雄县中学	2016年度西藏自治区名校长	2016年	自治区教育厅
嘎玛索朗	男	藏	嘎洛寺管委会	区级优秀驻寺干部	2016年	自治区党委、自治区政府
卓玛群措	女	藏	嘎洛寺管委会	区级优秀驻寺干部	2016年	自治区党委、自治区政府
阿旺旦增	男	藏	嘎洛寺警务室	区级优秀驻寺干警	2016年	自治区党委、自治区政府
普布措吉	女	藏	多吉林寺管会	区级优秀驻寺干部	2016年	自治区党委、自治区政府
扎西群点	男	藏	多吉林警务室	区级优秀驻寺干警	2016年	自治区党委、自治区政府
普布平措	男	藏	羊八井寺管会	区级优秀驻寺干部	2016年	自治区党委、自治区政府
格　　琼	男	藏	康玛寺管委会	区级优秀驻寺干部	2016年	自治区党委、自治区政府
扎西次仁	男	藏	色德寺	区级优秀驻寺干部	2016年	自治区党委、自治区政府
旦增达娃	男	藏	县委统战部	区级涉宗领域优秀干部	2016年	自治区党委、自治区政府
普布卓玛	女	藏	当雄县妇联	先进驻村工作队员	2016年	自治区党委、自治区政府
吉　　姆	女	藏	龙仁乡曲登羊阁村	五好文明家庭	2016年	自治区妇女联合会
李 应 贵	男	汉	当雄县中学	2016年度中考优秀阅卷员	2016年	自治区教育厅
钻　　珠	男	藏	当雄县中学	2016年度全区教育系统优秀共产党员	2016年	自治区教育工作委员会
张 丽 娟	女	汉	当雄县移动分公司	2016年度优秀员工	2016年	中国移动通信集团西藏有限公司
李 光 权	男	汉	当雄县移动分公司	2016年度优秀员工	2016年	中国移动通信集团西藏有限公司
格　　桑	男	藏	当雄县移动分公司	2016年度优秀员工	2016年	中国移动通信集团西藏有限公司
高 辉 东	男	汉	当雄县扶贫办	拉萨市脱贫攻坚先进个人	2016年	拉萨市委、市政府
米　　玛	女	藏	当雄县信访局	2015年度全市“信访工作先进个人”	2016年	拉萨市委、市政府
尼　　扎	男	藏	公塘乡甲根村	拉萨市先进“双联户”	2016年	拉萨市委、市政府
措　　吉	女	藏	公塘乡甲根村	拉萨市先进“双联户”	2016年	拉萨市委、市政府

续表2

姓　名	性别	民族	工作单位	获奖名称	表彰时间	授予单位
扎西措姆	女	藏	公塘乡甲根村	拉萨市先进“双联户”	2016年	拉萨市委、市政府
色　色	男	藏	公塘乡甲根村	拉萨市先进“双联户”	2016年	拉萨市委、市政府
阿　米	男	藏	公塘乡甲根村	拉萨市先进“双联户”	2016年	拉萨市委、市政府
达　曾	男	藏	公塘乡甲根村	拉萨市先进“双联户”	2016年	拉萨市委、市政府
索朗宗吉	女	藏	公塘乡甲根村	拉萨市先进“双联户”	2016年	拉萨市委、市政府
措　央	女	藏	公塘乡甲根村	拉萨市先进“双联户”	2016年	拉萨市委、市政府
平措旺堆	男	藏	公塘乡甲根村	拉萨市先进“双联户”	2016年	拉萨市委、市政府
多　杰	男	藏	公塘乡甲根村	拉萨市先进“双联户”	2016年	拉萨市委、市政府
曾　多	男	藏	公塘乡甲根村	拉萨市精准脱贫先进个人	2016年	拉萨市委、市政府
次仁德吉	女	藏	乌玛塘乡	2015年度深化全国文明城市创建工作个人荣誉称号	2016年	拉萨市委、市政府
拉巴卓玛	女	藏	多吉林寺管会	市级优秀驻寺干部	2016年	拉萨市委、市政府
普布平措	男	藏	羊八井寺管会	市级优秀驻寺干部	2016年	拉萨市委、市政府
米玛罗布	男	藏	巴林嘎巴特派员	市级优秀驻寺干部	2016年	拉萨市委、市政府
卓玛群措	女	藏	嘎洛寺管委会	市级优秀驻寺干部	2016年	拉萨市委、市政府
白玛仁增	男	藏	康玛寺警务室	市级优秀驻寺干警	2016年	拉萨市委、市政府
强巴次旦	男	藏	热庆日追特派员	市级优秀驻寺干部	2016年	拉萨市委、市政府
索郎巴增	女	藏	当雄县民宗局	市级先进宗教工作者	2016年	拉萨市委、市政府
拉　措	女	藏	龙仁乡	先进驻村（居）工作队员	2016年	拉萨市委、市政府
普布占堆	男	藏	龙仁乡龙仁村	社会治安综合治理先进工作者	2016年	拉萨市委、市政府
赤　列	男	藏	龙仁乡郭庆村	脱贫攻坚先进个人	2016年	拉萨市委、市政府
米玛罗布	男	藏	宁中乡	2016年宗教工作优秀干部	2016年	拉萨市委、市政府
阿布亚亚	男	藏	龙仁乡龙仁村	先进联户单位	2016年	拉萨市委、市政府 当雄县委、县政府

续表2

姓　名	性别	民族	工作单位	获奖名称	表彰时间	授予单位
央　米	男	藏	司法局	2015年纳木错“羊年转湖”民族宗教活动服务管理工作先进个人	2016年	拉萨市委、市政府 那曲地委、那曲行政公署
格　桑	男	藏	当雄县政法委	2015年纳木错“羊年转湖”民俗宗教活动服务管理工作先进个人	2016年	拉萨市委、市政府、那曲地委、那曲行政公署
刘　源	男	汉	当雄县政法委	2015年纳木错“羊年转湖”民俗宗教活动服务管理工作先进个人	2016年	拉萨市委、市政府、那曲地委、那曲行政公署
拉巴次仁	男	藏	乌玛塘乡	2016年度先进党务工作者	2016年	拉萨市委
拉巴旦达	男	藏	当雄县工信（商务）局	2015年度全市工业经济工作先进个人	2016年	拉萨市政府
德西措	女	藏	当雄县工信（商务）局	2015年度全市招商引资工作先进个人	2016年	拉萨市政府
普　布	男	藏	宁中乡	第四届“拉萨青年五四奖章”	2016年	共青团拉萨市委员会 拉萨市青年联合会
赵菲菲	女	汉	当雄县中学	2016年度共青团员“民族团结闪光行动”优秀个人	2016年	共青团拉萨市委员会
达　桌	女	藏	纳木湖乡色德村	最美家庭	2016年	拉萨市妇联
格　珍	女	藏	乌玛塘乡纳龙村	最美家庭	2016年	拉萨市妇联
旦增伦珠	男	藏	当雄县检察院	荣获西藏自治区驻村先进个人	2016年	拉萨市检察院
扎西顿珠	男	藏	当雄县检察院	荣获优秀案件承办人称号	2016年	拉萨市检察院
旦增罗布	男	藏	当雄县检察院	荣获优秀案件承办人称号	2016年	拉萨市检察院
王超玉	男	汉	司法局	2015年度全市司法行政系统先进个人	2016年	拉萨市司法局
冯　瑶	男	汉	纳木湖乡司法所	先进人民调解员	2016年	拉萨市司法局
陈晓峰	男	汉	武警当雄中队	个人三等功	2016年	武警拉萨市支队
陈晓峰	男	汉	武警当雄中队	优秀党员	2016年	武警拉萨市支队
张进步	男	汉	武警当雄中队	优秀基层带兵干部	2016年	武警拉萨市支队
尼玛仓决	女	藏	当雄县旅游局	2016年度市旅游局先进个人奖	2016年	拉萨市旅游局
晋美群培	男	藏	当雄县中学	2016年度拉萨市乐高机器人比赛中获参与奖	2016年	拉萨市教体局
仁增晋巴	男	藏	当雄县中学	2016年度拉萨市中学生足球联赛获个人道德风尚奖	2016年	拉萨市教体局

续表2

姓　　名	性别	民族	工作单位	获奖名称	表彰时间	授予单位
敬仁强	男	汉	当雄县中学	拉萨市首届微课大赛 二等奖	2016年	拉萨市教体局
旦增卓嘎	女	藏	当雄县信访局	2015年度综治、“双联户”先进工作者	2016年	当雄县委、县政府
邓　浪	男	汉	当雄县中学	2016年度优秀教育工作者	2016年	当雄县委、县政府
旦增朗真	男	藏	当雄县中学	2016年度县级优秀教师	2016年	当雄县委、县政府
丁次白姆	女	藏	当雄县中学	2016年度县级优秀教师	2016年	当雄县委、县政府
小巴桑	女	藏	当雄县中学	2016年度县级优秀教师	2016年	当雄县委、县政府
杨亚强	男	汉	当雄县中学	2016年度县级优秀教师	2016年	当雄县委、县政府
旦正措	女	藏	当雄县中学	2016年度县级优秀教师	2016年	当雄县委、县政府
吴慧英	女	汉	当雄县中学	2016年度县级优秀教师	2016年	当雄县委、县政府
仓　达	男	藏	当雄县中学	2016年度县级优秀班主任	2016年	当雄县委、县政府
拉　平	男	藏	当雄县中学	2016年度县级优秀班主任	2016年	当雄县委、县政府
大加错	男	藏	当雄县中学	2016年度县级优秀班主任	2016年	当雄县委、县政府
次仁罗布	男	藏	当雄县中学	2016年度县级优秀班主任	2016年	当雄县委、县政府
刘玉辉	女	汉	当雄县中学	2016年度县级优秀班主任	2016年	当雄县委、县政府
拉　珍	女	藏	当雄县中学	2016年度县级优秀班主任	2016年	当雄县委、县政府
格桑卓玛	女	藏	公塘乡巴嘎当村	当雄县先进“双联户”	2016年	当雄县委、县政府
次　白	女	藏	公塘乡巴嘎当村	当雄县先进“双联户”	2016年	当雄县委、县政府
旦增顿珠	男	藏	公塘乡巴嘎当村	当雄县先进“双联户”	2016年	当雄县委、县政府
多　杰	男	藏	公塘乡巴嘎当村	当雄县先进“双联户”	2016年	当雄县委、县政府
格桑罗布	男	藏	公塘乡巴嘎当村	当雄县先进“双联户”	2016年	当雄县委、县政府
罗　宗	男	藏	公塘乡巴嘎当村	当雄县先进“双联户”	2016年	当雄县委、县政府
洛　增	男	藏	公塘乡巴嘎当村	当雄县先进“双联户”	2016年	当雄县委、县政府

续表2

姓　　名	性别	民族	工作单位	获奖名称	表彰时间	授予单位
南　　朗	男	藏	公塘乡巴嘎当村	当雄县先进“双联户”	2016年	当雄县委、县政府
尼　　玛	男	藏	公塘乡巴嘎当村	当雄县先进“双联户”	2016年	当雄县委、县政府
曲　　培	男	藏	公塘乡巴嘎当村	当雄县先进“双联户”	2016年	当雄县委、县政府
旺　　扎	男	藏	公塘乡巴嘎当村	当雄县先进“双联户”	2016年	当雄县委、县政府
曲　　英	男	藏	公塘乡冲嘎村	当雄县精准脱贫先进个人	2016年	当雄县委、县政府
次旦旺堆	男	藏	公塘乡甲根村	当雄县先进党务工作者	2016年	当雄县委、县政府
王　　胜	男	藏	宁中乡	2016年优秀党务工作者	2016年	当雄县委、县政府
赤列罗布	男	藏	乌玛塘乡纳龙村	当雄县2016年度精准扶贫精准脱贫先进个人	2016年	当雄县委、县政府
薛 江 伟	男	汉	乌玛塘乡	当雄县2016年度精准扶贫精准脱贫先进个人	2016年	当雄县委、县政府
达瓦巴珠	男	藏	乌玛塘乡郝如村	当雄县2016年度精准扶贫精准脱贫先进个人	2016年	当雄县委、县政府
韦　　鹏	男	布依	当雄县民宗局	县级民族团结先进个人	2016年	当雄县委、县政府
格　　桑	男	藏	当雄县政法委	政法综治先进个人	2016年	当雄县委、县政府
蒋 玲 玲	女	汉	当雄县政法委	2016年民族团结进步先进个人	2016年	当雄县委、县政府
熊 林 豹	男	汉	龙仁乡曲登羊阁村	先进驻村（居）工作队员	2016年	当雄县委、县政府
侯 小 华	男	汉	龙仁乡郭庆村	先进驻村（居）工作队员	2016年	当雄县委、县政府
格桑玉珍	女	藏	龙仁乡	脱贫攻坚先进工作者	2016年	当雄县委、县政府
晋　　多	男	藏	龙仁乡	脱贫攻坚先进个人	2016年	当雄县委、县政府
达　　桑	男	藏	龙仁乡郭庆村	脱贫攻坚先进个人	2016年	当雄县委、县政府
杨 立 祥	男	汉	龙仁乡	优秀共产党员	2016年	当雄县委
平措扎西	男	藏	当雄县检察院	荣获拉萨市检察系统五好家庭称号	2006年	当雄县委
扎西顿珠	男	藏	当雄县检察院	荣获优秀党员称号	2016年	当雄县委
兰　　棣	男	汉	乌玛塘乡	当雄县2016年度优秀共产党员	2016年	当雄县委

续表2

姓　　名	性别	民族	工作单位	获奖名称	表彰时间	授予单位
次仁德吉	女	藏	当雄县政法委	2016年先进党务工作者	2016年	当雄县委
钻　　珠	男	藏	当雄县中学	2016年度李氏教育个人奖	2016年	李氏教育奖励促进会
黄　　明	男	汉	当雄县中学	2016年度李氏教育个人奖	2016年	李氏教育奖励促进会

说明：由于各单位资料提供不全，可能有遗漏

索 引

说 明

一、本索引采用主题分析法编制。索引范围包括篇目、类目、部(门)目、条目等。
二、本索引按主题词首字汉语拼音音序(同音按音调)排列,若首字拼音相同则按第二字音序排列,以此类推。
三、索引款目后的数字表示内容所在的页码,数字后的拉丁字母(a、b)表示栏别(从左至右)。
四、篇目、类目、部(门)目用黑体字。

A

安全播出 165b
安全生产 84b 143a
安全生产检查实施情况 143b
安全生产整治 147a
案件办理 162a

B

8 月 68a
八届六次全委会 74b
办公室内部管理 111b
办会情况 93b
办文情况 93a
办学规模 177a
帮助扶持妇女创业 110a
包裹业务 186b
保密工作 94a
保障“六大战略”实施 134b
报刊业务 187a
编制年度报告及经济运行分析 133a
不动产统一登记 137b
不断加大“三农”投入 135a
不断深化平安建设 214b
不断提高商标品牌意识 146a
不断提升部队综合保障能力 120b

C

财务管理 154a
财政收入 138b
裁判文书公开 129a
采取有效措施、搞活牧区市场 140a
参与综治维稳工作 183b
藏医药工作 163b
草原生态保护补助奖励机制资金 167a
畅通信访渠道 205b
成立机构、加强领导 181a
成品油流通市场安全平稳 140b

城管执法 181b
城市建设·环保 179
城乡低保 152a
城乡发展 83a
城乡居民养老保险 155b
惩治腐败 88b
持续推进“双联户”工作 215a
冲嘎村草场灌溉防抗旱工程 174b
虫草采集 166b
创新机制 187b 188b
春季防疫 166b
村级活动场所规范化建设 95b
村集体经济 212b
村务监督 153a

D

打击整治工作 123b
打击整治工作扎实推进 123a
打造特色文艺品牌 164b
大力发展村集体经济 203a
大力扶持村集体经济带动脱贫 172b
大事记 59
代表培训 81a
代理金融业务 187a
当好桥梁、选准路径 108a
“当吉仁”赛马节 103a
“当吉仁”赛马节安保 125a
当曲村1组管道引水工程 175a
当曲卡镇 192a
当雄县安全生产监督管理局 143a
当雄县财政局 134a
当雄县电信局 187a
当雄县发展和改革委员会 133a
当雄县妇女联合会 108b
当雄县概况 56
当雄县工商行政管理局 145a
当雄县公安局 122a
当雄县公安消防大队 118b
当雄县国家税务局 144a
当雄县国土资源规划局 136a
当雄县环境保护局 182a
当雄县教育(体育)局 175a
当雄县净土产业投资开发有限公司 149b
当雄县旅游局 147b
当雄县牦牛冻精站 169b
当雄县民政局 152a
当雄县气象局 149a
当雄县人力资源和社会保障局 154b
当雄县人民代表大会常务委员会 79b
当雄县人民代表大会常务委员会办公室 110b
当雄县人民代表大会常务委员会工作报告 12
当雄县人民法院 128a
当雄县人民法院工作报告 37
当雄县人民检察院 125b
当雄县人民检察院工作报告 41
当雄县人民武装部 117a
当雄县人民医院 162b
当雄县人民政府 82b
当雄县人民政府办公室 112a
当雄县商务局(工业和信息化局) 139b
当雄县食品药品监督管理局 161a
当雄县水利局 174a
当雄县司法局 130a
当雄县统计局 138a
当雄县卫生局 158b
当雄县文化广播影视(新闻出版、文物)局 164a
当雄县信访局 114b
当雄县畜牧局 166a
当雄县畜牧业综合开发办公室 170b
当雄县邮政分公司 186a
当雄县中学 176b
当雄县住房和城乡建设局 179a
当雄县综合督查室 91b
当雄县综治委护路护线工作领导小组办公室 183a
当雄县总工会 105a
党代会工作 201a
党风廉政 179b
党风廉政建设 87a 94b 113a 139a 207b
党管武装 79a

党建、党风廉政建设 149b
党建工作 126a 177a 215b
党建工作责任制 210b
党外代表人士工作 101a
党委班子自身建设 210b
党委、纪委、人大换届 194b
党员队伍建设 96a
党员教育 211a
党员结对帮扶活动 127b
党支部工作 158a
党组织建设和党风廉政建设 128a
档案工作 94b
道德模范评选 99b
道路交通安全宣传 123b
德育工作 177b
地理 56b
地貌 57a
地名管理 153b
地质灾害防治 136b
碘盐推广 139b
电影放映 166a
调研工作 113b
调研视察聚焦发展 86b
冬季、春夏季开展岗位练兵活动 120a
冬季贮备 170b
冻精生产 170a
队伍建设 176a 184b 186a 189a
对外宣传 100a

E

2 月 60b
2016 年拟建项目 180b
2016 年新建项目 180a
2016 年续建项目 180a
2016 年周边防护林建设项目 168b
儿童福利 153b

F

发挥专责作用 91a
发展净土健康产业带动脱贫 171b
发展文化事业 203b
发展新能源产业带动脱贫 172a
发展援藏项目带动脱贫 172a
法律法规监督 80a
法律援助案件办理 132a
法制工作 112b
法制宣传 127b 130b
法治 122
反对和纠正“四风” 88b
反贪污贿赂、反渎职侵权 127a
防抗灾工作 168a
防汛抗旱 174a
非公经济工作 101a
扶持、培育农牧民施工队伍 134a
扶贫开发 83b 192b
扶贫开发工作 77a
服从服务于中心工作 87a
服务大局、主动作为 107b
服务和管理委员 87a
妇幼卫生工作 160b
附录 218

G

改进考察方式、提前谋划 78a
概况 56a 74a 79b 82b 85b 87b 91b 92b 95a 98b 100b 102a 105a 107b 108b 110b 112a 113a 114b 117a 118b 121a 122a 125b 128a 130a 133a 134a 136a 138a 139b 143a 144a 145a 147b 149a 149b 152a 154b 158b 161a 162b 164a 166a 169b 170b 174a 175a 176b 179a 182a 183a 186a 187a 188a 189a 190a 192a 194a 197b 200b 202a 206a 210a 215b
干部队伍建设 144b
干部选拔任用 96b
干部职工在岗在位督查情况 92b

高度重视、健全组织、强化宣传 171a
高度重视群众初信初访办理 115a
高寒牲畜棚圈项目 167b
高校毕业生管理 155b
格达乡 200b
各级调解组织积极发挥作用 131b
各项事业协调稳步推进 194a
工、青、妇工作 201b
工伤保险 156a
工业 139a
工业经济 83a
工业企业情况 140b
工业企业指标数据完成情况 140b
工资福利 157b
工作开展情况 131b
工作作风 84b
公民道德建设 99a
公司经营范围 149b
公诉工作 126b
公塘乡 202a
巩固民族团结 205b
巩固牧业基础 212a
共青团当雄县委员会 107b
关心关注民生 106a
关于2016年国民经济和社会发展计划执行情况与2017年国民经济和社会发展计划(草案)的报告 46
关于当雄县2016年财政预算执行情况和2017年财政收支预算(草案)的报告 51
管理工作 186b
贯彻落实中央精神和区市县党委决策部署 211b
广播电视转播台 165a
广电惠民工程 165a
规范办理 115b
规范经费使用和管理 176a
规范旅游市场秩序整治 148a
郭庆村5处抗旱水源工程 175a
国防建设 84a

H

函件业务 186b
夯实基础工作 181b
合作医疗 216b
核心价值观教育 99a
弘扬劳模精神 106b
后勤保障 112b
后勤保障到位 185b
后勤管理 177b
互联网+纳税服务 144b
化妆品流通市场监管 162a
环保工作 217a
环境保护 83a
环境监管 183a
环卫工作 181b
换届督导工作 126b
换届工作 96b
换届选举 207a

J

9月 69a
机构编制 202b
机构编制工作 97a
机构设置 215b
机构与师资 177a
基本公共卫生服务 161a
基本情况 118b 170b
基本职能 138a
基层党建 206b
基层党建工作成效显著 204b
基层基础工作扎实推进 124b
基层基础建设 129b
基层疾病防控 160a
基层民政力量建设 154a
基层平台工作 157a
基层卫生人才队伍建设 158b
基层文化设施建设 164b
基础建设 159a
基础设施不断完善 198b
基础设施建设 164a 201a 212b
集邮业务 187a

纪律监督 90b
纪委工作 195a
技能培训 156b
继续巩固打击传销成果 146b
继续开展招商活动 142a
加大对牧民群众大学生子女资助力度 176a
加大对外交流与合作 87a
加大对外交流与合作 114a
加大日常培训 184b
加大商务领域监管力度 140a
加大事中事后监管 146b
加大统计力度 141a
加快教育改革和发展 175b
加强财政宏观调控 135a
加强党风廉政建设 129b
加强队伍建设 131a
加强防范措施 141a
加强各项教育培训 129b
加强工会组建工作 106a
加强监督管理 76b
加强监督,严格考核 197a
加强监督、严格考核 214b
加强景区内的整顿和规范力度 148b
加强领导,高度重视 196a
加强内部管理 138b
加强宣传引导 115a
加强学习、转变作风 186b
加强组织领导,层层落实责任 213a
加强组织协调 90a
家畜遗传物质制作项目 170a
价格督导 134a
坚持保障和改善民生 135a
坚持党的领导 85b
坚持开展竞赛 107a
坚持民主团结主题 86b
坚持源头预防治理 114b
坚决服从服务于县委中心工作 80a
检务保障建设 127a
检务公开 126b
建立党建工作指导考核机制 77a
建立联动工作机制 76b
建筑质量管理 181a
健全困难职工档案 106b
交通安全隐患排查治理 123b
交通建设 133b
交通整治 123b
教育工作 195b 201a 209a 216a
教育管理 88b
教育科研 177b
教育事业 83b
教育事业持续推进 198a
解决好饮水安全 174a
金融 190
经济 56a
经济发展 82b 147b 198a 202b 206b 210a
经济发展优势 198a
经济工作监督 80a
经济管理 133
经济药用植物 58b
经济运行 192a
经济运行情况 134b
经济总量 138b
精神文明建设 199a 212a
精心办文 113b
精准扶贫 139b 168a 187b 213a 216b
精准扶贫落实情况 190b
精准扶贫易地搬迁集中安置点建设 179a
精准扶贫转移就业工作 157a
精准施策,实现脱贫 196b
精准识别,建档立卡 196a
精准识别贫困户 213b
景区内牵牛拉马及牵狗整治 148a
警民共建 121b
净土健康产业 82b
净土健康产业发展 150a
境外藏胞工作 101b
救灾救济 153a
就业有保障 171b
就业再就业工作 156a
举办各类文艺活动 110a

军事训练 121b
均衡配置教育资源 175b

K

开展道路抢险保通 134a
开展法制宣传 205b
开展法制宣传活动 130b
开展工资集体协商 107a
开展护路先进人物事迹宣传 185a
开展环境保护宣教活动 182b
开展健康服务活动 109a
开展巾帼志愿活动 110b
开展精准扶贫工作 203b
开展精准扶贫、精准脱贫 159b
开展困难农民工技能培训 106a
开展“两学一做” 147a
开展“两学一做”学习教育 112a 113a 129b
开展旅游体验活动 172a
开展民政救助工作 203b
开展摸底排查 78b
开展农业普查工作 204b
开展“强基础惠民生”活动 97b
开展全民爱路护路宣传教育 185b
开展全县生活必需品市场监测 140a
开展送温暖活动 109b
开展无证无照取缔 146b
开展夏季消防安全检查专项整治行动 119b
开展宣传教育活动 109a
开展用工单位联合检查 115b
开展职工文化活动 106a
开展“质量安月”活动 142b
抗旱及汛期气象服务 149a
科技工作 169a
科技特派员补贴 167b
科学编制年初预算 134b
控告申诉检察工作 127a
矿产建设管理 136b
矿产卫片执法检查 137a
矿产资源 57b 136a

L

拉多村1组防洪堤工程 175a
劳动监察 157b
劳务输出 192b
牢固树立党的纪律意识和组织观念 88a
老干部工作 97b
老龄工作 153b
理论武装 98b
理论业务学习 112b
理清发展思路 74a
理顺体制、优化管理 175b
利用各类会议协商议政 86a
联通当雄县营业部 189a
廉洁自律 112a
廉政建设 84b
廉租房实物配租及租赁补贴 181a
“两学一做” 102b
“两学一做”教育实践活动 201b
“两学一做”学习活动 194a
“两学一做”学习教育 75b 81b 95a 192a 204b 211b
“两学一做”学习教育活动 157b
“两学一做”专题教育活动 180a
“两学一做”专题学习活动 126a
林业绿化 168b
临时救助 153a
领导班子建设 127b
领导对工业企业重视情况 140b
6月 65a
流动人口和出租房屋管理 125a
龙仁乡 206a
戮力同心 共襄伟业 以优异成绩迎接党的十九大胜利召开 28
旅游产业 82b
旅游环境及交通整治 148b
旅游市场监管 146b
旅游旺季景区安全生产大检查 148a
旅游资源 57b
履行部门职能职责 141a

轮岗支援拉日铁路护路工作 184b
落实党风廉政建设主体责任 77b
落实“护城河”查验 122b
落实基层党建七项重点任务 205a
落实基层党建重点任务 96a
落实监督机制 91a
落实金融资金 168b
落实领导干部接访下访约访制度 115a
落实辖区矛盾纠纷排查化解机制 122b
落实信访工作责任 116b
落实油品管理制度 122a
落实重要敏感节点社会面管控 123a

M

矛盾纠纷排查调处 103b
瞄准目标 卯足干劲 精准发力 为全面建成小康当雄而不懈奋斗 1
民爆物品、枪支、弹药监管 124b
民兵军事训练 117b
民兵组织建设 117b
民生工作监督 80b
民生实事 84b
民生项目 159b
民生项目建设 160a
民生项目落实情况 203a
民政党风廉政建设 154a
民政工作 193a 195a 217a
民政宣传 154b
民主法制建设 193a
民主监督广泛深入 86b
民族团结 84a
民族团结工作 100b
牧民增收 200a
牧区发展 200a
牧区水利专项县项目 174b
牧区小型水利工程建设 174b
牧业基础设施建设 82b
牧业生产 192b 201a
牧业生产情况 194a

N

纳木湖乡 197b
宁中乡 210a
农村安全饮水工程 174b
农村工作 94a
农村“五保”供养 152b
农村宅基地确权、登记、发证 137b
农机具购置补贴项目 167a
农牧民技能培训 166b
农牧区医疗制度建设 159a
农牧区邮政服务 187a
农畜产品安全检查 166a
农业技术推广体系改革与建设补助项目 167b
农饮工程 83b

P

培训经费使用情况 156b
培训情况 139a
配套资金 168b
品种改良 169b
平安创建 103b
普法宣传 138a 162b

Q

7 月 66b
其他社会事务 154a
气候 56b
气候概况 149a
气象现代化建设 149b
强化督导 115b
强化督导、严格考核 173b
强化基础设施建设 184a
强化检查考核 90a
强化接受监督意识 129a
强化精准监督 从严执纪问责 推动全面从严治党向纵深发展 30
强化廉洁教育 91a

强化矛盾纠纷排查 214b
强化维稳保障 205b
强化宣传引导 123a
强化选人用人 88a
强化支持保障 89a
强化执行报告 90a
强化综合协调 114a
强化组织领导,周密安排工作 123a
强基惠民 195b 207b
切实保障消费者权益 146a
切实加大督导检查力度 185a
切实提高碘盐覆盖率 140a
青年创业大赛 156b
青少年思想政治教育 107b
秋季防疫 166b
全国第三次农业普查 139a
全力参与维稳中心工作 130a
全力推进商事制度改革 145a
全面深化改革 77b
全面推行网上注册 145b
全面推行“五证合一、一照一码” 145b
全面做好换届各项准备工作 78a
全社会固定资产 138b
全县火灾、救援情况 119a
确保代表委员选举工作依法依规 78a
确保敏感期安全 184a
确保以教脱贫 173a
群策群力,助脱贫 197a
群团组织 79a
群众工作 118a

R

人才引进 155a
人大宣传工作 111b
人工授精推广 170a
人工种草项目 167b
人口、计生工作 160b
人民调解 131a
人社工作 195b
人事管理 155a
人武工作 201b

S

3 月 61b
商务信息报送 139b
商务执法 140b
社保体系 83b
社会保障 209b
社会保障事业 201b
社会局势持续稳定 75a
社会矛盾化解 126a
社会民生工程 201a
社会事业 152 193a
社会事业发展 135b
社会消费品零售总额 139b
社会有参与 171b
社会治安严打整治 104b
社会综合治理 193b
社区矫正 131b
涉宗干部队伍建设 101b
审判流程管理 129a
失业保险 156a
10 月 70b
11 月 71b
12 月 72b
“十三五”规划 134a
实施以补脱贫 172b
实现产品客户规模增长 189a
实现全乡经济平稳发展 200b
实现以保脱贫 173a
实现以迁脱贫 172b
实现以助脱贫 173a
实行“先照后证”改革 145a
食品监管 161b
始终坚持党的领导 80a
市场管理 189b
市委督查室下发督查、督办事项落实 92a
市政府督查室下发督查、督办事项落实 92a

事务管理 112b
收入 138b
受区(县)级以上表彰的先进个人名录 221
受区(县)级以上表彰的先进集体名录 218
兽用藏药加工坊 167b
售票、检票监督 149a
梳理权责清单 97a
树立先进典型 110a
"双联户"工作 126a 217b
双拥优抚安置 153b
水文 57a
水资源 57a
税收收入 144a
司法监督 80b
司法为民 128b
思想宣传教育 105a
思想政治工作 162b
思想政治建设 117a
思想政治教育 119a 121a
"四业工程" 84a 216b
4月 63a
寺庙创建评选 101b
寺庙管理 101b
寺庙火灾防控 119b
速递业务 187a

T

探索旅游产业提质增效 150b
探索水产业做大做强 150b
探索新能源产业实现突破 151a
特载 1
提案工作注重实效 86a 113b
提高教师待遇 176a
提高意见建议办理质量 81a
提升企业发展数量和质量 142b
体育艺术 178a
铁路护路工作 217a
铁路护路联防 104b
统筹规划、细致部署 119b
统筹合作医疗报销和全民体检制度 203a
统筹协调教育均衡发展 204a
统计报表 141b
土地登记管理 136a
土地卫片执法检查 137a
土地资源概况 136a
团队建设 189b
团要管团、夯实基础 108b
推进财政科学化精细化管理 135b
推进惩防体系建设 91b
推进反腐倡廉有序开展 87b
推进民生项目 109b
推进社会事业 212a
推进司法体制改革 129a
推进"四业工程" 203b
推进信息归集共享 146a
推行"一案一补"激励机制建设 131a
推行"营改增" 144a
脱贫攻坚 208a
脱贫致富更加精准 198b
拓宽代表依法履职平台 81a
拓宽党员干部教育培训渠道 96a

W

5月 64a
完成各项重大活动期间食品安全保障 161b
完成农业部年检准备工作 170a
完善防控体系建设 214b
完善矛盾纠纷排查调处体系 116a
完善社保工作 203b
完善新闻宣传报道工作机制 165b
完善政法经费保障机制 135b
网格化、"双联户"工作 104a
网络覆盖 187b 188b
网络监测 99b
网络建设和管理 99b
网络运行维护 189b
围绕中心服务大局 86a
违规建设项目用地整改报批 137b

维护地方经济秩序 142b
维护稳定 199b
维稳防控 102b
维稳工作 84a 125b 128b 194b 201a 217a
维稳工作扎实推进 122a
维稳应急 103a
卫生队伍建设 159a
卫生服务显著提高 198b
卫生工作 195b 201a
文化市场健康有序发展 165a
文化事业 83b 194b
文化执法 100a
文明创建 99a
文体活动 209b
文物、非物质文化遗产保护 164a
稳步推进企业年报公示 145b
乌玛塘乡 215b
武警当雄县中队 121a
武装 117

X

细心办会 113b
县乡领导班子换届 78a
县域环境质量监测 182a
乡村带头人员培训 149a
乡村旅游推介 147b
乡(镇)概况 192
乡镇人大工作 111b
乡政府审核 213b
项目建设 83a 133b 154a 192b
项目库建立 141b
项目有着落 171b
消防宣传 120a
消费 138b
校园及周边重点区域专项整治 124b
新型农村社会养老保险 216b
新型农村养老保险 193a
信访工作 84a 138a 154b
信访接待 128b
信息调研 102a 154b
信息工作 93b
信息公示工作初见成效 145b
信息化建设 129b
兴边富民 102a
刑事执行检察工作 127a
刑释解教安置帮教 131b
行政区划 153b
行政权力和责任清单工作 158a
行政审批登记管理 181b
行政许可申请审批按时办理 162a
畜牧工作 195a 202b 209a 216a
畜牧业发展 200a
宣传队伍建设 100a
宣传工作 157a
宣传教育 105b
宣传、文化工作 216a
学习教育 207a
学习培训 162b
巡查工作 89a
巡视工作 78b

Y

严格程序建档立卡 213b
严格换届选举 81b
严格路面管控,加大处罚力度 124a
严格实行问责 91b
严厉打击黄赌违法行为 125a
严肃查办案件 91a
严肃换届纪律、强化宣传 78b
严抓项目环评工作 204a
羊八井镇 194a
药品、药械日常监管 162a
野生动物肇事补偿资金 167a
野生动物资源 58b
业务发展 186a 187b 188a 150a
业务开展情况 190a
业务学习 163a
“一书三证”审批情况 137a

1 月 59a
医疗保险 155b
医疗服务质量 163a
医疗救助 152b
医疗卫生 83b
医药卫生体制改革 158b
依法任免国家机关工作人员 80a
依法统计建设 139a
依法依章依规圆满完成换届 85b
依法治税信息管税 144b
以保脱贫情况 214b
以补脱贫 168b
以补脱贫情况 214a
以教脱贫情况 214a
以迁脱贫情况 214a
以星级评定做好对贫困户实时监测 196b
以业脱贫情况 213b
以助脱贫情况 214a
优化教育发展环境 176b
优化生态环境 211b
邮政·通讯 186
有效净化铁路治安环境 185a
有序开展“当吉仁”赛马节物资交流会 147a
预防交通事故 124a
援藏工作 83a

Z

增强政治纪律 205a
招商信息报送 141b
招商引资 83a
招商引资培训 141b
招商引资指标数据完成情况 141b
召开工会工作座谈会议 106a
侦查监督 126b
争取资金、推进生态环境项目 182b
征兵工作 118a
征地拆迁 137b
政法工作 105a
政府工作报告 18
政务公开 85a 154a
政协机关建设 87a 114a
政协提案、人大建议案 92b
政治 74
政治理论和业务学习 112a
支部建设 93a 210b
执勤和处置突发事件 121a
职称评定 155a
职工基本养老保险 155b
职业教育 176a
制订2016年法制宣传工作计划 130b
制定村级组织运行经费保障机制 95b
制定方案、明确任务 181a
制度建设 89b
治安防控体系建设 103b
治安隐患排查整治 124b
中共当雄县纪律检查委员会(监察局) 87b
中共当雄县委办公室 92b
中共当雄县委统战部(民族宗教事务局) 100b
中共当雄县委宣传部 98b
中共当雄县委员会 74a
中共当雄县委政法委员会 102a
中共当雄县委组织部(编办) 95a
中国农业银行股份有限公司当雄县支行 190a
中国人民政治协商会议当雄县委员会 85b
中国人民政治协商会议当雄县委员会办公室 113a
中国移动通信集团西藏有限公司当雄县分公司 188a
中考 177b
中央森林生态效益补偿基金管护费 167a
重大活动 193b
重大节点渲染浓厚氛围 99a
重点工作、重点项目督查情况 92a
重点项目 208b
主要职责 105b
住建工作 195b
注册资金实缴制改为认缴制 145a
注重结对帮扶 213a
驻村工作 127b
驻村工作队复查 213b
抓党建、促脱贫 173a

抓党建促脱贫 205a
抓队伍强组织 199a
抓好工作督办落实 114a
抓好家畜防治 170b
抓好食品安全整治 146b
抓实安全生产 206a
抓稳定、促脱贫 173b
抓组织建设 81b
抓作风建设 82a
专合组织 167b
转变作风 111b
自来水管理 181b
自然资源 58a
自身建设 86b 117b
自治区妇联主席江措拉姆到当雄县调研 109a
自治区级环境保护年度考核 182b
自治区级生态乡（镇）创建 182a
宗教工作 100b
综述 56
综治维护 179b
综治维稳 208b
组织部门自身建设 98a
组织领导 109a 141b
组织培训 115b
组织人事 195a
作风监督 90b
作风建设 201b
作风效能建设 132b 212b
做好特殊人群管理服务教育工作 205b
做好维权工作 110a
做好宅基地确权及登记发证工作 204a
做好综合性文稿起草工作 110b
做实常态化护路工作 184a
做实服务人大代表工作 111a
做优各项会议服务工作 111a

中共当雄县委员会

2016年9月12日，拉萨市委副书记、组织部部长陈军（右三）带队督导检查组到当雄县督导检查县乡换届工作

2016年9月29日，拉萨市纪委副书记苏新勇（右一）到当雄县开展党风廉政建设和反腐败工作进行专题讲座

2016年11月8日，北京市委援藏总指挥长肖志刚到当雄县调研

2016年10月21日，拉萨市委副秘书长徐永生（右三）到当雄县检查指导保密工作

2016年3月30日，西藏自治区第二督导组组长马玉魁（右二）到当雄县督导检查精准扶贫工作

2016年11月9日，西藏自治区强基办副主任游胜苗（左五）看望慰问甲玛村驻村工作队员

2016年9月17日，县委书记张正代表中共第八届委员会作报告

2016年3月21日，县委书记张正主持召开县委八届六次全委会和全县经济工作会议

2016年9月18日，县委书记张正主持召开中共当雄县九届一次全体会议

2016年9月20日，县委书记张正主持召开党委工作会议

2016年8月15日，县委副书记樊锋旭到纳木湖乡调研精准扶贫工作

2016年9月24日，县委副书记樊锋旭到冲嘎村就精准扶贫精准脱贫工作进行调研

2016年11月20日，县委副书记杨作云看望慰问贫困户白玛

77626部队与当雄县人民政府共建共育启动仪式

2016年9月18日，九届县委委员、纪委委员参观当雄县廉政警示教育基地

2016年9月16日，召开中共第九次党代会预备会议

新一届县委委员、候补委员、纪委委员合影

2016年9月16日，全体党员代表观看廉政警示教育片

当雄县人民代表大会常务委员会

2016年4月11日，拉萨市人大常委会副主任平措朗杰到当雄县检查换届选举前期工作

2016年9月29日，拉萨市人大常委会副主任平措朗杰到当雄县出席第十二届人大一次会议

2016年9月23日，县委副书记、人大常委会主任康加贵向大会作人大常委会工作报告

2016年1月23日，县委副书记、人大常委会主任康加贵慰问羊八井检查站执勤人员

2016年4月13日，县委副书记、人大常委会主任康加贵组织乡镇人大主席讲解相关换届纪律

2016年8月10日，县委副书记、人大常委会主任康加贵组织各乡镇人大主席召开座谈会

2016年3月1日，县委副书记、人大常委主任康加贵带队到乡镇检查指导“人大代表之家”创建情况

2016年2月28日，人大常委会副主任拉巴到贫困户家中慰问了解情况

2016年3月27日，人大常委会副主任张道顺组织各乡镇人大干部进行换届选举培训

2016年9月24日，县人大常委会主任和副主任进行宪法宣誓

2016年3月29日，当雄县十一届人大五次会议隆重开幕

2016年3月27日，组织机关选区负责人召开换届选举培训会

2016年9月22日，当雄县十二届人民代表大会第一次会议隆重召开

2016年2月2日，人大常委会组织乡镇人大主席部署乡镇人大工作

2016年9月24日，格达乡和宁中乡代表团认真审议人大常委会工作报告

当雄县人民政府

2016年11月24日，拉萨市市长果果（右三）调研纳木错环境保护景区，县委副书记、县长其美次仁陪同

2016年3月8日，县委副书记、县长其美次仁参观福利院医务室

2016年9月29日，县委副书记、县长其美次仁调研易地搬迁工程进度

2016年11月12日，县委副书记、县长其美次仁到纳木湖乡检查雪情

2016年10月21日，县委副书记、县长其美次仁到敬老院看望老人

2017年1月3日，副县长普布扎西，县政协党组书记、主席次仁桑玻，副县长郑莉，县政协副主席巴桑主持召开2017年脱贫攻坚指挥部第一次例会

2016年11月15日，县政协党组书记、主席次仁桑玻，副县长普布扎西主持召开精准扶贫推进会

2016年10月23日，副县长郑莉、县政协副主席巴桑主持召开健康城市会议

2016年2月2日，副县长旺堆罗布主持召开基建领导小组会议

2016年6月7日，当雄县举行登山活动

2016年5月20日，当雄县举行“运动是快乐的源泉”系列体育活动

中国人民政治协商会议当雄县委员会

2016年9月21日，拉萨市政协党组副书记、副主席次仁平措（前排左五）特邀出席二届一次会议开幕式

2016年9月24日，政协二届主席次仁桑玻作闭幕讲话

2016年9月26日，当雄县政协主席次仁桑玻到精准扶贫异地搬迁点调研

2016年9月21日，一届副主席洛桑塔克作提案工作报告

2016年9月21日，一届副主席边巴扎西作常委会工作报告

2016年12月28日，当雄县政协班子及成员召开“两学一做”民主生活会征求意见座谈会

2016年9月21日，召开二届一次会议预备会议

2016年6月22日，自治区政协联合调研组到当雄县调研

2016年12月7日，召开政协常务委员会议

2016年9月9日，河南省平顶山市政协领导到当雄县调研民族宗教事务管理工作

2016年5月26日，当雄县政协牵头单位推荐二届政协委员建议名单

2016年9月21日，委员聆听政协常务委员会工作报告

2016年9月24日，政协二届一次会议委员投票

2016年9月24日，政协委员表决选举办法

中共当雄县纪律检查委员会（监察局）

2016年11月29日，西藏自治区纪委常委、拉萨市委常委、纪委书记彭祎涛（左一）到当雄县调研

2016年12月21日，拉萨市纪委常委黄晓艳（左三）到当雄县纪委检查指导工作

2016年5月14日，拉萨市纪委副书记、监察局局长赵大勇（右一）观看党风廉政建设警示教育基地

2016年5月14日，拉萨市纪委副书记、监察局局长赵大勇（左四）到当雄县调研

2016年9月29日，拉萨市纪委副书记苏新勇（左四）到当雄县宣讲党风廉政建设知识

2016年9月29日，拉萨市纪委副书记苏新勇党风廉政建设授课

2016年12月13日，县委常委、纪委书记王俊龙带队检查精准扶贫工作

2016年12月13日，县委常委、纪委书记王俊龙检查龙仁乡精准扶贫资料

2016年12月14日，县委常委、纪委书记王俊龙带队走村入户检查精准扶贫工作

2016年9月18日，新一届当雄县委委员、纪委委员参观当雄县廉政教育基地

2016年9月18日，当雄县新一届纪委委员

2016年9月18日，中国共产党当雄县纪律检查委员会第一次全体会议

2016年11月30日，当雄县纪委对龙仁乡党风廉政建设考核

2016年12月6日，干部任前集体谈话

当雄县人民检察院

2016年12月14日，拉萨市检察院党组成员、政治部主任李卫（左二）到当雄县检察院参加“当雄县人民检察院检察官入额考核”工作会议

副县长次仁桑布主持召开“全区扶贫领域职务犯罪电视电话会议”讲座

2016年5月26日，党组书记、检察长次仁多吉带领县第七督导组成员参加纳木湖乡换届工作会议

2016年5月27日，党组书记、检察长次仁多吉代表当雄县第七督导组全体成员与纳木湖乡党委书记进行廉政谈话

2016年10月27日，党组书记、检察长次仁多吉慰问结对帮扶对象

2016年12月7日，邀请人大代表、政协委员、公安、法院、司法局、人民监督员、基层群众代表参加“加强侦查监督、维护司法公正”为主题“检察开放日”活动

2016年11月1日，组织干警在检察院二楼会议室以网络连接方式集中观看廉政教育片相关视频

2016年4月28日，干警学习第十四次全国检察工作会议精神

2016年6月16日，检察院组织全院干警开展讲党课活动

2016年6月22日，检察院党组组织全院干警开展学《党章》活动

2016年10月27日，检察院按照精准扶贫工作方案向帮扶对象发放慰问品

2016年3月8日，当雄县人民检察院女子检察官开展“三八”妇女节法制宣传活动

当雄县人民法院

2016年6月3日，西藏自治区高级人民法院党组书记、院长索达（左二）到羊八井法庭考察工作

2016年11月14日，邀请县委常委、政法委书记、公安局局长扎西亚培，人大代表等参观法院诉讼服务大厅

2016年7月13日，组织法院干警学习文件精神

2016年7月14日，法院党支部学习传达文件

2016年10月12日，全市法院开展案件质量评查

2016年11月10日，法院干警在科技法庭开庭

2016年11月14日，法院组织干警传达学习十八届六中全会精神

2016年11月28日，法院开展党风廉政建设及反腐倡廉总结大会

开展法院党支部改选大会

2016年10月17日，法院干警入户了解精准扶贫对象情况

2016年11月9日，法院干警在宁中乡政府司法所宣讲司法确认程序及法条

2016年9月21日，法院干警对2016年案件进行质量评查

2016年7月26日，法院干警到林周县唐古乡流动开庭

中共当雄县委组织部（编办）

2016年9月12日，拉萨市委副书记、组织部部长陈军（左二）一行督导检查组到当雄县检查指导县乡换届工作

2016年4月26日，县委常委、组织部部长邹华威到乌玛塘乡对换届工作筹备情况检查指导

2016年8月1日，县委常委、组织部部长徐建华在当曲卡镇召开党建工作座谈交流会

2016年8月4日，县委常委、组织部部长徐建华慰问生活困难党员

2016年8月2日，县委常委、组织部部长徐建华到羊八井镇甲玛村实地查看村居活动场所建设情况

2016年12月12日，县委常委、组织部部长徐建华到格达乡督导检查抓党建促脱贫工作开展情况

2016年5月23日，当雄县举办县乡换届工作程序培训会

2016年12月30日，当雄县召开强基惠民活动第五批驻村工作总结表彰暨第六批动员部署大会

2016年11月2日，当雄县委组织部召开引进人才工作座谈会

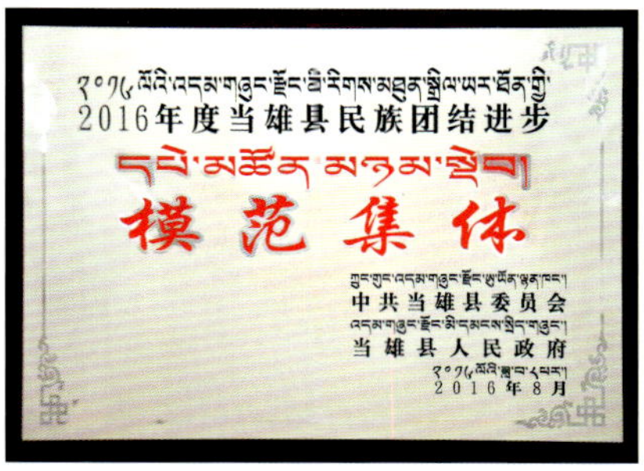

༢༠༡༦ ལོའི་འདམ་གཞུང་རྫོང་གི་རིགས་མཐུན་སྒྲིལ་ཡར་ཐོན་གྱི་
2016年度当雄县民族团结进步
དཔེ་མཚོན་མཉམ་སྡེབ།
模范集体

ཀྲུང་གུང་འདམ་གཞུང་རྫོང་ཨུ་ཡོན་ལྷན་ཁང་།
中共当雄县委员会
འདམ་གཞུང་རྫོང་མི་དམངས་སྲིད་གཞུང་།
当雄县人民政府
༢༠༡༦ ལོའི་ཟླ་བ་༨ པར།
2016年8月

2016年8月18日，县委组织部召开全县“三个全覆盖”工作推进会

2016年11月15日，县委组织部召开专招大学生座谈会

中共当雄县委宣传部

2016年8月11日，县委副书记、县长其美次仁检查赛马场

2016年12月13日，邀请自治区宣讲团成员巴桑卓玛宣讲党的十八届六中全会精神和区市第九次党代会精神

2016年3月5日，宣传部组织县（中）直各单位观看中央十二届全国人大四次会议开幕会

2016年6月14日，当雄县开展理论中心组学习（扩大）会议

2016年6月15日，宣传部邀请拉萨市“爱岗敬业”道德模范边巴卓玛走进道德讲堂讲述真善美的故事

2016年6月7日，宣传部开展“端午节”慰问贫困学生

2016年8月20日，当雄县举办赛马节

2016年2月5日，宣传部联合文广局、消防大队等单位开展文化执法

2016年4月1日，宣传部参加清明节祭英烈活动

2016年8月11日，拉萨市电视台记者采访扶贫搬迁点

2016年7月1日，“七一”重温入党誓词

中共当雄县委统战部（民族宗教事务局）

2016年9月27日，国家民委监督检查司副司长李钟协（右二）带队检查当雄县民族团结进步示范县工作

2016年5月5日，县委副书记、人大常委会主任、县宗教工作领导小组组长康加贵主持召开“萨嘎达瓦”敏感阶段涉宗领域工作安排部署会议

2016年8月4日，西藏自治区统战部常务副部长、民宗委主任赤列多杰（右四）带队到当雄县康玛寺开展民宗委民族团结进步创建进寺庙活动

2016年1月12日，县委常委、统战部部长达瓦次仁主持召开当雄县涉宗领域第一季度工作安排部署会议

2016年1月12日，县委常委、统战部部长达瓦次仁主持召开当雄县党外宗教界代表人士座谈会

2016年8月15日，当雄县开展民族团结进步表彰大会后，获奖集体、个人与县有关领导合影

2016年11月15日，当雄县统战、民宗、涉宗领域召开支部学习扩大会议

2016年3月23日，当雄县召开2016年当雄县统战民族宗教工作会议

2016年5月23日，召开当雄县2016年上半年和谐模范寺庙暨爱国守法先进僧尼表彰大会

2016年10月27日，当雄县召开2016年下半年和谐模范寺庙暨爱国守法先进僧尼表彰大会

2016年8月22日，国家民委“中华民族一家亲”到当雄县开展医疗巡诊活动现场

2016年3月9日，统战、民宗工作人员综治宣传活动现场

2016年9月16日，当雄县开展民族团结宣传日活动

中共当雄县委政法委员会

2016年10月27日，西藏自治区政法委副秘书长、综治委委员王建雷（左四）到当雄县考核验收

2016年8月30日，拉萨市政法委副书记马骏（左二）、万劲松（左三）到当雄县开展综治调研工作

2016年5月5日，县委副书记、县长其美次仁主持召开全县建设发展环境集中整治专项行动部署大会

2016年12月2日，县委常委、政法委书记、公安局局长扎西亚培在全县户籍改革专题座谈会上讲话

2016年8月4日，县委副书记、人大常委会主任康加贵在“猴年颇瓦大法会”协调部署会上讲话

2016年8月20日，县委副书记、人大常委会主任康加贵在赛马节开幕式前开展督导检查工作

2016年11月18日，县级“先进双联户”获奖人员与领导合影

2016年10月25日，拉萨市综治办考核组一行到基层检查考核综治工作

2016年1月7日，召开纳木错“羊年转湖”民俗宗教活动总结表彰大会

2016年4月14日，召开全县综治成员单位第一次全体会议

2016年8月17日，召开“当吉仁”赛马节安保部署会议

2016年4月15日，政法综治先进个人表彰

2016年6月21日，综治宣传周活动

2016年7月6日，青藏铁路通车十周年文艺汇演

当雄县公安局

2016年8月24日，县委常委、政法委书记、公安局局长扎西亚培到现场指挥勤务

2016年12月27日，拉萨市公安局考核组一行到当雄县公安局开展年终绩效考评

2016年12月22日，公安局召开“两学一做”理论学习会议

2016年5月13日，公安局组织开展打击扰乱经济秩序违法行为法制宣传

2016年9月29日，当雄县公安局车管所成立

2016年8月2日，羊井寺“跳神节”安保

2016年4月30日，交警大队集中开展酒驾醉驾专项整治行动

2016年7月15日，网安大队开展校园网络安全宣传活动

2016年8月12日，公安局组织警力到林周县执勤

2016年3月4日，乌玛塘一级检查站执勤民警对前往拉萨车辆例行检查

2016年6月10日，乌玛塘一级检查站执勤民警对前往拉萨车辆例行检查

2016年8月21日，“当吉仁”赛马节安保

当雄县司法局

2016年6月16日，西藏自治区律师协会副秘书长仁富军陪同安徽省律师协会会长宋世俊（左四）等一行看望慰问法律援助律师胡珂楠

2016年11月18日，拉萨市司法局副局长边巴次仁到当雄县看望慰问纳入精准扶贫刑满释放人员

2016年5月18日，安徽省电视台编辑部主任陈光明（左一）等一行3人到当雄县司法局采访法律援助律师胡珂楠（左二）工作生活情况

2016年3月25日，局长丁亚生到乌玛塘乡调研精准扶贫对象家庭情况

2016年10月13日，司法局副局长达娃卓玛带领工作人员到乌玛塘乡慰问精准扶贫对象

2016年1月13日，司法局工作人员顿珠卓玛代表司法局慰问困难刑满释放人员

2016年9月16日，结合“民族团结宣传月”开展法制宣传活动，图为法律援助律师王军卫向牧民群众发放普法书籍

2016年9月26日，法律援助中心律师王军卫到曲水县开庭（图为庭前调解，案件为给付非婚生子女抚养费）

2016年10月27日，司法局法律援助律师王军卫到宁中乡麦灵村参加“五下乡”活动

2016年4月28日，召开全县司法行政工作会议

2016年5月17日，司法局组织召开全县运输行业从业人员培训会

2016年3月5日，司法局工作人员在县农行前开展学“雷锋日”法制宣传活动

2016年11月9日，司法局工作人员到宁中乡开展旅游沿线专项法制宣传教育活动

2016年5月23日，司法局依托“纪念西藏和平解放65周年”活动到乌玛乡开展法制宣传教育工作

中共当雄县委办公室

2016年8月5日，拉萨市委督查室主任王伟到当雄县检查旅游沿线卫生情况

2016年3月23日，副县长次仁桑布带领县综合督查室、县扶贫办工作人员检查精准扶贫工作开展情况

2016年5月15日，县委常委、县委办公室主任刘刚主持召开支部组织生活会

2016年5月27日，县委常委、县委办公室主任刘刚到贫困户了解家庭基本情况

2016年3月13日，县委办公室副主任游磊批阅机要文件

2016年9月17日，县委办公室副主任游磊检查指导档案归档情况

2016年9月15日，县委办公室副主任游磊看望慰问贫困户

2016年7月15日，县委办公室支部召开学习会议

2016年11月24日，县委办公室副主任游磊带领综合督查室、县纪委、组织部工作人员检查干部职工在岗情况

2016年8月18日，县委办公室全体人员观看《作风建设在路上》

办公室文件规整

2016年5月10日，综合督查室工作人员督查纳木湖乡大院改造工程建设情况

当雄县人民政府办公室

2016年7月8日，政府办公室党支部召开民主生活会

2016年12月11日，政府办公室党支部开展学习第十八届六中全会精神支部会议

2016年2月4日，政府办公室支部到帮扶点开展慰问活动

2016年3月24日，政府办公室财务人员做好财务结算工作

2016年9月28日，政府办公室支部到帮扶点开展慰问活动

2016年12月20日，政府办公室工作人员整理文件做好文件归档工作

2016年8月26日，政府办公室工作人员做好收发传真工作

2016年11月22日，政府办公室工作人员做好电话通知工作

2016年3月30日，政府办公室工作人员起草文字材料

2016年1月8日，政府办公室工作人员解决群众困难

2016年5月22日，政府餐厅干部职工用餐

2016年11月26日，后勤人员打扫街道卫生

当雄县人民代表大会常务委员会办公室

2016年2月27日，县委副书记、人大常委会主任康加贵到宁中乡入户了解精准扶贫结对户基本情况

2016年2月28日，人大常委会副主任拉巴到乌玛塘乡入户了解精准扶贫结对户基本情况

2016年8月20日，人大常委会副主任拉巴到基层调查了解情况

2016年9月22日，人大办公室主任德吉参加主席团会议

2016年12月21日，人大办公室主任德吉慰问结对贫困户

2016年8月6日，人大办公室主任德吉到乡镇卫生院检查指导工作

2016年1月7日，人大办公室主任德吉组织各乡镇人大主席到城关区夺底乡参观“代表之家”创建情况

2016年11月1日，人大办公室主任德吉记录拉萨市十一届人大一次会议当雄团讨论情况

2016年6月15日，组织三级人大代表考察当雄县寺庙供水工程建设情况

2016年12月21日，人大办公室工作人员节前慰问结对贫困户

2016年2月10日，人大办公室组织开展慰问活动

2016年10月19日，人大办公室全体工作人员组织学习教育

中国人民政治协商会议当雄县委员会办公室

2016年5月16日，拉萨市政协副主席、秘书长张勤（右一）到当雄县政协办督导换届工作

2016年11月10日，当雄县政协副主席李军与结对帮扶户座谈

2016年8月29日，政协办组织委员业务学习

2016年11月20日，政协办党员与结对贫困户座谈

2016年3月27日，组织社会各界代表召开“3·28”座谈会

2016年8月16日，河南省濮阳市政协领导到当雄县羊八井调研地热资源开发利用

2016年7月28日，县政协办传达学习习近平总书记“七一”重要讲话精神

2016年9月21日，组织委员培训

2016年5月16日，政协办公室工作人员在编写会务材料

2016年11月6日，召开界别委员座谈会

2016年9月21日，组织委员观看警示教育片《镜鉴》

共青团当雄县委员会

2016年10月21日，区市两级团委共同组建调研组到当雄县开展2016西藏共青团“走进青年、转变作风、改进工作”大宣传大调研活动

2016年12月27日，当雄县召开以“我是青年我先行 · 我与当雄共奋进”为主题的当雄县第五届优秀青年干部座谈会

2016年11月30日，在县会议中心举办“当雄县深入开展‘两学一做’学习教育，全面贯彻落实十八届六中全会精神知识竞赛”

2016年11月16日，在县会议中心举办“不忘初心跟党走 凝心聚力再出发”演讲比赛

2016年3月4日，当雄县青年创业者嘎玛尊追桑布在西藏共青团首届青年农牧民创新创业大赛全区赛总决赛中荣获大赛三等奖

2016年8月11日，“青创助扶贫 · 梦想赢未来”暨拉萨市第二届青年创新创业大赛当雄县选拔赛在县党政楼会议室顺利举行

2016年9月14日，团县委以“情暖中秋 关爱留守儿童”为主题到纳木湖乡中心小学开展节前慰问活动

当雄县人民武装部

2016年9月6日，武装部部长金明欢送新兵

2016年9月5日，光荣参军家属发放纪念品

县征兵工作领导小组成员到村镇征兵宣传

2016年1月15日，高炮分队开训动员

2016年6月24日，讲解高炮开栓压弹基本操作

高炮射击程序模拟训练

2016年7月23日，高炮分队实弹射击

当雄县总工会

2016年10月27日，开展“五送”活动，县委常务副书记王猛为困难农牧民工发放慰问金

获得拉萨市“五一”劳动奖状、奖章的先进企业、个人代表

2016年10月27日，开展“五送”活动，为农牧民送医、送药

2016年4月26日，春风行动专场招聘会现场就业人员咨询

2016年节前县总工会慰问困难环卫工人

2016年10月25日，开展技能竞赛中为获奖参赛人员颁发奖状及纪念品

2016年9月16日，开展民族团结宣传活动

当雄县妇女联合会

2016年4月25日，西藏自治区妇联主席江措拉姆（后排左三）到当雄县调研妇儿委工作暨“两规”终期评估工作

2016年3月21日，妇联主席拉巴琼达进行精准扶贫结对帮扶入户调查

2016年8月9日，妇联主席拉巴琼达到当曲村进行卫生保健知识宣讲

2016年7月4日，妇联主席拉巴琼达在办公室集中访问非婚生子女牧户了解基本情况和维权意愿

2016年3月8日，在县城篮球场开展庆“三八”趣味活动

2016年3月8日，妇联工作人员在县城沿街向群众发放法制宣传单

当雄县财政局

2016年3月17日，拉萨市财政局国库科科长拉姆（右一）一行现场指导软件相关操作

2016年3月17日，拉萨市财政国库科科长拉姆（右排右三）到当雄县财政局检查指导国库集中支付相关工作

2016年10月30日，拉萨市商务局科长次仁（左三）检查指导家电下乡相关工作

2016年4月18日，财政局局长泽仁顿珠开展精准扶贫入户调查

2016年5月18日，财政局局长泽仁顿珠到牧户家中对精准扶贫户调查

2016年8月18日，财政局局长泽仁顿珠到公塘乡开展检查草补工作

2016年8月9日，财政局局长泽仁顿珠领取绩效争先进位一等奖

2016年9月15日，财政局党支部组织召开“两学一做”专题学习会

2016年4月9日，财政局组织召开行政例会

2016年3月17日，财政局组织开展财务软件共同探讨应用活动

2016年6月21日，财政局组织财务软件业务培训

2016年7月20，财政局组织干部职工业务知识培训

2016年6月30日，财政局组织开展打扫沿街卫生活动

当雄县民政局

2016年11月8日，西藏自治区民政厅厅长格桑仁青（左一）到宁中乡入户调查农村低保户

2016年7月20日，西藏自治区民政厅副厅长徐家利（右四）到当雄县康玛寺天葬台调研

2016年3月10日，县委副书记、县长其美次仁，常务副书记王民慰问“五保”老人

2016年12月13日，副县长骆宁慰问当雄演练部队官兵

2016年12月7日，县民政局局长次仁曲珍到乌玛塘乡走访看望结对帮扶对象

2016年12月1日，参加拉萨市第一届残联运动会

2016年9月30日，举办烈士纪念日活动

当雄县发展和改革委员会

2016年5月21日，拉萨市发改委党组书记达娃一行到当雄县检查指导项目进展情况

2016年11月8日，拉萨市委副书记、北京援藏指挥部总指挥肖志刚到当雄县调研精准扶贫及产业项目规划情况

2016年4月9日，拉萨市发改委副主任张腾（左一）到当雄县检查指导工作

2016年3月29日，发改委主任扎西曲觉组织学习县委书记张正在八届县纪委六次全会上重要讲话精神

2016年5月15日，发改委主任扎西曲觉检查当纳公路施工现场

2016年8月3日，拉萨市交通局工程科工作人员到当雄县检查交通项目进展情况

2016年7月10日，发改委组织干部精准扶贫结对帮扶入户调查

当雄县统计局

2016年8月31日，国家统计局副局长贾楠（左三）到当雄县调研指导统计工作

2016年7月15日，西藏自治区统计局巡查组组长潘其龙（左一）到当雄县听取基层统计工作开展情况汇报

2016年7月15日，西藏自治区统计局巡查组组长潘其龙（右一）到当雄县统计局查看统计工作台账

2016年11月7日，副县长旺堆罗布主持召开农业普查培训会议

2016年4月7日，局长索央主持召开2016年农村经济核算培训会

2016年3月28日，局长索央组织全体干部学习党风廉政会议精神

当雄县住房和城乡建设局

2016年9月3日，西藏自治区督查组一行到当雄县督查精准扶贫易地搬迁县域内安置点建设落实情况

2016年8月9日，住建局副局长格桑达瓦带队考察2015年乌玛塘乡周转房

2016年，当雄县精准扶贫易地搬迁公塘乡拉根4组已建成的安置房

2016年12月5日，当雄县住建局组织环卫工清运赛马场垃圾

2016年，当雄县精准扶贫易地搬迁公塘乡冲嘎1组安置点整体效果图

2016年，当雄县精准扶贫易地搬迁公塘乡拉根4组安置点整体效果图

2016年，当雄县精准扶贫易地搬迁宁中乡曲才5组安置点整体效果图

2016年，当雄县精准扶贫易地搬迁宁中乡堆灵5组安置点整体效果图

2016年，当雄县精准扶贫易地搬迁羊八井镇拉多7组安置点整体效果图

当雄县文化广播影视（新闻出版、文物）局

2016年12月14日，拉萨市副市长朱建红（左二）、拉萨市文化局局长多吉次仁（右一）到当雄县乡镇文化站调研

2016年4月1日，县委常委、宣传部部长元旦次仁考察数字影院建设情况

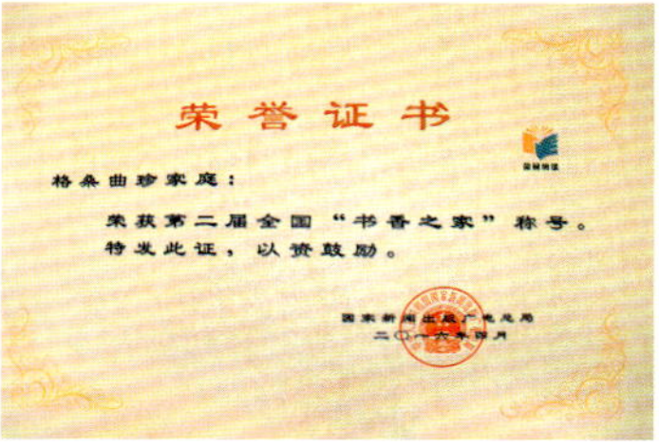

荣誉证书

格桑曲珍家庭：

荣获第二届全国“书香之家”称号。特发此证，以资鼓励。

国家新闻出版广电总局
二〇一六年四月

2016年5月27日，开展广播电视直播卫星设备“清流机置换”工作

2016年3月28日，电影管理站开展“电影放映”工程

2016年11月2日，开展广播电视“户户通”检修

2016年11月16日，“扶贫攻坚”全区民间艺术团优秀节目巡演

2016年8月20日，国家级非物质文化遗产“当吉仁”赛马节开幕式

当雄县国土资源规划局

2016年8月22日，拉萨市国土局党组书记强巴江才（后排左二）到当雄县指导检查不动产工作开展情况

2016年4月13日，拉萨市国土局矿管科科长任玉花（左二）到江热寺检查地质灾害隐患点

2016年4月3日，县委副书记、县长其美次仁在格达乡主持召开精准扶贫工作会议

2016年8月24日，副县长旺旦罗布到格达乡实地勘察光伏企业用地情况

2016年2月23日，当雄县国土局局长嘎松达吉到羊八井镇拉多村易地搬迁点考察

2016年11月7日，当雄县国土局局长嘎松达吉主持召开地质灾害防灾避险学习会

2016年11月26日，当雄县国土局工作人员到格达乡甲多村入户调查“结对帮扶对象”

当雄县畜牧业综合开发办公室

2016年12月20日，拉萨市委副书记胡洪（右三）到当雄县调研精准扶贫工作

2016年11月30日，拉萨市副市长、当雄县委书记张正检查脱贫攻坚开展情况

2016年8月8日，拉萨市扶贫办副主任张小林到当雄县当曲卡镇检查精准扶贫项目

2016年4月13日，拉萨市督察组樊亚刚（左一）到当雄县检查精准扶贫工作

2016年5月5日，拉萨市扶贫办副调研员杨君（左二）到当雄县羊八井镇调研精准扶贫工作

2017年1月3日，当雄县政协党组书记、主席次仁桑玻主持召开2017年扶贫攻坚第一次例会

2016年12月29日，县委副书记杨作云主持召开当雄县精准扶贫精准脱贫表彰暨推进大会

当雄县教育（体育）局

2016年5月12日，2016年度教育工作暨义务教育均衡发展动员大会

2016年11月25日，当雄县2016年度大学生资助金发放仪式

2016年8月20日，2016年度小学统考质量分析总结大会

2016年9月10日，教师节表彰大会

2016年6月3日，“一师一优课”专题培训

2016年7月2日，当雄县第六届“草原杯”干部职工足球联赛

当雄县环境保护局

2016年8月25日，西藏自治区环保厅厅长罗杰（右四）带队检查当雄县县城垃圾填埋场，副县长骆宁陪同

2016年12月2日，西藏自治区环境保护考核拉萨组副组长、拉萨市副市长林生（左五）对当雄县羊八井地热电厂进行现场考核，县委副书记、县长其美次仁陪同

2016年11月17日，拉萨市环保局副局长王宣同（右二）检查当雄县县城垃圾填埋场，县环保局副局长杰布陪同

2016年11月17日，拉萨市环保局副局长严刚对当雄县自来水厂进行现场考核

2016年6月22日，拉萨市环保局监察支队队长桑嘎拉姆（右三）检查纳木错环保工作，当雄县环保局副局长杰布陪同

2016年6月5日，当雄县环保局开展“6·5”世界环境日宣传活动

当雄县卫生局

2016年8月10日，北京市市长王安顺（前排左二），自治区党委副书记、拉萨市委书记齐扎拉（左五）到当雄县人民医院考察工作

2016年9月12日，北京市海淀区卫计委主任甄蕾（左二）带队到当雄县人民医院援助捐款、援建图书室、捐书活动

2016年10月19日，西藏自治区卫计委相关负责人带队等级评审专家组到当雄县人民医院开展二级乙等综合医院等级评审

2016年3月30日，西藏军区总医院相关负责人到当雄县签订对口帮扶县医院协议

2016年2月22日，在县医院开展僧尼免费健康体检

2016年5月4日，在卫生局会议室召开2016年卫生（计生）工作会议

2016年5月21日，在县医院开展国家免费孕前优生健康检查

当雄县食品药品监督管理局

2016年8月22日，拉萨市食药局党组书记尼玛普芝（左三）到当雄县检查餐饮安全保障工作

2016年4月7日，食药局局长曲扎到餐饮店开展抽样工作

2016年5月19日，食药局局长曲扎带队到格达乡检查食品药品安全

2016年5月25日，食药局局长曲扎联合有关部门检查学校食堂消毒柜运转情况

2016年6月6日，食药局工作人员检查“端午节”期间食品安全

2016年8月28日，赛马节期间工作人员检查各商户持证情况

2016年6月17日，食药局工作人员向群众发放食品药品宣传单

当雄县旅游局

2016年5月12日，副县长旺堆罗布带队检查念青唐古拉山厕所修建情况

2016年5月17日，副县长旺堆罗布带队到纳木湖景区售票处规范旅游市场

2016年4月5日，旅游局副局长白玛措姆到扎西半岛组织牵牛拉马培训

2016年5月14日，旅游局副局长白玛措姆到扎西半岛牵牛拉马群众签订保证协议

2016年5月10日，旅游局副局长白玛措姆到郭庆乡组织“相约纳木湖畔·寻觅虫草”之旅向导人员培训

2016年9月15日，旅游局、商务局组织干部观看中国共产党成立95周年直播

2016年5月6日，旅游局工作人员到扎西半岛整治旅游市场工作

当雄县水利局

2016年7月8日，拉萨市水利局副局长觉旦一行到当雄县调研水利工程

2016年12月25日，当雄县政协党组书记、主席次仁桑玻检查5个精准扶贫搬迁点供水工程

2016年8月12日，水利局局长索朗多吉到8个乡镇检查水情灾情情况

2016年7月10日，水利局局长索朗多吉到现场指导河道疏浚、除险加固工作

2016年8月12日，水利部专家到当雄县调研农村安全饮水

2016年7月1日，“七一”建党节重温入党誓词

2016年3月3日，当雄县水利局工作人员向广大牧民群众发放节约水、保护水资源环境等宣传手册

2016年6月30日，当雄县水利局在公塘乡拉根村组织开展山洪灾害非工程措施演练活动

当雄县信访局

2016年10月20日，拉萨市信访局党组书记达瓦（右五）到当雄县石膏矿检查指导工作

2016年3月15日，拉萨市信访局调研员法德玛（左一）到当雄县信访局调研

2016年5月31日，副县长次仁桑布接待群众来访

2016年12月27日，副县长普布扎西协调信访事项

2016年4月27日，信访局局长卓嘎到当曲卡镇检查网上信访信息录入情况

2016年1月4日，召开信访联席会议

2016年12月28日，兑现拖欠民工工资

当雄县人力资源和社会保障局

2016年5月10日，由县人社局牵头，联合县住建局、县发改委、县信访局、县畜牧局、县教体局在全县范围内开展劳动监察专项监察

2016年8月11日，县团委、县人社局联合举办“拉萨市第二届青年创新创业大赛当雄县选拔赛”

2016年7月26日，当雄县人社局精准扶贫B升A驾驶员培训班开班典礼在县职教举行

2017年11月8日，当雄县人社局邀请西藏大学创业培训专家索朗（后排左一）开展高校生创业培训开班典礼

2016年4月6日，当雄县人社局召开基层平台培训班开班典礼

2016年6月4日，当雄县人社局召开精准扶贫转移就业推进会

2016年7月1日，当雄县人社局开展迎“七一”主题活动

当雄县商务局
（工业和信息化局）

2016年5月17日，西藏自治区工业和信息化厅副厅长邱川（左二）到当雄县西藏冰川矿泉水有限公司调研企业生产经营销售情况，县委副书记、县长其美次仁陪同

2016年4月21日，中国工程院院士多吉（右一）到当雄县宁中乡曲才村考察地热资源项目，县委副书记、县长其美次仁陪同

2016年3月18日 副县长旺堆罗布对羊八井矿区重叠问题事宜进行工作安排部署

2016年4月10日，工信（商务）局局长宗吉到5100冰川矿泉水有限公司调研生产运行情况

2016年2月25日，组织全县19个县（中）直单位、商贸企业负责人收听收看2016年全区商务工作电视电话会议

2016年3月9日，县商务局开展社会治安综合治理宣传月活动

2016年2月2日，县商务局联合安监、消防、环保等单位开展节前安全生产大检查

当雄县安全生产监督管理局

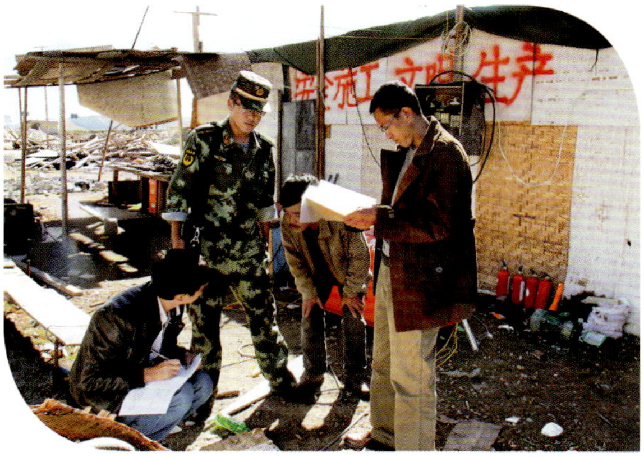

2016年6月15日，安监局局长巴桑元旦带领工作人员到施工地检查

2016年7月9日，安监局局长巴桑元旦带领工作人员到矿山检查

2016年10月26日，安监局副局长扎西罗布带领工作人员到华钰矿山检查

2016年12月28日，安监局副局长扎西罗布带领工作人员复查华钰矿

2016年9月12日，安监局工作人员到加油站检查设备运行情况

2016年11月15日，安监局工作人员到宁中乡宣传安全生产知识

2016年12月3日，安监局工作人员下乡到加油站检查

当雄县综治委护路护线工作领导小组办公室

2016年7月26日，专职队员在沿线涵洞积水过多处挖掘排水沟

2016年11月22日，当雄火车站警务区工作人员在沿线检查护路护线工作

2016年8月8日，羊八井护路大队圆满完成羊井寺大型宗教活动期间安保工作

2016年2月10日，护路办联合县警务区、武警中队在铁路沿线进行反恐演习

2016年7月10日，护路队员在练习警棍操

2016年9月28日，组织队员在牧民割草季节帮助沿线群众收割

巡逻小分队在沿线吃便餐

当雄县畜牧局

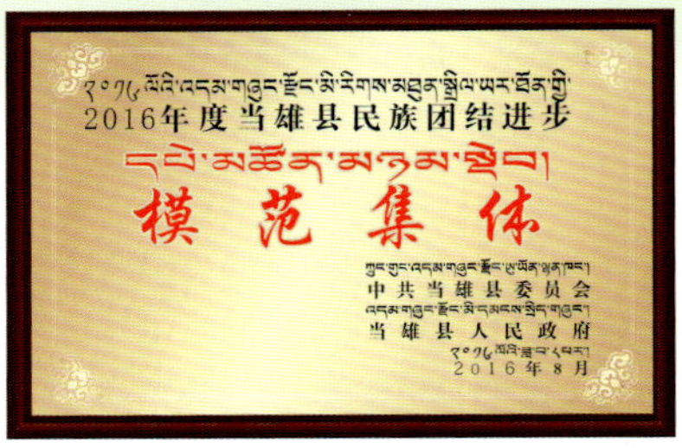

2016年9月5日，拉萨市科技局局长扎西平措（右一）参观当雄县中学科技馆

2016年3月10日，拉萨市科技局副局长扎西平措到当雄县调研

2016年7月8日，拉萨市科技局领导到雪域牧人考察工作

2016年9月20日，畜牧局工作人员在县城开展科技活动宣传

2016年4月23日，畜牧局局长索朗次仁带队到外业点看基本草原划定的工作开展进度

2016年8月9日，畜牧局组织牧民到县草原站灭鼠

2016年7月20日，畜牧局组织召开“两学一做”专题学习教育

当雄县牦牛冻精站

2016年12月2日，县委副书记、县长其美次仁到冻精站指导工作

2016年4月12日，冻精站工作人员与畜牧局一起到纳木湖乡恰噶村结对帮扶

2016年6月15日，冻精站工作人员到达孜县进行人工授精培训

2016年7月5日，拉萨市农牧局领导到当雄县冻精站检查指导工作

2016年3月11日，拉萨市兽医总站工作人员到当雄县冻精站进行年检

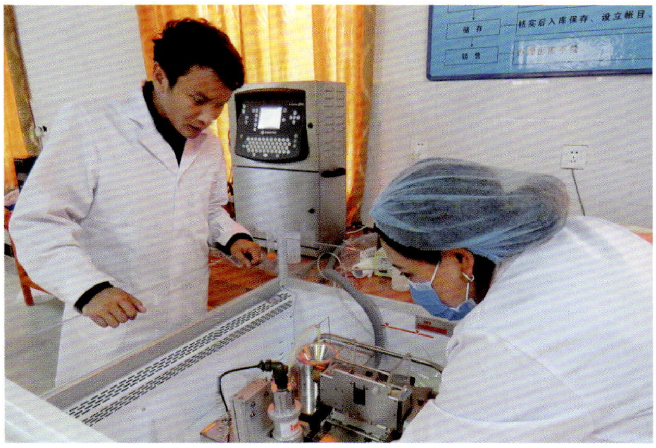

2016年6月20日，冻精站工作人员进行冻精细管封装

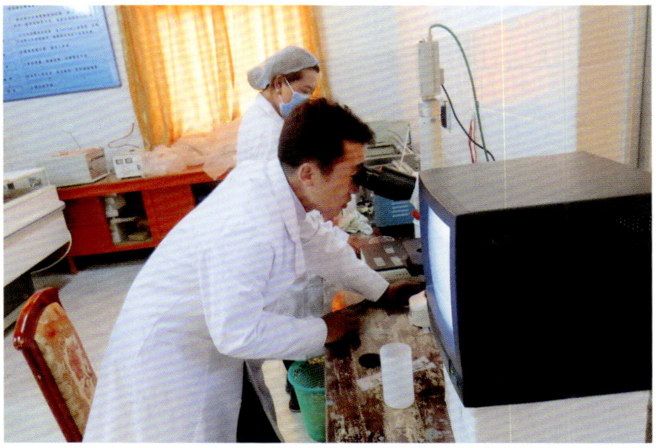

2016年7月20日，冻精站工作人员检查鲜精活力

当雄县净土产业投资开发有限公司

2016年10月18日，县委常务副书记王猛、副县长旺堆罗布参加净土公司天然饮用水对接工作会

2016年12月29日，副县长旺堆罗布参加净土公司瓶呸、瓶盖、纸箱等采购对接会

2016年12月30日，当雄县净土公司拉萨直营店正式开营

2016年7月1日，当雄县净土公司生态园正式开业

2016年12月18日，净土公司工作人员在成都直营店销售牦牛肉

2016年9月15日，参加拉萨雪顿节展销会

当雄县净土公司全新推出有“身份证”的牦牛肉

当雄县净土公司有“身份证”的牦牛肉直营店店面效果图

当雄县气象局

2016年9月1日，拉萨市气象局局长陈友珍（右一）到那根拉山口交通气象站检查指导工作

2016年11月15日，在龙仁乡举行气象应急演练

2016年7月28日，当雄县气象局观测人员对地表植被长势进行观测

2016年8月10日，气象人员到乌玛塘乡区域自动站排除故障

2016年9月16日，当雄县气象局参加当雄县举行的“民族团结宣传活动”

2016年7月1日，当雄县气象局为青藏铁路通车10周年大型活动提供服务

2016年10月15日，当雄县气象防灾减灾指挥楼竣工

当雄县国家税务局

2016年8月18日，局长扎西次仁在大厅值班

2016年8月11日，副局长拉贵在大厅值班

2016年5月20日，拉萨市国税局纪检组长扎西次仁到驻村点慰问

2016年4月29日，局长扎西次仁在国税局二楼会议室主持召开"营改增"培训会

2016年5月1日，国税局局长扎西次仁、副局长拉贵在国税局大厅"营改增"零点行动

2016年12月15日，工作人员大厅办理收税各项工作

2016年12月23日，工作人员向纳税人办理车购税

当雄县当曲卡镇

2016年3月20日，党委副书记、镇长米玛旺堆到丹康寺检查消防器材

2016年11月22日，党委副书记、镇长刘源检查修路情况

2016年9月15日，团当曲卡镇委员会为留守儿童送温暖

2016年10月2日，党委书记米玛旺堆“重阳节”慰问养老院老人

2016年6月17日，当曲卡镇干部看望帮扶对象

2016年10月6日，当曲卡镇干部职工相互交流学习心得

2016年12月28日，当曲卡镇举行农民工集体入会仪式

2016年5月26日，中共当曲卡镇第一次党员代表大会选举大会

2016年5月26日，中共当曲卡镇第一次党员代表大会党代表投票

2016年3月30日，当曲卡镇召开基层党建暨经济工作会议

2016年7月8日，当曲卡镇学习贯彻总书记习近平“七一”讲话精神专题辅导会

2016年8月2日，当曲卡镇班子成员及村“两委”班子成员商讨赛马节相关工作

2016年10月1日，当曲卡镇在县中学开展爱国主义教育和社会主义核心价值观实践活动

当雄县羊八井镇

2016年6月6日，西藏自治区高级人民法院党组书记、院长索达（左三）到羊八井镇法庭调研

2016年10月10日，县政协党组书记、主席次仁桑玻到羊八井镇指导脱贫工作

2016年3月1日，羊八井镇党委书记洛桑桑旦、人武部部长贡嘎扎西主持召开维稳部署大会

2016年5月31日，羊八井镇召开第九届人大第一次会议

2016年9月27日，羊八井镇鲁登罗萨专业合作社给贫困户分红发放仪式

2016年7月12日，羊八井镇召开拉萨市委巡察五组巡察动员会

2016年9月30日，羊八井镇召开精准扶贫、精准脱贫“双百攻坚战”动员部署大会

2016年10月13日，羊八井镇干部职工入户调查结对贫困户工作

2016年7月1日，羊八井镇庆祝中国共产党成立95周年

2016年7月26日，羊八井镇开展赛马节活动

2016年5月4日，羊八井镇干部共庆“五四”青年节

2016年3月28日，羊八井镇群众庆祝西藏百万农奴解放57周年纪念日

当雄县乌玛塘乡

2016年12月15日，拉萨市副市长朱建红（左二）到乌玛塘乡检查便民服务大厅、精准扶贫工作

2016年11月26日，西藏自治区环保厅专家刘丽君（左四）检查当雄县乌玛塘乡郝如村生态创建工作，副县长骆宁陪同

2016年11月27日，县委副书记、县长其美次仁到乌玛塘乡检查指导精准扶贫精准脱贫工作

2016年6月4日，乡党委书记拉巴次仁在虫草采挖期间对蹲点干部工作情况进行督查

2016年7月13日，党委副书记、乡长兰棣在汛期期间查看水情

2016年1月30日，共青团拉萨市委员会开展2016年“三大节日”慰问活动

2016年1月6日，各村召开党员大会评选和表彰2015年度优秀党员

2016年2月3日，乌玛塘乡雪域新时代朗色财神建筑专业合作社在政府大院内开展新年慰问贫困户活动

2016年4月28日，乌玛塘乡派出所与乡综治办联合开展整治砂霸、路霸、车霸、净化市场法制宣传活动

2016年5月30日，乌玛塘乡完成县乡人大代表选举工作

2016年6月1日，乌玛塘乡第九届一次人民代表大会圆满闭幕

当雄县宁中乡

2016年3月31日，自治区、拉萨市领导到宁中乡曲才村检查精准扶贫户档资料

2016年5月23日，宁中乡第一书记普布到各村发放帮扶卡

2016年5月31日，宁中乡召开主席团会议

2016年5月13日，全乡干部学习严肃换届纪律明白卡

2016年5月26日，宁中乡第一次党员代表大会代表合影

2016年5月26日，召开中国共产党宁中乡第一次党员代表大会

2016年5月31日，召开宁中乡第九届人民代表大会第一次会议

2016年8月15日，宁中乡“下沉”干部德卓到各村核查残疾人员信息

2016年4月19日，宁中乡开展春季疫苗注射

2016年5月26日，中国共产党宁中乡第一次党员代表大会总监票人旺扎监督投票

2016年2月19日，宁中乡发放伟人像

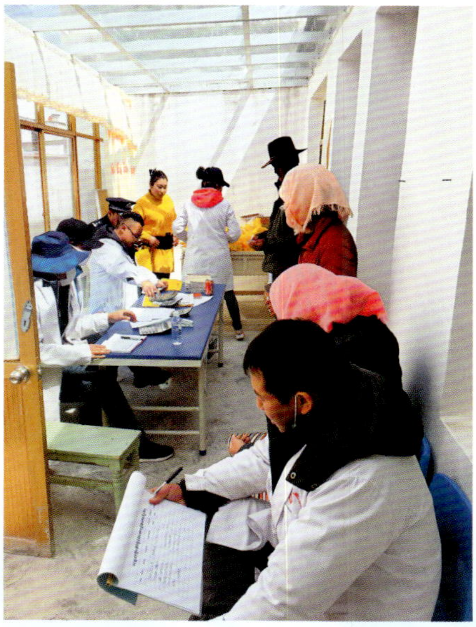

2016年3月14日，宁中乡卫生院工作人员到曲才村开展全民体检

当雄县龙仁乡

2016年8月25日，县委常务副书记王猛到龙仁乡调研

2016年5月24日，副县长旺堆罗布以及县纪委人员对龙仁乡领导班子换届进行督导

2016年9月30日，乡党委书记达瓦次仁召集村党支部第一书记、支部书记安排部署基层党建七项重点任务

2016年8月12日，乡党委副书记、乡长许再兴在帮扶对象边巴家中，入户调研、宣讲政策

2016年6月23日，西藏自治区党委巡视组到龙仁乡检查指导乡领导班子换届工作

2016年11月30日，龙仁乡召开2016年度党风廉政建设责任制专题汇报会，乡党委、纪委就履行党委主体责任和纪委监督责任向县纪委作专题汇报

2016年5月25日，中共龙仁乡第一次党员代表大会龙仁村代表团分组讨论党委工作报告

2016年6月30日，龙仁乡召开“七一”表彰大会，庆祝中国共产党成立95周年

2016年3月28日，龙仁乡开展社会治安综合治理宣讲，助推和谐平安龙仁建设

2016年7月1日，龙仁乡机关党支部组织党员干部及教职工开展趣味活动，丰富基层文化生活

2016年10月21日，龙仁乡开展“两学一做”学习教育知识测试，检验党员学习成效

当雄县格达乡

2016年11月30日，县委副书记、县长其美次仁检查格达乡小学基础设施

2016年11月28日，县委常委、纪委书记王俊龙检查格达乡落实党风廉政建设责任制情况

2016年12月13日，县委常委、组织部部长徐建华到格达乡督查工作

2016年5月23日，副县长杨忠泽到格达乡检查指导工作

2016年10月20日，副县长骆宁到格达乡央热村看望贫困户

2016年8月15日，乡党委书记孙伟主持召开党委会议

2016年11月30日，西藏自治区教育厅工作组检查格达乡中心小学教育均衡工作

2016年11月21日，拉萨市委巡察五组巡察格达乡党委情况反馈会

2016年5月31日，中国共产党格达乡第九届人民代表大会胜利召开

2016年2月19日，拉萨市就业局格达乡砌筑工培训开班仪式

2016年12月22日，格达乡召开“燃灯节”和“三大节日”期间维稳工作部署会议

2016年6月14日，格达乡开展综治宣传活动

当雄县 公塘乡

2016年12月28日，拉萨市副市长、当雄县委书记张正到公塘乡看望慰问结对帮扶对象

2016年6月13日，拉萨市人大常委会副主任次仁平措（左一）检查指导公塘乡换届工作

2016年7月11日，县委副书记樊锋旭到公塘乡检查指导工作

2016年11月25日，副县长普布扎西到公塘乡检查本地搬迁点建设情况

2016年6月13日，县委常委、组织部部长邹华威到公塘乡检查换届工作

2016年12月29日，副县长、公塘乡党委书记胡小平看望结对帮扶对象

2016年5月25日，公塘乡党委书记胡小平代表中共公塘乡第八届委员会做工作报告

2016年6月13日，西藏自治区换届工作督导组一行到公塘乡检查指导工作

2016年5月26日，中共公塘乡第一届委员会全体会议召开

2016年5月25日，公塘乡召开第一次党员代表大会

2016年5月25日，当雄县换届风气督导组参加公塘乡第一次党员代表大会

2016年11月4日，公塘乡表彰优秀团组织和团干部

2016年9月29日，公塘乡组织召开精准扶贫“双百攻坚战”动员部署会议

2016年12月13日，公塘乡组织本地搬迁分房仪式

当雄县纳木湖乡

2016年12月20日，拉萨市委副书记、常务副市长胡洪（右二）到纳木湖乡检查精准扶贫工作，县委副书记、县长其美次仁陪同

2016年10月3日，拉萨市副市长、当雄县委书记张正到纳木湖乡检查职工周转房情况

2016年5月30日，拉萨市人大常委会副主任平措拉巴到纳木湖乡检查人大换届准备工作

2016年7月14日，副县长桑布到纳木湖乡调研精准扶贫工作

2016年11月3日，县委常委、组织部部长徐建华到纳木湖乡慰问结对帮扶户

2016年9月25日，党委书记赵泽辉主持学习拉萨市小康安居工程实施指导意见文件

2016年1月8日，纳木湖乡党委书记赵泽辉主持召开关于通报青海基层党员违反纪律事宜

2016年11月6日，纳木湖乡召开乡级先进“双联户”表彰大会

2016年7月21日，纳木湖乡干部开展危房排查工作

2016年2月5日，阿库卓巴建筑施工农民专业合作社慰问纳木湖乡贫困户

2016年8月3日，当雄县赛马节纳木湖乡农牧民搬石头拔河项目比赛

2016年9月15日，纳木湖乡干部、派出所、卫生院、小学教师等共度中秋佳节

拉萨市当雄县嘎洛寺管理委员会

2016年7月5日，寺管会开展送温暖，暖人心活动

2016年3月28日，嘎洛寺管会召开“3·28”座谈会

2016年10月4日，在管委会的监督下指导开展小型佛事活动

2016年3月10日，组织尼姑观看新旧西藏对比图片展

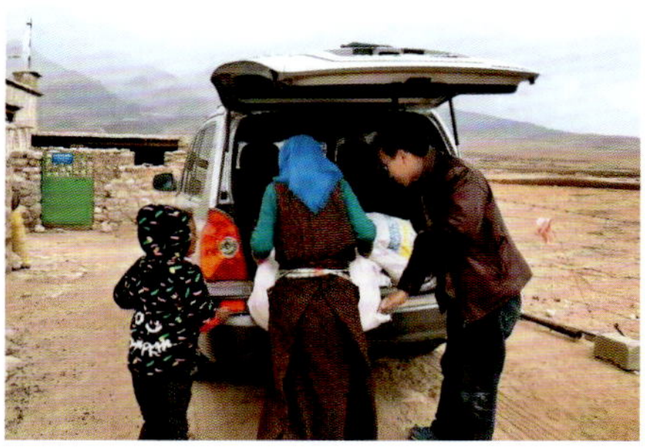

2016年4月15日，嘎洛寺管会工作人员到扶贫对象家中慰问

2016年3月28日，嘎洛寺管会开展文娱活动现场

2016年9月10日，尼舍改造后

拉萨市当雄县 多吉林寺管理委员会

2016年2月3日，县委常委、统战部部长达瓦次仁慰问多吉林寺尼姑

2016年2月1日，管委会主任普布卓玛慰问贫困尼姑家庭

2016年4月21日，县民宗局联合妇联、司法局等有关部门开展法制宣传活动

拉萨市当雄县康玛寺管理委员会

①②

① 2016年2月9日，康玛寺管委会欢度藏历新年

② 2016年11月5日，组织召开僧人大会

③④

③ 2016年12月3日，为文化补习班成绩优异僧人颁发奖牌

④ 2016年3月28日，康玛寺庆祝西藏百万农奴解放纪念日

拉萨市当雄县羊八井寺管理委员会

①②

① 2016年12月5日，市委常委、统战部部长阿努次仁到羊八井寺检查指导工作

② 2016年2月3日，县委常委、统战部部长达瓦次仁到羊井寺看望慰问僧人和驻寺干部

③④

③ 2016年12月16日，寺庙僧尼举行学习交流活动

④ 2016年1月26日，开展宣传教育活动

武警当雄县中队

2016年11月19E，武警西藏总队副司令员牛永福（左二）到当雄县中队检查指导工作

2016年6月11日，武警拉萨市支队支队长马德生（左二）到当雄县中队检查指导工作

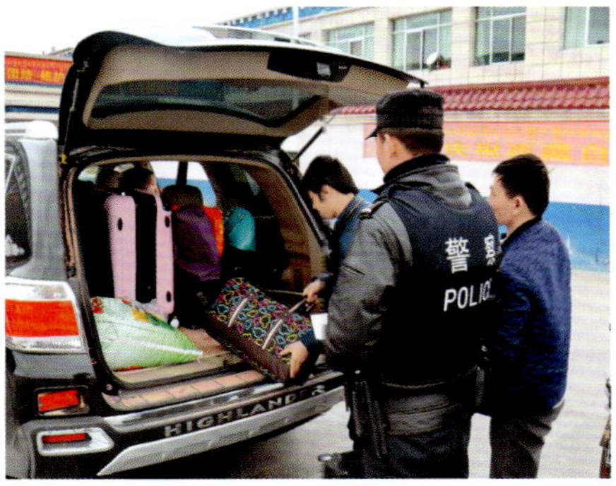

2016年3月8日，中队战士在乌玛塘乡检查站执勤

2016年5月1日，中队官兵为资助当雄县三名贫困大学生捐款

2016年10月8日，中队官兵搬运救灾物资

2016年7月3日，中队战士到当雄县中学温棚讲解种植技术

2016年5月10日，中队组织开展警棍盾牌术训练

当雄县公安消防大队

2016年2月6日，西藏消防总队政治部副主任阿旺元旦（左一）一行总队督导组到当雄县消防大队检查指导工作

2016年8月28日，西藏消防总队总工程师徐洋（左二）一行到当雄消防大队考察营房问题整改情况

2016年7月6日，拉萨市消防支队支队长扎西多吉（右二）到当雄县消防大队验收指导前期消防站回填工作

2016年8月28日，拉萨市消防支队后勤处处长陈晓平（左一）带队到当雄县消防大队进行工程验收

2016年8月20日，当雄县“当吉仁”赛马节执勤安保系列报道——积极开展开幕式彩排执勤安保活动及赛马节安保前期准备工作

2016年7月6日，当雄县消防大队开展消防安全重点单位2016年消防演练活动

2016年10月19日，当雄县消防大队成功处置一起油罐车侧翻事故

当雄县人民医院

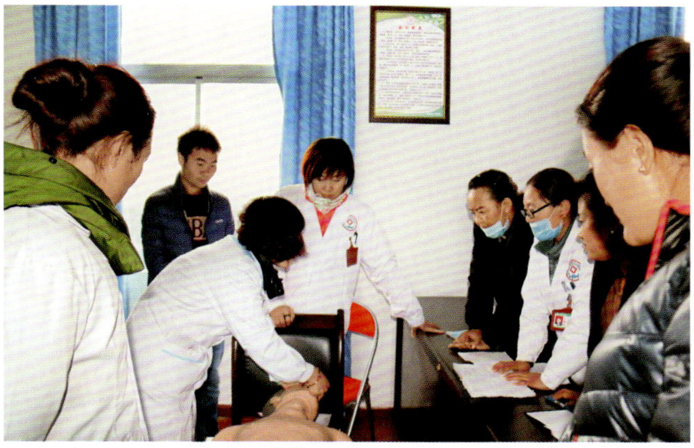

2016年11月16日，北京援藏医生邓海燕（左二）、董馨（左四）在县医院会议室进行院前急救操作演练

2016年5月19日，北京援藏医生杜锦权（左二）对当雄县牧民进行义诊

2016年7月18日，县医院藏医医务人员到江热沟采药

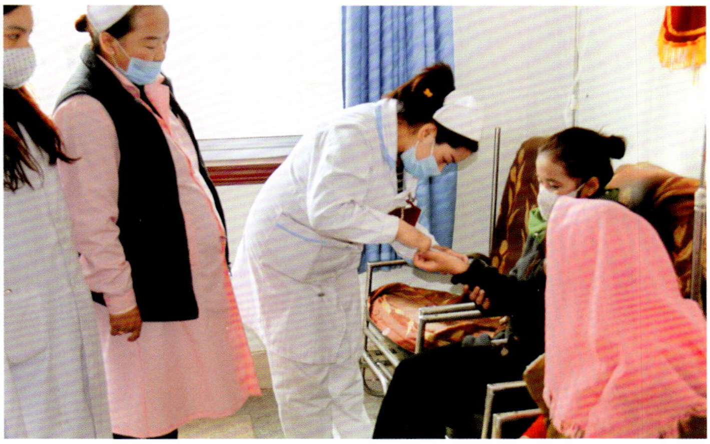

2016年9月5日，医院组织护理人员进行专业操作演练

2016年10月15日，组织医务人员对牧民进行体检

2016年8月22日，产后大出血患者抢救成功后向医护人员赠送锦旗致谢

当雄县中学

2016年7月，教育部卓越校长领航班到当雄县中学指导工作（左一全国名校长隋桂凤、 左二教育部国家级名校长培训基地班主任李根生、右二全国名校长索朗）

2016年3月6日，当雄县中学召开维稳工作会议

2016年7月1日，当雄县中学全体师生“七一”升旗仪式

2016年8月10日，当雄县中学全体师生在体育馆举行开学典礼

2016年12月，进行“两学一做”考试

2016年5月12日，护校队突发事件应急演练

2016年7月13日，当雄县中学荣获拉萨市中学生足球比赛七县第一名

当雄县电信局

2016年10月11日，拉萨市电信公司副总经理格桑旦增到当雄县电信局检查工作

2016年5月16日，电信局工作人员到乌玛塘乡办理业务

2016年8月25日，乌玛塘乡手机卖场办理天翼村业务

2016年10月21日，宁中乡手机卖场办理精准扶贫受理现场

2016年12月15日，当雄县鑫月手机城搞活动（邀请县文艺团表演）

2016年12月15日，羊八井手机卖场办理精准扶贫业务

2016年10月21日，宁中乡手机卖场文艺下乡抽奖活动

2016年12月8日，纳木错手机卖场一周年庆活动（老百姓互动游戏）

当雄县邮政分公司

客户办理业务

2016年6月23日，工作人员到纳木错邮政所为游客介绍业务

2016年11月2日，投递员投递邮件

2016年9月20日，乡投递员到当曲卡镇投递党报党刊

2016年10月2日，乡投递员到公塘乡投递特快专递

2016年9月4日，乡邮人员投递邮件

中国移动通信集团西藏有限公司当雄县分公司

2016年5月5日，拉萨移动分公司总经理罗松群培（右二）到当雄县八嘎村检查通信基站

2016年4月6日，拉萨移动分公司副总经理蒋勇（左四）到当雄县移动分公司检查指导工作

2016年8月26日，拉萨移动公司、当雄县移动分公司保障当雄县赛马节通信

2016年6月1日，拉萨移动分公司副总经理李军胜（右二）带领网络部同事到当雄县第一届虫草节现场保障通信

2016年8月20日，当雄县移动分公司在“当吉仁”赛马节期间开展用户抽奖活动

2016年5月17日，当雄县移动分公司在县城开展“5·17”电信日活动

2016年6月22日，当雄县移动分公司在宁中乡开展服务站开业活动

联通当雄县营业部

2016年12月29日，拉萨市联通公司合作厅答谢会

2016年5月1日，在营业厅搞活动

终端销售专台

2016年12月30日，营业厅工作人员受理业务

联通实名制培训

联通营业厅办公楼

2016年1月1日，组织工作人员在县城搞活动

当雄县工商行政管理局

工商局干部职工开展座谈会宣传法律法规

工商局工作人员对个体工商户指导工作

工商局工作人员开展虫草市场整治

工商局工作人员检查学校食品

2016年12月26日，工商局向公塘乡中心小学颁发“无传销学校”奖牌

工商局工作人员对零售市场进行专项整治

2016年12月2日，在“12·4”全国法制宣传日来临之际，向群众宣传有关法律法规

中国农业银行股份有限公司当雄县支行

2016年4月22日，农行当雄县支行全体党员参观当雄县警示教育基地

2016年6月15日，农行当雄县支行全体党员在支行党建室交流“两学一做”学习心得

个贷中心

营业大厅

2016年5月5日，农行当雄县支行全体党员在支行党建室学习“两学一做”

贵宾室

营业大楼

存取款一体机